John Morris-Jones

Golygydd Cyffredinol: Branwen Jarvis

Hen gwestiwn mewn beirniadaeth lenyddol yw mater annibyniaeth y gwaith a ddarllenir; ai creadigaeth unigryw yw cerdd neu ysgrif neu nofel, i'w dehongli o'r newydd gan bob darllenydd; neu i ba raddau mae'n gynnyrch awdur unigol ar adeg arbennig yn ei fywyd ac yn aelod o'r gymdeithas y mae'n byw ynddi? Yn y pen draw diau fod gweithiau llenyddol yn sefyll neu'n cwympo yn ôl yr hyn a gaiff darllenwyr unigol ohonynt, ond aelodau o'u cymdeithas ac o'u hoes yw'r darllenwyr hwythau, a'r gweithiau a brisir uchaf yw'r rheini y gellir ymateb iddynt a thynnu maeth ohonynt ymhob cenhedlaeth gyfnewidiol am fod yr oes yn clywed ei llais ynddynt. Ni all y darllenydd na'r awdur ymryddhau'n llwyr o amgylchiadau'r dydd.

Yn y gyfres hon o fywgraffiadau llenyddol yr hyn a geisir yw cyflwyno ymdriniaeth feirniadol o waith awdur nid yn unig o fewn fframwaith cronolegol ond gan ystyried yn arbennig ei bersonoliaeth, ei yrfa a hynt a helynt ei fywyd a'i ymateb i'r byd o'i gwmpas. Y bwriad, felly, yw dyfnhau dealltwriaeth y darllenydd o amgylchiadau creu gwaith llenyddol heb ymhonni fod hynny'n agos at ei esbonio'n llwyr.

W. J. Gruffydd	gan T. Robin Chapman
W. Ambrose Bebb	gan T. Robin Chapman
R. Williams Parry	gan Bedwyr Lewis Jones, golygwyd a chwblhawyd gan Gwyn Thomas
T. H. Parry-Williams	gan R. Gerallt Jones
'Doc Tom': Thomas Richards	gan Geraint H. Jenkins
Talhaiarn	gan Dewi M. Lloyd
Daniel Owen	gan Robert Rhys
Islwyn	gan Glyn Tegai Hughes
Pennar Davies	gan D. Densil Morgan
Lewis Morris	gan Alun R. Jones
Lewis Edwards	gan D. Densil Morgan

John Morris-Jones

gan
Allan James

GWASG PRIFYSGOL CYMRU
CAERDYDD
2011

www.gwasg-prifysgol-cymru.org

Mae cofnod catalogio'r gyfrol hon ar gael gan y Llyfrgell Brydeinig.

ISBN   978-0-7083-2467-7
e-ISBN 978-0-7083-2468-4

Cyhoeddir gyda chymorth ariannol Cyngor Llyfrau Cymru.

Argraffwyd yng Nghymru gan Wasg Dinefwr, Llandybïe

Cynnwys

Rhagair

Dr R. Brinley Jones a fu'n gyfrifol yn y lle cyntaf am fy nghyfeirio at waith John Morris-Jones drwy estyn gwahoddiad i mi baratoi cyfrol yn Saesneg a fyddai'n golygu asesu natur ei gyfraniad i fywyd llenyddol y genedl ar adeg dyngedfennol yn hanes yr iaith Gymraeg a'i llên. Cyhoeddwyd ffrwyth yr ymchwil mewn cyfrol yn y gyfres 'Writers of Wales' yn 1987. Roedd Dr Jones a minnau wedi cyfarfod flynyddoedd ynghynt yng Ngholeg Prifysgol Abertawe pan oeddwn i'n hyfforddi ar gyfer bod yn athro ysgol ac yntau'n diwtor tadol a boneddigaidd arnaf. Roedd rhagluniaeth yn wir o'm plaid y flwyddyn honno am i mi dreulio fy nghyfnod ymarfer dysgu yn Ysgol Y Garw ym Mhontycymer, lle roedd Hywel Teifi Edwards a Dafydd Rowlands yn cyd-ddysgu yn yr un adran cyn i'r naill a'r llall symud i swyddi gwahanol. Derbyniaf, felly, mai'r cyhoeddiad cynharach hwnnw a arweiniodd at y gwahoddiad diweddarach i baratoi'r bywgraffiad presennol ac sy'n egluro paham y mae rhywun sy'n hanu o Faesteg yng Nghwm Llynfi wedi bod wrthi'n ceisio gwneud cyfiawnder ag un o fawrion Môn.

Yr wyf yn wir ddiolchgar i nifer o gyfeillion am eu cymorth a'u cefnogaeth wrth baratoi'r gyfrol hon. Yn ôl ei arfer, bu Huw Walters, Pennaeth Uned Llyfryddiaeth Cymru yn y Llyfrgell Genedlaethol, yn hynod barod i ymateb i bob math o ymholiad. Roedd *John Morris-Jones 1864–1929: Llyfryddiaeth Anodiadol* (Llyfrgell Genedlaethol Cymru, 1986), a baratowyd ganddo gyda'r gofal a'r manylder sy'n nodweddu ei holl waith llyfryddol, bob amser wrth fy mhenelin. Ar ben hynny, bu modd i mi droi ato'n gyson ac elwa ar ei wybodaeth ryfeddol am bob math o ffynonellau defnyddiol ac ar ei gyngor parod. Bûm yn ymwelydd cyson â 'Myrtle Hill' yn Nhreorci er mwyn rhannu gwahanol syniadau â Cennard Davies, cyd-weithiwr gynt a chyfaill agos, a thrafod amrywiaeth o agweddau ar strwythur y gyfrol. Ar wahân i'r seminarau defnyddiol hyn, bu mor garedig â darllen y deipysgrif ar fy rhan gan gynnig sylwadau craff a pherthnasol. Pleser yw diolch, yr un pryd, i Mary am ei charedigrwydd dros y blynyddoedd ac am iddi fynnu bob tro fod y papurau'n diflannu ar ôl awr neu ddwy, gan bwysleisio, gyda gwên, fod i ford y gegin amgenach swyddogaeth. Mae fy nyled yn fawr i'r ddau a braf cael cydnabod hynny. Hoffwn hefyd gydnabod fy nyled i Christine Ashman, cyn-bennaeth Hanes a phennaeth cynorthwyol yn Ysgol Gyfun Pen-coed, a fu'n fy nhywys drwy brif ddigwyddiadau hanesyddol y cyfnod dan sylw ac a fu'n sicrhau fy mod yn gosod gwahanol erthyglau i'r wasg ac amrywiaeth o lythyrau mewn cyd-destun priodol. Bu Dr Maldwyn Pate, yntau, yn barod iawn i gynnig cyngor a chymorth cyfrifiadurol a phleser yw cydnabod ei gefnogaeth hael. 'Shwd ma' Syr John?' fyddai cyfarchiad arferol Dr Rowland Wynne ar fore Sul a bu ef, Geraint Wyn Davies, ein gweinidog y Parch. Eirian Rees a nifer o aelodau eraill yng Nghapel y Tabernacl, Efail Isaf, yn holi'n gyson am hynt y gyfrol. Diolchaf iddynt am eu diddordeb a'u hanogaeth.

Mae Archifdy Prifysgol Bangor yn gartref i'r casgliad swyddogol o bapurau a gohebiaeth John Morris-Jones ac yn adnodd allweddol i'r sawl a fyn olrhain hanes ei fywyd. Yno, cefais groeso cynnes a chymorth parod Einion Wyn Thomas, yr Archifydd a'r Llyfrgellydd, a'i gyd-weithwyr Elen Simpson ac Ann Hughes. Ar wahân i'r gyfres o lythyrau a restrir yn y catalog swyddogol, tynnodd yr Archifydd fy sylw at bentyrrau eraill o wahanol ddeunyddiau a drosglwyddwyd i'r Archifdy yn fwy diweddar. Pan gyhoeddodd John Lasarus Williams ei bortead o John Morris-Jones yn y flwyddyn 2000, roedd Nêst, ei ferch ifancaf, a'i wyres Mrs Gwenno Clwyd Williams, merch Rhiannon Morris-Jones, yn dal i fyw yn y Tŷ Coch, cartref y teulu a gynlluniwyd gan y tad ei hun. Rhaid bod y llythyrau hyn wedi aros ym meddiant y teulu dros y blynyddoedd am fod cynifer ohonynt wedi'u cyfeirio at Mary, llythyrau a luniwyd gan John adeg eu carwriaeth yn nawdegau cynnar y bedwaredd ganrif ar bymtheg, ac wedi hynny ar wahanol adegau yn ystod eu bywyd priodasol. Mae'r deunydd hwn yn atodiad pwysig i'r hyn a welir yn y catalog swyddogol am fod gennym bellach dystiolaeth werthfawr sy'n cynnig darlun o ddyn teulu sy'n bur wahanol i'r ddelwedd gyhoeddus ohono, delwedd a fu'n dylanwadu ar agwedd cynifer o ohebwyr a chroniclwyr tuag ato. Ymhlith y deunydd atodol hwn, mae casgliad o lythyrau caru at Mary cyn eu priodas yn 1897, cyfres o lythyrau a ysgrifennwyd gan John Morris-Jones o Ffrainc yn 1919 ynghyd â chyfres bellach yn disgrifio ei brofiadau yn America yn 1920 yng nghwmni ei gyfaill Jack Elwyn Morris. Pan oeddwn yn ymweld â'r Archifdy ym Mangor, clywais am waith yr hanesydd lleol, Gerwyn James, a manteisiais ar gyfle i drafod gydag ef ei waith ymchwil ar yr ardal a fu'n gartref i John Morris-Jones (cyflwynwyd ei draethawd M.Phil. yn 1997, 'Llanfair Pwllgwyngyll: Astudiaeth o Gymuned Wledig ym Môn *c*.1700–*c*.1939'). Hoffwn ddiolch iddo am fod mor barod i dynnu fy sylw at wahanol ddigwyddiadau perthnasol yn hanes yr ardal ac am gael benthyg copi o'i draethawd ymchwil. Pleser yw cael diolch yn yr un modd i Geraint Percy Jones a fu'n ceisio darganfod gwahanol luniau ar fy rhan drwy gysylltu â gwahanol drigolion lleol. Ef oedd y beirniad yn Eisteddfod Môn yn 2000 a argymhellodd fod John Lasarus Williams yn cyhoeddi'r portread cyfoethog a ymddangosodd yn fuan wedi hynny. Mae arnaf ddyled hefyd i Dewi W. Williams, Cofrestrydd Arolygol dros Gyngor Gwynedd, a fu'n cadarnhau manylion achyddol ar fy rhan.

Cafwyd cefnogaeth debyg yn y Llyfrgell Genedlaethol yn Aberystwyth lle bu gwahanol aelodau o'r staff yn hynod garedig tuag ataf wrth leoli gwahanol ddogfennau a lluniau ar fy nghyfer. Bûm hefyd yn elwa ar gymwynasgarwch aelodau penodol yn Adran y Gymraeg, Prifysgol Caerdydd. Yno, bûm yn ymgynghori â Llion Pryderi Roberts a oedd yn barod iawn i rannu ffrwyth ei ymchwil yntau ar wahanol agweddau ar weithgarwch John Morris-Jones. Cyflwynodd draethawd ymchwil ar gyfer gradd M.Phil. yn 2002 yn dwyn y teitl 'Agenda Ddeallusol a Pherfformiad ym Meirniadaethau John Morris-Jones', a hwylusodd y ffordd i mi weld ei draethawd. Yn ychwanegol at y gymwynas honno, bu Dr E. Wyn James, yn barod iawn i'm cynorthwyo drwy ganiatáu i mi fenthyg gwahanol rifynnau o gylchgronau perthnasol. Hoffwn ddiolch yn arbennig i'r Athro Branwen Jarvis (golygydd y gyfres bresennol) am y gwahoddiad gwreiddiol i ymgymryd â'r gwaith, am ddarllen y deipysgrif mewn modd mor drylwyr ac am ei chefnogaeth gadarnhaol a charedig. Bu Ennis Akpinar o Wasg Prifysgol Cymru yn hynod gwrtais ac amyneddgar yn ystod y cyfnod ansicr o ohirio ac aildrefnu a ddilynodd benderfyniad disymwth HEFCW i newid trefniadau cyllido'r wasg. Diolchaf i Gyngor Llyfrau Cymru am ddod i'r adwy fel bod y gyfrol yn cael ei chyhoeddi ac i Dr Dafydd Jones am lywio'r gyfrol drwy'r wasg, a phleser yw diolch yr un pryd i Siân Chapman a Sarah Lewis am eu cefnogaeth hwythau.

Ni fûm erioed yn hoff iawn o beiriannau a theclynnau'r byd technegol ac o ganlyniad bu'n fantais cael elwa ar arbenigedd fy mhlant Ceri ac Iwan, y ddau'n athrawon ysgol erbyn hyn ac yn byw a bod ymhlith pob math o dechnoleg gyfoes sy'n hwyluso'r addysgu. Buont yn hynod gefnogol ac amyneddgar wrth ymateb i amryfal ofynion eu tad ond, ar wahân i'r gefnogaeth ymarferol honno, dangoswyd cryn barodrwydd i wrando pan fyddai adran newydd ar y gweill neu gyfres o lythyrau yn denu. Pleser arbennig, felly, yw cyflwyno'r gyfrol i Ceri ac i Iwan.

Allan James
Llantrisant, Medi 2011

Lluniau

Llun y clawr: Yr Athro John Morris-Jones, *c.*1885. Llun o Gasgliad John Thomas, trwy ganiatâd Llyfrgell Genedlaethol Cymru.

Rhwng tudalennau 116 a 117

1. Cymdeithas Dafydd ap Gwilym, 1886.
2. Diwrnod priodas John Morris-Jones a Mary Hughes, 1897.
3. Tŷ Coch, Llanfair-pwll.
4. Adeiladwyr Tŷ Coch.
5. Coleg Bangor, adeg Eisteddfod Genedlaethol Bangor, 1915.
6. Y llong *R.M.S. Kaiserin Auguste Victoria*, yr hwyliodd John Morris-Jones arni i America yn 1920.
7. John Morris-Jones a Jack Morris ar fwrdd yr *R.M.S. Kaiserin Auguste Victoria*, 1920.
8. Llythyr gan John Morris-Jones at Mary, a ysgrifennwyd ar y fordaith i America, 1920.
9. Llythyr gan John Morris-Jones at Mary, a ysgrifennwyd yng ngwesty'r Waldorf Astoria, Efrog Newydd, 1920.

1 ∽ Cyfnod Cynnar

Rhan 1: Y Cefndir

PAN benderfynodd Cymdeithas y Cymmrodorion anrhydeddu John Morris-Jones 'in recognition of distinguished services to Wales', bu E. Vincent Evans yn gyfrifol am grynhoi sylwadau bywgraffyddol amdano a gyhoeddwyd yng nghofnodion y gymdeithas honno ar gyfer sesiwn 1919–20. Peth digon naturiol ar achlysur o'r fath yw creu cofnod o weithgarwch yr unigolyn a anrhydeddir fel bod modd diffinio'n fanylach yr hyn a olygir wrth 'distinguished services'. Yr un pryd, ceir cyfle i hel achau a gosod y person yn ei gyd-destun teuluol a chymunedol, cyfrifoldeb a dderbyniwyd gan olygydd cofnodion y gymdeithas. Ar wahân i'r hyn a gyflwynir gan Evans, ceir atodiad hunangofiannol tra diddorol a chryno, 'the editor having applied to Sir John Morris-Jones for a brief sketch of his career':

> Fe'm ganed yn Nhrefor, Llandrygarn, Môn, ar y 17eg o Hydref 1864. Fy nhad oedd Morris Jones, mab hynaf John Morris, Penhafodlas, Llanrug. Er i'm taid farw'n gymharol ieuanc, fe gafodd fy nhad addysg dda yn ol manteision yr oes honno: bu yn y Bala dan Dr. Edwards, ac yn Borough Road, Llundain dan Dr. Cornwell. Bu'n cadw ysgol Frytannaidd Dwyran, Môn, a'r Gaerwen wedi hynny, cyn mynd i gadw siop yn Nhrefor, lle'm ganed i. Fy mam oedd Elizabeth, merch William Roberts, Tai Newyddion, Llanrug; yr oedd ef (sef fy nhaid) yn dipyn o fardd; . . . Symudodd fy rhieni o Drefor i Lanfair yma ddydd Calan 1868, pan oeddwn i ychydig dros dair oed. Yma y'm magwyd i, ac nid oes gennyf fawr o gôf am Drefor.[1]

Dyma bennu union ddyddiad ei eni yn Nhrefor ym mhlwyf Llandrygarn gan nodi i'r teulu symud o Drefor i Lanfair [Pwllgwyngyll] ddydd Calan 1868. Yn ôl y disgwyl, ychydig a ddywedir yma yn y 'brief sketch' a oedd yn ateb dibenion Evans, am hanes y teulu ac am ddylanwadau'r aelwyd.

Fodd bynnag, nid Vincent Evans oedd yr unig un i fynd ar ofyn Morris-Jones am dystiolaeth fywgraffyddol. Mewn llythyr at J. Gwenogvryn Evans, dyddiedig 1 Gorffennaf [1896], llythyr sy'n cynnwys ymdriniaeth lawnach o lawer â'r cyfnod cynnar hwn, ymddengys ei fod yn ymateb i gais cynharach gan ei gyfaill am hanes ei yrfa:

> I have scribbled some notes which I only hope you can decipher. I really don't know what to say; . . . But I have written very much more than you can use; so you may pick out anything you consider suitable and put it in proper shape.'[2]

O ganlyniad i'r cais arbennig hwn, diogelwyd tystiolaeth sy'n datgelu agweddau pwysig ar fywyd teuluol Morris-Jones ar yr aelwyd yn Llanfair ac sy'n cynnig sylwadau ar ddylanwad ei rieni arno. Pwysig iawn yw tystiolaeth o'r math a baratowyd ar gais Vincent a Gwenogvryn Evans am fod y brasluniau cryno hynny yn cynnig darlun o'r cyfnod o safbwynt personol Morris-Jones ei hun ac yn cynnwys ei ddehongliad arbennig ef o arwyddocâd y gwahanol ddylanwadau teuluol.

Pwysleisiodd T. H. Parry-Williams un tro, wrth olrhain prif ddylanwadau ei fachgendod yntau mewn sgwrs ar helyntion 'Hen Lwybrau', fod llawer mwy i hanes cyfnod na'r hyn a gynhwysir o fewn cloriau Llyfr Lóg. Yn achos Morris-Jones, bu J. E. Caerwyn Williams yn gyfrifol am olrhain achau'r teulu mewn modd hynod drwyadl a dadlennol, gan fanylu ar weithgareddau a symudiadau cyndeidiau Syr John wrth drafod hanes ei rieni cyn iddynt ymsefydlu ym Môn. Mae'r ymdriniaeth gynhwysfawr honno nid yn unig yn olrhain achau'r teulu dros nifer o genedlaethau ond yn ychwanegu hefyd wybodaeth fywgraffyddol am nifer o'r prif gymeriadau ac yn trafod ymdrechion sawl un ohonynt i gael addysg dan amodau a oedd at ei gilydd yn hynod anffafriol. Ymddengys nad oedd y math hwn o ymchwil achyddol wrth fodd Morris-Jones ei hun a rhaid cydnabod, felly, y gymwynas arbennig a gyflawnwyd gan Caerwyn Williams. 'I have never troubled myself', meddai Morris-Jones, ' to find out how many more Morrises and Johns there are in line, as it does not seem any of them distinguished himself in any way.' Wedi dweud hynny, ceir ganddo amlinelliad moel o'r hyn a wyddai am achau'r teulu er nad oes yma, mewn llythyr personol, arlliw o'r difrifoldeb a'r manylder a gysylltir fel arfer â'i waith ymchwil swyddogol.

'Ieuan Amheurig ap Ieuan's name represents his pedigree to 3 generations. He is the eldest son of the late Morris Jones, of Llanfair pwll gwyngyll, – the eldest son of John Morris of Penhafodlas, Llanrug, the eldest son of Morris Jones, of Eithin Duon, Llanrug, the eldest son of John Maurice of Hafod, Llanrug, who moved thither from Dolwyddelan sometime about the middle of the last century.'[3]

Gwelir, felly, nad yn Sir Fôn yr oedd ei wreiddiau a bod ei rieni yn hanu o Arfon – ei dad, Morris Jones, yn dod o Lanrug, a'i fam, Elizabeth Roberts,[4] yn ferch Tai-newyddion yn yr un ardal. Ac eto, â Sir Fôn y byddwn bob amser yn cysylltu Morris-Jones, cysylltiad a grewyd yn wreiddiol pan symudodd y tad, Morris Jones, i Ddwyran yn athro ysgol. Wele fersiwn y mab o'r hanes:

My father was born in 1823, he was at school for a short time under Gwilym Padarn; but on his father's death he was obliged to go to work at the quarry to help his mother to support her 7 children wh: she couldn't do on Penhafodlas alone. After some years their circumstances improved & my father went to school again, & in 47 entered Bala College. He was afterwards for a short time at Borough Road Training College London; then he kept school at Dwyran and Gaerwen in Anglesey.[5]

Fodd bynnag, fel yn achos cynifer o ieuenctid y cyfnod, bu raid i'r tad oresgyn nifer o anawsterau ymarferol cyn gallu manteisio ar unrhyw ddarpariaeth addysgol a oedd o fewn cyrraedd. Yn aml, byddai hynny'n golygu cefnogaeth neu hyd yn oed aberth teuluol, ac ychwanegwyd at broblemau Morris Jones pan fu farw ei dad, tadcu Syr John, yn ŵr ifanc 37 mlwydd oed. Yng ngeiriau Caerwyn Williams:

Bid a fo am hynny, pan fu farw ei dad yn 1836 . . . gan adael gweddw a saith o blant, bu raid i Morris Jones, fel y mab hynaf, adael yr ysgol a mynd i weithio i'r chwarel. Fodd bynnag, gwellhaodd amgylchiadau'r teulu a chafodd yntau fynd i'r ysgol drachefn, ac yn 1847 aeth i ysgol y Bala at Lewis Edwards a John Parry, nid, wrth gwrs, yn yr adeilad yr ydym ni'n gyfarwydd ag ef, ond mewn dau dŷ gyferbyn â'r capel. Wedyn bu am gyfnod byr dan Dr. Cornwell yng Ngholeg Hyfforddi Borough Road, Llundain.[6]

Ac eto, er gwaethaf pob ymdrech ar ran y myfyriwr ei hun ac o du'r teulu a fu'n ei gefnogi yn ei ymdrechion i dderbyn hyfforddiant priodol, ni pharhaodd yn hir iawn yn ei swydd fel athro ysgol. 'Am reswm anhysbys i ni,' meddai O. M. Roberts wrth drafod hanes y cyfnod, 'ymneilltuodd o'r alwedigaeth honno.'[7] Wedi dweud hynny, roedd fersiwn Morris-Jones yn cynnwys eglurhad ar y newid cyfeiriad hwn: 'He soon found out that he had missed his vocation; he lacked the patience and power of exposition which go to make a teacher; and got to simply detest the work.'[8] Y canlyniad fu iddo fynd yn gyfrifol am siop groser ym mhentref Trefor, Sir Fôn, yn 1852, lle y priododd ag Elizabeth Roberts yn 1863 ac y ganed Morris-Jones, y cyntaf anedig, yn 1864. Y cam nesaf oedd symud i Lanfair yn 1868. Dyna fyddai prif benawdau unrhyw gronicl ffeithiol o hanes y teulu, deunydd y 'Llyfr Lóg' teuluol. Yn ffodus, mae fersiwn Morris-Jones o'r hanes yn cynnwys hefyd fanylion diddorol a dadlennol am ei rieni, yn arbennig am ei dad, manylion sy'n cyfrannu at ddarlun teuluol llawer cyflawnach ac sy'n cynnig cipolwg ar rai o'r nodweddion hynny a etifeddwyd gan y mab ac a ddaeth yn amlwg gyda'r blynyddoedd.

Mae ymdriniaeth Morris-Jones â chymeriad ei dad, wrth reswm, yn cynnig detholiad o'r gwahanol nodweddion hynny a ystyrid gan y mab yn gynhenid deuluol ac yn ganolog i'w ddatblygiad personol ac addysgol. Daw Morris-Jones i'r casgliad, er enghraifft, iddo etifeddu dawn fathemategol ei dad: 'If I inherited anything from him it was a certain aptitude for mathematics which struck Lloyd (the Bishop) so much when I was at school.'[9] Yn ychwanegol at hynny, trosglwyddwyd cariad y tad at ddarllen; roedd yn ddarllenwr brwd, a gallai droi at lyfrau ysgol y mab a'u gwneud yn fyw i'r plentyn wrth eu trafod fin nos. Ac eto, yng nghanol yr ymdriniaeth hon â'r dylanwadau penodol a ddetholir gan Morris-Jones, ceir gosodiad sydd o'r pwys mwyaf ac sy'n mynd at galon unrhyw ymgais i ymdrin â phersonoliaeth y mab. Meddai ymhellach am ei dad: 'But he was too straightforward and outspoken to be popular'. Er mai wrth drafod hynt a helynt y siop yn Llanfair y cyflwynir y gosodiad, roedd y sylw arbennig hwn yr un mor berthnasol mewn nifer o gyd-destunau eraill. Mae hi braidd yn eironig, wrth gwrs, nad yw Morris-Jones yn nodi'r cysylltiad â'i dad yn hyn o beth, sef ei fod yntau wedi etifeddu dull uniongyrchol ei dad o ymdrin â phroblemau ac unigolion, er iddo gydnabod arwyddocâd nifer o ffactorau eraill llawer llai tyngedfennol eu dylanwad. Roedd hon yn nodwedd amlwg yng nghymeriad John Morris-Jones ei hun, yn nodwedd a fu'n gyfrwng tanio aml i frwydr gyhoeddus yn ystod ei yrfa a hynny, ar brydiau, yn wyneb dadleuon digon dilys dros ddewis llwybr o gyfaddawdu ac ymdawelu. Ar y llaw arall, roedd y duedd ddadleugar hon yn gynnyrch ei ymlyniad diysgog a digyfaddawd wrth yr hyn a ystyrid ganddo'n gywir neu'n gyfiawn ac yn golygu, yr un pryd, mai'r unig ddewis gonest a derbyniol oedd condemnio ac ymbellhau oddi wrth yr annilys a'r gau. Rhydd Morris-Jones gryn bwys ar rinweddau'r cyfryw safbwynt neu athroniaeth a oedd, iddo ef, yn pwysleisio gonestrwydd cynhenid yr unigolyn a fynnai fod yn ffyddlon i egwyddorion sylfaenol er gwaethaf y gost a'r canlyniadau:

> As to my father's characteristics, I think what must have impressed me more than anything else was his honesty . . . He could not bear the thought of deviating a hair's breadth from what he considered the right thing; he weighed and measured his goods with absolute mathematical exactness. It used to be said that it did not matter whether you went yourself to his shop or sent your youngest child, both wd. be served exactly alike. But he was too straightforward and outspoken to be popular, and if it had not been for my mother's genial ways and interesting talk the business would probably never have come to anything at Llanfair. However his uprightness must have impressed my mind, and that none the less when it gradually dawned upon me that all men were not like him.[10]

Er gwaethaf rhinweddau amlwg y tad, yn ôl Morris-Jones, felly, i'r fam yr oedd y diolch am geisio diogelu bodolaeth simsan y siop am mai ganddi hi yn hytrach na chan y tad yr oedd y bersonoliaeth groesawgar a chall a fyddai'n apelio at drwch y cwsmeriaid. Rhoddwyd prawf amlwg ar seiliau'r busnes pan ddaeth hi'n gyfnod sefydlu'r Ysgol Fwrdd yn Llanfair yn 1871, y tad yn gyhoeddus gefnogol i'r datblygiad ac o'r herwydd yn rhwym o gythruddo carfan iach o'i gwsmeriaid eglwysig yn ystod ymgyrch a fyddai'n rhannu'r gymuned. 'My father', meddai Morris-Jones, 'had an enthusiasm for education, and in 1870 when the school board fight came he took a prominent part in it at Llanfair, very nearly ruining his newly acquired business thereby, (almost all his customers then were Tories & churchmen).'[11]

Soniwyd eisoes am gyfraniad allweddol y fam i ddatblygiad y siop ac am ymateb cadarnhaol y cwsmeriaid i'w dulliau a'i phersonoliaeth. Ond mae'r mab yn ychwanegu at yr wybodaeth hon:

> Still if there is anything in the law of heredity I must have inherited from my mother what literary qualities I may possess. She was certainly

endowed with some artistic & what might have been literary taste if it had been trained.[12]

Barn Caerwyn Williams oedd fod Morris-Jones o bosib 'yn tueddu i fawrbrisio'r ddawn artistig, lenyddol y credai ei fod wedi ei hetifeddu gan ei fam ar draul dibrisio i ryw raddau y ddawn fathemategol yr oedd wedi ei hetifeddu gan ei dad'.[13] Yn yr un modd, rhaid bod yn ofalus wrth geisio olrhain dylanwadau mewn dull sy'n rhy wyddonol bendant fel pe bai pob dim yn digwydd yn ôl deddfau rhyw broses gyfarwydd a mesuradwy. Nid felly y mae, fel y pwysleisia Caerwyn Williams:

> Felly, nid oes raid i ni gredu mai'r gynhysgaeth a dderbyniodd gan ei fam a wnaeth Syr John yr artist, ac mai'r gynhysgaeth a gafodd gan ei dad a wnaeth y mathemategydd. Nes at y gwir, ond odid, fyddai credu mai'r ddwy gynhysgaeth gyda'i gilydd a'i gwnaeth gymaint â hynny'n well cyfuniad o artist a mathemategydd.[14]

Ymddengys mai digon oeraidd oedd ymateb y plentyn ifanc i'w brofiadau addysgol cynharaf wedi i'r teulu symud i Lanfair: 'Cyn gynted ag y gallwn ymlwybran yno fe'm gyrrwyd i'r "Duchess of Kent's School" o fewn hanner milltir i'r pentref yma, a bûm yno am flwyddyn neu ddwy yn dechrau dysgu tipyn o Saesneg'.[15] Mor debyg yw'r pwyslais yma am 'ymlwybran' tua'r ysgol i'r hyn a ddywed O. M. Edwards am ei atgofion cynnar yntau'n cychwyn allan i Ysgol y Llan, sef mai tuag 'yno, er mawr alar a cholled i mi, y gorfod i mi droi fy wyneb'.[16] Mewn Ysgol Genedlaethol, felly, y dechreuodd Morris-Jones ar ei addysg ffurfiol, mewn ysgol yn Llanedwen a oedd yn dwyn enw mam y Frenhines Victoria. Wrth gynnig sylwadau ar gynefin Morris-Jones, mae John Lasarus Williams yn manylu ar y llwybrau glas hynny yn ei ardal enedigol a fyddai'n elfen ganolog mewn unrhyw gronicl o'i fachgendod, llwybrau a fyddai wedi atseinio â chlych atgof, mae'n siŵr, ymhen blynyddoedd:

> Ffordd arall ddymunol oedd troi oddi ar y briffordd i'r chwith dros y lein heibio ffarm Pont Ronwy a Llwynogan nes y deuai at ei ysgol gyntaf, Victoria Cottages heddiw, Ysgol Genedlaethol neu Eglwysig y Duchess of Kent lle'r âi bob bore Llun a'i geiniog yn ei law i dalu am ei ysgol. Fe'i sefydlwyd gan y Duchess of Kent, mam y Dywysoges Victoria, a'i hagorodd hi yn 1832 pan oedd yn aros ym Mhlas Newydd mae'n debyg. Mae'n adeilad bach hyfryd, carreg felen a'r pyrth a'r

cyrn simnai yn dangos ei henaint. Saif tua hanner milltir o'r pentref ar ffordd Brynsiencyn lle gwelir wal fawr Plas Newydd a godwyd yn 1802. O ddod yn ôl am Lanfair deuai at fynedfa fawreddog Plas Newydd, y Grand Lodge, yn Aber Braint. Ar y ffordd at y tolldy âi heibio lle arall, 'Llwyn' heddiw, lle gwrthodwyd gwerthu tir iddo i godi tŷ arno gan y stad.[17]

Trwy drugaredd, byr fu ei arhosiad yn yr ysgol honno am iddo gael ei drosglwyddo i'r Ysgol Fwrdd (y bu ei dad yn brwydro mor daer drosti) pan agorodd honno ei drysau yn 1871. Mae'n amlwg fod hwyl y cyfarfod agoriadol wedi gadael argraff arbennig ar y plentyn a Morris-Jones ymhen blynyddoedd yn gallu cynnig adroddiad digon diddorol a dadlennol o'r achlysur:

> Y mae gennyf frith gof am y 'cyfarfod llenyddol' cyntaf (debygaf fi) a gynhaliwyd yma, sef ar agoriad yr Ysgol Fwrdd yn Rhagfyr, 1871. Yr oedd Morgan Lloyd yn y gadair, a'r beirdd wedi dyfod yma o bob man, ac yn bwrw drwyddi mewn rhyw hwyl ryfeddol iawn i mi, na welswn ac na chlywswn erioed ddim o'r fath.[18]

Er bod cyfres o gyfarfodydd tebyg wedi'u cynnal dros y blynyddoedd gan adael argraff ar y llanc ifanc, 'ni chyrhaeddodd yr un ohonynt', meddai, 'ogoniant y cyntaf'.

Yn yr Ysgol Fwrdd y bu'r plentyn tan 1876 ac, er nad oes modd manylu'n fanwl ar y gwahanol ddylanwadau addysgol a fu arno yn ystod y cyfnod hwn, mae peth tystiolaeth sy'n caniatáu i ni gasglu fod Morris-Jones eisoes wedi dechrau dangos addewid. Mae un o'i lyfrau gwersi sy'n perthyn i'w flwyddyn olaf yn yr ysgol honno, yn dangos yn eglur fod ansawdd ei waith yn hynod foddhaol. Ymddengys, er enghraifft, fod y symiau i gyd yn gywir er na ellir bod yn sicr 'prun ai'r hyfforddiant yn yr ysgol ai'r hyfforddiant yn y cartref – a hwnnw'n seiliedig ar yr hyfforddiant yng Ngholeg Borough Road – a oedd fwyaf cyfrifol am hyn.'[19] Ar sail y dystiolaeth hon, barn Caerwyn Williams oedd 'ei fod wedi dechrau dangos ei ragoriaeth ar ei gyfoedion yn bur gynnar'.[20] Yn ychwanegol at hynny, mae gennym sylwadau Morris-Jones ei hun ynglŷn â'r gwersi cyfieithu a oedd yn rhan o'r cwricwlwm, agwedd ar y dysgu yr oedd y tad yn frwd iawn drosti:

At that time Welsh was tabooed in the Elementary schools. But my father had his own notions on that subject; he belonged to that old-fashioned class of schoolmasters who instinctively adopted the rational method of proceeding from the unknown to the known by utilizing Welsh for teaching English, and he must have been convinced of the educational value of a comparison of two languages. So he insisted upon my having translation to do from Eng into Welsh & vice versa, and lists of words in one language to supply with their equivalents in the other. So at a very early age I enjoyed the advantage of a bilingual education and learnt to write both English and Welsh.[21]

Diau fod y profiadau hyn wedi gadael eu hôl ar Morris-Jones yr addysgwr pan fu'n cyfrannu, ymhen blynyddoedd, at wahanol drafodaethau ynglŷn â chynlluniau dysgu yn ysgolion cynradd Sir Fôn a Sir Gaernarfon. Ar yr un pryd, mae'n bur sicr fod Morris-Jones, y disgybl, wedi elwa'n fawr ar yr hyfforddiant hwn wrth gwblhau ymarferion a fyddai wedi sicrhau ei fod, o'r cychwyn cyntaf, yn bur effro i rym a swyddogaeth gwahanol eiriau. Go brin y byddai Morris-Jones wedi croesawu unrhyw gymhariaeth â'r hyfforddiant a dderbyniasai Iolo Morganwg, ond trwy gyfrwng ei berthynas â geiriadurwyr lleol mewn plwyfi cyfagos y daeth yntau'n ymwybodol yn gynnar yn ei yrfa o rym geiriau ac o'r budd a ddaw o ystyried geiriau cytras mewn gwahanol ieithoedd.

Yn 1876, symudodd Morris-Jones i Ysgol Friars, Bangor. Y prifathro oedd y Parch. D. Lewis Lloyd, cyn-ddisgybl yng Ngholeg yr Iesu, Rhydychen, a gysegrwyd yn ddiweddarach yn ei yrfa yn Esgob Bangor. Profodd ei hun yn brifathro arbennig o lwyddiannus a fu'n gyfrifol am gynnal y safonau academaidd uchaf yn yr ysgolion y bu'n eu gwasanaethu. Er bod yno gryn bwyslais ar ddysgu Groeg a Lladin, ymddengys fod yn Friars ar y pryd athrawon mathemateg pur ddawnus a lwyddodd i sicrhau fod gwahanol ddisgyblion yn ennill ysgoloriaethau yn y pwnc. Gellid bod yn weddol hyderus, felly, wrth awgrymu y byddai Morris-Jones wedi derbyn hyfforddiant digon cadarn a phriodol mewn mathemateg yn ogystal ag mewn amrywiaeth o bynciau eraill a fyddai'n rhan o gwricwlwm ysgolion gramadeg y cyfnod, er na fyddai lle, wrth gwrs, i'r Gymraeg. Fel yn hanes ysgol y 'Duchess of Kent', byr fu tymor Morris-Jones yn Friars drachefn. Symud ysgol fu ei hanes unwaith eto ond bod yr amodau'n bur wahanol. Yn 1879, gadawodd D. Lewis Lloyd Ysgol Friars a derbyn swydd prifathro yng Ngholeg Crist, Aberhonddu. Ac eto, ni fu raid iddo deimlo'n hollol ddieithr yn ei gynefin newydd am iddo fynd â rhyw 70 neu 80 o ddisgyblion Friars gydag ef ac o leiaf ddau aelod o staff. Ni ellid bod wedi disgwyl i'r awdurdodau ym Mangor groesawu'r fath ddatblygiad a siomwyd olynydd Lloyd yn fawr gan effeithiau allfudiad a oedd mor annisgwyl ac ar raddfa mor fawr. Mewn llythyr at y llywodraethwyr ym mis Hydref 1879, cyfeiriodd y prifathro newydd, W. G. Williams, at 'the sudden and unwarrantable removal from this School of Humphrey Jones, the most promising boy in the VIth Form', a gofynnwyd iddynt fel corff roi 'immediate consideration to a proposal the carrying out of which would check if not remedy the evil which we apprehend'.[22] Y canlyniad fu i Morris-Jones, yng nghwmni carfan gref o'i gyd-ddisgyblion, gan gynnwys y rhai mwyaf galluog, gellid tybied, ddilyn ei brifathro yn nhymor y gwanwyn 1879 i barhau ei addysg yn Aberhonddu. Bu yno tan ddiwedd ei ail dymor cyn dychwelyd i'r gogledd i dreulio gwyliau'r haf.

Yn ystod y gwyliau, cododd y dwymyn goch a methodd â dychwelyd i'r ysgol ar gyfer y flwyddyn academaidd newydd. Y nod, ar ôl adennill ei nerth, oedd dychwelyd i Aberhonddu yn gynnar yn 1880 ond chwalwyd pob cynllun yn dilyn marwolaeth ei dad ar ddydd Nadolig 1879: 'I remained at home during the whole of 1880 assisting my mother in carrying on the business. But I was very far from settling down; and when Lloyd wrote from Brecon in January 1881 inviting me back to school, it was decided I should go, so I went.'[23] Torrwyd ar draws ei yrfa yn Aberhonddu, felly, ond roedd y salwch wedi gadael ei ôl yn gorfforol, hefyd, am fod y dwymyn wedi amharu ar olwg ei lygad dde. Y gwir amdani yw y byddai profiadau o'r fath wedi gorfodi'r llanc i wynebu treialon bywyd yn bur gynnar yn ei yrfa ac i dderbyn cyfrifoldebau teuluol yn gynt na'r disgwyl o gofio, wrth gwrs, mai ef oedd y mab hynaf. Mae J. H. Roberts, er enghraifft, yn ei gofio 'yn helpu'i fam weddw y tu ôl i'r cownter' pan fyddai adref ar ei wyliau o Rydychen.[24] Ac eto, er iddo orfod cefnu ar ei addysg ffurfiol am y tro a chynorthwyo'i fam yn y siop, mae i'r cyfnod hwnnw arwyddocâd arbennig am reswm hollol wahanol:

But that year at home gave a new direction to my reading and I became interested in Welsh literature & particularly Welsh poetry. I read Talhaearn's books, and some of Ceiriog's poems, and any number of englynion &c. I got John Owen interested too (he was pupil teacher at the Bd. School then) and both of us separately &

together attempted to compose poems & englynion. I also read Owen
Williams Waenfawr's *Trysorfa Hynafiaeth*, wh. Contains Geoffrey's
Brut and some 15th century poems &c.; and also read Goronwy Owen
to some extent, & knocked my head against *Gorchestion Beirdd
Cymru*, very little of which I could make out.[25]

Nid oes unrhyw amheuaeth fod y cyfnod hwn wedi cynnig cyfle iddo
ddarllen a bod i'r darllen hwnnw arwyddocâd tra arbennig. Bu cyfle,
hefyd, iddo fwrw prentisiaeth fel bardd yng nghwmni ei gyfaill John
Owen, gan greu gwahanol gerddi ac englynion. Awgryma Caerwyn
Williams fod yr afiechyd a'r brofedigaeth a ddaeth i'w ran o fewn
cyfnod byr,

> wedi ei osod ar y blaen i'w gyfoedion mewn aeddfedrwydd, ac mai'r
> aeddfedrwydd hwn lawn cymaint â'i ragor mewn gallu meddyliol, sy'n
> esbonio'r effaith enfawr ryfeddol a gafodd ei ddarllen yn ystod y
> flwyddyn 1880 arno ar y pryd ac yn ddiweddarach.[26]

Yr hyn sydd yr un mor bwysig yw bod Morris-Jones wedi troi nid at
lenyddiaeth Gymraeg ei ddydd a oedd, at ei gilydd, o safon bur sâl ac
yn gyfyng ei gorwelion, ond at oes aur y traddodiad barddol ac at
waith telynegol gorau'r iaith. Gellid ystyried y salwch a'r cyfnod
sabothol yn rhagluniaethol eu dylanwad am iddynt gynnig cyfle i
Morris-Jones ymserchu ym marddoniaeth y genedl mewn cyfnod pan
na fyddai disgyblion ysgol yn cael eu cyflwyno i unrhyw agweddau ar
hanes llenyddiaeth eu gwlad.

Yn dilyn y cyfnod hwn o ddarllen llenyddiaeth Gymraeg wrth ei
bwysau adref yn Llanfair, yn rhydd o'i astudiaethau swyddogol, ceir
argraff bendant na fyddai Morris-Jones bellach yn ymateb i'w
gwricwlwm ysgol yn yr un modd am fod ei ddiddordeb yn y Gymraeg
wedi peri iddo newid ei agwedd tuag at y pwyslais dealladwy a roddai
gynt ar ei waith ysgol. Nid llwyddo mewn mathemateg o hyn ymlaen
fyddai ei unig nod, er mor allweddol fyddai'r ystyriaeth honno yn
ystod ei gyfnod yn Aberhonddu. Am nad oedd lle i'r Gymraeg o fewn
cwricwlwm ei ddyddiau cynnar yn yr Ysgol Fwrdd, bu raid i Morris-
Jones ennill gwybodaeth am nodweddion yr iaith drwy ymarferion
cyfieithu achlysurol a argymhellwyd gan ei dad; dysgodd, yn y lle
cyntaf, am lên yr iaith drwy ei ddarllen personol a'i gyfeillgarwch
â John Owen yn ystod ei gyfnod adref yn 1880. 'Os nad oedd ar
Syr John', meddai Caerwyn Williams, 'nemor ddim dyled am ei
ddiddordeb yn iaith a llên ei wlad i fro ei eni, yr oedd arno lai fyth o
ddyled i'r ysgolion gramadeg y bu ynddynt.'[27] Dro ar ôl tro, pwysleisir

mai er gwaethaf yr addysg ffurfiol a dderbyniwyd ganddo y llwyddodd Morris-Jones i feithrin parch a chariad at lenyddiaeth Gymraeg, ac oni bai am ddylanwad

> blwyddyn fu i mi megis Sabbath yng nghanol y chwech eraill, a darllen tipyn y pryd hynny wrth fy mhleser fy hun, nes meithrin rhywfaint o serch at farddoniaeth a llenyddiaeth, diameu gennyf y llwyddasai'r hen gyfundrefn i dagu hynny o enaid oedd ynof.[28]

O dro i dro, wrth gwrs, bydd dylanwad athro neu athrawes yn drech na chyfyngiadau cyfundrefn philistaidd ei phwyslais. Yn achos Morris-Jones, sonnir fwy nag unwaith am ddylanwad athro o'r enw J. C. Evans, brodor o Lanegryn a fu'n ddisgybl i Dr Lewis Lloyd yn Nolgellau ac yn athro oddi tano yn Ysgol Friars, Bangor ac wedi hynny yn Aberhonddu. Pan symbylwyd Morris-Jones i ddadlau dros y defnydd y dylid ei wneud o'r Gymraeg o fewn y gyfundrefn addysg flynyddoedd yn ddiweddarach, mae'n amlwg fod ei safbwynt yn adlewyrchu ei brofiadau personol ef ei hun:

> Dylid rhoi dernyn allan o lyfr Lladin neu Roeg . . . i'w gyfieithu weithiau i Gymraeg; . . . Gellid ar adegau hyd yn oed gyfieithu awdwr Lladin neu Roeg i Gymraeg yn y dosbarth; fe wnaethpwyd hyn am dymor byr yn fy amser i yn ysgol Ramadegol Bangor, ac ni bu wersi eraill a adawodd yr un argraff ar fy meddwl.[29]

Bernir mai J. C. Evans 'yn ôl pob tebyg', medd Caerwyn Williams, oedd yr athro y cyfeirir ato, ac er mai graddio yn y clasuron a wnaeth ef yn Rhydychen, ymddengys iddo fod yn ddigon parod a charedig i gefnogi un o'i ddigyblion a oedd wedi dechrau ymddiddori mewn llenyddiaeth Gymraeg:

> My housemaster Mr. J. C. Evans, now Head-Master of Bala County School took an interest in D. ab G. having read Prof. Cowell's article on him in the Westminster Review; & lent me his works to see if I could make anything out of them. I am afraid I gave more time to the attempt than to solving my mathl. problems.[30]

Bu R. T. Jenkins maes o law yn ddisgybl i J. C. Evans ar ôl iddo gael ei benodi'n brifathro ar Ysgol Ramadeg y Bala ddiwedd 1881. Soniwyd eisoes am gefnogaeth garedig J. C. Evans, cefnogaeth y bu Morris-Jones yn hapus i'w chydnabod. Ceir tystiolaeth atodol gan R. T.

Jenkins, fodd bynnag, sy'n awgrymu fod y disgybl yntau wedi gwneud cryn argraff ar ei athro yn Aberhonddu wrth ddangos cymaint o frwdfrydedd tuag at bwnc na fyddai fel arfer yn denu sylw myfyrwyr y cyfnod. R. T. Jenkins, disgybl yn y Bala ar y pryd, sy'n sôn am stydi ei brifathro ac yn rhoi'r hanesyn yn ei gyd-destun:

> Sylwais, ar silffoedd J. C. Evans, ar res o argraffiadau Gwenogfryn; gwelodd yntau fi'n edrych arnynt a chwarddodd: 'Yes, I got all these things to please John Morris-Jones, but I've never opened them!' . . . Wel, ar y pryd, ni thrawodd i'm meddwl ofyn iddo *paham* y cymerodd ei berswadio gan John Morris-Jones fel hyn. Ond gwn yn awr. Yr oedd John Morris-Jones yn un o'i ddisgyblion yn Aberhonddu. Meddai wrthyf rywdro wedyn: 'I could see he took little interest in anything but these old Welsh poems, so I said to him one day: "Look here – why don't you make a *job* of these things – go in *seriously* for them, make a name for yourself on them?"' Felly fu, i bob golwg – mi glywais i'r Athro, o'i ochr yntau, yn adrodd y stori wrth rywun.[31]

Peth digon anodd fyddai dyfalu beth yn union a olygai J. C. Evans wrth yr ymadroddion 'make a job of' a 'go in seriously for them', ond roedd i'r agwedd hon ar weithgarwch Morris-Jones yn Aberhonddu arwyddocâd pellgyrhaeddol ac i gefnogaeth ei 'housemaster' le amlwg yn yr hanes.[32]

Daw'n amlwg, felly, na châi'r Gymraeg unrhyw sylw ar gwricwlwm y gwahanol ysgolion y bu Morris-Jones yn eu mynychu a bod rhaid ystyried dylanwadau eraill a fu'n gyfrifol am greu'r diddordeb hwnnw a benderfynodd, yn y pen draw, union bwyslais a chyfeiriad ei astudiaethau a'i yrfa. Un peth yw nodi'r gwahanol ddylanwadau a gofnodir gan Morris-Jones ei hun a chan gyfoeswyr iddo; peth arall yw ceisio mesur a chymharu hyd a lled y gwahanol ddylanwadau. Bid a fo am y troeon yng ngyrfa'r disgybl a nodwyd uchod, ni wiw i unrhyw ddadansoddiad o'r cyfnod hwnnw ddiystyru parodrwydd, heb sôn am allu'r disgybl, i dderbyn ac i fanteisio ar yr hyfforddiant a'r ddysg a gynigid. Gwelir, felly, fod amrywiaeth o ffynonellau yn cynnig tystiolaeth sy'n caniatáu astudiaeth fanwl o'r prif ddylanwadau. Ac eto, ni ddylid anwybyddu'r hyn a ddywed Morris-Jones ei hun. Wedi nodi bendithion ei gyfnod sabothol adref yn Llanfair 'heb gaethiwed arholiad na chwrs gosodedig', ceir ganddo sylw arwyddocaol sy'n awgrymu y dylid gochel rhag rhoi gormod o bwys ar rym gwahanol ddylanwadau am fod llwyddiant unrhyw hau yn ddibynnol ar fraster y tir. Do, fe gafodd hamdden i ddarllen ac i ymddiddori

mewn gwahanol gyfrolau o lenyddiaeth Gymraeg, ond nid tröedig-
aeth oedd hon eithr 'cyfle i feithrin rhyw serch naturiol oedd ynof
erioed at farddoniaeth Gymraeg'.[33] Pa mor rymus a pherthnasol
bynnag fo'r gwahanol ddylanwadau allanol, ni ellir anwybyddu cyf-
raniad y gwerthoedd a'r teimladau greddfol a chynhenid hynny sy'n
llywio ymateb yr unigolyn i'w amgylchedd a pheri iddo elwa ar y
dylanwadau a ddaw i'w ran.

Rhan 2: O Aberhonddu i Rydychen

Ar ddechrau'r flwyddyn 1881, fel y gwelsom, bu Lloyd mor garedig ag
ysgrifennu at fam Morris-Jones yn gwahodd y mab yn ôl i Aber-
honddu ac yn cynnig iddo gyfle a fyddai'n penderfynu cwrs ei yrfa
academaidd o hynny ymlaen:

> Yn nechreu 1881 anfonodd Lloyd at fy mam i ofyn gawn i ddyfod i'r
> ysgol yn ol, a chynnyg ysgoloriaeth i mi bron ddigon i'm cadw. Gan
> nad oedd olwg y setliwn lawr yn y siop derbyniodd fy mam y cynnyg
> yn ddiolchgar, ac yn ol i Aberhonddu yr euthum, wedi colli pedwar
> term (blwyddyn a hanner) o ysgol.[1]

Prin bod y cofnod cryno hwn yn datgelu'r holl wir, a'r modd y
gwerthfawrogwyd y gymwynas, am fod y cyfnod hwnnw yn un pur
anodd i'r teulu oll ac yn arbennig i'r fam. Ymddengys nad oedd y siop
yn rhyw lewyrchus iawn ac yr oedd ganddi dri o blant i'w codi ar
arian digon prin. Y canlyniad fu, fodd bynnag, i Morris-Jones ddych-
welyd i Aberhonddu yn gynnar yn 1881 er mwyn canolbwyntio ar ei
briod bwnc, sef mathemateg, a chyda'r nod o ennill ysgoloriaeth yn
un o'r hen brifysgolion.

O fewn deuddydd ar ôl cyrraedd Aberhonddu, yr oedd y disgybl
alltud yn awyddus i sicrhau ei fam drwy lythyr ei fod 'wedi cyraedd
yma yn saff'. Ceir y llanc yn rhoi hanes y noson gyntaf ac yn ymateb
i'w gynefin newydd:

> Yr oeddwn yma erbyn saith nos fercher a gadewais fy moxes yn y
> station, ac eis i lawr ar fy union i'r college at Lloyd. Yr wyf yn lodgio
> gyda naw o fechgyn y college mewn ty a elwir Mount Pleasant. Y mae
> yma le pur gyffyrddus a byddaf yn sicr o leicio yma. Byddaf yn cael
> fy mrecwast a fy nhe a fy swper yn Mount Pleasant a'm cinio gyda'r

boarders yn y college . . . Yr wyf yn cysgu yn yr un room a bachgen o'r South yma, bachgen tua pedwar a'r bymtheg neu ugain oed . . . Cewch dipyn mwy o fy hanes eto pan fydd genyf fwy o amser.[2]

Y Sul canlynol, adroddir yr un hanes mewn llythyr at 'gyfaill' iddo sef, yn ôl pob tebyg, John Owen, Tanymynydd, Llanfair Pwllgwyngyll. Sonnir drachefn am fynd i 'Mount Pleasant i lodgio at y boys eraill' ac mae naws y traethu yr un mor gadarnhaol, fel na raid tybio ei fod yn y llythyr at ei fam yn sicrhau na fyddid yn rhoi unrhyw argraff ei fod yn gweld unrhyw fai ar ei gynefin dieithr. I'r gwrthwyneb: 'Y mae naw o honom, ac yr wyf yn ei hadnabod oll ond un. Y maent oll yn fechgyn pur glen a ffeind, ac yr wyf yn leicio fy lle yn iawn. Digon o hwyl bob nos.'[3] Yna, daw'r cyfaddefiad ei fod 'wedi colli gryn amser wrth fod adref' a nodi fod 'y rhan fwyaf o'r boys oedd gyda mi o'r blaen mewn class uwch na mi'. Mae'r ail lythyr yn y casgliad yn dechrau 'Anwyl John [Owen]' ac yn sôn fod 'pobpeth yma yr un fath yn union a'r term diweddaf ond fod yma tua deg o hogia newydd a meistr newydd yn lle Jack bach'. Erbyn hyn, roedd y llanc ifanc yn dechrau ymdeimlo â chyfrifoldebau cyfundrefn addysgol ddigon caeth a dyrys ac, er gwaethaf pob profedigaeth ac anhawster a ddaethai i'w ran, roedd yn bur effro i'r hyn a ddisgwylid gan ddisgybl o'i allu a'i botensial ef:

> Y mae hi yn annifyr iawn gorfod dechreu gweithio eto wedi cymaint o segurdod. Ond rhaid dechrau o ddifri yn awr, rhaid rhoi i fynu ddychmygion a 'day-dreams' am y 'more grim realities'. Rhaid rhoi goreu i freuddwydio am ryddid a dedwyddwch Patagonia i brofi caethiwed ac annedwyddwch Christ College Brecon . . . Y mae yr holidays yn edrych yn bethau rhyfedd iawn ar ol iddynt basio. Y maent yn ymddangos fel pe bawn wedi cysgu ar ganol fy ngwaith ac wedi cael breuddwyd difyr o ba un yr wyf newydd ddeffro i ffendio fy hun yn yr un twll yn union ac o'r blaen, dim yn y golwg ond gwaith, gwaith, gwaith diderfyn.[4]

Gan mai'r diwrnod yn hytrach na'r dyddiad a nodir fynychaf ar ben y gwahanol lythyrau, ni ellir, o'r herwydd, osod y casgliad o lythyrau yn eu trefn amseryddol gydag unrhyw sicrwydd. Ac eto, cyflwynir gwybodaeth sydd yn dadlennu nifer o agweddau diddorol ar fywyd disgybl yn Aberhonddu ar y pryd ac ar ymateb Morris-Jones i'w fywyd yno rhwng 1881, pan ddychwelodd yno ar ôl ei salwch a'i brofedigaeth, a thymor yr haf 1883 cyn iddo symud i Rydychen. Ar wahân i'r pwyslais disgwyliedig ar faterion academaidd, ceir, o bryd i'w gilydd, gyffyrddiadau llawer ysgafnach sy'n dangos yn eglur fod yno fywyd y tu hwnt i ddisgyblaeth yr ystafell ddosbarth. Ac eto, nid pob gweithgarwch atodol a fyddai'n plesio a chwynir yn dost am y modd y bu raid treulio'r Sulgwyn yn Aberhonddu, 'y Sulgwyn mwyaf annifyr a dreuliais erioed':

Yr oedd ein Cricket Club ni yn chwareu yn erbyn y Breconshire Cricket Club ddydd Llun y Sulgwyn. Curasom hwynt o 100 runs. Cawsom haner diwrnod o holiday i weld y match a dyna gymaint a gawsom y Sulgwyn; a pha bleser sydd i'w gael wrth edrych ar ryw hen Gricket match.[5]

Wedi dweud hynny, ymddengys ei fod yn ddigon teyrngar i'w goleg i allu ymfalchïo yn y fuddugoliaeth yn erbyn 'Cardiff Cricket Club' ar y dydd Gwener. 'Yr oedd y Fatch', meddai ymhellach,

yn cael ei chwareu yn Hereford ac yr oedd y 'Cardiff chaps' yn un o'r Sets goreu gafodd erioed ei gyru o Gardiff, ond er hyny curasom hwy o 56 runs; ac yr oedd hyny yn splendid gan fod Cardiff yn un o'r trefydd mwyaf yn Nghymru ac yr oedd y rhai oedd wedi ei gyru i'n herbyn yn chwareuwyr goreu yn Cardiff.

Fodd bynnag, ni cheir unrhyw awgrym fod ceisio sicrhau lle yn y cyfryw dîm yn uchelgais ganddo ond bod ei fryd, yn hytrach, ar ennill clod mewn maes pur wahanol am iddo ddangos yn yr un llythyr ei fod yn meithrin cryn hyder yn ei briod faes academaidd:

Gallaf fi ddysgu llawer o Algebra i ti yn yr Holidays a gelli erbyn yr amser hwnw dreio ambell i rider bach yn Euclid ac mi "guarantuaf" i ti os caf dipyn o amser efo ti yn yr holidays nesaf a rhai y Nadolig y pasi dy Exam yn y Subjects yna yn rhwydd.

'Piti na fuaset ti wedi gweled yr eneth o'r Ynys yn y ffair',[6] yw man cychwyn llythyr arall a gwahanol ferched, yn naturiol ddigon, yn cael sylw penodol gan ohebwyr ifainc o oedran Morris-Jones a'i gyf-eillion. Dro arall, er bod arno awydd ysgrifennu at ryw 'Katie', y penderfyniad oedd peidio mentro oherwydd 'buasai postmark Brecon yn bur suspicious', ac yn debygol o ddatgelu'r gyfrinach 'achos fedar hen ferched gadw dim wsdi'.[7] Er gwaethaf beirniadaeth o'r fath, ymddengys ei fod yn gweld eisiau cwmni merched yn Aberhonddu:

'Tafod benyw' ydyw y peth ydwyf yn golli fwyaf o ddim yn Brecon: (i) Nid wyf yn clywed dim o swn tafodau gossips chwedleugar o ba rai y mae Llanfair yn llawn; ac yn (ii) Nid wyf byth yn cael tipyn o chat gyda rhyw hogan bach go neis, a does dim yn fwy swynol wsdi "na thafod geneth ifanc" ac er gwaethed y cyntaf nid yw gan waethed a cholli yr olaf.[8]

Ceir sôn pellach am Katie wrth iddo ddychwelyd i Aberhonddu ar ryw achlysur arall. 'Nid oedd Katie na Polly yn y station, ond pan oedd y trên yn cychwyn a minnau a fy mhen allan, "To cast one longing lingering look behind", gwelais y ddwy yn nrws ty Polly yn chwifio ei hance[s]i poced, chwifiais fy un fy hun mewn ateb a "phwff" a fi o'r golwg.'[9] Bydd ambell ffarwel yn fwy dramatig na'i gilydd!

Mynd a dod fu hanes anochel nifer o'i ffrindiau yn Aberhonddu, y gwahanol lythyrau'n cofnodi hynny ac yn dal i adlewyrchu'r awydd am newyddion o Lanfair a'r diddordeb yng ngweithrediadau'r gymuned yno. Canmol ambell ddatblygiad a wneir er bod yna newid cywair wrth droi ei sylw at fyd yr eglwys:

O achos pwy sydd gan yr eglwyswyr yn Llanfair all wneyd dim? Mentrwn ddweyd nad oes yna ddim wan Jack o honyn yn gwybod beth yw cynghanedd; a dim mwy na rhyw un o ddeg o honynt feder spelio Cymraeg; ond dyna ddigon am danynt.[10]

Mae'n amlwg fod y gynghanedd a 'spelio' ar yr agenda Morris-Jonesaidd yn bur gynnar yn ei yrfa. Dro arall, ceir ei fod yn ymateb i hynt a helynt gwahanol gyfarfodydd llenyddol neu'n mynegi barn ar ymgais i hyrwyddo gweithgarwch diwylliannol yn y cylch:

Y mae brass band yn all right yn mysg lot o chwarelwyr sydd yn cael tua deuddeg punt yn y mis o gyflog a phan fydd Asheton Smith neu Lord Penrhyn yn rhoi siwtiau a lot o instruments iddynt; ond mae arnaf ofn mae gwan ydi hi yn Llanfair.[11]

Er gwaethaf y diddordeb amlwg a ddangosir yn ei hen gynefin a'r mwynhad a ddeilliai o dderbyn hanesion am hyn a'r llall, yr oedd y llythyrau yr un pryd yn creu darlun o fywyd digon caeth yn Aber-honddu:

Y mae pobpeth yn Brecon yma yn dal yn o agos yr un fath o hyd; ond os rhywbeth y mae yn feinach arnom yn awr; ac y mae y meistradoedd yn siarpach. Ni chawn fyned allan yr un cam yn awr ar ol hanner awr wedi chwech y nos. Y mae y dref hefyd out of bounds fel o'r blaen. Cefais fy nal yn y station ryw ddiwrnod ac am hyny gorfu i mi ddysgu 50 lines o Greek ar dafod leferydd i'w dweyd fesul deg.

> 'Main a du y mae hi'n dod – a meinach
> Mae'n myned bob diwrnod
> A maina a fydd tra myn fod
> Wrth y llyw eirth a llewod'

Chadal yr hen fardd hwnw. Ond does dim ond disgwyl 'Sunny days to come again.'[12]

Ar un adeg, profodd y gyfundrefn yn fwy haearnaidd fyth wrth i Morris-Jones drosglwyddo'r newyddion ei fod bellach yn 'boardio gyda Lloyd', y prifathro, yn ogystal â bod yn atebol i amserlen ddigon caeth o safbwynt patrwm y dysgu a'r cofrestru cyson. Ac eto, wrth gymharu bywyd coleg â bywyd y siop yn Llanfair, gwelir fod agwedd y disgybl ifanc yn ddadlennol onest a chytbwys wrth ymdrin â manteision amlwg ei fodolaeth fel disgybl yn Aberhonddu er gwaethaf pob rheol gaethiwus, ochr yn ochr ag unrhyw demtasiwn i gydnabod, o bell, fendithion ei hen gynefin. Mae ei ddadansoddiad yn haeddu sylw am fod yma bwyso a mesur amrywiaeth o ffactorau gan lanc a orfodwyd, dan amgylchiadau pur anodd, i feithrin agwedd ddigon athronyddol ac aeddfed tuag at ei gyflwr a'i obeithion:

Er mor gaeth oeddwn gartref y mae hi yn gaethach yma. Yr oeddwn yn cael mynd allan gyda'r nos gartref a chael smoke gysurus a chat bach hyfryd i'r fargen. Ond nid oes neb yma i fod allan ar ol saith ac y mae mygun yn beth hollol allan o'r cwestiwn, er y byddaf yn smugglio un ambell dro yn ddistaw bach yn nhy Lodging Morus bach. O! fel y byddaf yn canu wrth ddyfod gartref

> 'Blwyddyn y jubili a ddaeth
> A rhyddid cu i'r caethion caeth.'

Ond o'r ochr arall y mae pob poen meddwl &c a fuasai yn fy mlino gartref yn awr fel pethau a aethant heibio. Yr wyf yn awr yn cael byw fel boneddwr, ac o ran fy hun yn berffaith independent a phawb a phobpeth, ac yr wyf wrth fy modd yn dysgu ac yn solvio problems anhawdd mewn Higher Mathematics. Y mae genyf yn awr olygfa am fywyd da o fy mlaen os stickiaf ati, yn lle bod yn stwnshio mewn baw rhyw hen dwll fel Llanfair. Rhyw hen dwll? Ie o ran dim daioni a gaiff neb yno, hen dwll meddw afreolus. Pwy, ond barbariaid, fuasai yn cwffio ac yn cicio row efo teulu show saethu a cheffylau prenau? Pwy hefyd fuasai yn cwffio gyda hen wyddelod digaractor yn mhen y Stryd? Dyma ystâd foesol Llanfair. Ond, Ond (chwedl yr hen bregethwr hwnw), wrth feddwl am y walks yn nghoed y twr, y coedydd a'r gelltydd wrth ochr y Line, a'r scenery splendid wrth y tube, a'r fynych hyfryd awr a dreuliasom yno, Pa le mor ddifyr mor nefolaidd a Llanfair.[13]

Ceir tystiolaeth, hefyd, ei fod, dan ddylanwad ei astudiaethau swyddogol yn y coleg, ynghyd â'i gyfnod sabothol gartref yn Llanfair, yn meithrin diddordeb mewn barddoniaeth ac yn dangos y math o frwdfrydedd at y pwnc a ddaeth yn bur amlwg wedi iddo gwblhau ei astudiaethau yn Rhydychen:

Yr oeddit yn son am y beirdd Latin a Groeg, ond yr wyt yn camsynied mewn un peth. Er fod Virgil Horace Xenophon &c yn myned a fy holl amser bron, nid yw yr hen Dal [haiarn] wedi ei anghofio. Byddaf yn adrodd darnau o'i waith yn bur aml ac yn darllen ei fan gofion barddonol i'r 'poetical part' o'r boys yma, a byddant hwythau yn adrodd straeon barddonol bach oeddynt hwy wedi glywed.[14]

Gwelir, felly, ei fod yn byw bywyd disgybl alltud yn Aberhonddu heb golli cysylltiad â Llanfair, ei fod, ar yr un pryd, yn datblygu arbenigedd amlwg mewn mathemateg heb golli golwg ar amrywiaeth o weithgareddau atodol, boed y pwyslais, un tro, ar ddarllen yn ehangach a thro arall ar drafod gwaith beirdd unigol neu hel hanes merched a ddenodd ei ffansi. Gellir derbyn, fodd bynnag, fod dau lythyr o'i eiddo yn perthyn i'w ddyddiau olaf yn Aberhonddu am fod ynddynt gyfeiriadau penodol at Rydychen. Yn y cyntaf, ceir y gosodiad moel, 'Y mae Jesus yn dyfod yn mlaen dair wythnos i foru, rhaid i mi weithio yn galed yn awr.'[15] Gellid synhwyro, yr un pryd, fod ei gynefin bellach, o gofio fod yr arholiadau ar y gorwel, yn ymddangos yn fwy atyniadol nag erioed:

Yr oedd yn dda genyf glywed dy fod wedi mwynhau cymaint arnat dy hun tua'r Sulgwyn; chredat ti ddim gymaint fyddaf fi yn hiraethu ambell i Sul am glywed pregeth dda yn cael ei thraddodi mewn hwyl nefol gan un o hen batriarchiaid tanllyd yr hen gorph . . . Buasai yn dda genyf pe buaswn wedi cael y fraint o fod yn eisteddfod Llangefni yn enwedig wrth fod ein 'favourite' côr wedi bod yn fuddugoliaethus.[16]

Ceir, yn yr un llythyr, drafodaeth fanwl ar darddiad yr enw Llanfair Pwllgwyngyll yn ei holl gyfanrwydd cymhleth. Mae'n briodol nodi hynny, am fod y llanc eisoes yn dangos gallu arbennig iawn i fod yn ddadansoddol fanwl, i ynysu'r gwahanol elfennau mewn modd sy'n fathemategol drefnus fel bod modd asesu'r gwahanol ddehongliadau ar yr enw. Wele ddawn ymresymu Morris-Jones yn dechrau blaguro:

> Yn awr dyma fy nghyfieithiadau i o'r ddau – (1) (St Mary's pool of the white hazels) near the whirl-pool near the swift (?) – pool very near the pool of Tysilio (and) gogogoch. (2) (St Mary's pool of the white hazels) very near the swift whirlpool near Tysilio (and) gogogoch. Yn y diweddaf mae Pwll Ceris yn dyfod yn ei le priodol; yn agosach i Lanfair na (Llan neu sant) Tysilio a gogogoch. Oddiwrth y llall cesglir mae pwll Tysilio yw yr agosaf. Yn awr os oes arnat ti eisiau profi nad oes yna needless repetition yn yr enw, profa fod tri pwll yn y Straits (neu rywle arall os leici di) a fod trobwll yn enw ar un neillduol, chwimbwll yn enw ar un arall a pwll Tysilio yn un arall. Profa hefyd fod Pwll Tysilio yn agosach i Lanfair na'r un o'r lleill.

Go brin fod rhaid tynnu sylw at arwyddocâd arbennig y gair 'profa' yn y cyd-destun cynnar hwn, ystyriaeth a fu'n sail i gymaint o waith ysgolheigaidd arloesol yr athro prifysgol ac a fu'n elfen ganolog ym mhob ymosodiad ar y sawl a fynnai gyhoeddi barn ar wahanol bync-iau academaidd heb ddangos unrhyw awydd i gasglu'r dystiolaeth angenrheidiol ar gyfer ategu'r gwahanol ddatganiadau.

Er bod tuedd i bwysleisio'r modd yr oedd y disgybl, erbyn hyn, yn dechrau colli blas ar fathemateg, rhaid cofio mai dyna oedd prif ffocws y dysgu a gellid tybied mai ei allu arbennig iawn yn y pwnc hwnnw oedd wrth wraidd ymdrechion Lloyd i sicrhau y câi gyfle i ailafael yn ei waith ysgol. Dyna'r awgrym clir a roir gan Morris-Jones ei hun, sef fod disgwyl iddo, ar ôl ailymgartrefu yn Aberhonddu, roi ei sylw i fathemateg: 'Lloyd supposing me to have exceptional abilities that way, because I was the best at solving Euclid riders at Friars'.[17] Ategir y pwyslais hwnnw gan yr hyn a nodwyd gan Lloyd wrth gefnogi cais Syr John ar gyfer swydd darlithydd ym Mangor, sef na ddaethai erioed ar draws unrhyw ddisgybl rhwng pedair ar ddeg ac un ar bymtheg mlwydd oed 'who possessed such power in the solution of original mathematical problems'.[18] Ceir tystiolaeth bellach yn llythyr Morris-Jones at Gwenogvryn sy'n awgrymu fod gallu mathemategol yn gryfder teuluol am fod aelodau eraill wedi dangos dawn gyffelyb:

> My father's cousin R. Parry Jones late rector of Gaerwen was a Cambridge Senior Optimi; and the son of another cousin of his, W. Morris Jones, a schoolfellow of mine both at Friars and Brecon won a mathematical Scholarship at Jesus in 81 (& was drowned some months afterwards at Oxford).[19]

Dylid nodi iddo, yn yr un llythyr, gyfeirio at y posibilrwydd iddo etifeddu gan ei dad 'a certain aptitude for mathematics'. Er ei fod wedi diflasu ar y pwnc a'i fod yn ymlafnio yn Aberhonddu 'in a very mechanical and forced, pleasureless way',[20] mae'n siŵr y byddai'r llanc yn bur ymwybodol o'i ddyled i'w fam ac i'w brifathro caredig am roi iddo'r cyfle hwn. Ar yr un pryd, gwyddai yn iawn mai drwy ysgoloriaeth mewn mathemateg y gallai sicrhau lle iddo'i hun mewn prifysgol er mwyn parhau â'i addysg ac ennill iddo'i hun, o ganlyniad, elfen o annibyniaeth. O safbwynt yr ysgol, wrth gwrs, byddai llwyddiant ei disgyblion, yn arbennig wrth ennill ysgoloriaethau pwysig, yn dwyn clod i'r sefydliad ac i'r prifathro. O ganlyniad, byddai unrhyw ddisgybl galluog megis Morris-Jones yn bur ymwybodol o'r safonau academaidd a ddisgwylid ganddo ac o agwedd yr ysgol at lwyddiannau yn gyffredinol, agwedd a bwysleisiwyd gan Rhiannon Morris-Jones wrth iddi hel atgofion am fagwraeth a gyrfa ei thad adeg canmlwyddiant ei eni:

> Yr oedd yr hen ysgolfeistri hyn, a'r Esgob Lloyd yn eu plith, yn ofalus iawn o'u bechgyn galluog, ac yn gadael ychydig iawn i siawns. Trefnai fod y bechgyn oedd yn eistedd am ysgoloriaeth yn cael eu hanfon am bythefnos neu dair wythnos yng ngwyliau'r Pasg o flaen yr arholiad, i gartref y meistri am 'special coaching.[21]

Gellid tybied y byddai angen cryn gymorth ar ddisgyblion fel Morris-Jones a fyddai'n cynnig am ysgoloriaethau yn Rhydychen neu Gaergrawnt yn wyneb cystadleuaeth ffyrnig o gyfeiriad ymgeiswyr o ysgolion bonedd Lloegr. Yn ychwanegol at y gystadleuaeth amlwg, a derbyn tystiolaeth Morris-Jones yn ei lythyrau at ei ewythr, roedd yr ysgoloriaethau eu hunain yn ddigon prin ac yn gofyn am gryn ddawn ac arbenigedd mathemategol mewn amrywiaeth o feysydd. Roedd Lloyd, fel y nodwyd, yn ddigon ymwybodol o'i allu a chafodd Morris-Jones yntau, yn ôl arfer yr oes, bob cymorth a'i siâr o'r 'special coaching' a oedd ar gael: 'Gwr [*sic*] o Appleby yn Cumberland yng ngogledd Lloegr oedd [yr] athro mathemateg yng Ngholeg Crist ar y pryd ac i'r fan honno yr anfonwyd fy nhad.'[22]

Daeth yn adeg cynnig am ysgoloriaethau ac mae'r llythyrau a anfonodd Morris-Jones at ei ewythr William Jones 'Shop Trevor, Near Llangefni, Anglesey'[23] yn cynnig gwybodaeth werthfawr am hanes yr ymgyrch. Yr hyn sy'n hynod ddadlennol yw'r modd y bu raid i'r disgybl ifanc bwyso a mesur ei obeithion yn y gwahanol golegau; beth oedd pwyslais mathemategol y gwahanol bapurau, ym mha goleg y byddai'n fwyaf tebygol o fedru cystadlu orau â'i gyd-ymgeiswyr. Ar sail ei ymholiadau, lluniwyd strategaeth bersonol yn y gobaith y byddai'r paratoadau manwl ynghyd â'r ymchwil i'r arholiadau eu hunain, yn sicrhau llwyddiant yn y pen draw. Mae'r llythyrau sy'n olrhain hanes y cyfnod yn dangos cryn aeddfedrwydd ar ran y disgybl ifanc, wrth i Morris-Jones ymdrin mewn dull hynod wrthrychol a realistig â'r gwendidau a nodwyd yn ei wahanol bapurau ac wrth iddo amlinellu ei gynlluniau ar gyfer y dyfodol. Dangosir fod ganddo wybodaeth fanwl am natur ac amserlen y gwahanol arholiadau ac am gostau byw yn y gwahanol golegau, ystyriaeth ymarferol a oedd o'r pwys mwyaf i rywun yn ei sefyllfa ef na allai ddisgwyl cefnogaeth ariannol gan y teulu. Mewn llythyr dyddiedig 31 Ionawr [1883], sonnir am ei ymgais i ennill ysgoloriaeth yng Ngholeg Merton, Rhydychen, 'un o'r Schol Exams caletaf yn Oxford'.[24] Eithr, manylir ar yr un pryd ar ei dactegau ar gyfer y dyfodol mewn modd hynod gall a rhesymegol:

Yr wyf yn meddwl myned i fyny i Cambridge yn mis Mawrth a bydd gennyf dri neu bedwar o chances eto y term nesaf, yn mysg y rhai mae y Jesus College Scholarships yn mis Mehefin. Wrth gwrs mae genyf fwy o chance yn y fan hono nac unman arall ac y mae Jesus yn lle pur rad yn awr. Dywedodd bachgen sydd yno wrthyf, pan oeddwn yn Oxford fod £100 a year yn coverio ei expenses i gyd ond ei ddillad; tra y dywedodd un sydd yn Merton wrthyf fod ei expenses yno yn cyrhaedd o £130 i £150. Fel yna, mewn ffordd, mae yn dda na chefais ddim yn Merton gan fod yno le mor ofnadwy o ddrud.[25]

Ni lwyddodd, felly, yn Merton: 'Beth bynnag, nid oedd neb yn boddhau yr Examiners ac ni awardiwyd y Schol o gwbl.' Cofnodir methiant pellach mewn llythyr dyddiedig 17 Mawrth 1883 ar ôl iddo fod 'yn ymgystadlu yn Queen's College'.[26] Roedd un ysgoloriaeth ar gael, rhyw ugain yn cystadlu amdani a Morris-Jones ar sail 'llythyr a yrodd yr Examiner i un o'r meistradoedd yma' yn drydydd ar y rhestr. Yn yr un llythyr, daw'n amlwg fod Morris-Jones yn derbyn pob cefnogaeth gan ei brifathro a'i fod yn gobeithio derbyn yr hyfforddiant ychwanegol y cyfeiriodd ei ferch Rhiannon ato, yn ystod y gwyliau:

> Nid oes dim diben gyru dim byd i Lloyd. Y mae ef yn hollol ymwybodol y dylaswn gael pob chwareu teg yn awr ac, yn wir, yn gwneyd ei orau i mi gael. Yr wyf yn gweithio yn regular gyda dau Fathematical Master yma a dywedodd un o honynt heddyw ei fod yn meddwl fod arrangements yn cael eu gwneyd i mi gael fy 'nghoachio' yn yr Holidays. Pa fodd bynag yr wyf am gael lot o Scholarship papers i'w gweithio yn yr Holidays a bydd hyny yn un o'r pethau goreu i mi os na allaf gael coach.[27]

Mae cywair y trydydd llythyr yn hollol wahanol. Yma, mewn llythyr dyddiedig 20 Mehefin 1883, cofnodir y newyddion da ei fod wedi ennill ysgoloriaeth £80 yng Ngholeg Iesu:

> Yr oedd amryw ereill yn cynyg am y Mathematical Schol, o Landyfri, University Coll: Aberystwyth, a lleoedd eraill. Ymddengys fy mod wedi curo'r cwbwl oedd yn treio yn Maths hyd yn nod y rhai oedd i mewn am yr Open; gan mai fi oedd yr unig un gafodd ddim byd mewn Maths.[28]

Er bod elfen o ryddhad yn y traethu, ceir, hefyd, gyfaddefiad hollol realistig fod 'gwaith caled iawn, caletach nag o'r blaen, o fy mlaen eto cyn y caf weled Sir Fon'. Drwy sicrhau tystysgrif Bwrdd Arholi Rhydychen a Chaergrawnt, gellid osgoi dychwelyd i Rydychen ym mis Medi 'er mwyn treio Responsions yno' ac aros tan fis Hydref. Hawdd deall fel y mae'r hyn a draethir yn y llythyr yn cyfleu cyffro a mwynhad y llwyddiant ochr yn ochr ag ymwybyddiaeth o'r ystyriaethau ymarferol hynny a oedd yn rhwym o godi o gofio natur y sefyllfa gartref yn Llanfair. Fodd bynnag, hyd yn oed cyn iddo dderbyn y newyddion da gan Goleg yr Iesu, mae llythyr o'i eiddo a anfonwyd o '5 Grove Street, Oxford, Dydd Sul [1883]' yn adlewyrchu cryn hyder ei fod 'wedi gwneyd yn lled dda'. Ar wahân i'w bapurau yn Saesneg a'r clasuron ('nid yw y papurau hynny yn cyfri dim wsdi'), ceir adroddiad manwl am gynnwys y pedwar papur mewn Mathemateg:

> Dyma Number y cwestiynau a wneuthum I Algebra 9 out of 11; II Trigonometry & Theory of Equations 10 out of 13; III Pure and Analytical Geometry 12 out of 13; IV Differential Calculus 0. Ni chafodd Differential erioed ei setio o'r blaen ac yr oedd y prospectus yn dweyd na chawsai setio eleni . . . Wrth na wnaeth neb arall ddim o hono nid wyf yn meddwl y bydd ddim yn fy erbyn fy mod i wedi gwneyd dim ohono . . . Ond nid wyf yn hitio rhyw lawer yr wyf wedi curo y Cymru under 19 i gyd . . . Os y rhont y Schol o gwbl yr wyf o'r farn ac y mae Morus bach ac eraill o'r un farn mai i mi y rhoddir hi.[29]

Ac eto, rhag ofn na ddeuai llwyddiant yng Ngholeg yr Iesu 'yr wyf wedi entro fy enw am Magdalen' meddai ymhellach, a olygai sefyll un papur yn y coleg hwnnw cyn clywed canlyniad Coleg yr Iesu.

Mae'r llythyrau, felly, yn dangos pa mor alluog yr oedd Morris-Jones mewn mathemateg, pa mor aeddfed a chraff yr oedd wrth asesu natur ei obeithion yn y gwahanol golegau a pha mor benderfynol yr oedd wrth ymateb i'r her o feistroli cynifer o agweddau ar ei briod bwnc ar gyfer y gwahanol ysgoloriaethau. Ar wahân i'r llythyrau a ysgrifennwyd at William Jones ei ewythr, y dyfynnir yn helaeth ohonynt gan Caerwyn Williams, ceir tystiolaeth atodol mewn llythyr pellach wedi'i gyfeirio at 'Hoff Gyfaill' sydd hefyd yn adrodd hanes ei lwyddiant yn Rhydychen ac yn cyfleu cyffro'r achlysur:

> Nid af i draethu ar fy nheimladau pan y canfyddais y list, yn hytrach na dweyd mai teimlad o ddiolchgarwch oedd yn gorbwyso pob teimlad arall . . . Aethum drwy y portal, edrychais ar draws y Quad ar yr arch lle bydd y notices yn cael eu rhoi i fyny. Nid oedd neb yno felly meddyliais nad oedd y list ddim i fyny eto ac yn lle mynd yno eis ar fy union am room Morus Bach. Yn y drws cyfarfyddais y boys eraill 'I congratulate you old chap' meddynt. 'Why what's the row?' meddwn innau. 'Why haven't you seen the list? You're in flying – nobody elected in Maths but you licked the open chaps every Jack one of them. Damned shame they don't give the open to a Welsh chap &c &c' Ar ol i mi gael amser i agor fy llygaid eis am y telegraph office ac wedyn i ordro cinio ac yna at Harper efo W. F. Lloyd un arall o'r boys yma a gafodd y Science schol a chawsom hwyl iawn efo'r hen frawd.[30]

Mae'n wir fod diddordebau eraill wedi denu sylw Morris-Jones pan oedd yn ddisgybl yn Aberhonddu a bod J. C. Evans wedi bod yn hynod gefnogol wrth iddo ddechrau ymddiddori mewn llenyddiaeth Gymraeg. Rhaid pwysleisio, hefyd, fod ennill ysgoloriaeth i Rydychen yn gam hollol allweddol yng ngyrfa Morris-Jones ac mai i Lloyd yr oedd y diolch, nid yn unig am adnabod gallu arbennig y llanc, ond am greu'r amodau a'i galluogodd i ailafael yn ei astudiaethau ar ôl bod yn absennol o'r ysgol cyhyd. Ennill ysgoloriaeth mewn mathemateg oedd y nod, y 'main object' a osodwyd i Morris-Jones yn Aberhonddu: 'Mae genyf lawer o waith i fynd trwyddo eto llawer o bethau i'w pasio &c. ond mae y "main object" wedi ei enill'.[31] Digon gwir, ond er gwaethaf ei lwyddiant tra arbennig, gwyddai yn iawn nad oedd modd iddo ddychwelyd adref i rannu'r hapusrwydd gyda'i deulu a'i gydnabod am fod gwaith yn ei ddisgwyl yn Aberhonddu:

> Byddaf yma am chwech wythnos eto a gwaith ddychrynllyd sydd genyf hefyd i dreio pasio'r Oxford & Cam. Exam. Board certif. Mae genyf dros 8000 o lines o Latin & Gk trans a history yr holl feibl i'w wneyd mewn llai na mis. Os pasiaf (yr hyn sydd annhebyg) ni fydd raid i mi fynd i Oxford tan october – os methaf bydd rhaid mynd yno yn September i basio Responsions.[32]

Ar ôl cryn ymdrech, daeth llwyddiant i'w ran ond yr argraff a geir yw bod Morris-Jones, ar yr un pryd, yn llwyr ddirnad fod amgylchiadau teuluol wedi golygu bod ei fam hithau wedi gorfod dangos yr un math o ddycnwch personol yn wyneb problemau digon dyrys gartref yn Llanfair. O gofio fod Morris-Jones wedi dod wyneb yn wyneb â phrofedigaeth deuluol yn gynnar yn ei yrfa, gellir deall paham yr oedd mor gyndyn i ymroi i orbwysleisio llwyddiant y foment ar draul ystyriaethau llawer pwysicach a'i fod, o ganlyniad, yn awyddus i gydnabod yn hytrach yr hyn a oedd yn ei aros; yr oedd, fel y dywed, 'lawer o waith i fynd trwyddo eto'.

Cyfeiriwyd eisoes at anawsterau ariannol y cyfnod hwn ac at gymwynasgarwch Lloyd yn cynnig ysgoloriaeth i'r crwt ifanc er mwyn ei alluogi i ddychwelyd i Aberhonddu. Gwyddai W. J. Gruffydd yntau am ymdrechion y fam ar ran ei mab hynaf pan oedd yn Aberhonddu ac am ymgais seithug y teulu i sicrhau cymorth ymarferol gan frawd y tad ar ôl i Morris-Jones sicrhau lle yn Rhydychen. Ymddengys fod Gruffydd wedi clywed gan Morris-Jones ei fersiwn ef o'r hanes:

Just then, owing to poverty at home, there did not seem much prospect
that he would be able to continue his education, but his widowed
mother was a woman of great strength of character. She struggled
hard to put the business on a better footing, and eventually succeeded,
far beyond her hopes . . . I have often heard Sir John describe the
struggles of those early years; how his mother sought the aid of a rich
brother of his father's, who absolutely refused to help her, and how a
'hen lanc' in the village, who was reputed to be 'very close' with his
money, belied his reputation and generously offered to advance the
money for the boy's education without any security whatever except
his own trust in the boy's ability and in the mother's honour.[33]

Er na allai W. J. Gruffydd ddwyn i gof enw'r 'hen lanc', ceir yr
wybodaeth berthnasol gan Caerwyn Williams mai 'William Jones,
Shop Trefor, ger Gwyndy, yn ôl y traddodiad teuluol' oedd yr ewythr
cefnog ac mai Owen Williams o Lwynogan, 'ag enw am fod yn Siôn
Llygad-y-geiniog yn y pentref', oedd yr 'hen lanc' a gytunodd i
gynorthwyo'r teulu.[34]

Mae'n amlwg fod yr hanesyn hwn ar gof a chadw gan wahanol
aelodau o'r teulu oherwydd ceir cyfeiriad pellach gan John Lasarus
Williams at yr un amgylchiadau ac fel y bu i fam Morris-Jones fynd
'ar ofyn ei ewythr W. R. Jones, Siop Trefor, a chael ei gwrthod'. Yn
unol â fersiwn Caerwyn Williams o'r hanes, adroddir ymhellach mai
'dyn o'r enw Owen Williams, Llwynogan, a gâi'r enw o fod yn
gybydd, a ddaeth i'r adwy'.[35] Tuedd ddigon naturiol fyddai cydnabod
caredigrwydd rhagluniaethol Owen Williams a derbyn fod wynebu'r
fath amgylchiadau yn nodweddiadol o hanes cynifer o deuluoedd yr
adeg honno a fynnai sicrhau addysg ar gyfer eu plant. Yn yr un modd,
byddai rhamanteiddio'r hanes yn demtasiwn amlwg gan roi pwyslais
ar y llwyddiant a ddaeth yn sgil y cyfnod o galedi yn hytrach nag ar yr
aberth ei hun. Yn achos Morris-Jones, diogelwyd cyfres o lythyrau
sy'n gwahardd y fath ymdriniaeth ac sy'n dileu unrhyw duedd i
ddiystyru cyflwr adfydus y teulu ar y pryd yn wyneb unrhyw lwydd-
iant addysgol diweddarach. Ei ewythr W. R. Jones, Siop Trefor, yw
ffocws y ddrama deuluol, perthynas y bu Morris-Jones yn gohebu ag
ef adeg ei lwyddiant pan sicrhawyd lle yn Rhydychen. Mewn llythyr a
anfonwyd o Aberhonddu ym mis Mawrth 1883, mae'r nai yn diolch
iddo 'am eich congratulations' ac yn nodi'n hynod fanwl werth y
gwahanol ysgoloriaethau a oedd ar gael yn Rhydychen. Yn ychwan-
egol at yr ysgoloriaeth a enillwyd ganddo, gwyddai am ryw fân
wobrau a fyddai ar gael 'ac os oes chances am bethau felly yn aml fe

allai y gallwn innau ei hwylio hi yn o lew'.³⁶ Mae'n hollol amlwg, hyd
yn oed yr adeg honno, fod ystyriaethau ariannol yn pwyso. Erbyn mis
Medi, cyraeddasai'r dydd o brysur bwyso ac roedd rhaid paratoi'n
derfynol ar gyfer y cam nesaf yn hanes y myfyriwr ifanc a thrafod o
ddifrif y costau byw yn Rhydychen a oedd o hyd yn wir her i Morris-
Jones a'i fam hithau. Yn y llythyr cyntaf o ddau a luniwyd gan
Morris-Jones pan oedd ar fin gadael am Rydychen, mae'n diolch i'w
ewythr 'am eich cynnygiad caredig yng nglyn a'r arian'. Ni raid synnu
fod y sefyllfa erbyn hyn yn destun gofid am na lwyddwyd i sicrhau
unrhyw gymorth ariannol gan unrhyw gymwynaswr am fod 'pawb
yma yn ymddangos mor wenwynllyd fel na fuasai genym wyneb i
fynd i ofyn i'r un o honynt'.³⁷ Sonnir ymhellach am fenthyg hanner
cant o bunnau, gan ychwanegu y byddai angen penderfynu 'sut i'w
cael a pha fodd y gallwn wneyd y papurau a rhoi security etc' am ei
fod yn bwriadu gadael am Rydychen ymhen ychydig ddyddiau.
Cafwyd ymateb ond ymateb a barodd gryn ddiflastod a gofid pellach i
Morris-Jones a'i fam.

Yn yr ail lythyr mae Morris-Jones yn gresynu'n fawr fod ei ewythr
'yn disgwyl i ni fyned i gymaint o lol a thwrw a chost a *mortgagio* ty
Bangor er mwyn dim ond hanner cant o bunnau'.³⁸ Yna ceir cadarn-
had o ddilysrwydd yr hanesyn a oedd ar gof a chadw gan aelodau o'r
teulu sef fod rhyw gymwynaswr wedi cynnig dod i'r adwy yn
ddiamod. 'Mae rhagluniaeth yn ddoethach ac yn garedicach na dyn',
meddai Morris-Jones, a diolchir yn sgil hynny am y cymorth a gynigid
'gan *estron* glan heb na *mortgage* na dim arall ond simple I.O.U.'
Ymddengys fod elfen o gytgord teuluol wedi'i ailsefydlu yn y man am
fod yna ohebu pellach rhwng Morris-Jones a'i ewythr adeg ei ddydd-
iau coleg yn Rhydychen. Ac eto, er mor ganmoladwy oedd ymyrraeth
garedig Owen Williams, yr 'estron glan', ni wiw inni ddiystyru maint
yr aberth a olygai hyn oll i'r fam nac anghofio llymder y sefyllfa
deuluol. Yn y llythyr olaf hwn at ei ewythr, ceir darlun clir o gyflwr
argyfyngus y teulu ar y pryd wrth i Morris-Jones ddatgelu'n ddirdynnol
eglur pa mor anodd oedd bywyd ar yr aelwyd yn Llanfair:

> Yr oeddwn yn gofyn i chwi gan ddisgwyl eich bod yn cofio yr hyn a
> wnaeth fy anwyl dad i chwi pan nad oeddych eto ond diamddiffyn – ac
> yn wir yr hyn a wnaeth ar ol hyny – fel y clywais ef yn dweyd lawer
> gwaith . . . Y mae yn wir ddrwg genyf fy mod wedi eich trwblio
> o gwbl yn enwedig wrth weled fy mam [yn] crio ddoe drwy'r dydd o
> achos y siomedigaeth a gafodd pan ddeallodd natur eich cynnygiad.

Yr wyf wedi gweled llawer o fechgyn tlodion fel fy hun yn cael help gan eu perthynasau ond am bob push a gefais i yn mlaen i estron yr wyf yn ddyledus.[39]

Byddai realaeth greulon y sefyllfa'n aros yng nghof y mab ac yn peri iddo gydnabod aberth anhunanol y fam a'r cryfder cynhenid a fu'n ei chynnal yn wyneb pob argyfwng. Gallai hithau, bellach, deimlo elfen o ryddhad a balchder fod ei mab, er gwaethaf pob rhwystr a phrofedigaeth, ar ei ffordd i Rydychen. Mae'n werth cyfeirio at un gosodiad pellach a ddigwydd yn y llythyr, gosodiad a fyddai, gydag amser, yn magu arwyddocâd arbennig yn hanes y llanc ifanc. Cwynir yn dost na phenderfynodd ei ewythr gynnig y math o gymorth ariannol a fyddai wedi diogelu hunan barch y teulu 'heb fyned i exposio ein tlodi i Hughes Siglan'. Roedd William Hughes yn ffermwr cefnog yn ardal Llanfair, ac yn un o'r garfan a fu'n brwydro yng nghwmni Morris Jones, tad Morris-Jones, adeg sefydlu'r Ysgol Fwrdd yn yr ardal honno. Byddai i'r teulu arbennig hwnnw, yn y man, ran allweddol i'w chwarae ym mywyd personol Morris-Jones.

2 ⟨⟩ Rhydychen: Coleg yr Iesu, Pont Magdalen a'r Dafydd

PAN gyrhaeddodd John Morris-Jones Rydychen yn 1883 a chofrestru'n fyfyriwr Mathemateg yng Ngholeg yr Iesu, go brin y gallai fod wedi rhagweld natur a phwyslais yr hyfforddiant y byddai wedi'i dderbyn nac ychwaith yr amrywiaeth o brofiadau a fyddai wedi dod i'w ran erbyn iddo adael yn 1888 ar ôl cyfnod digon rhyfedd a chyffrous. Roedd ar fin ymuno â chylch hynod ddethol o Gymry alltud a oedd yn mynd i gyfrannu'n helaeth i wahanol agweddau ar fywyd diwylliannol eu gwlad. Yng ngeiriau K. O. Morgan: 'Men like Morris-Jones, Owen Edwards, and the rest were to spread the gospel of cultural awakening, nurtured at first in the alien cloisters and halls of Oxford, later diffused throughout their native land'.[1] Ac eto, rhaid nodi mai cyrraedd Rhydychen yn fyfyriwr Mathemateg a wnaeth Morris-Jones ac mai dylanwadau atodol neu ddamweiniol a newidiodd bwyslais ei ddiddordebau i ddechrau ac, yn y pen draw, gyfeiriad ei waith ymchwil.

Cyrhaeddodd Morris-Jones Rydychen, felly, yn nhymor yr hydref 1883 a chawn ganddo, mewn llythyr personol, hanes ei dderbyn yn 'scholar' yng Ngholeg yr Iesu, adroddiad sy'n llawn hiwmor ac yn brin o'r parchedig ofn y byddid, o bosib, yn ei ddisgwyl gan las fyfyriwr o Lanfair yn dod wyneb yn wyneb â phrotocol yr oesoedd:

Ddoe yr oeddwn i yn myned trwy y ceremony o gael fy nerbyn i mewn fel 'scholar' o Jesus. Mynd i fyny ar rhyw hen blatform yn yr Hall – darllen rhyw hen broclamation 'I John Morris Jones do hereby declare that I will faithfully perform my duties as scholar &c &c'. Wedyn yr hen Harper yn gafael yn fy llaw ac yn ei dal a'i hysgwyd a'i gwasgu a dweyd 'On behalf of the principal and fellows I receive you as scholar &c' ac yn dweyd wrthyf am wneud cyfaill o hono yr un fath a rhyw ffrind arall ac yn gaddo y bydda fo yn dad i mi yn mhob dim hyd ei allu.[2]

Roedd 'y ceremony o gael fy matriculatio fel member o'r University' eto i ddod, ond nid yw cywair yr ymdriniaeth fymryn yn fwy difrifol barchus:

Rhyw ceremony ydi hono ond wni fawr am dani hi heblaw dy foch di'n talu £2–10 am rhyw hen lyfr wedi ei ysgrifenu yn Latin yr hwn a ddywed wrthyt na chei di ddim chware marblis mewn rhyw le penodol ac na chei di ddim cario arfau offensive or defensive except a bow and arrows for the sake of honest recreation; a lot o hen lol tebyg i hynyna.

Mae'n amlwg ei fod yma mewn hwyliau da ac yn cofio'r 'boys oedd yma i fynu efo mi o'r blaen' er cyfaddef ohono mai 'hen gyfeillion ydyw y goreu'. 'Mae hen sgidia', meddai, 'yn fwy esmwyth na rhai newydd spon.'

Tuedd naturiol wrth asesu cryfderau penodol yw olrhain dylanwadau neu dueddiadau teuluol a throi at hanes aelwyd a magwraeth. Ni raid dyfalu yma am fod gennym dystiolaeth Morris-Jones ei hun ynglŷn â'r hyn a etifeddwyd gan ei dad ac yn benodol ei allu mewn mathemateg y cyfeiriwyd ato eisoes:

As he died when I was only 15 I cannot judge very well of his intellectual characteristics. But I know he was a man of strong intellect, though of rather a mechanical rather than a literary turn. If I inherited anything from him it was a certain aptitude for mathematics which struck Lloyd (the Bishop) so much when I was at school.[3]

Datblygwyd yr arbenigedd hwnnw dros y blynyddoedd. Bu ei athrawon ysgol, o ganlyniad, yn effro i'w allu mathemategol a bu'r arbenigedd hwnnw maes o law yn gyfrwng ennill ysgoloriaeth yn Rhydychen a gradd ar ddiwedd y cwrs yn ei ddewis bwnc. Ac eto, nid oes unrhyw arwydd bod y myfyriwr wedi profi unrhyw deimlad o fwynhad yn ei lwyddiant amlwg y tro hwn oherwydd roedd yr afiaith a gysylltid â'r achlysur pan enillasai ysgoloriaeth mewn mathemateg i Rydychen rai blynyddoedd ynghynt wedi hen ddiflannu. Disodlwyd y diddordeb academaidd hwnnw gan weithgarwch answyddogol: 'Mathematics, which I had ceased to love, now became hateful; and I began to attend Rhys's lectures & to read Welsh books in the Bodley'.[4] Hynny yw, canfyddir yma densiynau arbennig a deimlir yn ddwysach nag erioed o'r blaen er bod modd dangos bod ffynhonnell y gwrthdaro i'w chanfod ymhell cyn i'r myfyriwr mathemateg gychwyn ar ei gwrs gradd. Fel y dangoswyd eisoes, roedd dylanwad y misoedd sabothol hynny a dreuliwyd yn darllen llenyddiaeth Gymraeg ar ei aelwyd ei hun oherwydd effeithiau'r dwymyn goch wedi cynnig maes llafur newydd a barodd iddo, yn y pen draw, deimlo'n bur aflonydd a digalon wrth ddilyn y cwrs a bennwyd gan y 'Welsh Scholarship'. Hynny yw, roedd y gwrthdaro hwnnw a grewyd yn ystod dyddiau ysgol mewn modd hollol ddamweiniol, wrth iddo ymddiddori mewn barddoniaeth Gymraeg, wedi datblygu'n ffynhonnell cryn anesmwythyd erbyn hyn ac yn achos pryder a blinder i'r myfyriwr.

Ac eto, ochr yn ochr â'r teimlad o ddiflastod, roedd yna frwdfrydedd amlwg tuag at y maes newydd hwnnw a fynnai ddisodli pob elfen o fwynhad a deimlasai unwaith tuag at fathemateg: 'Gyda llyfrau Cymraeg yn y Bodleian yr hoffwn fod yno, ac yr oedd y maths. yn mynd yn fwy o faich o hyd.'[5] Mae'n wir fod modd edrych ar ei gyfnod o salwch fel man cychwyn i'w dröedigaeth academaidd, ond go brin y byddai'r digwyddiad hwnnw ynddo'i hun wedi cynnal ei frwdfrydedd oni bai bod amodau ffafriol pellach wedi cynnal a hyrwyddo'r diddordeb hwnnw. Yn Rhydychen, roedd yn bosibl i Morris-Jones droi at wahanol gydfyfyrwyr a fyddai'n barod iawn i uniaethu â'i ddyheadau arbennig ef ac a fyddai'n gallu cynnal a hybu'r math hwnnw o ddiddordeb. Yno a thu hwnt, roedd arwyddion pendant fod cenhedlaeth newydd o Gymry yn dechrau dangos diddordeb penodol yn niwylliant eu gwlad ac yn hanes a chyflwr eu hiaith. Yn wir, roedd y pwyslais cenhadol hwnnw ar fin effeithio ar y genhedlaeth arbennig hon o fyfyrwyr Cymraeg a fu'n ymgynnull yn Rhydychen ganol yr wythdegau mewn modd hynod drawiadol. Yr her, wrth gwrs, fyddai trawsnewid dyhead a breuddwyd yn strategaeth.

Ysgrifennwyd yn fanwl am hanes sefydlu Cymdeithas Dafydd ap Gwilym, neu Y Dafydd fel y'i gelwid, gan ei haelodau a bu cryn draethu ar gyfraniad y gymdeithas honno fel y cyfryw, a chan y gwahanol aelodau cychwynnol yn eu dewis feysydd ar ôl iddynt raddio.[6] Wrth gwrs, roedd tuedd ymhlith myfyrwyr i greu cymdeithasau a fyddai'n arddel perthynas â'u cyn-ysgolion ac ni raid synnu fod yn Rhydychen gymdeithasau yn dwyn y teitl 'Bangorians' neu 'Old Bangorians' a 'The Society of the Old Breconians', cymdeithasau y bu Morris-Jones yn aelod ohonynt.[7] Rhaid cofio fod Morris-Jones wedi bod yn Rhydychen er 1883, ac wedi elwa ar amryfal weithgareddau'r gwahanol gymdeithasau yn ystod ei flynyddoedd cynnar yno. Nid oedd sefydlu cymdeithas arall, felly, yn ddatblygiad anghyffredin; union bwyslais y gymdeithas newydd hon, Cymdeithas Dafydd ap Gwilym, a oedd i brofi'n dyngedfennol wahanol. Ni fwriedid cyfyngu ei haelodaeth i nac ysgol na rhanbarth ond i Gymru oll ac, yng ngeiriau O. M. Edwards, 'teimlem mai da fyddai cymdeithas hollol amholiticaidd a dienwad, cymdeithas fechan, i ymddifyrru gyda llenyddiaeth Gymreig, ac i gyfarwyddo pob dyfodiad o Gymro welid yn Rhydychen'.[8] Cyhoeddwyd cofnodion y cyfarfod cyntaf yn *Y Goleuad* ar 22 Mai 1886, ond mae'n briodol nodi fod Morris-Jones yntau, mewn llythyr at 'Gyfaill', dyddiedig 16 Mai (1886), yn cynnwys copi o'r cyfryw gofnodion ac yn dweud iddo geisio cysylltu â'r Athro Rhŷs a etholwyd yn Gadeirydd. 'Atebodd', meddai Morris-Jones, 'trwy ddod i'r cyfarfod nos Wener'.[9]

Wrth olrhain hanes y blynyddoedd hynny, gan gydnabod mor alluog a brwdfrydig yr oedd yr aelodau unigol eu hunain, go brin y gellir anwybyddu'r gyfeillach a ddatblygodd rhyngddynt a'r modd y bu i'r cydweithio hwnnw esgor ar raglen o weithgarwch a gysylltid yn bur agos ag athroniaeth Mudiad Cymru Fydd. O ganlyniad, trwy gyfrwng cyfres o gyfarfodydd rheolaidd, crewyd fforwm lle y gallai'r aelodau rannu syniadau a gobeithion ynglŷn â'r modd mwyaf effeithiol o gefnogi'r adfywiad cenedlaethol a oedd erbyn hyn ar gerdded. Mae atgofion y gwahanol aelodau cynharaf yn dangos yn eglur eu bod yn eu hystyried eu hunain yn gylch dylanwadol a allai, ac a ddylai, gynnig arweiniad mewn nifer o gyfeiriadau er mwyn hybu'r rhaglen ddiwylliannol a fyddai'n sicrhau dyfodol llwyddiannus i'r iaith a'i llên. Ond myfyrwyr ifainc oedd aelodau'r cylch, myfyrwyr a oedd eto i fagu profiad o ymgyrchu'n gyhoeddus mewn unrhyw gyddestun. Roedd yr her yn un amlwg. Ac eto, roedd elfen iach o hunanhyder yn perthyn i'r aelodau, nodwedd hollol allweddol o ystyried natur yr amgylchiadau ac roedd y cyffro a grewyd yn y dyddiau cynnar wedi arwain at awydd i sefydlu patrwm penodol i'r cyfarfodydd, i lunio strategaeth yn ôl y galw ac i weithredu yn unol â phwyslais unrhyw strategaeth. Mae'r gwahanol gofnodion yn tystio i'r hwyl a gafwyd yn y cyfarfodydd ochr yn ochr â difrifoldeb y sesiynau hynny pan ymdrinnid â phynciau a oedd o gryn arwyddocâd i ddyfodol yr iaith Gymraeg. Wrth reswm, er i'r Dafydd barhau, daeth tymor yr aelodau cyntaf i ben a hwythau'n mynd i wahanol gyfeiriadau. Ar wahân i'r cadeirydd, O. M. Edwards yn unig a adawyd ar ôl ymhen ryw flwyddyn neu ddwy, ac yntau mewn llythyr at Morris-Jones yn 1889 yn ailymweld â'r cyfnod euraid hwnnw:

Y mae arnaf hiraeth am danat wedi i'r haf ddod. Wyt ti'n cofio'r hen gerdded a'r ymddiddan ar fin yr hwyr? A'r rhagolygon duon, a'r ofni?

Throdd hi ddim mor ddu ar yr un o honom, ai do? Achos dyma fi'n ffelo, a thithe'n athraw mewn Cymraeg gyda rhagolwg sicr am fywoliaeth gysurus. Mae rhyw Raglunieth o hyd mewn anialwch o le fel hyn i ddyn fo'n deud i Bader.[10]

O ystyried pa mor ifanc oedd y cylch dethol hwnnw, roedd dylanwad tadol Syr John Rhŷs o'r pwys mwyaf wrth i'r genhedlaeth arbennig hon ddiffinio a mabwysiadu agenda ieithyddol a diwylliannol a fyddai'n sail i'w cyfraniad penodol hwy i'r adfywiad. Wele fersiwn John Puleston Jones o'r datblygiadau hyn mewn teyrnged a luniodd i'w gyfaill agos O. M. Edwards:

Byddai yn anfaddeuol gadael cyfnod yr Athrofeydd heb grybwyll rhywbeth am Gymdeithas Dafydd ap Gwilym. Efallai y cyfrifir yn ymffrost ddi-rôl pan ddywedom fod nifer o fechgyn dibrofiad, heb yr un ysgolhaig a[e]ddfed yn y cwmni ond John Rhys, wedi peri chwyldroad pwysig a pharhaus yn hanes ysgrifennu Cymraeg; ond dyna'r gwir noeth. Ni ddywedaf mai Owen a wyddai fwyaf am ieithoedd o'r cwmni hwnnw, – yr oedd John Morris Jones ac Edward Anwyl yno, – ond Owen Edwards a osododd fwyaf o'i ddelw ar y cwmni. Yr oedd yntau'n blentyn y mudiad yr oedd yn dywysog mor amlwg ynddo, – mudiad Cymru Fydd. Dyddiau cyffrous oedd y rheini.[11]

Ac eto, cyn canolbwyntio ar ddylanwad Y Dafydd ei hun, mae'n briodol ystyried cefndir a dyheadau rhai o'r aelodau cynnar a oedd i gyfrannu'n helaeth at lwyddiant y gymdeithas maes o law. Wrth olrhain hanes a chyfraniad y cyfryw aelodau y deuir i ddeall a gwerthfawrogi rhan Morris-Jones yn hyn oll a dechrau dirnad y cefndir i'w dröedigaeth academaidd. Wrth asesu dylanwad y gymdeithas arbennig hon yng nghyd-destun adfywiad cenedlaethol y cyfnod, hawdd deall paham y cyfeirir yn benodol at gyfraniad rhai fel O. M. Edwards a John Morris-Jones, eu bod wedi llwyddo i hybu amcanion y dadeni diwylliannol yn eu gwlad eu hunain o bellter, sef o'r 'alien cloisters and halls of Oxford'.[12] Mae gwrthgyferbyniad amlwg, felly, rhwng lleoliad estronol y trafodaethau a'r gynulleidfa darged frodorol. Bu mynych sôn am gysylltiad y gymdeithas ag adfywiad cenedlaethol; y gwir amdani yw mai man cychwyn digon cyffredin oedd i'r gymdeithas ddylanwadol hon. Sbardunwyd cylch o fyfyrwyr coleg alltud i ddod at ei gilydd er mwyn sefydlu cymdeithas ddiwylliannol a fyddai'n fodd iddynt rannu gwybodaeth a gobeithion â chyd-Gymry ifainc o'r un anian, a hynny mewn cyfnod o optimistiaeth genedlaethol.

Dechreuasai Morris-Jones ei yrfa yn Rhydychen yn 1883 cyn i rai o'i gymrodyr gyrraedd yno a rhaid derbyn fod y flwyddyn gyntaf honno wedi'i threulio'n astudio Mathemateg ac yn dyheu am fod 'gyda llyfrau Cymraeg yn y Bodleian'. Pan oedd Morris-Jones yn cynnig am ysgoloriaeth yn Rhydychen, roedd cyfnod O. M. Edwards yn Aberystwyth yn dod i ben – ond byddai'n rhaid aros am flwyddyn arall cyn i'r ddau gydgyfarfod, am i O. M. Edwards ddewis treulio blwyddyn ym Mhrifysgol Glasgow (a hynny yng nghwmni John Puleston Jones) cyn cyrraedd Rhydychen. Ond gadawsai Aberystwyth ei ôl ar O. M. Edwards, ac yng ngeiriau W. J. Gruffydd:

Yn 1883, daw nodyn newydd i gân ei obaith. Yr oedd mewn tipyn o bryder ynghylch ei ddyfodol pan fyddai wedi gadael Aberystwyth, a dywed fel hyn:

I have one great comfort – I can remain at home until avenues for action offer themselves. If successful I can also draw my brothers after me; and the certificates I already possess will not let me starve. And I want to do something for WALES.[13]

Yna i Glasgow yr aeth O. M. Edwards a John Puleston Jones. Yn ei atgofion, ceir bod Puleston yn pwysleisio pa mor gynnil y bu raid i'r ddau fyw: 'Debig na fu neb, os na fu ambell i Scotsman, byw yn gynilach yno na ni'n dau'.[14] Pwysleisir yr un pryd pa mor galed y gweithiai O. M. Edwards; gellid ychwanegu na fyddai'r croniclwr ei hun ychwaith yn un i osgoi gwaith, ei fod mewn gwirionedd yn weithiwr hynod gydwybodol. Ond yna ceir sôn am dreulio orig i ffwrdd o unrhyw lyfrgell: 'Heblaw ambell i rodfa ar brynhawn yr unig adloniant a gymerem fyddai dadleu'n ffyrnig ar bob math o bwnc, – diwinyddiaeth, athroniaeth, sillafu'r iaith Gymraeg, rhagoriaethau cymharol y Bala a Lanuwchllyn.'[15] Hynny yw, erbyn cyrraedd Rhydychen, roedd yna arwyddion pendant fod agenda Gymreig eisoes wedi dechrau ymffurfio ym meddwl O. M. Edwards ar sail y dylanwadau a fu arno yn Aberystwyth, a bod y ddau gyfaill wedi bod wrthi'n trafod 'sillafu'r iaith Gymraeg'. Ar ben hyn oll, roedd y cyfnodau hyn o astudio wedi bod yn gyfrwng ennill profiad mewn amrywiaeth o gyd-destunau addysgol ac yn baratoad cymwys ar gyfer y gwaith arloesol a fyddai'n eu haros yn Rhydychen. Flwyddyn academaidd yn ddiweddarach, felly, byddai'r ddau gyfaill yn ymuno â Morris-Jones yn Rhydychen. Peth hollol amlwg mewn unrhyw gronicl o'r cyfnod hwn yw cyfeirio at achlysur ac arwyddocâd yr ymgyfarfod ac eto ni raid dyfalu ynglŷn â phwysigrwydd y digwyddiad am fod gennym ·fersiwn Morris-Jones ei hun o'r cefndir ac o'r canlyniadau. Nid oes angen pwysleisio pa mor allweddol yw'r dystiolaeth a ganlyn:

> Mi gefais y fraint o gyfarfod â Syr Owen pan ddaeth ef gyntaf i Rydychen. Er fy mod yn iau nag ef, yr oeddwn yno flwyddyn o'i flaen; ond yr oedd ef, cyn dyfod yno, eisoes wedi graddio'n anrhydeddus yn Llundain, ac wedi bod am gyfnod byr ym Mhrifysgol Glasgow. Tua dechreu tymor yr Hydref, 1884, y daeth i Rydychen. Y tro cyntaf i mi glywed crybwyll ei enw oedd pan hysbyswyd fi gan fy nghyd-ysgolor (yn awr y Dr.) Maurice Jones, ar ddechrau'r tymor hwnnw, fod yna ddyn ifanc o'r Bala o'r enw John Puleston Jones yn dyfod i Goleg Balliol, a chydag ef gyfaill iddo o'r enw Owen Edwards. Pan glywsom eu bod wedi cyrraedd, mi euthum gyda Maurice i alw arnynt yn eu llety yn rhywle dros Bont Magdalen. Y mae'r ymweliad hwnnw'n un o'r pethau a lŷn yn fy nghof. Hyd hynny, ni chyfarfuaswn â neb ymhlith fy nghymdeithion yn yr ysgol na'r brifysgol a chanddo fawr duedd at y pethau a ddenai fy mryd i; ac amheuthun i mi oedd cyfarfod â myfyrwyr oedd wedi dyfod dan swyn yr iaith Gymraeg a'i llên.[16]

Ysbrydolwyd Morris-Jones i ymddiddori mewn llenyddiaeth Gymraeg gan yr hyn a ddarllenwyd ganddo ar ei aelwyd ei hun ac yntau'n ddisgybl yn absennol o'r ysgol yn ystod cyfnod o waeledd. Yma, am y tro cyntaf, dyma gyfle i rannu'r diddordeb hwnnw â chydfyfyrwyr a oedd hefyd 'wedi dyfod dan swyn yr iaith Gymraeg a'i llên'. Bellach, roedd i'r diddordeb hwnnw gyd-destun ehangach a chyfle i'r llanc ifanc elwa ar wybodaeth ac, yn bwysicach, frwdfrydedd ac egni ei gydfyfyrwyr. Ni raid pwysleisio pa mor dyngedfennol oedd y math o gyfeillach a oedd yn ei gynnig ei hun i'r myfyriwr ifanc ar adeg mor allweddol yn ei yrfa a pha mor bwysig oedd y cymdeithasu hwn wrth ystyried cyfraniad yr holl unigolion a oedd i amlygu eu hunain yn ystod eu cyfnod yn Rhydychen. Bu raid aros am ryw ddwy flynedd cyn sefydlu'r Dafydd, ond go brin bod modd anwybyddu arwyddocâd y daith ragluniaethol honno a aeth â Morris-Jones a'i gyfaill Maurice 'dros bont Magdalen' i edrych am 'ddyn ifanc o'r Bala' a'i gyfaill. Golygai hynny groesi pont hynod symbolaidd yn ei hanes. Aeth i chwilio am ei gyd-Gymry a darganfod nid yn unig unigolion o gyffelyb anian a gweledigaeth, ond agenda oes. Bellach, gallai droi at fyfyrwyr o gefndir tebyg a rannai'r un diddordeb mewn llenyddiaeth

Gymraeg ag yntau; roedd gan Morris-Jones gynulleidfa a fedrai uniaethu â'i safbwynt ac â'i ddyheadau a hwnnw'n deimlad hollol wahanol i'r hyn a brofasai beth amser ynghynt wedi dychwelyd i'r ysgol yn Aberhonddu ar ôl y cyfnod sabothol hwnnw yn darllen ac yn ymddiddori mewn llenyddiaeth Gymraeg. 'Pan euthum yn ol i'r ysgol,' meddai, 'nid oedd yno'r un o'r bechgyn nad ystyriai mai peth od oedd bod gan neb y fath hobi ag oedd gennyf fi.'[17] O hyn ymlaen yn Rhydychen, gallai droi at fyfyrwyr o'r un anian er mwyn rhannu ei syniadau am lenyddiaeth Gymraeg ac roedd ganddo, pe bai angen, gadarnach dadleuon dros ddangos llai o ddiddordeb yn ei brif bwnc, sef Mathemateg. Wedi dweud hyn oll, er mor hoff ydoedd o gymdeithasu a sgwrsio, ac o gofio bod ei raglen o ddarlithiau yn gymharol ysgafn, ni raid casglu ei fod o'r herwydd yn esgeuluso'i waith: 'Er ei fod weithiau yn rhoi'r argraff nad oedd yn gweithio yn galed iawn fel myfyriwr . . . eto i gyd, ymddengys ei fod ar y cyfan yn bur gydwybodol â'i waith, ac er nad enillodd wobrau mawr deuai rhai mân i'w ran yn gyson'[18]

Ymhen blwyddyn, ar ddechrau'r flwyddyn academaidd yn 1885, ymunodd Edward Anwyl â Choleg Oriel ar ôl ennill ysgoloriaeth agored yn y clasuron. Treuliasai Anwyl ei blentyndod yng Nghaer gan fynychu ysgol leol cyn ennill ysgoloriaeth i Ysgol Harri'r Wythfed ('The King's School') yn y ddinas lle cafodd ei gyflwyno i fyd y clasuron. 'Er hynny', meddai Brynley Roberts, 'atgofion digon blin a oedd ganddo am ei addysg gynnar, ac er ei fod yn ddisgybl da, nid amlygodd ei wir allu a'i athrylith hyd nes iddo gwblhau ei radd yn Rhydychen'.[19] Ond roedd yna ddylanwadau eraill ar waith, ac er i Anwyl synhwyro bod rhyw deimlad o israddoldeb yn nodweddu agwedd y Cymry yng Nghaer, mynnodd arddel yr iaith a manteisio ar bob cyfle i'w meistroli: 'Sylwyd eisoes fod yr aelwyd yn drwyadl Gymreig ac yr oedd bywyd Cymraeg Caer yn ffynnu, ond y dosbarth a sefydlodd y Parch. Henry Rees i ddysgu gramadeg Cymraeg ffurfiol i ieuenctid yr eglwys a loywodd ei iaith, ac a'i gwnaeth yn beth i ymfalchïo ynddo ac i ymboeni yn ei gylch.'[20] Byddai ef yn ystod ei ail flwyddyn yn Rhydychen yn un o'r saith a fyddai'n bresennol yng nghyfarfod agoriadol y Dafydd ac yn un a allai gyfrannu, yn ei dro, gyfres o bapurau ar farddoniaeth Gymraeg gan alw ar ei wybodaeth helaeth o'r beirdd clasurol ac o lenyddiaethau Ewropeaidd eraill.

Un arall o aelodau gwreiddiol y Dafydd a gyrhaeddodd ym mis Hydref 1885 oedd W. Llewelyn Williams. Roedd Williams yn un o dri o'r saith aelod gwreiddiol a ddaethai i Rydychen o Lanymddyfri;

gellid ystyried hyn oll braidd yn eironig o gofio dyfarniad Williams 'mor ddi-Gymreig, os nad gwrth-Gymreig, oedd Athrofa Llanymddyfri yn fy nyddiau i'.[21] Ceir cryn sôn, hefyd, am gyn-fyfyriwr arall o Lanymddyfri, sef David Morgan Jones, wrth olrhain hanes dechreuad y Dafydd; 'ymddengys fod D. Lleufer Thomas yn credu mai David M. Jones o Goleg Worcester oedd y prif symbylydd', er bod fersiwn O. M. Edwards o'r hanes braidd yn wahanol:

> Wrth ddarllen hen ddyddiadur ddoe, gwelais nodyn fel hyn, – 'A fedrir cychwyn cymdeithas Gymreig yn Rhydychen; gofyn i D. M. Jones'. Deheuwr bywiog, o athrylith wasgarog, Eglwyswr, ac aelod o Goleg Worcester oedd D. M. Jones; Gogleddwr araf, diwreichion, Ymneillduwr, ac aelod o Goleg Balliol oeddwn innau. Aethom am dro ein dau gyda'n gilydd, yn ngwanwyn 1886, a meddyliasom pa dda a pha ddrwg ddoi o gymdeithas Gymreig yn Rhydychen.[22]

Lleufer Thomas oedd y trydydd aelod o Lanymddyfri a ddaethai i Rydychen ym mis Hydref 1883, ond ymddengys nad oedd wedi ymuno ag unrhyw goleg yn benodol. Bu'n aelod brwdfrydig o'r Dafydd ac wedi dyddiau coleg cyfrannodd yn helaeth iawn i fywyd Cymru yn ei briod faes, sef y gyfraith. Yr olaf o'r saith oedd J. O. Thomas (New College) a fu ar ôl dilyn cyrsiau academaidd yn Glasgow, Rhydychen a'r Almaen yn weinidog mewn gwahanol eglwysi yn Lerpwl, Aberdyfi a Phorthaethwy cyn ei benodi'n athro yng Ngholeg y Bala ac yn brifathro Coleg Unedig Aberystwyth.[23]

Hyd yn oed ar sail rhyw fraslun digon cyffredinol o gefndir y gwahanol aelodau, daw'n hollol amlwg fod yma gasgliad hynod ddethol o fyfyrwyr tra galluog. Soniwyd eisoes am bwysigrwydd yr ymgyfarfod cyntaf hwnnw pan aeth Morris-Jones i chwilio am O. M. Edwards a Puleston 'rhywle dros bont Magdalen'. Yn yr un modd, ni ellir gorbwysleisio arwyddocâd y trafod a'r cyfeillachu a hyrwyddwyd trwy gyfrwng cyfarfodydd y Dafydd. Wrth edrych yn ôl ar ddigwyddiadau'r cyfnod, ni ellir llai nag ymdeimlo â chyffro'r dadlau a'r gweithgarwch, â'r ymdeimlad fod y cylch dethol hwn yn ymwybodol bod adfywiad ar waith a bod iddynt, er mor ifanc a dibrofiad yr ymddangosent ar un olwg, ran allweddol i'w chwarae. Mewn cyddestun o'r fath, roedd cael rhannu profiadau, cael clywed am waith llenorion a beirdd o Gymry dan amodau mor ffafriol o gyffrous, yn gyfrwng ysbrydoliaeth i'r holl gwmni ac yn cynnig cyfle yr un pryd iddynt ystyried y camau hynny a fyddai'n angenrheidiol er mwyn iddynt hwythau gyfrannu at yr adfywiad diwylliannol a oedd bellach yn rhan o agenda Mudiad Cymru Fydd. Roedd y llwyfan answyddogol hon, felly, a'r sgwrsio difyfyr ar bob math o destunau Cymreig na fyddai'n rhan o unrhyw ddosbarth ffurfiol, yn gyfrwng magu diddordeb a balchder yn yr iaith Gymraeg a'i llên, teimlad hollol ddieithr i fyfyrwyr a oedd wedi'u haddysgu yn ysgolion uwchradd y cyfnod a'u hamddifadu o'r math o astudiaethau a fyddai wedi'u cyflyru i feddwl yn bur wahanol am ddiwylliant eu gwlad. Am y tri a ddaethai o Goleg Llanymddyfri, dyma W. Llewelyn Williams yn eu cynrychioli: 'Achubwyd ni fel pentywynion o'r tân gan y Dafydd. Credaf i bawb ohonom dderbyn mwy o les ysbrydol a meddyliol yn y Dafydd nac mewn un dosbarth yn y Brifysgol.'[24] Rhydd nifer o'r aelodau cynharaf gryn bwyslais ar yr elfen gymunedol hon, a fu'n gyfrwng iddynt ddechrau diffinio'u Cymreictod o'r newydd mewn modd hynod optimistaidd o fewn cyd-destun a fynnai bwysleisio cryfderau'r hen draddodiad barddol Cymraeg a gobeithion lu ynglŷn â dyfodol llewyrchus i weithgarwch llenyddol y genedl pan fyddid wedi llwyddo i arddel a dysgu oddi wrth destunau clasurol y gorffennol. Un peth oedd magu hyder wrth gydnabod cyfoeth llenyddol y gorffennol; peth arall fyddai creu strategaeth ymarferol newydd a fyddai'n sicrhau safonau llenyddol llawer mwy derbyniol. Roedd gwir angen ailymweld â rhai o brif destunau clasurol y gorffennol; ar yr un pryd, roedd angen rhaglen o ddiwygio ieithyddol. Cyn hir, byddai rhai o aelodau blaenllaw'r Dafydd yn dechrau ar raglen waith trwy ganolbwyntio ar yr ail wedd hon, a Morris-Jones yn eu plith.

Er mor ganolog yw hanes y Dafydd yma, ni thâl anwybyddu'r mudiadau eraill a fyddai wedi hwyluso'r ffordd i'r math o bwyslais a nodweddai weithgareddau'r gymdeithas honno. Ceir bod yr Athro J. E. Caerwyn Williams, er enghraifft, yn dadlau'n gryf na allai'r Dafydd fod wedi ffynnu yn y fath fodd heb ddylanwad Mudiad Cymru Fydd a phriodol yw nodi bod Cymdeithas yr Iaith Gymraeg wedi'i sefydlu yn 1885, flwyddyn cyn cychwyn Cymdeithas Dafydd ap Gwilym. Ond roedd datblygiadau eraill ar waith:

Flwyddyn yn ddiweddarach, 1886, llwyddwyd i gael cydnabod y Gymraeg yn bwnc y telid grant am ei ddysgu yn yr ysgolion. Yn 1888, bu agos i John Rhŷs lwyddo i gynnwys Cymraeg a Gwyddeleg ymhlith yr ieithoedd modern y gallai aelod o Brifysgol Rhydychen raddio ynddynt. Cyn diwedd y flwyddyn honno yr oedd 'bwrdd athrawol'

Coleg y Gogledd wedi anfon deiseb, a gefnogid gan athrawon Coleg
Caerdydd, at Brifysgol Llundain yn gofyn am gydnabod yr iaith Gym-
raeg yn yr arholiad am radd MA, ac wedi derbyn ateb ffafriol.[25]

Yn ei ymdriniaeth gynhwysfawr â'r cyfnod hwn yn hanes Morris-
Jones, ceir dadansoddiad manwl gan Caerwyn Williams o'r rhesymau
sy'n arwain at ddiddordeb amlwg y cyhoedd yn natblygiad y Dafydd:
'Prin fod cynifer o Gymry ifainc mor alluog â'r rhain,' meddai, 'gwŷr
yn hanfod o gorff y genedl, nid o'r teuluoedd uchelwrol, wedi bod
yn cyfarfod â'i gilydd yn gyson mewn prifysgol erioed o'r blaen.'[26]
Ychwanegir ail bwynt a nodwyd eisoes, sef bod 'y gwŷr ifainc hyn
wedi eu hamddifadu gan gyfundrefn addysg eu gwlad o bob gwybod-
aeth o'u treftadaeth ddiwylliannol, o bob gwybodaeth o hanes eu
cenedl, ei thraddodiadau, ei hiaith a'i llên'. Nid annisgwyl yw gweld
adwaith yn erbyn y math hwnnw o ddiffyg, adwaith a fyddai yn ei dro
yn esgor ar frwdfrydedd a phenderfyniad i adfer y sefyllfa: 'Yr hyn y
dylid ei gofio, mi gredaf, ydyw fod aelodau'r Dafydd, naill ai dan
ysbrydoliaeth O. M. Edwards neu'n syml yng nghwmni ei gilydd, wedi
dod i ddeall fod ar eu gwlad angen gwybodaeth am yr iaith Gymraeg
ac am ei llên, am hanes y genedl a'i thraddodiadau, a bod diwallu'r
anghenion hyn o fewn eu cyrraedd hwy oherwydd eu manteision
addysgol arbennig.'[27]

Erys un agwedd arall. 'Nid peth dibwys chwaith', medd Caerwyn
Williams drachefn, 'ydoedd fod aelodau'r Dafydd yn teimlo eu bod yn
cael cydymdeimlad Saeson diwylliedig'. Rhoddid mwy o sylw i'r iaith
Gymraeg ymhlith myfyrwyr ac ysgolheigion fel ei gilydd fel bod
'diddordeb byw ysgolheigion fel y rhain (Parch. C. Plummer, Deon
Coleg Corpus Christi a'r Athro A. S. Napier) yn gefnogaeth i aelodau'r
Dafydd ymegnïo i ennill mwy a mwy o wybodaeth am eu treftad-
aeth'.[28] Fel y nodwyd eisoes, roedd effaith y genadwri a ledaenid
gan ladmeryddion athroniaeth Mudiad Cymru Fydd yn sbardun
pellach iddynt hyrwyddo diwylliant eu gwlad a gwneud yn iawn am a
gollwyd yn ystod dyddiau ysgol. Yn sgil sylwadau Caerwyn Williams
ar natur y Dafydd a'r modd y bu i'r gymdeithas ddenu sylw'r cyhoedd,
ymwrthodir â'r syniad 'na bu gwerin O. M. Edwards, y werin ddar-
llengar, awchus am wybodaeth, yn byw yn unman ond yn ei ddych-
ymyg ef ei hun'.[29] Ceir cyfle i gyfeirio, o ganlyniad, nid yn unig at
lwyddiant gweithgarwch O. M. Edwards ei hun, ond at lwyddiant
gweithgarwch yr aelodau oll a gyfarfyddai yn enw'r gymdeithas ddylan-
wadol honno.

Mae cytundeb barn amlwg ynglŷn â dylanwad y Dafydd ond, ochr yn ochr â'r asesiadau safonol hynny sy'n canu clodydd y gymdeithas, ceir un cyfraniad ysgafnach ei natur sydd ymhlith pethau eraill yn cyflwyno atgofion ac argraffiadau un a fu'n llygad-dyst i rai o'r cyfarfodydd cynnar. Yn un o rifynnau *Wales* (1896) dan y teitl 'Jottings by John Jones-Jones, Esq., J.P. of Jones Hall. 1. Professor John Morris Jones, M.A. (Not related within the ninth degree)', mewn cyfraniad a luniwyd gan Gwenogvryn Evans dan ffugenw, ceir cyflwyniad i natur y cyfarfodydd mewn arddull lawer mwy agosatoch a chreadigol na'r rhelyw o adroddiadau a berthyn i'r cyfnod. O ganlyniad, ceir cipolwg ar batrwm yr ymgyfarfod, ar natur answyddogol a mympwyol y rhaglen a'r traethu ac ar bwyslais cymdeithasol yr achlysur. Er bod yma ddistylliad bid siŵr o wahanol dueddiadau a fyddai'n nodweddu'r cyfarfodydd, ac er bod elfen gartŵnaidd o chwareus i'w chanfod yma a thraw, ceir cofnod sy'n cynnig darlun hollol wahanol o'r Dafydd i'r hyn a ddisgwylir mewn dogfennau safonol groniclaidd. O ganlyniad, dyfynnir yn helaeth o eiriau Gwenogvryn:

Well, and who is this Mr. Morris Jones? When my son was at Christ Church, some years ago, I spent a few weeks at Oxford, and visited the David ap Gwilim Society, then unknown to fame. I got to know some of the members, and I can recall vividly Mr. Morris Jones and Mr. Llewelyn Williams sitting on a low sofa in Lincoln College, two massive pipes in their mouths, and a kind of halo about their heads, with Mr. Gwenogfryn Evans and Mr. Owen Edwards fiercely denouncing the oldness of the pipes and the bad quality of the tobacco . . . The banter was often very keen in its thrusts, but the benignant and cheerful aspect of Prof. Rhys in the chair assured me that there was no immediate danger of a fight. Still, I thought it prudent to take the seat nearest the door. Mr. Morris Jones read his paper with admirable nerve and good humour, and I said to Prof. Rhys, on the way home, – 'We shall hear of that man when he has left Oxford. He will not rest and rust, but will know the why and wherefore of things.' 'Yes, you are right,' said the genial professor, 'he is a very clever young fellow, and his mathematical training has disciplined his mind. I should not expect him to talk at random.' That was my first and last encounter with Mr. Morris Jones, but I still remember his slight figure, above the average in height, his somewhat pallid, clean-shaven face, fine forehead, shapely nose, and especially, his long, lanky hair, worn in imitation of Hwfa Môn, according to

Mr. Gwenogfryn Evans, and in imitation of Dr. Owen Pugh, according to Mr. Owen Edwards. I could not see the point of these remarks, but the way in which they were received made it clear that others did, and I chronicle them accordingly.'[30]

Mae tafod Gwenogvryn yn ddwfn yn ei foch wrth awgrymu y byddai Morris-Jones yn ystyried dynwared Hwfa Môn neu Dr Owen Pugh mewn unrhyw fodd. Yn 1896 y lluniodd Morris-Jones ei ymosodiad ar draddodiadau hynafol yr Orsedd yr oedd Hwfa Môn, yr Arch-dderwydd, yn symbol mor amlwg ohonynt. Yn yr un cywair, bu Morris-Jones yn gyson feirniadol o'r ffug ysgolheictod hwnnw a gynrychiolid i gymaint graddau gan ddamcaniaethau cyfeiliornus Dr William Owen Pugh. Wrth gwrs, er gwaetha'r holl ddadlau academ-aidd a'r ymgecru cyhoeddus ond diwenwyn, cyflwynir agweddau eraill ar y cyfarfodydd sy'n dangos yn eglur gyfuniad o'r cyffro academaidd ynghyd â normalrwydd iach y coffi a'r bisgedi sych. Ar ben hyn oll, ceir disgrifiad manwl o ymddangosiad Morris-Jones ynghyd â'r sylw diddorol bod disgwyl iddo ar ôl dyddiau coleg gyflawni'r addewid a oedd yn cael ei arddangos mewn dull mor amlwg yng nghyfarfodydd y Dafydd.

Fodd bynnag, ni ddylid awgrymu ychwaith fod ystyriaeth o weithgareddau'r Dafydd yn cwmpasu pob agwedd ar fywyd Morris-Jones yn Rhydychen nac ychwaith fod cyfansoddiad y gymdeithas honno wedi'i greu a'i ddiffinio'n annibynnol ar y byd y tu allan. Byddai hynny'n bell o fod yn wir. Roedd bellach, o'r 1880au ymlaen, arwyddion pendant fod cyfnod o adfywiad cenedlaethol ar wawrio. Yn gyffredin i wledydd Ewropeaidd eraill, ceisiwyd ymgyrchu ar lwyfan genedlaethol yn achos Cymru drwy'r hyn a elwid yn Mudiad Cymru Fydd. Er bod tuedd i ystyried y mudiad yn y lle cyntaf yn gyfrwng cynrychioli a hyrwyddo gobeithion gwleidyddol a diwyll-iannol y genhedlaeth newydd, y gwir amdani yw bod y gweithgarwch yn y pen draw wedi canolbwyntio ar agweddau ieithyddol a diwylliannol wrth i'r agenda wleidyddol fethu. Ni lwyddwyd i asio athroniaeth y mudiad ag unrhyw blaid benodol a fynnai sicrhau annibyniaeth wleidyddol i Gymru ac a allai uno de a gogledd ac o ganlyniad disodlwyd y wedd wleidyddol gan ystyriaethau diwyll-iannol. Nid annisgwyl, wrth gwrs, o ystyried pwyslais arbennig y mudiad, yw gweld rhai o aelodau'r Dafydd yn ymuniaethu â dyheadau'r ymgyrch. 'It is clear', medd K. O. Morgan, 'that a good deal of the nationalist emotion of the period between 1880 and 1907 was profoundly apolitical. The leading figures in the cultural and literary renaissance were scarcely political, certainly not separist. Morris-Jones urged that literature would flourish the more success-fully if it was purged of a political or didactic quality. Owen M. Edwards was very briefly a Liberal MP, but it is clear that literary and educational questions absorbed the whole of his attention, even (or perhaps especially) when he was a backbench MP. Political nationalists, in the sense of being advocates of some version of Welsh home rule, were rare indeed.'[31] Yn yr un modd, cysylltir enw Llewelyn Williams â'r mudiad yn y cyfnod ar ôl 1886 pan oedd yr ymgyrch, dros dro, yn fwy gwleidyddol ei bwyslais. Fel y dywed Morgan ymhellach: 'In the years after 1886, the spirit of Cymru Fydd advanced steadily into the political field. Some of its partisans deplored the attempt to over-politicize the Welsh national movement. For instance, there was Llewelyn Williams, fresh from the Dafydd ap Gwilym at Oxford who embarked on a journalistic career and tried to run first the Barry *Star* and then the Swansea *Daily Post* on nationalist lines.' Iddo ef, roedd angen osgoi'r patrwm a osodwyd yn Iwerddon 'a nationalism divorced from everything except politics'. Erbyn diwedd 1896, roedd Cymru Fydd fel mudiad gwleidyddol wedi chwythu ei blwc: 'The gulf between north and mid-Wales on the one hand, and mercantile, industrial south Wales on the other seemed alarming and gaping, and Liberals strove to patch it up by dropping the entire campaign for home rule.'[32]

Er bod methiant gwleidyddol Mudiad Cymru Fydd yn amlwg i bawb, ni olygai hynny nad oedd modd parhau i weithredu er mwyn sicrhau adfywiad llenyddol a diwylliannol a hybu cenedlaetholdeb yn y modd hwnnw. Byddai ymgyrch o'r fath yn ennyn hunanhyder newydd ac yn sicrhau defnydd helaethach o'r iaith mewn nifer amrywiol a chynyddol o gyd-destunau gweinyddol a llenyddol. Hynny yw, er gwaethaf unrhyw siom a deimlid oherwydd y diffyg llwyddiant ym maes gwleidyddiaeth, ni ellid amau grym y dylanwadau atodol eraill a oedd i'w canfod mewn cyfnod o adfywiad diwylliannol. 'Dyma gyfnod yr ymchwydd yn yr ymwybyddiaeth genedlaethol', medd yr Athro Brynley F. Roberts, 'a'i hamlygodd ei hun, maes o law, ym mudiad Cymru Fydd a Chymdeithas yr Iaith Gymraeg. Yr oedd y teimlad ar led fod Cymru ar drothwy cyfnod newydd a rhyw frwdfrydedd cyffredinol yn cyniwair o blaid camau breision ymlaen ym myd diwylliant a gwleidyddiaeth.'[33] Sefydlwyd Cymdeithas Dafydd ap Gwilym, felly, mewn cyfnod o optimistiaeth genedlaethol gan fyfyrwyr brwd a galluog a oedd yn ymdeimlo â'r angen i weithredu er mwyn cynnal a hyrwyddo eu treftadaeth ddiwylliannol. Byddai pwyslais arbennig y Dafydd, a oedd mewn gwirionedd yn adlewyrchu naws y cyfnod a dyheadau gwahanol fudiadau allanol, yn rhwym o ddylanwadu ar ei haelodau cynnar a'u cynysgaeddu â'r optimistiaeth honno a oedd yn nodwedd mor amlwg o'r cyfnod. Ac eto, er mor rymus oedd dylanwad y gymdeithas yn hanes cynifer o fyfyrwyr y cyfnod, roedd yna fywyd y tu allan i gyfarfodydd y gymdeithas a dylanwadau personol ac academaidd eraill y mae'n rhaid eu hystyried.

3 ∽ Y Bodleian, Syr John Rhŷs a'r Darpar Ysgolhaig

NATURIOL ddigon, wrth drafod y cyfnod arbennig hwn o ddadeni diwylliannol, yw gosod cryn bwyslais ar Rydychen ac ar y dylanwadau a gysylltir yn benodol â'r Dafydd. Ac eto, ni wiw i unrhyw gronicl anwybyddu'r cysylltiad amlwg rhwng John Morris-Jones a'i gartref ac â'r gweithgareddau a gysylltir â'r ardal arbennig honno, yn enwedig o ystyried pa mor fyr oedd tymhorau'r brifysgol. Myn yr Athro J. E. Caerwyn Williams wrth drafod cefndir y cyfnod cynnar hwn fod cysylltiad Morris-Jones 'â'i fro enedigol mor agos ag erioed', a chyflwynir tystiolaeth sy'n olrhain ei berthynas agos â dau gyfaill, William Edwards a John Owen, a'i ran yn sefydlu cymdeithas yn Llanfair 'ar lun a delw Cymdeithas Dafydd ap Gwilym yn Rhydychen'.[1] Sefydlwyd Cymdeithas Cymru Fydd Llanfair nos Fawrth, 6 Medi 1887, mewn cyfarfod yn Ysgoldy y Bwrdd pan etholwyd Morris-Jones yn gadeirydd, William Edwards yn is-gadeirydd, John Owen yn ysgrifennydd ac O. H. Humphreys yn drysorydd. Roedd gweithgarwch Morris-Jones yn ystod cyfnodau o wyliau, felly, yn adlewyrchu i'r dim y pwyslais a roddid ar bynciau diwylliannol ac ieithyddol yng nghyfarfodydd y Dafydd ac roedd ei gyfeillion yn ei fro enedigol yn rhannu'r un diddordebau ag yntau ac yn gweld grym y wasg yn ddull effeithiol o ddylanwadu ar eu cyd-drigolion. Fel y dywed Caerwyn Williams ymhellach: 'Un o bynciau llosg y dydd ydoedd pwnc y tir ac y mae'n nodweddiadol fod y tri wedi ysgrifennu arno i'r Werin'.[2] Nid dyma'r tro olaf y byddai Morris-Jones yn troi i gyfeiriad y wasg er mwyn lledaenu'r genadwri y byddai am ei rhannu; dysgwyd y dacteg hon yn gynnar iawn yn ei yrfa a bu'n ohebwr cyson a chadarn ei safbwynt ar hyd ei fywyd. Cafwyd cyfle, felly, i feithrin sgiliau'r gohebydd i'r wasg, ond i raddau helaeth gellid ystyried y cyfnodau o wyliau gartref yn Llanfair yn atodiad i'r rhaglen o weithgareddau a gysylltid â chyfarfodydd y Dafydd ac yn gyfle i hyrwyddo amcanion Mudiad Cymru Fydd.

Yn yr un modd, er gwaethaf y pwyslais a roddir yn naturiol ar yr oriau allgyrsiol hynny a fu'n ddylanwad mor allweddol ar Morris-Jones a'i gyd-fyfyrwyr, rhaid troi hefyd at yr elfennau eraill hynny a fu'n gyfrifol am ddatblygiad academaidd Morris-Jones mewn pwnc na fu'n fan cychwyn i'w yrfa yn Rhydychen. Fel y nodwyd eisoes, nid oes prinder tystiolaeth sy'n brawf o rym yr effaith a gafodd y Dafydd ar y genhedlaeth arbennig honno. 'Yn ddiddadl fe fu "y Dafydd"', medd Gwenogvryn Evans, 'yn foddion i greu dyddordeb ymhob dim a berthynei i'r hen wlad.'[3] Ac eto, gweddw ysbrydoliaeth a brwdfrydedd heb y sgiliau a'r strategaeth ymarferol a all drawsnewid gweledigaeth yn wirionedd diriaethol. Yn hynny o beth, roedd cyfarfodydd y Dafydd wedi creu fforwm hynod allweddol ac wedi hwyluso'r ffordd i'r aelodau, maes o law, roi trefn ar reolau'r orgraff dan gyfarwyddyd Syr John Rhŷs. Ond ar yr un pryd, roedd rhaid i unigolion fel Morris-Jones feithrin y sgiliau academaidd hynny a fyddai'n sail i'r cyfraniad y dymunid ei wneud mewn gwahanol gyd-destunau ysgolheigaidd er mwyn sicrhau statws i'r iaith ac er mwyn adfer safonau llenyddol y Gymraeg. Felly, ar ôl graddio mewn Mathemateg, dyma Morris-Jones yn dechrau troi i gyfeiriad academaidd hollol wahanol a dechrau ymgyfarwyddo â thechnegau dieithr ac ennill gwybodaeth mewn disgyblaeth hollol newydd, profiadau a fyddai'n baratoad gwerthfawr ar gyfer gwaith ei fywyd. Ffarweliwyd â mathemateg am byth; bellach, roedd Morris-Jones, fel ei gyfaill O. M. Edwards, yn dymuno rhoi ei sylw i faes llafur cenedlaethol ei bwyslais, i'r iaith Gymraeg a'i llenyddiaeth. Dyma grynodeb Morris-Jones o'r camau:

> Mi orffennais fy nghwrs mathematicaidd, a chymerais fy ngradd yn 1887. Yr oeddwn wedi bod yn dilyn rhai o ddarlithiau Rhys cyn hynny, ac erbyn hynny wedi dyfod i'w adnabod yn dda; a chan mai am bedair blynedd yr oedd fy ysgoloriaeth, ac felly'n darfod yn 1887, fe roes y Coleg imi 'Meyrick Scholarship' o'r un gwerth (£80 y flwyddyn) i ddyfod i fyny flwyddyn arall i astudio Cymraeg a Gwyddeleg dan Rhys. Felly, yno y bûm hyd haf 1888, yn treulio'r rhan fwyaf o'm hamser yn y Bodleian, yn copio Llyfr yr Ancr ac yn darllen wrth fy mhleser.[4]

Dylid nodi yma nad oedd Morris-Jones mor llwyddiannus â'r disgwyl yn ei arholiadau gradd terfynol – ac eto, nid yw'r cofnod moel iddo orffen ei gwrs 'mathematicaidd' a chymryd ei radd yn 1887, yn cynnwys yr awgrym lleiaf iddo weld y cyfnod hwnnw o ymbaratoi yn un arbennig o anodd a phoenus ac yn brofiad a barodd iddo deimlo'n bur ddigalon ac unig. Wrth i bedair blynedd ei ysgoloriaeth ddirwyn i ben yn nhymor yr haf 1887, teimlai'n annifyr fod yr arholiadau terfynol yn bygwth. 'Yr wyf yng Ngehenna y dyddiau hyn,' meddai, a'r 'schools yn faich mor ddychrynllyd o drwm ar fy meddwl.'[5] Yn ôl ei arfer, mewn cyfnodau o argyfwng, myfyrio am ei hen gartref a wna a'r cyfryw atgofion yn ei gynnal yn ystod pyliau o ddigalondid. Byddai'r Sul yn cynnig iddo seibiant 'i fyfyrio am Fon a'ngharedigion a'r fun a'r pethau sydd hoff gan f'enaid'. Ac eto, roedd y Dafydd yn ddull atodol o ymryddhau oddi wrth bwysau'r adolygu a'r cyfarfod diweddaraf wedi bod yn gryn hwyl. 'Chwerthais i ddim mwy yrioed', oedd y dyfarniad. Er mor bleserus a therapiwtig oedd hel atgofion drwy lythyr a chadw cysylltiad â Llanfair, rhaid oedd dychwelyd at y gwaith: 'Dwi'n sgwenu ers dros awr a dyma hi'n haner nos. Awr o faths eto cyn gwely.' Mae holl naws y llythyr yn cyfleu anawsterau ac annifyrrwch y cyfnod hwn yn ei yrfa ac yn dangos fel yr oedd astudio mathemateg erbyn hyn yn ei flino a'i ddigalonni: 'Ac annedwydd yr wyf wedi bod er ys misoedd, poen meddwl, methu cael moment o heddwch . . . rhyw slow torture er ys misoedd a blynyddoedd yn fy ngwisgo'n ddim'. Mewn atodiad i'r llythyr a ysgrifennwyd fore trannoeth, ceir ei fod yn cyfaddef iddo fod 'neithiwr mewn cyflwr melancholy – methu'n glir a gweithio, ac eisio gwneyd hefyd'. Trosglwyddir neges debyg mewn llythyrau eraill. 'Roeddwn i yn y dumps drwy'r dydd', meddai rywdro arall, a'r 'climate depressing yma a'r gwaith cas a'r exams yn loomio wrth 'y mhen i'.[6] Gwaetha'r modd, nid oedd pethau fawr gwell pan ddechreuodd yr arholiadau wrth iddo gwyno bod rhaid ymdopi â phapurau a osodwyd 'nid i wybod beth wyt ti'n wbod, ond rhei i dy stumpio di os oes modd'.[7] Yn yr un llythyr, ar ôl mynegi siom yn ei fethiant i ymateb i her y gwahanol bapurau, ceir elfen o athronyddu amddiffynnol gan un a lethwyd gan holl rwystredigaeth y cyfnod o arholi: 'Ond "be ar affeth hon y ddaear" ydi o o otsh i mi pa glass gai? Be di'r hen exams yma? Wyddost ti be mi fyddai'n teimlo fy hunan uwch law rhyw exams a thacla felly achan, wni ddim pa un ai dam conceit ai peth sy'n dwad efo henaint ydi o.' Dyma'r cefndir, wrth gwrs, i'r sylwadau hynny a anfonwyd at Gwenogvryn, flynyddoedd yn ddiweddarach, wrth iddo baratoi cronicl o hanes y cyfnod ar gyfer ei gyfaill:

However I got my schol. at Jesus in 83; and I believe you told me the Jesus people looked on me as a pretty safe first. But when Mods came, on a/c of the excitement probably, I suffered the first day from one of those bilious atta[c]ks to wh: I was then and am still to some extent subject, and I just missed my first. Mathematics, which I had ceased to love, now became hateful; and I began to attend Rhys's lectures & to read Welsh books in the Bodley.[8]

Er gwaetha'r holl dystiolaeth a ddiogelwyd ar gynifer o fân bynciau, ni ellir bod yn hollol sicr ynglŷn ag union ddyddiad nac amodau'r dröedigaeth ysgolheigaidd. Ar y llaw arall, gwyddom ym mha fodd y bu'r misoedd a dreuliwyd i ffwrdd o'r ysgol yn Aberhonddu yn sbardun i'r disgybl ifanc ymddiddori mewn llenyddiaeth Gymraeg ac ym mha fodd y bu i'r Dafydd feithrin y diddordeb hwnnw. Hynny yw, mae olrhain cyfres o gamau a fyddai, yn ôl pob tebyg, wedi gadael eu hôl ar y Morris-Jones ifanc, yn haws na phennu union ddyddiad unrhyw benderfyniad penodol neu dröedigaeth ddisymwth. Ac eto, ymhell cyn gorffen ei gwrs gradd, roedd tystiolaeth ddiamwys fod pwyslais ei ddiddordebau ysgolheigaidd yn newid. Yn y cyd-destun hwn, gellir troi at yr hyn a gofnodir yn un o lythyrau Morris-Jones at William Edwards ac er na nodir yr union flwyddyn, gellir dyfalu mai yn gynnar yn 1886 y'i hysgrifennwyd:

Bûm yn synu lawer gwaith na fuasai rhyw wladgarwr wedi anturio i gyhoeddi yr hen ysgrifau Cymreig. Nid wyf yn meddwl fod ond ychydig o fabinogion a thrioedd allan o'n holl lenyddiaeth henafol wedi ymddangos mewn print erioed . . . Bûm yn synu llawer hefyd na fuasai Professor Rhŷs wedi gwneyd ymdrech at eu cyhoeddi; ac o'r diwedd gyda help Gwenogfryn dyma fo'n mynd i wneud feddyliwn i. Yr wyf yn amgau y circular.

Aethum efo dau arall i'r Bodleian heddyw i gael golwg ar y Llyfr Coch. Ni wyddai y dyn ddim amdano, ond yn ffodus, tra yr oeddwn yn treio dweyd wrtho sut lyfr oedd o ac mai o Library Jesus yr oedd o'n dod, dyma Professor Rhys heibio; holodd y dyn iddo [sic] am dano a daeth y professor i'w ddangos i ni. Mae o'n lyfr mawr mwy na'r Bibl Peter Williams mwyaf a welsoch erioed. Darllenasom ychydig yma a thraw o hono, a chawsom hwyl garw. Y mae ynddo heblaw mabinogion a brutiaid a thrioedd, lawer o gasgliadau o ddiarhebion a llawer iawn o Farddoniaeth a thraethodau ar geography a gramadeg. 'You will find the geography very queer stuff' medda Rhŷs.[9]

Ceir awgrym yma fod Morris-Jones wedi ystyried pa mor werthfawr fyddai cael argraffiadau o'r testunau Cymraeg neu ei fod yn adleisio'r hyn a glywsai eisoes wrth sgwrsio â Rhŷs neu Gwenogvryn ac, yn ogystal, mae'r 'hwyl garw' a gafwyd yn troi tudalennau'r Llyfr Coch yn arwydd pendant fod maes diddordebau Morris-Jones erbyn hyn yn ymestyn ymhell y tu hwnt i fyd mathemateg. Fodd bynnag, ni raid aros yn hir cyn gweld arwyddion pellach fod Morris-Jones yn cefnu ar fathemateg ac yn newid pwyslais ei astudiaethau. Ym mis Gorffennaf 1887, gwta mis ar ôl iddo raddio mewn Mathemateg, dyma Morris-Jones yn anfon cyfraniad i'r *Geninen* yn dwyn y teitl 'Awgrymiadau i Ysgrifenwyr Cymraeg'.[10] Teg casglu fod nodweddion ac ansawdd iaith Gymraeg ei gyfnod eisoes wedi cael cryn sylw ganddo a hynny cyn iddo gwblhau ei radd yn 1887. Roedd y myfyriwr ifanc naill ai wedi, neu ar fin, clywed ei fod wedi llwyddo i ennill ysgoloriaeth Meyrick a fyddai'n ei alluogi i dreulio blwyddyn bellach yn Rhydychen, y tro hwn dan amodau hollol wahanol.

Roedd cyfnod Morris-Jones a'i gyd-fyfyrwyr yn Rhydychen yn ddiamau yn gyfrwng creu a datblygu ymwybyddiaeth genedlaethol. Ac eto, roedd agweddau eraill a fyddai'n gadael eu hôl ar fyfyriwr ifanc a oedd bellach wedi graddio ac yn awyddus i fanteisio ar bob cyfle i ymateb mewn cyd-destun academaidd i'r agweddau diwylliannol a llenyddol hynny y buwyd yn eu trafod a'u dadansoddi yng nghyfarfodydd y Dafydd. Hawdd dirnad pa mor ffodus yr oedd Morris-Jones wrth gychwyn ar ei astudiaethau ôl-radd yn Rhydychen. Roedd yr ysgolheigion a oedd o fewn cyrraedd ynghyd â'r deunydd unigryw a oedd yn ei aros yn Llyfrgell Bodley yn rhagluniaethol o ffafriol. 'A rhaid pwysleisio', medd Caerwyn Williams, 'na allai darpar ysgolhaig neu ddarpar athro Cymraeg gael gwell cyfle yn unman nag a oedd ar y pryd yn Rhydychen.'[11] Roedd dylanwad Syr John Rhŷs yn amlwg a chanolog ond gellid troi hefyd at ddylanwad ysgolheigion eraill a fu mewn gwahanol ffyrdd yn gefn i weithgarwch Morris-Jones wrth iddo ymgymryd â'r ysgoloriaeth a ddyfarnwyd iddo er mwyn rhoi cyfle iddo droi at astudiaethau Celtaidd. Yn ddiau, Rhŷs oedd y ffigwr mwyaf dylanwadol yn y cyfnod hwn ac yn holl hanes Morris-Jones; ef oedd yr un a'i hysbrydolodd, a fu'n gefn iddo mewn cyd-destun seicolegol dadol ac a wnaeth dröedigaeth academaidd y myfyriwr ifanc yn ymarferol bosibl drwy sicrhau ysgoloriaeth iddo a fu'n gyfrwng ymestyn ei gyfnod yn Rhydychen. Y cam cyntaf oedd i Morris-Jones benderfynu mynychu rhai o ddarlithiau Rhŷs yn hollol wirfoddol o ran diddordeb, a gweld bod yno gryn dipyn mwy o fwynhad nag a deimlai wrth ymroi i'w briod bwnc: 'Mae Rowlands a Morus Bach a minau yn attendio Lectures John Rhys ar y "mabinog-ion". Stwff iawn ydi o achan. Mae yr original MS yn Library Jesus yma. Hwn yw y llyfr o ba un y mae Tennyson wedi cael yr oll o'r hen straeon am Frenin Arthur &c. Mae holl Romance y middle ages

yn French German &c wedi ei seilio yn gyntaf ar hen chwedleuon
Cymraeg llawer o ba rai sydd yn y mabinogion.'[12] Bu i'r 'stwff iawn'
brofi'n ddylanwad allweddol wrth i Morris-Jones ailystyried, ar ôl
graddio, holl gyfeiriad ei yrfa academaidd.

Mae tystiolaeth Morris-Jones ei hun mewn teyrnged i'w hen athro
yn dangos yn eglur cymaint oedd ei ddyled i Rhŷs, nid yn unig am
osod ohono Morris-Jones ar ben y ffordd fel ysgolhaig y Gymraeg,
ond wrth bwysleisio'r wedd dadol a fu'n elfen mor amlwg yn y
berthynas:

> Collodd myfyrwyr y Gymraeg eu tad; ond nid fel athro yn unig y bu ef
> megis tad i mi. Wedi fy ngadael yn amddifad o dad yn fachgen lled
> ieuanc, yn nesaf at fy mam weddw, a fu farw hithau yng nghanol ei
> dyddiau, i'r diweddar Esgob Llwyd a John Rhys y mae i mi ddiolch yn
> bennaf am fy hyfforddi ym mhen fy ffordd. A phan ddarllenais ar nos
> Sadwrn o Ragfyr farw'r olaf ohonynt, ni allwn ysgwyd ymaith ryw
> faich o ymddifedi, rhyw oer ias o ymdeimlad anaele nad oedd neb
> bellach rhyngof innau a'r dibyn.[13]

Ceir yma fynegiant eglur o natur y golled a deimlai Morris-Jones a
phrawf ei fod yn tristáu nid yn unig am iddo golli cyd-ysgolhaig a fu
unwaith yn gynghorwr mor barod a phiwr ond am golli ohono un a
fu'n gefn iddo mewn modd seicolegol ar adeg anodd yn ei fywyd.
Bu Rhŷs yn gyfaill ffyddlon i Morris-Jones ar hyd ei yrfa ac yn
ddylanwad amlwg pan oedd y llanc ifanc yn datblygu fel myfyriwr ac
yn prifio fel person wrth ymgodymu â'r gwewyr a deimlai o fod wedi
colli ei dad cyn iddo erioed gychwyn ar unrhyw gwrs coleg. Ar wahân
i'r elfen gymwynasgar a bwysleisir gan Morris-Jones, roedd gan Rhŷs
wybodaeth a phrofiad eang a fyddai o'r pwys mwyaf i unrhyw
ddarpar ysgolhaig a fyddai'n digwydd dod dan ei ofal. Yng ngeiriau
Caerwyn Williams, Rhŷs oedd 'ysgolhaig Cymraeg a Cheltegwr
gorau'r Deyrnas . . . gŵr na bu neb erioed yn fwy amlwg nag ef yn
arwain i mewn gyfnod newydd yn hanes ei bwnc'.[14] Yn sgil ei
'Lectures on Welsh Philology' a draddodwyd yn Aberystwyth yn 1874
ac a gyhoeddwyd yn gyfrol yn 1877, fe'i hystyrid yn bennaf awdurdod
y wlad ar bynciau Celtaidd. Er mai ieitheg oedd ei brif faes, mae ei
gyhoeddiadau yn dangos pa mor eang oedd cylch ei ddiddordebau a
bod ganddo gryn wybodaeth nid yn unig o'r ieithoedd Celtaidd ond o
hanes a chwedloniaeth Geltaidd. Gwelodd Morris-Jones yn eglur
arwyddocâd y wedd hon ar ei weithgarwch ysgolheigaidd:

Ond nid ysgolhaig Cymraeg yn unig oedd Rhys; fe ŵyr ei ddisgyblion pa mor hyddysg ydoedd yn yr hen Wyddeleg. Gwnaeth lawer o ddefnydd ohoni i'w chymharu â'r Gymraeg, a thrwy hynny i egluro ac olrhain i'w tarddiad eiriau'r naill a'r llall. Darllenodd lawer ar ei llenyddiaeth er chwilio i hen chwedloniaeth y Celtiaid; ac ysgrifennodd lawer ar ei ffurfiau o dro i dro. Yr oedd yn gydnabyddus hefyd â'r Wyddeleg ddiweddar, wedi ei dysgu o enau y rhai oedd yn ei llefaru. Bu yn Ynys Manaw yn dysgu'r Fanaweg gan weddill ei siaradwyr; ysgrifennodd lyfr ar ei seiniau yn rhoi disgrifiad helaeth a manwl ohonynt; rhoes ar gadw bortread o'r iaith, wedi ei gipio megis o draflwnc angof . . . Yr oedd meddwl Rhys yn rhy anturiaethus i oddef ei gaethiwo i ffiniau ieitheg ei hun. Bu'n crwydro llawer dros y terfynau; naturiol iawn y denid ef i faes yr hen gerfysgrifau, canys ynddynt hwy yr oedd rhai o ddefnyddiau mwyaf gwerthfawr ei ieitheg; ac fe ddaeth yn ddehonglwr cywreiniaf ac yn awdurdod uchaf ar gerfysgrifau Prydain ac Iwerddon'.[15]

Afraid pwysleisio, felly, ansawdd unigryw yr arolygu ysgolheigaidd dan gyfarwyddyd Rhŷs a oedd ar gael i Morris-Jones yn Rhydychen yn ystod ei flwyddyn ymchwil ac yntau wrthi'n astudio testun Llyfr Ancr Llanddewibrefi. Ar ben hyn oll, roedd gan rai ieithegwyr amlwg eraill gysylltiadau â cholegau Rhydychen a olygai fod modd i Morris-Jones elwa ar eu gwybodaeth a'u profiad naill ai mewn dosbarthiadau ffurfiol neu'n answyddogol yn ôl y galw. Gellir sôn am wŷr megis A. S. Napier a W. M. Lindsay:

Nid heb reswm yr oedd gwŷr fel W. M. Lindsay, Cymrawd o Goleg Iesu, ac A. S. Napier, yr Athro Anglo Saxon a Llenyddiaeth Saesneg, yn dysgu Cymraeg. Ysgrifennodd W. M. Lindsay lyfr yr oedd Syr John i'w ddefnyddio'n helaeth maes o law, sef *The Latin Language. An Historical Account of Latin Sounds, Stems and Flexions* (Oxford, 1894), ac fel 'Professor of Humanity' ym mhrifysgol St. Andrews yn ddiweddarach, ysgrifennodd lyfr y mae pob ysgolhaig Cymraeg yn ddyledus iddo amdano, sef *Early Welsh Script* (Oxford, 1912). Ni bu John Morris Jones yn nosbarthiadau W. M. Lindsay, hyd y gwn i, ond fe fu yn nosbarthiadau A. S. Napier, ac y mae'n ymddangos ei fod yn uchel ei barch iddo.'[16]

Gellir sôn, felly, nid yn unig am gefnogaeth arbennig Rhŷs ond am yr arbenigwyr enwog y gallai Morris-Jones droi atynt neu at eu gwaith ym maes ieitheg ar adeg allweddol yn ei ddatblygiad fel ysgolhaig. Yn ychwanegol at hyn, roedd Llyfrgell Bodley wrth law, cartref rhai o lawysgrifau pwysicaf y Gymraeg, gan gynnwys Llyfr Coch Hergest a Llyfr Ancr Llanddewibrefi, ynghyd â chasgliad helaeth o lyfrau printiedig a fyddai at ddefnydd pob ymchwilydd. Mantais ychwanegol yn Rhydychen ar y pryd, oedd bod modd elwa ar arbenigedd J. Gwenogvryn Evans, paleograffydd pennaf y cyfnod, wrth i Morris-Jones ddechrau ar y gwaith o geisio darllen a dehongli'r gwahanol lawysgrifau yr oedd gofyn iddo ymgynefino â'u cynnwys. Roedd Gwenogvryn wedi bod wrthi'n copïo testun o'r Mabinogion o Lyfr Coch Hergest ac yn gweithio hefyd ar Lyfr Gwyn Rhydderch a ddodwyd ar fenthyg yn Llyfrgell Bodley. Peth hollol naturiol oedd iddo gydweithio â Syr John Rhŷs yn hyn o beth ac yn ystod y cyfnod hwn y daeth y syniad o gyhoeddi'r gwaith ymchwil mewn cyfres yn dwyn y teitl 'Welsh Texts'. Dan amodau hynod ffafriol, felly, y cychwynnodd Morris-Jones ar ei waith ymchwil. Yn ystod y flwyddyn academaidd 1887–8, roedd y myfyriwr ymchwil yn dysgu Gwyddeleg ac yn darllen y Mabinogi dan gyfarwyddyd Rhŷs, yn astudio Eingl-Saesneg gydag A. S. Napier, yn dysgu Almaeneg ar ei ben ei hun ac yn copïo Llyfr Ancr Llanddewibrefi dan arolygiaeth Rhŷs a chyda chymorth Gwenogvryn. Fel y nodwyd eisoes, byddai Morris-Jones yn gyfarwydd â gwaith ymchwil W. M. Lindsay er nad oedd yn fyfyr-iwr iddo. Roedd yr enwog Henry Sweet yn Rhydychen ar y pryd a gwyddom i Morris-Jones hyd yn oed ar ôl iddo adael y brifysgol ymgynghori ag ef ar fater yn ymwneud â'r treigliadau. 'Nid yw'n anniddorol sylwi', medd Caerwyn Williams ymhellach, 'mai mewn cyfnod o weithgarwch ieithegol eithriadol yn hanes ysgolheictod Prydain y cynlluniwyd ac y gweithiwyd *A Welsh Grammar, Historical and Comparative*, a bod Henry Sweet, ysgolhaig a ddisgrifiwyd fel sylfaenydd Seineg ddiweddar, wedi disgrifio seiniau'r Gymraeg mewn ymdriniaeth sydd yn dal yn werthfawr'.[17] Pwysleisir, felly, fod cryn weithgarwch ieithegol yn nodweddu'r cyfnod dan sylw a phriodol nodi i Napier, Lindsay a Sweet, yn eu tro, ystyried agweddau ar strwythur yr iaith Gymraeg.

  Byddai'n demtasiwn ystyried natur a chyfeiriad gwaith ymchwil Morris-Jones yn ystod ei flwyddyn olaf yn Rhydychen fel pe bai'n gynnyrch anochel cyfres o ddigwyddiadau penodol ac yn ganlyn-iad i gwlwm o ddylanwadau y gellir dadlau iddynt bennu pwyslais arbennig amodau'r ysgolorioaeth a sicrhawyd ar ei ran. Mae'n wir na ellir anwybyddu perthnasedd y dylanwadau a nodwyd uchod nac ychwaith arwyddocâd allweddol y berthynas a ddatblygodd rhwng

Morris-Jones a'i gynghorwr academaidd. Ac eto, go brin y gellir honni bod yna unrhyw fformiwla gyfleus sy'n mesur llwyddiant neu orchest academaidd yn nhermau cyfres o ddylanwadau penodol fel pe bai pob dim yn arwain at ryw ganlyniad rhagweladwy mewn dull sy'n rhesymegol anochel. Gellir, wrth gwrs, restru pob math o ddylanwadau a nodi pwysigrwydd pob un mewn dull sy'n gronolegol daclus. Ac eto, ni thâl i unrhyw gronicl ddiystyru'r ffaith fod Morris-Jones, a fu am bedair blynedd yn dilyn gradd mewn Mathemateg, yn ystod y flwyddyn academaidd ddilynol yn fyfyriwr ymchwil nid yn ei bwnc gradd ond mewn disgyblaeth hollol wahanol. Ymhen rhai misoedd ar ôl graddio, roedd Morris-Jones yn gweithio ar Lyfr yr Ancr, casgliad hynod werthfawr o destunau crefyddol Cymraeg Canol, a phan ymddangosodd y testun yn 1894 dan enw Morris-Jones a Syr John Rhŷs ar y cyd, meddai'r olaf yn ei gyflwyniad am ansawdd gwaith ei ddisgybl a fu'n gyfrifol am y golygu ('Preface'):

> The excellent introduction and lucid notes with which the texts printed in this volume have been provided by the Editor, leave me nothing much to say, except that the work is his and all the credit which it reflects. My share of the undertaking has been confined to the collating of the proofsheets with the original manuscript, and to an occasional suggestion or a trivial criticism of the notes as they passed through the press.[18]

Yn ddiamau, manteisiwyd ar gyfle a hwnnw'n gyfle a oedd wrth fodd y myfyriwr. Y perygl wrth ganolbwyntio ar fanteision y sefyllfa yn Rhydychen a'r amgylchedd cefnogol yw diystyru neu danbrisio'r doniau personol a'r brwdfrydedd amlwg a olygai fod y myfyriwr ifanc yn gallu achub ar ei gyfle. Gellid dadlau, er enghraifft, fod yma ysgogiad cynhenid sy'n trosgynnu pob dylanwad diriaethol academaidd ei bwyslais a bod yma brawf o amgenach cymhelliad:

> Do, fe welodd Syr John ei gyfle yn Rhydychen, ond efallai mai camgymeriad fyddai awgrymu na wnaeth ddim ond gweld y cyfle a'i achub, oblegid yn y pen draw nid y cyfle a benderfynodd gwrs ei fywyd, ac nid angen gwerin Cymru chwaith am astudiaeth drwyadl o'i hiaith a'i llenyddiaeth, ond yn hytrach gariad at yr iaith Gymraeg ac at ei llenyddiaeth, yn arbennig at ei barddoniaeth.[19]

Yn ystod y flwyddyn 1887–8 felly, ac yntau'n fyfyriwr ymchwil erbyn hyn, byddai cyfarfodydd y Dafydd yn cynnig cyfle gwych iddo rannu â'i gyd-fyfyrwyr ffrwyth ei ymchwil fesul cam, yn ogystal â chyfle i gyflwyno'r syniadau hynny am gyflwr yr iaith a fyddai'n rhwym o godi wrth iddo ennill gwybodaeth a hyder yn ei faes. Cyfrannodd erthygl i'r *Geninen* cyn iddo gychwyn ar ei flwyddyn ymchwil, cyfraniad yn dwyn y teitl 'Awgrymiadau i Ysgrifenwyr Cymraeg',[20] ond byddai ei astudiaeth o arddull Llyfr yr Ancr yn rhwym o arwain at drafodaeth bellach ac ehangach ar deithi iaith ei gyfnod ei hun. I'r sawl a fyn olrhain hanes y Dafydd, gellir troi at ymdriniaeth safonol Caerwyn Williams yn y gyfrol *Cofio'r Dafydd* (1987) lle ceir hanes y llyfrau cofnodion ynghyd â gwybodaeth fanwl am y llinach o ysgrifenyddion a fu wrthi'n cofnodi'r cyfresi o gyfarfodydd fesul sesiwn. Er bod peth dryswch ynglŷn â'r llinach ysgrifenyddol wrth i'r gwahanol aelodau hel atgofion flynyddoedd yn ddiweddarach, diogelwyd tystiolaeth sy'n dangos mai Morris-Jones oedd yr ysgrifennydd cyntaf (cyfarfodydd 1–5), mai Edward Anwyl oedd yr ail (cyfarfodydd 6–13) ac i O. M. Edwards dderbyn y cyfrifoldeb ar ôl hynny am gyfnod. Mae atgofion y gwahanol aelodau cynnar yn tystio'n eglur mai O.M. oedd y dylanwad pennaf wrth i'r gymdeithas ennill ei phlwyf; o'r holl aelodau cynnar, ef a osododd ei farc ar y cyfarfodydd ac a fu'n gyfrifol am greu'r naws arbennig a nodir gan gynifer o'r croniclwyr. Dyna farn John Puleston Jones, W. Llewelyn Williams a Morris-Jones yntau. Rhaid derbyn, wrth gwrs, fod O.M. erbyn hyn wedi dilyn cyrsiau mewn gwahanol brifysgolion a'i fod o'r herwydd yn hŷn ac, o ganlyniad, yn debygol o fod yn fwy hyderus na rhai o'i gyd-fyfyrwyr. Wele ymateb Morris-Jones i'r sefyllfa:

> Odid y bu dim tebig i'r cyfarfodydd wythnosol hynny. Ychydig o ddim ffurfiol a geid ynddynt, – fe agorid rhyw fater, yn gyffredin mewn papur byr; yna fe'i trinid mewn ymddiddan perffaith rydd uwchben y te a'r teisennau a'r ffrwythydd a ddarperid gan 'y gŵr bioedd y nenbren', a chenid ambell gân, a phenillion telyn, pawb a'i bennill yn ei gwrs. Yr oeddem yn ieuainc oll, a'n meddyliau'n hoyw; ac fel haearn yn hogi haearn, yr oedd dawn y naill yn minio dawn y llall. Ond coron y cwbl oedd cyfaredd geiriau Owen Edwards. Yr oedd rhyw swyn rhyfedd i ni yn y llais mwyn a'r ffraethineb digyffelyb a fyrlymai dros ei wefusau; yr oedd ei ymadroddion yn pefrio gan feddyliau prydferth a newydd, ac anturus yn aml i'n golwg ni; ac yr oedd ei gynlluniau a'i freuddwydion yn ein cludo i dir hud a lledrith.[21]

Ar wahân i'r gwmnïaeth a'r ysbrydoliaeth a oedd yn elfennau mor amlwg yn natblygiad y Dafydd o'r cychwyn cyntaf, byddid yn gwahodd cyfraniadau gan aelodau unigol ar wahanol destunau. O ganlyniad, gallai aelodau unigol fanteisio ar gyfle i draethu ar amryw bynciau yn ymwneud â'r Gymraeg a'i llên ac i rannu â chyd-fyfyrwyr wybodaeth nad oedd eto wedi ennill unrhyw gydnabyddiaeth yn ystafelloedd dosbarth ysgolion Cymru. 'Nid oes amheuaeth', meddai Caerwyn Williams ymhellach, 'nad y papurau a ddarllenwyd yn y Dafydd oedd ei nodwedd bwysicaf. Yr oedd yr aelodau wedi eu hamddifadu gan gyfundrefn addysg y wlad o bob gwybodaeth o'u treftadaeth ddiwylliannol, o bob gwybodaeth o hanes, iaith a llenyddiaeth eu cenedl, a dechreuasant deimlo oddi wrth y diffyg hwn yn eu haddysg ac adweithio iddo drwy ymhyfrydu yn yr ymchwil am yr wybodaeth y teimlent fod hawl ganddynt iddi fel Cymry.'[22] Yma eto, wrth nodi'r hyn a gyfrennid gan Morris-Jones i'r gwahanol gyfarfodydd, mae'n demtasiwn troi pob cofnod yn symbol ac ystyried pob cyfraniad fel pe bai'n arwyddlun o'r hyn a fyddai'n denu sylw'r ysgolhaig ymhen blynyddoedd i ddod. Ac eto, er mor gyfleus yw i'r sawl sy'n berchen ar synnwyr trannoeth bwyso a mesur dylanwadau oes a fu, y gwir amdani yw y gellir yma ddatgan fod amryw o'r meysydd a ddenai sylw'r myfyriwr ifanc yn Rhydychen yn rhai a fyddai'n parhau i fod o wir ddiddordeb i'r ymchwilydd profiadol a'r darlithydd prifysgol mewn blynyddoedd i ddod. Byddai rhai pynciau, wrth reswm, yn eu cynnig eu hunain i fyfyrwyr y cyfnod, nifer ohonynt yn gynnyrch ymateb digon dealladwy i sefyllfa'r iaith a'i llên yn y cyfnod arbennig hwnnw. Roedd anghysonderau orgraffyddol ac ieithyddol yn un gwendid amlwg a fyddai'n denu sylw a byddai ystyriaeth o destun ac arddull Llyfr yr Ancr yn arwain yn naturiol at drafodaeth o deithi iaith y cyfnod yn ogystal. Yn yr un modd, byddai diddordeb Morris-Jones mewn barddoniaeth glasurol wedi ei arwain at waith y cywydd-wyr, at waith Dafydd ap Gwilym yn benodol ac at feirdd ei ranbarth ef ei hun. Yn ychwanegol at y cyd-destun llenyddol, mae cofnodion y gwahanol gyfarfodydd yn cyfeirio at agweddau eraill ar ei bersonol-iaeth megis ei hiwmor, ei ddawn fel adroddwr ac fel un a allai ddifyrru'r gymdeithas â'i ddarlleniadau hwyliog a phwrpasol.

Yn dilyn papurau gan O. M. Edwards ('Charles Edwards'), Edward Anwyl ('Y gŵr enwog Goronwy') a John Puleston Jones ('Samuel Butler a Thwm o'r Nant'), yn y pedwerydd cyfarfod daeth tro Morris-Jones, a'i ddewis bwnc oedd 'Dafydd ab Gwilym'. I'r sawl a fyn bwys-leisio arwyddocâd rhagluniaethol y papurau arloesol hyn, gellid nodi dewis bwnc papur cyntaf Morris-Jones, a bod yma sôn am lawysgrifau Iolo Morganwg, am natur y gynghanedd ac am ganu i fyd natur. Wele fersiwn Morris-Jones, yr ysgrifennydd ar y pryd, o'r cyfarfod ac yntau'n trafod ei bapur ei hun:

> Dywedodd dipyn o hanes ei fywyd, ei fod yn byw yn amser dadeni llên a'i fod yn un o'r rhai a wnaeth fwyaf yn y cyfeiriad hwnw yng Nghymru, a darllenodd hanes 'Tair eisteddfod y Dadeni' o'r Iolo MSS. Gwnaeth ychydig sylwadau ar y gynghanedd fel yr oedd hi gan Ddafydd [n. nad oedd hi mor gaeth y pryd hwnw.] Yna dywedodd am dano fel bardd Natur; yn canu am y niwl a'r eira a'r storom ond yn bennaf am wenau anian yn y dail a'r blodeu a'r haf ac yng nghan yr adar a gwyneb ei Forfudd. Dyfynodd amryw ddarnau o waith y bardd yn taflu goleu ar hyn ac ar hanes rhamantus ei gariad at 'Forfydd, merch bedydd Mai.' Ar ol ymddiddan difyr, terfynwyd y cyfarfod ddeg o'r gloch.[23]

Yn yr adroddiad yn *Y Goleuad* (12 Mehefin 1886, 12a), dengys y gohebydd pa mor drefnus oedd dull Morris-Jones o drafod ei bwnc a'i fod eisoes yn dangos tuedd at ddadansoddi'r dystiolaeth a oedd yn ei feddiant yn ôl dulliau ymchwil hynod ddiogel a chytbwys:

> Dywedodd (Morris-Jones) hanes y bardd, gan gysoni rhai traddodiadau am dano, a gwrthod rhai eraill. Pur ysmala oedd o resymau Dr. Owen Pughe dros ddyddio marwolaeth Dafydd yn 1100. Dangosodd pa beth sydd yn wir, a pha beth nas gall fod yn wir, yn yr hanesion ddywedir am y bardd, a thynodd o'i gywyddau ddarluniad difyr o'i fywyd trafferthus, lanwyd gan gariad at Forfudd ac at fis Mai. Dangosodd hefyd nad oedd y bywyd hwnw yn un anfoesol, yn ngoleuni moesoldeb yr oes hon na moesoldeb yr oes hono.[24]

Trwy gyfrwng papurau'r Dafydd, felly, cafwyd cyfle nid yn unig i drafod agweddau ar ddiwylliant Cymru ond i fwrw prentisiaeth mewn ysgolheictod drwy ddechrau meithrin y dulliau ymchwil hynny a fyddai'n baratoad mor werthfawr ar gyfer y gwaith a fyddai'n disgwyl y gwahanol fyfyrwyr yn eu priod feysydd. Nid dyma'r tro olaf, wrth gwrs, y byddai syniadau Dr Owen Pughe yn denu sylw'r ymchwilydd ifanc a phriodol nodi ei fod eisoes wedi magu'r hyder a'i galluogai i herio syniadau a dderbyniasid yn ddigwestiwn hyd yn hyn gan genedlaethau llai ysgolheigaidd eu hyfforddiant a'u gorwelion. Roedd mantais bellach o fod yn fyfyrwyr alltud: 'Meithrinid annibyniaeth barn, annibyniaeth y buasai wedi bod yn anodd ei chael pe na bai'r Gymdeithas y tu allan i Gymru ac yn gallu edrych ar bethau o safbwynt gwahanol i'r rhelyw o'u cyd-Gymry'.[25]

Fodd bynnag, roedd yna agweddau llai academaidd i'w hystyried. Ymddengys fod Morris-Jones, er enghraifft, wedi ennill enw iddo'i hun fel tipyn o gymeriad a allai ddifyrru'r gymdeithas â'i ddawn dweud. 'Yr oedd J. Morris Jones yntau'n berfformiwr go fynych', meddid, ac fe'i cyfrifid yn 'un o ddarllenwyr gorau'r Gymdeithas' a fyddai ar adegau yn darllen darn ar ran rhyw aelod arall o'r cwmni.[26] Byddai llyfr bach du yn ei feddiant yn cynnwys detholiad o ddewis ddarnau, llyfr y byddid yn troi ato yn ôl y galw.[27] Mewn un cyfarfod cofnodir i Morris-Jones hyfforddi'r gymdeithas 'ar ganu cywyddau fel y clywsai yn Eisteddfod fawreddog y Talwrn, a chanodd ef ac eraill bennillion gyda mesur helaeth o hwyl, ar amryw fesurau adnabyddus, yn enwedig 'Ar hyd y nos', 'Hob y Deri Dando' etc. yn yr olaf o ba rai y sylwyd fod y gydgan a genid gan W. Ll. Williams yn amhriodol ac anghywir.'[28] Mae'n briodol nodi, hefyd, fod Morris-Jones ac O. M. Edwards yn ystod y cyfnod hwn yn anfon cerddi at ei gilydd, arfer sy'n golygu bod Morris-Jones wedi cael rhyw gyfle o leiaf yn Rhydychen i ddechrau meithrin sgiliau barddoni, er mai o fewn cyd-destun digon cyfyng y digwyddodd hynny. Yn un o gyfarfodydd y Dafydd, (rhif 32), gofynnwyd i Morris-Jones gyfansoddi 'Cwyn Coll y rhai ymadawedig' i gofnodi cyfraniad y myfyrwyr a oedd bellach wedi gadael Rhydychen. Darllenwyd y 'Cwyn Coll' yn y cyfarfod canlynol, y darn a ailymddangosodd yn *Caniadau* (1907) dan y teitl 'Cywydd Hiraeth' heb fawr o ôl adolygu diweddarach arno.[29]

Gellir honni, ar yr un pryd, fod cylch ei ddiddordebau allgyrsiol yn ymestyn y tu hwnt i ffiniau'r Dafydd er mai trwy gyfrwng ei ohebu cyson â chyfeillion agos yn ei fro enedigol y gweir hynny. Cawn weld, er enghraifft, fod merched o hyd yn cael yr un fath o sylw ag a roddid iddynt gynt yn ystod cyfnod Aberhonddu. Mae'n bur anodd ffurfio unrhyw restr fanwl o'r ffefrynnau heb wybodaeth fanylach o'r cefndir a heb ddeall union ergyd pob cyfeiriad yn y gwahanol lythyrau, ond ceir sylwadau digon difyr a dadlennol o bryd i'w gilydd ar gymeriad neu wendidau hon a'r llall, ac ar ansawdd y llythyru: 'Cefais lythyr oddiwrth Polly y dydd o'r blaen yn dweyd bod yn ddrwg ganddi ei bod wedi aros mor hir heb ysgrifenu ond nad oedd hi ddim gartref pan yr arriviodd fy llythyr. Mae hi yn dechreu ei llythyr fel business letter "Received your letter" yn lle "I received &c". Mae y llythyr wedi mynd i danio nghetyn i ers talwm ond gan belled ag y medraf gofio.'[30] Ymddengys na wnaeth Polly fawr o argraff arno. Dro arall, ceir sôn am 'Penny Novelettes' a fyddai'n cynnig, mae'n debyg, gyfarwydd-iadau neu batrymau y gellid eu dilyn wrth lunio llythyrau caru. Nid oedd gweld merch yn dilyn y fath strategaeth, mae'n amlwg, yn ei blesio: 'Onid oes oglau P. Novelettes ar y geiriau – "Treiflo efo'n feelings i". Mae ei llun hi ar y silff ben tan yma. Hogan reit ddel. Piti bod hi mor wirion.'[31] Yn dilyn, fodd bynnag, ceir gosodiad y gellid ei ystyried yn llawer mwy arwyddocaol os derbynnir mai llun 'Mary Bach' ffermdy Siglan oedd ar y silff ben tân: 'Y mae llun Mary Bach hefyd yr ochor arall. Mi fydda i'n syllu llawer ar hwnw. Y mae arna i ofn y byddai mewn lyf toc os na thendia i.' Wedi dychwelyd i Lanfair ar ddiwedd ei yrfa yn Rhydychen, roedd Mary o'r Siglan yn mynd i ddenu cymaint mwy o'i sylw a'i ddiddordeb. Ymddengys fod y llythyr hwn yn perthyn i'w flwyddyn ymchwil 1887–8 ac yn trosglwyddo neges bur wahanol i'r hyn a fynegwyd mewn llythyr dyddiedig 2 Mai 1887, pan oedd y myfyriwr wrthi'n paratoi ar gyfer ei arholiadau terfynol. Ymddengys fod O. M. Edwards 'mewn cariad garw' ar y pryd a bod Morris-Jones wedi cyfaddef ei fod yntau yn yr un stad ac wedi gwirioni ar ryw ferch o Fôn a bod John Owen ei gyfaill wedi'i gweld hi y dydd Gwener cynt. Ar yr un pryd, yr awgrym a geir yw fod mwy nag un ferch wedi tynnu sylw'r myfyriwr ifanc o bryd i'w gilydd:

> Yr oeddwn yn sylwi ar gryn dipyn o anghysondeb yn dy lythyr, dywedi y buaswn yn leicio bod yn y gymanfa am ei bod *hi* yno, ac ymhen tipyn wedyn dywedi am ferched y Siglan "nhw di'r unig ferched wyt ti yn ei garu yn wirioneddol ynte rwan?" Sut y medra i garu dwy yn wirioneddol. Na, un dwi'n garu 'rwan ac nid yr un o ferched Siglan ydi hono. Mae genod Siglan yn ferched bach del iawn yn enwedig Mary, ag yr ydw i'n teimlo'n ddigon cynes atyn' nhw, mae gen i fymryn o le iddyn nhw fel llawer o rai run fath a nhw yn y nghalon, ond does dim dichon fod gin neb gariad gwir at fwy nag un.[32]

Deuai newid gydag amser, wrth gwrs, ond fel yr awgrymodd Caerwyn Williams, 'a chofio hardded llanc oedd Syr John yn y cyfnod hwn . . . buasai wedi bod yn rhyfedd pe na buasai neb o ferched Llanfair a Rhydychen wedi bod yn ymddiddori ynddo.'[33]

Ym mis Hydref 1887, dechreuodd Morris-Jones ar ei waith yn astudio a chopïo Llyfr yr Ancr ac adlewyrchir y pwyslais newydd hwn yn ei yrfa yn y gwahanol gyfraniadau a wnaed ganddo yng nghyfarfodydd y gymdeithas.[34] Mewn un cyfarfod, er enghraifft, cyflwynodd y myfyriwr ymchwil

> dipyn o dduwinyddiaeth 'Llyfr yr Ancr' i ni. Dywedodd fod yr ysgrifen yn henach na'r Llyfr Coch, ac fod y dduwinyddiaeth a gaed ynddo yn

bur ac yn ddihalogedig . . . Darluniai hyn mewn modd mor rhagorol a nerthol nes y teimlai Puleston fel pe bai mewn Sassiwn.

Disgwyliem glywed Amen ond bodlonodd ar ddweyd wrthym fod yr athrawiaeth yn iachus a'r arddull yn goeth, ac anogai ni oll i'w astudio yn fanwl. Dywedodd J. M. Jones ei fod ef yn bwriadu cyhoeddu Llyfr yr Ancr yn fuan, gyda rhanau cyfatebol o William Wynne i'w esbonio.'[35]

Wrth reswm, byddai ei waith ar Lyfr yr Ancr yn arwain yn naturiol at astudiaeth o ramadeg a chystrawen Cymraeg Canol ac yn sgil hynny at agweddau eraill ar hanes datblygiad yr iaith. Am fod bwlch yn y cofnodion rhwng cyfarfod 45 a chyfarfod 54, rhaid dibynnu ar ffynonellau eraill am helyntion y gymdeithas a throi at wahanol bapurau neu gyfnodolion. Gwyddom, er enghraifft, i Morris-Jones gynnig papur i'r gymdeithas ar 28 Chwefror 1888, ar 'Rai o nodweddion y Ferf Gymreig' a bod adroddiad digon manwl wedi'i gynnwys mewn rhifyn diweddarach o *Y Goleuad* (8 Mawrth 1888).[36] Gellir synhwyro bod Morris-Jones yn ddigon prysur yn ystod ei gyfnod ymchwil yn ceisio rhoi trefn ar wahanol bynciau ieithyddol a'i poenai dan gyfarwyddyd Syr John Rhŷs ac yn rhannu'r wybodaeth a brosesid ganddo â'i gyd-fyfyrwyr. Mae'r adroddiad a geir yn *Y Goleuad* ac a luniwyd gan Morris-Jones ei hun, yn dangos yn eglur fod y myfyriwr ymchwil yn dechrau magu'r hyder i drafod materion ieithyddol digon cymhleth a'i fod yn dangos dawn amlwg i ddadansoddi a dosbarthu ei ddeunydd mewn dull hynod resymegol a threfnus. Ar sail yr ymdriniaeth fanwl hon sy'n manylu ar gystrawen y rhagenw perthynol yn y Gymraeg, gellir synhwyro 'fel yr oedd John Morris Jones wedi prifio fel gramadegydd' a bod 'awdur *A Welsh Grammar* eisoes wedi dechrau ar waith mawr ei fywyd'.[37]

Roedd pwnc yr orgraff, wrth gwrs, ar fin denu cryn sylw gan yr aelodau yng nghyfarfodydd y Dafydd. Wele fersiwn Morris-Jones o'r hanes a groniclwyd flynyddoedd yn ddiweddarach wedi'i gynnwys mewn teyrnged i'w hen athro Syr John Rhŷs:

Ei wybodaeth ddihafal yn ei ddydd o hanes y seiniau, a'i ddadansoddiad cywir iawn ohonynt fel y maent yn yr iaith ddiweddar, a wnaeth yn bosibl iddo osod i lawr egwyddorion yr orgraff ddiwygiedig, a fu gyntaf dan ystyriaeth yng Nghymdeithas Dafydd ap Gwilym, gryn dipyn dros chwarter canrif yn ol . . . Yr wyf yn cofio mai myfi a ddug y mater gerbron, ac i'r Gymdeithas ei drafod mewn amryw gyfarfodydd, a Syr John, fel llywydd y Gymdeithas, yn y gadair ym mhob un ohonynt, er mai anfynych y deuai i'r cyfarfodydd cyffredin oddieithr pan gynhelid hwynt yn ei ystafell ef yng Ngholeg yr Iesu . . . Tynnwyd allan reolau, a chyhoeddwyd hwynt; symleiddiwyd hwynt yn ddiwedd-arach gan Rys ei hun; ac yn y ffurf honno derbyniwyd hwynt gan bwyllgor orgraff Cymdeithas yr Iaith Gymraeg i fod yn rheolau orgraff llyfrau ysgol. Dysgwyd yr orgraff felly yn yr ysgolion i'r to oedd yn codi, tra'r oedd Syr Owen Edwards yn cynefino darllenwyr hŷn â hi ar ddalennau Cymru. Erbyn hyn nid oes odid lenor Cymraeg teilwng o'r enw nad yw yn ei dilyn.'[38]

Ymddengys mai mewn cyfres o gyfarfodydd rhwng Chwefror a diwedd Mehefin 1888 y codwyd pwnc yr orgraff a bod i Morris-Jones le amlwg yn y cyfryw drafodaethau. Gwyddom, er enghraifft, iddo gyflwyno papur ar 'Orgraff yr Iaith Gymraeg' (*Y Goleuad* 17 Mai 1888). Cofnodir ymhellach i Syr John Rhŷs ddatgan 'ei fod wedi bod yn siarad efo J. M. Jones am yr orgraff, ac wedi awgrymu iddo ddarllen papyr ar y pwnc, er mwyn i ni, fel cymdeithas, benderfynu ar egwyddorion sefydlog i sillafu, yn lle gwneyd rywsut, rywsut. Yr oedd ef yn cymeradwyo y rhan fwyaf o awgrymiadau y darllenydd. Gwnaeth y Proffeswr ddau gynygiad a phasiwyd y rheini yn unfryd unfarn, a phawb yn gaddo dal atynt'.[39] Canlyniad hyn oll oedd rhestru cyfres o reolau mewn adroddiad i *Cymru Fydd* (cyf. 1, Gorphenaf 1888, 432–4) adroddiad a luniwyd, yn ôl pob tebyg, gan Morris-Jones dan yr enw 'Llyr'. Atodir y sylw canlynol: 'Dyna'r egwyddorion y cytun-wyd arnynt, ac addawodd yr aelodau ddal attynt'.[40] Mae cronicl safonol arall sy'n trafod hanes yr orgraff, a hwnnw mewn cyfraniad i'r cylchgrawn *Cymru*, lle ceir Morris-Jones yn ail-fyw profiadau Rhydychen wrth dalu teyrnged i O. M. Edwards a oedd, wrth reswm, wedi cyfrannu at y trafodaethau ar ôl iddo ddychwelyd o'r cyfandir:

> Yn y flwyddyn 1888, wedi iddo ddychwelyd o'i daith ar y cyfandir, fe dreuliwyd amryw o gyfarfodydd Cymdeithas Dafydd ap Gwilym i geisio cael trefn ar orgraff yr iaith. Yr oedd y Llywydd, Syr John Rhys, yn y gadair ymhob un o'r cyfarfodydd hynny, a minnau wedi fy newis i ddarllen y papur neu'r papurau: am ddyblu'r cytseiniaid yn bennaf y dadleuem, a syniadau'r Llywydd oedd gennym oll, ond ein bod yn ceisio'u holrhain a'u cymhwyso.[41]

Mae'r adroddiadau hyn yn dangos pa mor amlwg oedd cyfraniad Morris-Jones i'r trafodaethau ac mai ei bapurau ef yn aml a fyddai'n fan cychwyn i'r gwahanol sesiynau. Er iddo gyfrannu at y cyfarfodydd hyn, byddai gan O. M. Edwards swyddogaeth bellach i'w chyflawni wrth iddo hybu'r defnydd o'r rheolau newydd drwy gyfrwng ei gyhoeddiadau. Wedi penderfynu ar yr egwyddorion safonol, y nod oedd sicrhau bod y gynulleidfa ehangaf bosibl yn ymgynefino â'r gyfundrefn orgraffyddol a gymeradwywyd; dyna gyfraniad arbennig O.M., am mai ef a 'wnaeth fwy na neb arall, yn y cyhoeddiadau a olygodd, yn enwedig CYMRU, a CHYMRU'R PLANT, i gynefino darllenwyr Cymraeg â'r orgraff ddiwygiedig'.[42] Arweiniodd y trafodaethau hyn at lunio a ffurfioli cyfres o egwyddorion a gyhoeddwyd yn *Cymru Fydd* (1888), ac ar ôl hynny mewn cylchgronau eraill, cyn eu cyflwyno'n derfynol gyhoeddus mewn cyfrol yn dwyn y teitl *Orgraff yr Iaith Gymraeg* (1893). O hynny ymlaen, byddai'n bosibl cyhoeddi cyfres o destunau a gwerslyfrau a fyddai'n dilyn argymhellion orgraffyddol newydd ac o'r herwydd yn sicrhau elfen o gysondeb lle bu unwaith ddryswch ac anhrefn.

Gellid tybied y byddai bywyd yn fwy hamddenol ar ôl cwblhau pob arholiad ffurfiol yn Rhydychen a Morris-Jones, bellach, yn fyfyriwr ymchwil. Ac eto, er iddo ddianc rhag yr ymlafnio beichus hwnnw a gysylltid â chyfnod arholi yn Rhydychen, ac er iddo lwyddo i ffarwelio am byth â mathemateg, ymddengys fod ei amserlen ddyddiol o hyd yn ddigon caeth ac yn gofyn am gryn egni a brwdfrydedd:

Codi yn y bore tua haner awr wedi wyth. Brecwast ac i'r Bodleian. Yno erbyn o naw i 9.30 – hŵyrach dipyn weithia. Yno tan 12.45 yn copio Llyfr yr Ancr (Anchorite). Cinio un; smôc; Bodleian dipyn wedi dau, yno tan yn dyn i bedwar, Llyfr yr Ancr fyth. I'r Coleg wed'yn i'r Comon Rŵm i ddarllen y papur a sgrifenu llythyr. Te haner wedi pump. Smoc, mud fyfyrio, Welsh Phil, Irish tan o 7.30 i 8; i'r Radcliffe wedyn, yno'n darllen llyfrau cyffredinol tan 10. Adre; swper; ac wed'yn German; gwely tua haner nos, byth cynt. Swm y cerdded (i'r Bodley ac yn ol &c) drwy y dydd tua 5 miles. A dyna'r holl exercise ydw i'n gael bron. Walk o 4 i 5 ambell i brydnhawn. Gweled chydig iawn o gwmni, 'blaw yn y D ab G. malio fawr am gwmni chwaith.'[43]

Mewn llythyr pellach, dyddiedig 10 Mai [1888], a'r flwyddyn ymchwil yn dirwyn i'w therfyn, nid oes unrhyw arwydd fod baich y gwaith yn lleihau. Gwahanol iawn yw patrwm byw ei gyfaill (John Owen efallai) nôl yn Sir Fôn ac yntau, yn unol ag arddull ddi-lol Morris-Jones, yn cael ei atgoffa o'r rhyddid hwnnw:

Be sydd gin ti i'w wneyd ddydd Sadwrn. Does gin ti ddim chwarter
cimin o waith a fi rwan dwi ddigon siwr. Yn y Bodley o ddeg tan 1.30
ac o dri tan 5 bob dydd. Gweithio'r nos wedyn. Correctio proofs yr
Ancr. Rhaid i mi sgrifenu introdn a notes hefyd. Gwaith diderfyn bron.
Does dim sens mewn deyd dy foch di'n methu cael amser. Gei di wel'd
pen ddoi di yma faint o waith fyddai wedi dod trwyddo. Difia dyrchafael
heddiw a'r Bodley yn [y] gauad. Un holiday am rhyw unwaith i mi.
Fyddi di'n cael diwrnod cyfa bob wsnos.[44]

Erbyn diwedd y flwyddyn academaidd honno, ymddengys fod yr holl
waith a'r ymdrech yn dechrau dweud ar y myfyriwr ymchwil a'i fod
yn dyheu am adael Rhydychen ac am ddychwelyd adref. Ei fam sy'n
derbyn y newyddion y tro hwn: 'Does gin i ddim newydd. Beth all fod
gin neb i sgrifennu o le fel hyn heb neb ond y fo ar ben i hun? Does gin
i ddim ond 'y mod i wedi blino fy hoedel yma, ac y dôi adre gin
gynted byth ag y galla i; ond fydd hynny ddim tan ganol ne ddiwedd
yr wsnos nesa. Mae'r printers yn slow ofnadwy wrthi hi.'[45] Mae'n
amlwg hefyd fod y 'melancoli' wedi dychewelyd ac yntau'n gofyn i'w
fam drosglwyddo neges i John Owen ei bod yn ddrwg ganddo am
iddo fethu ysgrifennu 'nat oes gin i ddim hwyl na dim ar y ddaear i
ddeyd'. Apêl daer sy'n ddiweddglo i'r llythyr wrth iddo erfyn ar ei
fam i ysgrifennu ato: 'Cofiwch yrru gair ddydd Sul. Hen dro gwael
ydi aros fel y daru chi y tro o'r blaen am bythefnos heb sgrifennu a
chitha'n gwybod mor unig ydw i'. Y gwir amdani, felly, yw nad oedd
ffarwelio â mathemateg ac ymgymryd â gwaith ymchwil wedi arwain
at gyfnod o ddedwyddwch tawel a'r boddhad hwnnw a deimlir yn sgil
cwblhau rhyw orchwyl neu'i gilydd. Er gwaethaf unrhyw elfen o
falchder a deimlai yn sgil gwaith a gyflawnwyd yn ystod y flwyddyn
honno, ac er gwaethaf pob atgof pleserus a fyddai'n parhau, yn
enwedig o gofio hwyl a chyfeillgarwch y Dafydd, prif neges y llythyr
at ei fam oedd mai 'Teg edrych tuag adref' a'i fod 'wedi blino fy
hoedel yma'.

Yn ystod ei fisoedd olaf yn Rhydychen ac yntau'n ymdrechu i
gwblhau'r gwaith o baratoi testun o Lyfr yr Ancr ar gyfer y wasg,
mae'n briodol nodi fod yr ymgyrch i sefydlu cadair yng Ngholeg
Prifysgol Bangor yn derbyn sylw yn ei ohebiaeth. Mewn llythyr dydd-
iedig Mai 10 [1888], dywed iddo sôn 'wrth William [Edwards] am
lythyr i'r Genedl ynghylch y gadair ym Mangor' ac mae'n gofyn yr
un pryd i'w gyfaill (John Owen eto, o bosib) 'ysgrifenu un erbyn
yr wythnos nesa'.[46] Yn sgil y cais, ceir sylwadau sy'n feirniadol iawn

o ddiffyg brwdfrydedd y pwyllgorwyr a'i gyd-wladwyr ynghyd ag ambell awgrym ar gyfer y llythyr arfaethedig i *Y Genedl*. 'Be mae'r committee'n i wneud', meddai, 'a lle mae gwladgarwyr Cymru'. Yna daw'r cyfarwyddiadau penodol: 'Gofyna ydi'r Germans i gael y spoil i gyd. Beth feddylith y byd o Gymru, os nad oes neb yn y wlad feder roi trysorau'r iaith i'r byd tra mae Germans anghyfiaith yn medru. Dywed bod digon o dalent yng Nghymru ond iddo fo gael chware teg. Dywed mai'r peth lleia fedra Cymru wneyd fuasai sefydlu cadair ym Mangor, a bod yn warth i'r wlad na bae yno un; ac y dylid sefydlu un ar unwaith, a bydd yn gywilydd os na wneir &c &c.' Mae byrdwn y sylwadau yn amlwg ddigon a'r agwedd, bid siŵr, wedi'i dylanwadu gan wahanol sesiynau'r Dafydd a thrwy drafodaethau atodol â'r gwahanol aelodau. Ystyriaeth fwy diddorol o bosib, yw ceisio dyfalu a oedd Morris-Jones, ac yntau ar fin dychwelyd i'w fro enedigol, eisoes yn ystyried y posibilrwydd y byddai ganddo'r cymwysterau priodol ar gyfer y swydd arbennig honno y gofynnwyd i'w gyfaill genhadu drosti, ac y byddai iddo, o ganlyniad, ddyfodol ym Mangor. Yn ystod y cyfnod hwnnw, pa gyfleoedd eraill a fyddai yn ei aros? Ddiwedd y flwyddyn academaidd 1887–8, wedi treulio pum mlynedd yn Rhydychen, dychwelodd Morris-Jones i Lanfair.

4 ∽ 1890–1895 Dewis Gyrfa: John Morris-Jones a'r Agenda Ieithyddol

NI RAID pwysleisio pa mor ganolog yr ystyrid cyfraniad John Morris-Jones i'r datblygiadau hynny yn hanes yr iaith Gymraeg a fu'n gyfrwng herio safonau annerbyniol y bedwaredd ganrif ar bymtheg. Bu cryn drafod ar natur y dadeni hwnnw ac ar y modd y ceisiwyd cysoni'r orgraff a chynnig patrymau a fframweithiau sicrach o ran iaith a llên i'r genhedlaeth newydd. Teimlid, ymhellach, fod rhaid osgoi holl ganlyniadau'r damcaniaethau hynny a fu'n gyfrifol, dan ddylanwad ambell i gau broffwyd, am lurgunio'r iaith. Erbyn hyn, bu mynych ymgais i osod cyfraniad Morris-Jones a'i gyfoeswyr mewn gwahanol gyd-destunau, a hynny o fewn Cymru ei hun ac o ystyried datblygiadau ledled Ewrop. Y gwir amdani, wrth gwrs, yw bod ceisio asesu gwir gyfraniad Morris-Jones i'r datblygiadau hyn yn gofyn ystyried amrywiaeth o gyd-destunau pur wahanol i'w gilydd ac yn golygu troi at gyfres o weithgareddau sydd yn ymestyn dros holl yrfa'r ysgolhaig a'r athro. Er amled y swyddogaethau a gyflawnwyd ganddo, roedd yna gysondeb amlwg yn y modd y bu'n ymateb i sefyllfa'r iaith ac ymlyniad cyson a diysgog wrth yr egwyddorion hynny a fabwysiadwyd ganddo. Wrth droi, felly, at hanes yr iaith ac at yr hyn a ddywedwyd ac a gyflawnwyd gan Morris-Jones yn ystod ei yrfa, yr her agoriadol wrth olrhain y gwahanol gamau yw ceisio gwerthfawrogi cyflwr yr iaith ar yr adeg arbennig honno. Rhaid ceisio gosod unrhyw ddadansoddi a damcaniaethu diweddarach yn ei briod gyd-destun a cheisio cydymdeimlo â sefyllfa Morris-Jones wrth iddo, yng ngeiriau'r Athro T. J. Morgan, arddangos 'rhyw *hygiene* o gymhelliad' a oedd yn galw am ddefnyddio 'sebon carbolig' ieithyddol er mwyn adfer y sefyllfa.[1] Wrth reswm, mae tuedd naturiol i ystyried arwyddocâd y fath ddatblygiadau yn unol â chanonau neu werthoedd mwy diweddar. Yma, rhaid ceisio dirnad natur y safonau ieithyddol hynny a oedd yn destun trafod pan ddechreuodd aelodau Cymdeithas Dafydd ap Gwilym ymgasglu am y tro cyntaf yn Rhydychen a phan benderfynwyd fod angen maniffesto ymarferol ar yr iaith a fyddai'n sicrhau diwygiad yn wyneb y diffygion a oedd yn llesteirio gweithgarwch llenyddol iach.

Ar ddiwedd ei yrfa brifysgol, dychwelodd Morris-Jones i'w hen gynefin yn Llanfair gan drigo 'yn Siop Stesion, y drws nesaf i dafarn Penrhos, gyferbyn â'r orsaf' gan rannu'r tŷ â'i ddau frawd William Richard a Harri Parry ac â'i chwaer Lydia. Roedd y plant wedi colli'u mam ym mis Medi 1889.[2] Roedd John yn awr yn gyflawn aelod o'r teulu unwaith eto ar ôl cyfnodau penodol i ffwrdd yn ystod y pum mlynedd y bu yn Rhydychen, ond roedd hefyd yn ailgydio mewn rhaglen o weithgareddau cymdeithasol. Mae'n bwysig nodi, fodd bynnag, na chollodd y myfyriwr alltud gysylltiad â'r bywyd hwnnw yn gyfan gwbl pan oedd yn Rhydychen am iddo lythyru â gwahanol ffrindiau a threulio cyfnodau hirion o wyliau yn ôl yn ei hen gynefin. Felly, wedi cwblhau ei gyfnod ymchwil erbyn tymor yr haf 1888, dychwelodd Morris-Jones adref wedi ennill gradd mewn Mathemateg ond heb unrhyw gynlluniau pendant ar gyfer y dyfodol. Cofnodir iddo ddatgan ar un achlysur ei fod, ar ôl gorffen ei ddyddiau coleg, yn awyddus i agor siop yn Llanfair gyda'r geiriau 'John Morris Jones B.A. (Oxon) wedi'i drwyddedu i werthu tybaco' yn amlwg uwchben y drws.[3] Derbynnir nad oedd o ddifrif.

Roedd Coleg y Brifysgol ym Mangor wedi'i sefydlu er 1884, ac er nad oedd i'r Gymraeg le hyd yn hyn yn unrhyw un o gyrsiau'r coleg, roedd disgwyl y byddai'r sefyllfa'n newid. Wrth reswm, byddai diwygio'r polisi ynglŷn â'r Gymraeg o ddiddordeb arbennig i Morris-Jones a'r tebyg yw ei fod wedi ysgrifennu at Gwenogvryn Evans rywbryd yn ystod misoedd yr hydref 1888 yn cwyno nad oedd unrhyw ddatblygiad yn y cyfeiriad hwnnw, oherwydd ceir mewn ateb (7 Hydref 1888) sylwadau digon dadlennol:

I am sorry you do not feel in good spirits. I have been asking questions about Bangor but can find nothing is being done in the direction we wish . . . It is a bad thing for you to settle at Ll.P.G. to chew the cud & smoke & rail at the inactivity and apathy of others . . . Depend upon it no good will come of your spending a year at home awaiting something to drop from the lap of fortune. I think it wd. be foolish of you to go into business as you used to talk now & again up here. You are good for something better and particularly the Welsh language needs your help to unravel some of its tangles.[4]

Y gwir amdani oedd bod datblygiadau ar y gweill, a than ddylanwad Thomas Gee, un o lywodraethwyr llys y coleg, a fu'n gyfrifol am gychwyn trafodaethau ynglŷn â chadair Gelteg, ymddangosodd hysbyseb am ddarlithydd yn y Gymraeg o'r diwedd ym mis Rhagfyr 1888, gyda'r bwriad o sefydlu cadair yn y man:

Lecturer in Welsh to be appointed for 5 years. Stipend £100. Candidates will be required to possess a scientific knowledge of the structure of the Welsh Language, as well as a wide acquaintance with its history and literature, and practical skill in its use . . . Bangor, Nov. 27th, 1888.[5]

Ni raid synnu i Morris-Jones gysylltu â Syr John Rhŷs fel un a allai gefnogi'r cais o gofio nid yn unig y gynhaliaeth academaidd a dderbyniasai'r myfyriwr ifanc gan ei athro a'i arolygydd ymchwil, ond o gydnabod y cyfeillgarwch a ddatblygasai rhyngddynt. Mewn llythyr dyddiedig 5 Rhagfyr 1888, ysgrifennodd Rhŷs ato:

As to the Lectureship, Evans will be happy to write you a testimonial and so will Edwards: the latter thinks the D. ab Gwilym or at any rate its B.A. members might send you a joint testimonial. As to myself I do not think I ought to write a testimonial as I intend to go there to vote, that is to say if I find there is likely to be anyone standing against you . . . Your difficulty is that nearly all those who will write or would write about your qualifications are as young as yourself, but Puleston's name ought to be of some use – he is a minister at Bangor now. You might call on him.[6]

Ymhen rhyw wythnos, wele O. M. Edwards yntau'n cysylltu â'i gyfaill ynglŷn â'r swydd ac yn amgáu llythyr o gymeradwyaeth, 'y caritor sydd ar y ddalen arall'. Ar ben hynny, roedd am gynnig cefnogaeth answyddogol drwy gysylltu ag aelodau o'r pwyllgor dewis: 'Yr wyf yn meddwl gyrru gair yn breifat at rai o honynt hefyd, a gwelaf rai eraill cyn dydd y dewis. Os tery rhywbeth dy feddwl gad i mi wybod; yr wyf yn barod i wneyd pobpeth erot ond cyfaddef dy fynych ysmyg.'[7] Yn ôl y disgwyl, mae'r tystlythyr yn hynod bleidiol i'w gyfaill ac yn tynnu sylw at y profiad gwerthfawr, ac anghyffredin yn y cyfnod, a enillasai yn fyfyriwr ymchwil yn Rhydychen yn gweithio ar destun Cymraeg. Barn O.M. oedd fod ganddo'r bersonoliaeth a allai ysbrydoli ei fyfyrwyr, 'but will allow no blind enthusiasm to take the place of honest laborious study and scientific treatment'.

'He will do much', meddai ymhellach, 'to give Welsh philology a more accurate method, and modern Welsh literature a chaster style.'[8] Ymddengys, fodd bynnag, fod yna gystadleuaeth am y swydd er na raid dyfalu ym mha fodd y byddai Rhŷs yn bwrw'i bleidlais. Mewn llythyr at Morris-Jones, dyddiedig 31 Rhagfyr 1888, dywed Rhŷs fod yna ddau ymgeisydd arall: 'I enclose their testimonials but I must ask you not to show them to anybody; also to return them to me as I may have to criticize them or raise questions on them.[9]

Ar 7 Ionawr 1889 derbyniodd Morris-Jones lythyr gan H. R. Reichel, Prifathro'r Coleg, yn trosglwyddo'r neges 'that the Selection Committee has recommended your appointment' ac yn ei wahodd i ddod i'w weld yn ei gartref 'in order to discuss with you what plan of work you shd. adopt in event of the Council's adopting our recommendation'.[10] Yn ôl y disgwyl, penderfynodd yr awdurdodau gynnig y swydd i Morris-Jones pan ymddangosodd o flaen y Cyngor ddydd Mercher 16 Ionawr 1889, ac eto nid oedd y sefyllfa yn un a fyddai'n debygol o lwyr fodloni unrhyw ymgeisydd llwyddiannus. Mae'n briodol nodi fod y copi o'r cytundeb a dderbyniodd Morris-Jones wedi'i addasu mewn ffordd ddigon anfoddhaol am fod cynrychiolydd gweinyddol y Coleg wedi newid, yn ei lawysgrif ei hun, pob cyfeiriad at 'Professor' yn 'Lecturer', a'r cymal sy'n cyfeirio at gyfraniadau ychwanegol at gyflog pob athro ar sail ffioedd y myfyrwyr, wedi'i droi i'r negyddol: 'The Professor shall also receive a proportion of the class fees calculated as follows' yn cael ei newid yn 'The Lecturer shall not receive a proportion of the class fees'.[11] Er iddo lwyddo, felly, i sicrhau'r swydd, roedd yr arwyddion o'r cychwyn cyntaf yn destun pryder a'i statws ochr yn ochr â'i gyd-weithwyr yn llai na derbyniol. Roedd y cyflog o £100 y flwyddyn yn ddigon pitw a myfyrwyr y Gymraeg mor brin fel bod ymdrin â dosbarthiadau mor fychan yn ffynhonnell cryn rwystredigaeth i ddarlithydd ifanc wedi'i ysbrydoli trwy gyfrwng ei gysylltiad â Chymdeithas Dafydd ap Gwilym i ymroi i wasanaeth dros yr iaith Gymraeg. Roedd bod yn atebol i systemau arholi Prifysgol Llundain yn anfantais aruthrol ac, oni bai bod y Gymraeg yn cael ei chydnabod yn bwnc gradd penodol, go brin y byddai modd denu digon o fyfyrwyr i gadarnhau sefydlu cadair y Gymraeg.[12] Mae fersiwn y darlithydd ei hun o'r digwyddiadau yn cyfleu naws y rhwystredigaeth bersonol honno a deimlid yn ystod y cyfnod hwn: 'Nid oedd Cymraeg yn talu i neb ei hastudio am nad oedd yn rhan o'r cwrs i gael gradd yn Llundain. Yr oedd fy lle i, oherwydd hyn yn ddigon anhyfryd mewn rhyw ffordd; ni allai myfyrwyr cyffredin fforddio dyfod i'm darlithiau; yr oeddwn *yn* y Coleg heb fod yn rhan ohono.'[13] Mae ymateb Gwenogvryn i'r sefyllfa yn ddigon diddorol, ymateb sy'n ymrannu'n ddwy wedd – y gyhoeddus a'r bersonol. Mewn erthygl ar 'Welsh Colleges and Professors of Welsh', a gyhoeddwyd yn y cylchgrawn *Cymru Fydd*, mae ei gefnog-aeth i achos Morris-Jones yn hollol glir a diamwys:

> After much growling the Council thought it prudent to offer a Lectureship in Welsh, with a salary so small that it is clear that they had the utmost contempt for the subject, and hoped the Lecturer would starve or leave . . . 'But,' you say, 'Bangor has had a large windfall, from a Welshman, who was known to have a special interest in the Welsh Chair, and Morris Jones's turn will come.' Will it? From the past we argue the future, and while the Council is constituted as it is, we expect nothing but contempt for Welsh at Bangor.'[14]

Yr un pryd, manteisir ar gyfle i ymateb i'r rhai a oedd eisoes yn cyfeirio at brinder y myfyrwyr a fyddai'n debygol o ddewis Cymraeg ac na ellid, o ganlyniad, gyfiwnhau penodi athrawon penodol ar gyfer y pwnc:

> We demand that our three University Colleges shall each have a Professor of Keltic, who shall devote his whole time to the subject of his chair, and shall be placed on a footing of equality as to standing and salary, with his brother professors . . . It is beside the mark to say the students are too few to need the undivided attention of three Professors of Welsh in Wales. Not only is there original work needing to be done, but our Professors should go into the highways and byways. All Wales is interested in their subjects. Why should not Wales have Extension Lectures like England, and the Welsh people have the opportunity of learning something of their history and literature just as their neighbours have?[15]

Dyna'r safbwynt cyhoeddus a gyflwynir yma gan Gwenogvryn gyda brwdfrydedd diwygiadol y garfan honno a fynnai weld y Gymraeg yn ennill lle teilwng o fewn cyrsiau gradd y Brifysgol. Fodd bynnag, nid yr un pwyslais na'r un cywair sy'n nodweddu'r llythyr a anfonwyd gan yr un person at Morris-Jones ryw ddeunaw mis yn ddiweddarach (10 Mehefin 1892). Diflanasai ieithwedd yr ymgyrchwr cyhoeddus dros statws y Gymraeg wrth i gymar cyfnod Rhydychen draethu'n ymosodol chwyrn ar ffaeleddau cynhenid y darlithydd ifanc ei hun.

Er gwaethaf yr holl ddiffygion a gysylltid ag agwedd a pholisïau swyddogion y coleg, awgrymir nad oedd Morris-Jones ei hun yn creu'r math o ddelwedd a fyddai'n debygol o adfer y sefyllfa a fu'n ffynhonnell ei rwystredigaeth amlwg yn y dyddiau cynnar fel darlithydd. Awgrymir ar y naill law bod arno gyfrifoldeb academaidd i fod yn llawer mwy cynhyrchiol ac, ar y llaw arall, i ddangos rhyw elfen o ddiddordeb mewn materion gweinyddol o fewn y coleg er ei les ei hunan ac er tegwch i'w ddewis bwnc.

Ceir yma, felly, amrywiaeth o gyhuddiadau – cyhuddiadau a fynegir mewn cywair sy'n hynod gignoeth a digyfaddawd ei naws ond a gynigir, yn ôl yr hyn a bwysleisir yn y llythyr, ar sail y cyfeillgarwch a dyfodd rhyngddynt yn ystod dyddiau Rhydychen. Byddai Gwenogvryn yn dueddol o ymroi i ddull hynod uniongyrchol o gynnig cyngor a dilynir yr un patrwm yn y fan hon. Yn y lle cyntaf, roedd gobaith y byddai sefydlu Prifysgol Cymru yn golygu sicrhau statws teilwng i athrawon y Gymraeg yn unol â'r amodau a gynigid i athrawon eraill. Ac eto, byddai'n rhaid i'r darlithydd yntau dynnu'i bwysau:

But this will depend more on you than anybody else. I understand that you have enemies, but there can be no doubt that you are your own worst enemy. Your indifferent haphazard, not to say 'lazy' ways are your only real enemies. This is not my view of the case but every one's view . . . But why in the devil's name don't you do a *solid continuous piece of work*. To have the talents & to hide them in a napkin is nothing short of a crime & you shd. be ashamed of yourself . . . I do my best to defend you behind your back & so I know does Edwards. But heavens, when one compares the work Edwards does with what you do it is enough to give one hysterics. The quality of your work is good, but your quantity is shamefully scanty. If you applied yourself to your special work & less to love-songs from various sources I don't think you wd. suffer by it.'[16]

Mae'n amlwg fod Gwenogvryn yn mynnu'r hawl i ddweud y drefn yn y termau mwyaf hallt a'i fod yn adleisio'r farn gyffredinol ym Mangor ynglŷn â diffyg diwydrwydd Morris-Jones ar y pryd. Gwenogvryn ei hun, wrth gwrs, sy'n gyfrifol am naws a strwythur yr ymosodiad. Pwy bynnag oedd ffynhonnell ei wybodaeth, a pha mor wrthrychol deg oedd y meini prawf a arferid, byddai angen unigolyn hollol unigryw i gystadlu ag O. M. Edwards o ran ei ymroddiad cyson i raglen waith a ystyrid hyd yn oed gan ei gyfoeswyr ei hun yn anghyffredin, os nad yn ynfyd o ormesol a llym.

Roedd i ymosodiad Gwenogvryn ar Morris-Jones fwy nag un agwedd, rhai yn fwy sylfaenol na'i gilydd. Wrth ymdrin â hanes cyfarfodydd y Dafydd, er enghraifft, mae'n amlwg fod yr arfer o ysmygu yn dreth ar amynedd y croniclwr. Ymddengys mai Morris-Jones oedd un o'r prif droseddwyr ac ar wahân i'r cyhuddiad ar y pryd fod ganddo ef a Llywelyn Williams 'two massive pipes in their mouths',[17] ceir cyfeiriad pellach gan Gwenogvryn at yr arfer anffodus hon wrth iddo dalu teyrnged i O. M. Edwards yn y 'Rhifyn Coffa' i'w gyfaill 'na charei yr un o honom fwg dybaco, na chwrw, na phethau felly'.[18] Mae'n amlwg fod y pwnc yn un a boenai Gwenogvryn a'i fod yn gweld arwyddocâd symbolaidd i'r hyn a ystyrid ganddo yn wir wendid, oherwydd, wrth geisio cymell Morris-Jones i ymddangos yn llawer mwy cydwybodol yng ngolwg ei gydweithwyr ym Mangor er mwyn sicrhau ei ddyrchafu'n athro, dychwelir at yr un thema:

> Everybody admits your ability but some see very determinedly your listlessness . . . The eternal pipe is your curse – you do not require sedatives but something very different. Now Jones it is no private gain for me that you shd. exert yourself . . . Edwards tells me that he preached to you but probably he did not say things so roughly as I now do.'[19]

Ceir yr argraff, felly, fod Gwenogvryn yn ystyried ysmygu ar y naill law yn hen arfer hollol anghymdeithasol ond yn fwy na hynny, yn achos Morris-Jones, ei bod yn symbol o ryw duedd at lesgedd a difaterwch. Gellid ychwanegu fod y llythyr ar ei hyd yn ymosodiad digon chwyrn ar agwedd Morris-Jones; go brin bod O. M. Edwards nac unrhyw un arall wedi mentro dweud y drefn 'so roughly as I now do'.

Ond roedd agwedd arall a bwysleisid gan Gwenogvryn. Yr un mor berthnasol, yn ei farn ef, oedd y diffyg diddordeb a ddangosai Morris-Jones mewn materion gweinyddol o fewn y coleg:

> Do attend to the duties of the senate like your fellow professors . . . Consciousness of your own superiority is all very well in moderation, but you carry it to a degree that betrays weakness . . . If you will not work more than you have done & take more interest in the institution and its management it is clear that anything that may be done will be done in the teeth of the severest opposition. I have spoken.'[20]

Yr oedd ei gyfaill, yn wir, wedi siarad, gan ddatgan ei neges yn yr iaith fwyaf plaen. Er bod yna lygedyn o oleuni ar ddiwedd y llythyr yn gymaint â bod Gwenogvryn yn rhannu â Morris-Jones yr hyn a glywsai gan Cadwaladr, Cofrestrydd y Coleg, ynglŷn â gallu'r darlithydd ifanc i gyfathrebu a'i fyfyrwyr ('he spoke of your Mabinogion class in particular'), mae naws y llythyr at ei gilydd yn bur feirniadol ac yn her i'r derbynnydd. Cyfnod digon anodd, gellid tybied, oedd hwn i Morris-Jones a'r teimlad o rwystredigaeth, o leiaf, yn rhannol gyfrifol am y diffyg gweithgarwch academaidd sy'n sail i bregeth ymosodol Gwenogvryn. Dylid cofio, hefyd, y byddai Morris-Jones ar brydiau yn dioddef o byliau o ddigalondid ac mae'n bosibl fod 'y felancoli', felly, yn ffactor y dylid ei hystyried yn y cyd-destun hwn. Ac eto, ni ellir barnu pa mor ddibynadwy wrthrychol oedd ffynhonnell neu ffynonellau ei gyfaill na pha mor awyddus y bu i orliwio'r hyn a dderbyniasid ganddo; gwyddys ei fod ar fwy nag un achlysur yn fwy na pharod i fynegi'r gwir plaen am Morris-Jones a'i fod, fel un a oedd rai blynyddoedd yn hŷn na'i gyfaill, yn mynnu'r hawl i gynnig cyngor a beirniadaeth. Bid a fo am drwydded o'r fath a gwirionedd y neges, nid oedd ansawdd y mynegiant yn debygol o liniaru'r siom a'r rhwystredigaeth a deimlid ar y pryd. O gydnabod y prinder testunau academaidd a oedd ar gael yr adeg honno, roedd gan Morris-Jones gryn waith paratoi i'w gyflawni ar gyfer y gwahanol ddarlithiau a cheir tystiolaeth uchod ei fod yn cymryd ei waith dysgu o ddifrif ac yn dechrau ennill enw iddo'i hun fel athro. Ar y llaw arall, go brin y gellir cynnig unrhyw dystiolaeth o'i blaid o ystyried yr ail gyhuddiad, sef ei fod yn dangos llai o ddiddordeb na'r disgwyl yn ei ddyletswyddau gweinyddol. Yn un o gyfarfodydd Senedd y Coleg, er enghraifft, y lluniwyd un o'i lythyrau at T. E. Ellis; 'lleferir', meddai, 'llawer byd o ddoethineb o f'amgylch; cofiais innau am a ddywed y pregethwr – "Pa fodd y bydd y doeth farw? Fel yr annoeth," – a chyn fy syfrdanu, mi dybiais y trown fy nghefn ar y doethineb hwn i sgrifennu pwt o lythyr atoch chwi, dan hyderu y caf faddeuant hael os gwelwch i mi gilio'n rhy bell o fro doethineb, ac nad yw'r llythyr hwn mor glasurol a dwfn ag a weddai oddiwrth aelod o Senedd coleg at fflangellydd Senedd Prydain Fawr'.[21] Ceir tystiolaeth atodol mewn ambell lythyr arall. 'Mi fum yn lled brysur tua diwedd yr wythnos efo Senate meetings a phethau felly,' meddai mewn llythyr at Mary o'r Siglan, 'ond mynd ag amser rhywun y mae'r rheiny, heb fod fawr o waith yn cael ei wneyd.'[22] Dro arall, pan oedd ar ymweliad ag Aberystwyth yn 1894, ceir ymateb digon tebyg wrth iddo gwyno fod y 'rhan fwyaf o'r amser yn mynd mewn rhyw gomitis a rhyw lol felly, hefyd.'[23]

Roedd holl gyffro'r penodiad gwreiddiol, mae'n amlwg, wedi hen ddiflannu, yr amodau dysgu'n rhwystredig, a diffyg statws y Gymraeg a oedd yn atebol i systemau arholi Prifysgol Llundain yn milwrio yn erbyn unrhyw ddadeni tymor byr. Y canlyniad fu i Morris-Jones gynnig am swydd arolygwr ysgolion, penderfyniad sy'n dangos pa mor ddigalon y teimlai. Yn naturiol ddigon, gwyddai Rhŷs am y cais a bu'n ceisio gwneud a allai dros Morris-Jones yn ystod ymweliad â Llundain:

> While there I met Mr. T. E. Ellis who told us that Mr. Acland knew nothing of your application and had seen nothing of your testimonials. He suggested to Ellis that I should write a private letter to him (Acland) and I have done so, going over much the same ground as the testimonials but urging him to have a look at your application and the testimonials. I hope that he will do so, but the official mind, I must say, passes all understanding of mine.[24]

Gadawsai Morris-Jones Rydychen wedi'i danio â brwdfrydedd dros Gymru, ei hiaith a'i diwylliant ond ymddengys fod yr amodau a lywiai fywyd a chyfraniad darlithydd yn y Gymraeg ym Mangor, ar y pryd, wedi lladd pob nerth ac uchelgais. Pan luniwyd y cais ar gyfer yr arolygiaeth, gwnaed ymgais i sicrhau cefnogaeth gan wahanol wŷr o ddylanwad ac mae un o'r llythyrau a yrrwyd at T. E. Ellis (16 Ionawr 1893) yn cynnwys sylwadau sy'n egluro natur ei sefyllfa rwystredig a'r rhesymau dros geisio newid gyrfa:

> Y mae arnaf ofn y tybid gan rai fod gormod o ddiffyg ynni ynnof; nid wyf yn meddwl fod hynny ynnof yn naturiol; h.y. fy mod wedi cael over-dose o hynny yn fy nogn pechod gwreiddiol; ond hyn a wn, fod y gwendid Celtaidd hwnnw ynnof o droi'n ddi-ynni dan ddigalondid. Cyn i mi gael fy ethol i Fangor yma yr oedd cryn sgrifennu wedi bod yn y papurau, a chryn feio ar Fangor na bae yno athraw Cymraeg. Mae'n wir na wyddai'r ysgrifenwyr ddim am gyflwr pethau, a'r anhawsder i rai'n paratoi at arholiadau Llundain wneud dim â Chymraeg na dim arall o ran hynny ond y gwaith penodedig ... Ond y peth cyntaf a wnaeth Cadwaladr wedi'm hethol oedd ysgrifennu i'r holl bapurau i ddweud nad oedd ond un neu ddau yn dod i'm classes ... Yr wyf yn methu ysgwyd ymaith y teimlad mai ar y ffordd yr ydwyf; ... Yr ydych yn gweled nad yw'n rhyfedd fy mod yn dangos

awydd am le cymwys i mi oddi yma, nad yw ychwaith yn rhyfedd fy mod ers pan wyf ym Mangor fel y dywedodd fy mrawd 'fel peth wedi tynnu'i berfedd'. Ac yr wyf yn credu y delai i mi fy hen hoen a hoewder yn ol (y mae'r gobaith bron a dod ag ef) pe caffwn le y gallswn wneyd rhyw wir wasanaeth i Gymru heb deimlo mai peth afraid ydwyf na'm bod ar ffordd neb.[25]

Ymhen rhyw bythefnos (31 Ionawr 1893), roedd Morris-Jones yn diolch i Ellis am ei lythyr 'ac am yr addewid am eich help' gan nodi yr un pryd enwau'r rhai a fu'n paratoi tystebau. Derbyniasid deg 'sef rhai gan Rys, Owen E., R.W. Llanbedr, Gwenogfryn, ac un gan Fwrdd Ysgol y plwyf hwn, canys aelod arno ydwyf'.[26] Roedd y cais a'r holl dystebau wedi'u hanfon y diwrnod cynt ac, yng ngeiriau Morris-Jones, 'A bid ffawd i'w dilyn'. Ni fu ffawd o'i blaid y tro hwn, o leiaf ar yr olwg gyntaf, a bu'r cais yn aflwyddiannus. Am i'r cais fethu ni thorrwyd ei gysylltiad â Bangor ac yn rhagluniaethol byddai datblygiadau newydd o'i blaid a dyddiau gwell yn ei aros.

Go brin bod modd anwybyddu sylwadau Gwenogvryn a'r cyhuddiad sylfaenol nad oedd Morris-Jones yn ôl llythyr 1892 yn gwireddu'r addewid a ddangosasai yn Rhydychen nac ychwaith yn tynnu ei bwysau yn academaidd nac yn weinyddol o fewn y coleg ym Mangor. Fel y nodwyd eisoes, 'shamefully scant' oedd dyfarniad Gwenogvryn ar ei waith ymchwil a'i gyhoeddiadau.[27] Yn wir, mae rhwystredigaeth a diflastod y cyfnod yn hollol amlwg er bod cymharu Morris-Jones ag O. M. Edwards ar y pryd o ran ymchwil a chyhoeddiadau, fel y gwnaeth Gwenogvryn, yn ymddangos yn bur annheg. Fel y gwyddys, roedd O.M. rai blynyddoedd yn hŷn na Morris-Jones ac yn perthyn i gyfundrefn yn Rhydychen a oedd wedi hen sefydlu. Ni fyddai neb yn amau pa mor amrywiol oedd maes ei ddiddordebau a pha mor drwm oedd y dyletswyddau hynny a dderbynnid ganddo, ond nid oedd yn atebol i gyfundrefn elyniaethus a oedd yn tanseilio'i frwdfrydedd ac i strwythur colegol a oedd yn her i lwyddiant ei bwnc. Roedd sefyllfa Morris-Jones, ar y llaw arall, yn bur wahanol, y myfyrwyr yn brin oherwydd y gyfundrefn arholiadol, ond ensyniad atodol fod a wnelo'r diffyg ffyniant yn hanes y pwnc â rhyw wendid neu ddiffyg yn y darlithydd ei hun. Cyfaddefir yn y llythyr fod doniau dysgu Morris-Jones yn dechrau cael eu cydnabod a rhaid casglu y byddai hyn yn golygu cryn baratoi ar ran y darlithydd ifanc pan na ellid troi at unrhyw destunau safonol mewn amryw o feysydd, at unrhyw nodiadau esboniadol nac at unrhyw ymdriniaethau cefndir neu feirniadol. Byddai natur y paratoi, gellid tybied, yn golygu oriau o waith personol. Yr un pryd, o edrych ar restr cyhoeddiadau'r darlithydd ifanc yn ystod y blynyddoedd hyn, gellid awgrymu bod beirniadaeth Evans braidd yn eithafol a natur yr ieithwedd braidd yn angharedig er yn nodweddiadol o'r llythyru a fu rhyngddynt ar wahanol bynciau. Roedd y cynlluniau a'r cyhoeddiadau ymchwil safonol eto i ddod ymhen rhai blynyddoedd, ond roedd angen casglu a phrosesu deunydd a fyddai'n sail i'r fath weithgarwch.

Mae cyfraniadau i wahanol gylchgronau a phapurau yn y cyfnod hwn, felly, yn dyst i'w ddiddordeb amlwg yn hanes a chyflwr yr iaith ac yn cyflwyno gwahanol agweddau ar y pwnc a oedd yn denu sylw ac a fyddai'n cael eu datblygu ymhellach maes o law.[28] Mewn cyfraniad i *Y Goleuad* yn 1888,[29] er enghraifft, ceir ymosodiad chwyrn ar ddamcaniaethau William Owen Pughe, thema gyson yn natganiadau cynnar Morris-Jones ar gyflwr yr iaith. Yn *Cymru Fydd*, yn yr un flwyddyn, dan y teitl 'Cymry yn y Colegau: Rhydychen', ceir sylwadau a luniwyd gan 'Llyr', sef Morris-Jones ei hun, ar bwnc yr orgraff a'r egwyddorion hynny a drafodasid ac a dderbyniasid gan yr aelodau yn un o gyfarfodydd Cymdeithas Dafydd ap Gwilym yn ystod y flwyddyn honno.[30] Ceir cyfraniad yn *Y Geninen*[31] yn dwyn y teitl 'Cymraeg Rhydychen', erthygl sylweddol sy'n ymdrin unwaith yn rhagor ag orgraff yr iaith ynghyd â thrafodaeth ar nodweddion yr iaith lenyddol ac ar bwysigrwydd yr iaith lafar. Yn 1891, ymddangosodd erthygl o'i eiddo ar 'Yr Iaith Gymraeg' yn *Y Gwyddoniadur Cymreig*, 'ei ymdriniaeth gynhwysfawr gyntaf ynglŷn â gramadeg, cystrawen ac orgraff y Gymraeg, gan olrhain tras yr iaith a dangos ei pherthynas â'r ieithoedd Celtaidd eraill'[32] Yn y fan hon, fe'i gwelir unwaith yn rhagor yn ymosod ar syniadau gramadegwyr fel William Owen Pughe. Ceir cyfres o gyfraniadau eraill i wahanol gylchgronau ar bynciau megis y genedl Gymreig, y gynghanedd, Goronwy Owen, Edward Llwyd, iaith a llenyddiaeth ac ar 'Y Deffroad Olaf',[33] lle dadleuir nad oes modd sicrhau dadeni llenyddol heb astudio iaith a heb ymgyfarwyddo â hen lenyddiaeth y genedl. Hynny yw, mae natur unrhyw asesiad o gynnyrch unigolyn neu gyfnod yn rhwym o adlewyrchu'r meini prawf a ddewisir ac ar barodrwydd neu awydd yr asesydd i barchu'r cyfryw argymhellion yn y modd mwyaf cytbwys a phriodol. Ni cheisir, mewn unrhyw fodd, amau na thanbrisio grym y dylanwadau anochel ac anffafriol hynny a fu'n destun gofid i Morris-Jones ac a fu'n ddylanwad negyddol ar natur ei gynnyrch academaidd. Yr un pryd, ni ellir derbyn ychwaith fod asesiad Gwenogvryn o'r sefyllfa

yn arbennig o gytbwys a theg o ystyried natur yr amodau dysgu ac o
gydnabod, er gwaethaf pob anhawster, amrywiaeth y cyhoeddiadau y
bu Morris-Jones yn gyfrifol amdanynt yn y cyfnod hwn.

Daeth tro
ar fyd ymhen blynyddoedd a Morris-Jones yn mabwysiadu rôl yr
asesydd wrth ymdrin â damcaniaethau Gwenogvryn ynglŷn â natur
ac amseriad y canu cynnar. Gellid yn hawdd ddeall sut y byddai
sylwadau cignoeth blaen yr achos yn erbyn Morris-Jones yn y fan hon
wedi aros yn y cof a dylanwadu arno pan oedd y ddau wedi cyfnewid
swyddogaeth yng nghyd-destun y canu cynnar. 'Fe allai'r ddau', medd
Caerwyn Williams, 'ysgrifennu pethau cas at ei gilydd a pharhau'n
rhyw fath o ffrindiau, ac yn wir fe barhasant yn ffrindiau nes i'r ddau
gyhoeddi eu llyfrau ar waith Taliesin.'³⁴

Os oedd elfen o rwystredigaeth yn nodweddu bywyd academaidd
Morris-Jones o fewn y coleg yn y cyfnod hwn, nid oedd hynny wedi'i
rwystro rhag arwain ymgyrch gyhoeddus dros fabwysiadu rheolau
orgraffyddol safonol a pharchu priod-ddull naturiol yr iaith. Ac eto,
canfyddir agwedd arall ar ei fywyd ac ymgyrch llawer mwy personol
ei natur, a fyddai wedi cynnig cyfle iddo ddianc rhag pryderon y
darlithydd proffesiynol a'r ymgyrchwr diwyd. Mae'n wir fod yna sôn
am wahanol ferched yn ystod gyrfa Morris-Jones yn Rhydychen, er
nad yw tystiolaeth y gwahanol lythyrau yn awgrymu fod unrhyw un
ffefryn o ferch wedi hawlio ei holl sylw. Erbyn diwedd y flwyddyn
1890, ymddengys fod y sefyllfa wedi newid yn ddirfawr a bod enw
Mary o'r Siglan, y bu sôn amdani yn achlysurol yn ystod cyfnod
Rhydychen, wedi codi i'r brig a bellach yn hawlio lle amlwg yn ei
galon ac yn ei gynlluniau. Mewn llythyr dyddiedig 15 Hydref 1890, a
anfonwyd o '6 Ducie Street, Prince's Road' yn Lerpwl, ymddengys nad
yw Mary yn awyddus i'w mam wybod ei bod yn gohebu â Morris-
Jones fel bod gofyn iddo gadw ei chyfeiriad yno yn gyfrinach.³⁵ Ceir
sôn, hefyd, am salwch Mary er na roddir unrhyw fanylion ynglŷn â
natur ei chyflwr. Mae'n amlwg o'r cychwyn cyntaf, felly, fod rhaid i
Mary fod yn wyliadwrus wrth feithrin ei pherthynas â Morris-Jones
ac, yn wir, wrth i'w cyfeillgarwch ddatblygu mae agwedd y fam tuag
at y berthynas yn cael sylw droeon gan y ddau mewn gwahanol
lythyrau, ac yn codi cwestiwn amlwg ynglŷn â'i diffyg brwdfrydedd.
Roedd Morris-Jones, a oedd ym marn ei gyfoeswyr yn ddyn hardd a
ddenodd sylw aml ferch yn ystod ei ieuenctid, erbyn hyn mewn swydd
gyfrifol ac yn ennill parch iddo'i hun o fewn y coleg ac ar sail ei
weithgarwch cyhoeddus. Pa reswm fyddai gan y fam, felly, i wrth-
wynebu'r berthynas? Gellir cyfeirio, yn y lle cyntaf, at y gwahaniaeth

oedran. Ganed Mary Hughes, merch William a Hannah, ffermdy'r Siglan yn ardal Llanfair, ar 5 Ionawr 1874. O ganlyniad, roedd hi ddeng mlynedd yn iau na'i hedmygydd ac yn ei harddegau cynnar yn y llun a oedd ar y silff ben tân yn Rhydychen – a derbyn mai hi oedd y Mary honno. Ym mis Hydref 1890, dyddiad y llythyr o Lerpwl, byddai Mary wedi bod yn un ar bymtheg mlwydd oed ac, yn naturiol ddigon, braidd yn ifanc yng ngolwg ei mam i fod yn ystyried y fath berthynas â rhywun a oedd gymaint yn hŷn. Yn ychwanegol at hynny, bu farw ei thad yn gynharach y flwyddyn honno (3 Ionawr 1890), ergyd a fyddai wedi peri i'r fam deimlo holl bwysau cynyddol ei chyfrifoldebau teuluol ac, o'r herwydd, yn amddiffynnol ei hagwedd tuag at ei merch. Hyd yn oed pe derbynnid bod tuedd yn y cyfnod hwnnw i ferched briodi yn weddol ifanc dan amodau ffafriol, gellid yn hawdd ddeall safbwynt Hannah Hughes yn yr achos arbennig hwn. Roedd Mary yn bur ifanc, yn dioddef o ryw salwch anhysbys ar y pryd a'r teulu wedi colli gŵr a thad ddechrau'r flwyddyn anodd honno.

Hawdd ymresymu, o ganlyniad, fod ymateb Hannah Hughes yn un hollol naturiol a dealladwy o dan yr amgylchiadau, ac felly hefyd agwedd Mary a ddewisodd gydymffurfio â dymuniadau ei mam weddw yn sgil marwolaeth ei thad. A derbyn hyn oll, mae llythyrau Morris-Jones yn dangos fod Mary bellach wedi ennill ei serch a bod ei habsenoldeb yn destun gofid a thristwch iddo. Yn ei sylwadau ac yn y penillion sy'n gyfeiliant i themâu'r llythyrau, crëir llun o'r carwr unig a phruddglwyfus hwnnw a welir yn y cyfieithiadau o waith Heine ac a gyhoeddwyd yn y gyfrol *Caniadau* (1907). Yma, ni raid dychmygu neu ffugio'r gwahanol brofiadau am i Morris-Jones – y cariadfab yn hytrach na'r bardd – deimlo i'r byw yn y cyfnod hwn wae a gofid y carwr a wahenir oddi wrth wrthrych ei serch. Mewn llythyr a ysgrifennwyd at Mary yn Lerpwl, Ddydd Calan 1892, ceir cyfres o ddeg o benillion sy'n cynnwys y canlynol, sef y ddau bennill sy'n cloi'r gadwyn:

Ai ofni 'rwyt uwchben y papur
Rhoi dy galon yn dy lythyr?
Dywed, ai ni chredi di
Ei bod yn ddiogel gennyf fi?

Câr y deryn bach ei nyth,
Ac fe'i gwylia'n anwyl byth;

A goeli di nas gwyliaf finnau
Y pennaf trysor o'm trysorau?[36]

'Rhyw rigwm fel yna aeth drwy fy meddwl i', meddai, 'wrth i mi
eistedd a myfyrio ar ben fy hun y prynhawn yma', y carwr yma yn
creu'r math o awyrgylch pruddglwyfus sy'n nodweddu cynifer o'i
delynegion diweddarach. Dywedir yn yr un llythyr ei fod yn cael
gwahoddiad achlysurol i fynd i'r Siglan, cartref Mary, yn ei habsenol-
deb ond ei fod yn amau'r nod: 'Yr wyf yn credu mai er mwyn sicrhau
na byddwn i ddim yn Lerpwl y gofynodd hi i mi fynd acw.'[37]
Ymddengys fod y fam yn ei ddeall yn iawn, am mai i gyfeiriad Lerpwl
y mae ei feddyliau yn troi ac yntau cyn diwedd y llythyr yn gofyn am
gyngor gan Mary. 'Dywedwch beth a wnaf gyda golwg ar ddwad
acw', meddai, am fod 'arnaf hiraeth am danoch eisys'. Mewn llythyr
pellach a yrrwyd o fewn ychydig ddyddiau (5 Ionawr 1892), ceir cyfres
bellach o benillion a'r carwr Heineaidd ei arddull yn ei weld ei hun y
tro hwn yn nhermau 'meudwy unig' yn myfyrio 'am yr eneth aeth â
'mryd' ond bod hon yn rhagori ar bob 'angyles' arall, fel y bu i lygaid
ei anwylyd a 'gwawr ei gwddf' ragori yn y delyneg 'Rhieingerdd' yn yr
un modd:

Ac nid oes yn nef y meudwy,
Yn ei holl derfynau hi'
Un angyles wen na seraff
Gymrwn am fy nghariad i.[38]

Ymddengys, fodd bynnag, fod yna ddwy elfen i'r ohebiaeth sy'n
mynnu sylw penodol. Ar y naill law, cyfeirir at salwch Mary sydd ar
adegau'n destun pryder ac, ar y llaw arall, at y tensiwn amlwg sy'n
datblygu rhwng Morris-Jones a'r fam, Hannah Hughes. Byddai
Mary'n treulio cryn amser o bryd i'w gilydd yn Lerpwl neu Aber-
ystwyth ac mae rhwystredigaeth Morris-Jones yn hollol amlwg o
orfod ymdopi, o'r herwydd, â'i halltudiaeth. Mae'n wir fod yna
gyfeiriadau penodol at salwch Mary ac at rinweddau iachusol awel
y môr yn Aberystwyth a fyddai'n debygol o hwyluso'i hadferiad a
chaniatáu iddi ddychwelyd adref. Ac eto, gan fod mynych gyfeirio yr
un pryd at ymestyn y gwahanol ymweliadau ar gais ei mam, mae'n
bosibl fod yma elfen o strategaeth fwriadol er mwyn arafu datblygiad
y garwriaeth. Fodd bynnag, roedd Mary ar un o'i hymweliadau ag
Aberystwyth yn 1892 pan yrrodd Morris-Jones air ati ddechrau

Mehefin yn ei chynghori i beidio â 'dechre anfodloni . . . felly y mendiwch chwi gyntaf – a hynny sy'n bwysig yntê?'. 'Cerddwch ddigon allan', meddai ymhellach, 'ac i awyr y môr, a phan ddaw'r hin yn dipyn cynhesach ymdrochwch; ac mi fyddwch yn ddynes newydd cyn bo hir.'[39] Ym mis Mawrth 1893, yr un oedd y neges wrth i Morris-Jones awgrymu na bu cystal am gyfnod. 'Gobeithio'n arw', meddai, 'eich bod yn llawer gwell erbyn hyn nag oeddech.'[40] Mewn llythyr pellach (19 Mawrth 1893), y tro hwn o eiddo Mary ei hun, ceir tystiolaeth fod Morris-Jones erbyn hyn yn gweld eu sefyllfa'n bur anodd a rhwystredig a Mary'n gorfod cydymffurfio â'r trefniadau teuluol a wnaed ar ei chyfer drwy aros yn Aberystwyth: 'Mae yn ddrwg gennyf eich bod yn dwrdio o hyd na fedra i ddim dod adre yn gynt ond does dim i neyd bellach ond treio aros am bythefnos eto . . . maen nhw yn deyd fy mod i yn mendio yn fy ngolwg yn arw.'[41]

Her ychwanegol i'r pâr ifanc oedd natur y berthynas rhwng Morris-Jones a mam Mary. Beth bynnag oedd gwir ffynhonnell y gwrthdaro, ceir yr argraff lawer gwaith yn y gwahanol lythyrau nad oedd y ddau yn llwyddo i gyd-dynnu yn y modd mwyaf effeithiol a hapus. Awgrymwyd eisoes y gallai oedran Mary a'r sefyllfa deuluol fod wrth wraidd ymateb oeraidd y fam, ond gwyddys hefyd y gallai Morris-Jones yntau fod yn bur sensitif i feirniadaeth ac yn ddigon penstiff ei agwedd ar brydiau. 'Mi fum yn y capel heno', meddai mewn un llythyr, a 'rhyw olwg go bruddaidd oedd ar eich mam'.[42] Wrth i'r fam edrych i'w gyfeiriad, ei ymateb oedd ymddangos 'mor benuchel ag y gallwn' er iddo orfod cyfaddef cyn diwedd y gwasanaeth 'fy mod yn gweld golwg gleniach arni wedyn'. Hynny yw, rhaid derbyn ar brydiau mai fersiwn oddrychol, onid rhagfarnllyd, a groniclir ac elfen o sensitifrwydd cynhenid, o bosib, yn gyfrifol am ystumio'r darlun. Dro arall, fodd bynnag, gwelir y fam hithau yn datgelu ei rhagfarnau a'i hanfodlonrwydd mewn modd hollol agored wrth i Morris-Jones orfod derbyn 'pregeth' ar aelwyd Siglan 'ar yr un testyn ag o'r blaen' sef yn ôl fersiwn ddychanol ac anysgrythurol y gwrandawr, 'Gofelwch am y corff pa beth a wisgoch'.[43] Daw'n amlwg fod y prif bwyntiau wedi gwneud cryn argraff ar Morris-Jones a bod y fath ymosodiad yn rhwym o greu tyndra ychwanegol rhwng y ddau:

Dywedwyd wrthyf yn hyawdl iawn fy mod yn bur debyg i dincer ar y Sul . . . Eglurwyd i mi ym mhellach fod mwstas yn addurn sydd yn chwanegu'n ddirfawr at hawddgarwch gwyneb dyn; ac anogwyd finnau yn daer i goleddu un. Danghoswyd i mi hylled peth oedd chware a giard watch neu wasgod wrth siarad yn gyhoeddus; . . . Yn wir, yn ol barn y pregethwr (beg pardon, pregethwraig) nid oedd dim hyllach na rhyw hen stremp o giard arian ar draws brest dyn ar y Sul – eisiau ei bod yn un aur, debyg . . . Y drwg am eich mam yw nad yw'n ymddangos ei bod yn gwybod y gwahaniaeth rhwng *gentleman* a *snob*; yn wir ei bod yn camgymeryd yr olaf am y cyntaf . . . Ond i'ch mam, nid yw'r peth annisgrifiadwy hwnnw sy'n gwahaniaethu dyn o *education* oddiwrth y cyffredin, 'dyw'r peth hwnnw iddi hi ond golwg gwirion. 'Mae rhyw olwg rhyfadd ar bobol y Colleges yma i gyd', medda hi.

Wrth gwrs, ochr yn ochr â'r wedd bregethwrol, gellid synhwyro fod yma, hefyd, elfen o dynnu coes ar ran y fam.

Yma, ceir datganiad digon plaen a diaddurn nad oedd yr awyrgylch teuluol yn un a fyddai'n hwyluso'r ffordd i Morris-Jones ennill ffydd y fam er lles ei berthynas â Mary. Er na fwriedid ildio i athroniaeth y fam, roedd agwedd Morris-Jones at Mary yn hollol wahanol ac yn y sylwadau atodol i'w fersiwn ef o'r 'bregeth', mae'n ei sicrhau y byddai unrhyw ddymuniad o'i heiddo hi yn cael ei drin yn wahanol, 'ac mi ufuddhaf i chwi goreu medraf'. A derbyn natur y gwrthdaro personol hwn, felly, ni raid synnu fod Morris-Jones mewn llythyr ym mis Hydref 1892 yn datgan yn eglur ddigon y bydd 'rhaid i Mrs a minnau dallt ein gilydd yn well cyn y gwêl hi fi eto yn y Siglan'.[44] Ond daeth tro ar fyd, a rhai misoedd yn ddiweddarach mae'r neges yn fwy cadarnhaol. 'Yr oedd eich mam yn neillduol iawn o glên, welsoch chwi neb mwy clên erioed. Wn i ddim beth ydyw'r rheswm am y clendra hwn.'[45] Heb dystiolaeth bendant ni ellir canfod beth oedd wrth wraidd y dröedigaeth, ac eto mae'n demtasiwn awgrymu fod elfen o'r eglurhad yn y frawddeg sy'n dilyn: 'Yr oedd yn amlwg wrth ei sgwrs ei bod hi wedi clywed rhywun yn dweyd fy mod yn applyo am inspectorship'. Tybed a fyddai hynny'n golygu rhyw statws uwch yng ngolwg y fam ac y byddai gofyn i Morris-Jones ymwisgo'n weinyddol barchus ac yn llai fel 'tincer'? Bid a fo am unrhyw ddamcaniaethu creadigol o'r fath, cyn diwedd y llythyr, dychwelir at y thema ganolog: 'Mae hi'n dra diflas yn y byd yma hebddoch – tydi bywyd ddim yn werth ei fyw heb gariad.'

Mae'n amlwg, felly, i'r berthynas rhwng Morris-Jones a Mary ddatblygu rhwng 1892 a 1893 er bod cyfnodau digon annifyr i'r ddau wrth i Mary geisio adennill ei hiechyd a olygai dreulio cyfnodau hir oddi cartref yn Aberystwyth. Er i'r garwriaeth ffynnu, fodd bynnag,

ac arwain yn y pen draw at briodas, rhaid cofio na ddigwyddodd
hynny tan 1897 ac, os sicrhau pwyll ar ran y cariadon oedd nod y
fam, ymddengys i'r strategaeth lwyddo. Mewn llythyr dyddiedig 29
Ebrill 1894, ceir awgrym pendant fod y sefyllfa wedi newid yn
gymaint â bod y cam nesaf yn y garwriaeth wedi cyrraedd: 'Gwyn fyd
na ddoe'n amser i mi'ch gweld eto; a'ch cofleidio, a'ch cusanu, fy
anwylyd a'm dyweddi.'[46] Bu cyfnod hir o aros a'r teimlad annifyr o
fod ar wahân 'yn drwm a chaeth / Heb allu syflyd dim'. O'r diwedd,
gwireddwyd y freuddwyd a fu'n ei gynnal cyhyd ac mae'r gwynt a fu
ar un adeg mor ffodus â chael cyrchu trigfan ei gariad ac yntau'n bell i
ffwrdd, bellach yn amddifad o'r pleserau a ddaw, o hir aros, i ran y
carwr:

> Ni chefaist groeso Mary fwyn
> Na'i gwên na'i chusan hi –
> Ni chefaist ddim o'r holl fwynhad
> Sy'n awr yn eiddof i.[47]

Nodwyd eisoes nad oedd y myfyriwr wedi colli cysylltiad â'i hen
gynefin yn ystod ei ddyddiau yn Rhydychen. Ar wahân i'r ohebiaeth
gyson rhyngddo ef a gwahanol gyfeillion, bu cyfnodau hir o wyliau
coleg yn golygu y gallai gyfrannu at weithgareddau lleol. Pan
sefydlwyd cangen o Cymru Fydd yn Llanfair yn 1887, er enghraifft,
penodwyd Morris-Jones yn gadeirydd, a'i frawd yng nghyfraith John
Owen (gŵr ei chwaer Lydia) yn ysgrifennydd. Gallai, wrth gwrs,
gynnig gwybodaeth am natur y rhaglen a fu'n sail i Gymdeithas
Dafydd ap Gwilym yn Rhydychen, a sefydlwyd flwyddyn ynghynt yn
1886. Roedd yn bresennol yn y cyfarfod cyntaf o'r gymdeithas yn
Llanfair a gynhaliwyd nos Fawrth 13 Medi 1887 a chyfrannodd
at ddadl ynglŷn â 'diddymiad yr Iaith Gymraeg' mewn cyfarfod
bythefnos yn ddiweddarach. Er iddo siarad o blaid y cynnig dywedir
mewn modd digon ysgafn iddo gyflwyno 'dau neu dri o resymau
ystrydebol llinach y Dicshon Dafyddion, ac eistedd i lawr ar ol dangos
fod y cynygiad oedd ganddo i'w roddi âg yntau wedi eu hieuo yn
anghymarus'.[48] Gwyddom, hefyd, iddo siarad dros y Blaid Ryddfrydol
adeg etholiadau lleol ac iddo weithredu fel cynghorydd sir rhwng y
flwyddyn 1904 a 1910.[49] Yr argraff a geir, felly, yw ei fod wedi cymryd
rhan flaenllaw mewn amrywiaeth o weithgareddau cymunedol a'i
fod, ar wahanol adegau, wedi cyfrannu at fywyd diwylliannol a
gwleidyddol yr ardal.

Ond roedd gwaith academaidd, hefyd, yn galw. Byddai astudiaeth o amryw o'r erthyglau a berthyn i'r cyfnod hwn, yn dangos yn eglur ddull rhesymegol Morris-Jones o feddwl a'r modd yr oedd strategaeth bendant yn dechrau ymffurfio wrth ystyried ei ymateb i sefyllfa'r iaith.

Roedd angen parchu rheol a phatrwm a golygai hynny ailymgynefino â hen lenyddiaeth y genedl lle gellid canfod y math o safonau iaith a oedd bellach wedi mynd yn angof dan ddylanwad andwyol carfan o ffug ysgolheigion. Pwysleisiwyd, er enghraifft, bod angen cydnabod ac arddel ffurfiau a chystrawennau iaith lafar y cyfnod.

Ystyrid, wrth reswm, fod safoni orgraff yr iaith yn elfen ganolog mewn unrhyw raglen ddiwygiadol 'oblegid er y gallwn, wrth edrych yn ôl', medd Caerwyn Williams, 'resynu fod Morris-Jones a'i gymheiriaid wedi rhoi cymaint o bwyslais ar gwestiwn yr orgraff, eto, yr oedd cymaint o anhrefn yn yr orgraff a chymaint o ddadlau ynglŷn â hi, fel yr oedd yn anochel fod ei diwygio yn cael y lle blaenaf yn unrhyw raglen diwygiad ieithyddol a llenyddol'.[50] Rhoddwyd cryn sylw i'r pwnc yn erthygl Morris-Jones 'Cymraeg Rhydychen' ac, er bod y pwnc ei hun yn un digon astrus ac amrywiol ei agweddau, tueddai Morris-Jones i ystyried pob dim yn nhermau ymgyrch yn erbyn 'Puwiaeth' – sef dylanwad andwyol William Owen Pughe. Nid dyma'r unig dro, wrth gwrs, i Morris-Jones ymateb i ryw ddiffyg neu wendid cyffredinol a'i blinai trwy ganolbwyntio ar gamwri rhyw berson neu'i gilydd, ac er gwaethaf cymhlethdod y sefyllfa orgraffyddol, 'Puwiaeth' yw'r gelyn pennaf y mae'n rhaid ei ddileu o'r tir. Mae'r erthygl ar ei hyd yn dangos y dull uniongyrchol hwnnw o draethu a oedd yn mynd i nodweddu cynifer o ddatganiadau'r ymgyrchwr cyhoeddus dros y blynyddoedd wrth iddo geisio ymateb i'r hyn a ystyrid ganddo yn aflerwch ieithyddol neu lenyddol:

> Ond gellir dweud ar y cychwyn mai gwrthryfel ydyw'r mudiad hwn yn erbyn Puwiaeth; neu yn hytrach yn erbyn hynny o Buwiaeth sydd eto'n fyw. Oblegid y mae synwyr cyffredin y genedl wedi gwrthod y rhan fwyaf o ffol bethau Dr. Pughe, ac nid oes neb yn awr yn ceisio sgrifennu'n debyg iddo. Ond y mae gormod o'i argraff eto ar ein llenyddiaeth; a'i ieitheg ef, er i ni wrthod ei chasgliadau, yw ieitheg boblogaidd Cymru eto . . . Y mae Dr. Pughe yn cychwyn gyda damcaniaethau ac yn ceisio gwyrdroi ffeithiau i'w ffitio; yr ydym ninnau'n cychwyn gyda ffeithiau, ac yn gadael i bawb lunio'r damcaniaethau a fyn oddiarnynt.[51]

Er mai ymosodiad ar 'Buwiaeth', felly, yw'r sbardun a'r man cychwyn, ceir nifer o osodiadau sy'n dangos fod yma ymgais i symud oddi wrth y negyddol ymosodol i elfennau strategaeth benodol ymarferol ar gyfer adfer y sefyllfa. Ceir yma, er enghraifft, gydnabod pwysigrwydd yr iaith lafar: 'Nid ydym mor ddall ag y tybia rhai, nas gwyddom y gwahaniaeth rhwng iaith lenyddol ac iaith lafar. Y mae iaith lafar yn dyfiant perffaith naturiol – pob deddf wedi effeithio arni'n hollol ddirwystyr.' Pwysleisir pa mor bwysig yw llunio pob damcaniaeth ar sail ymchwil benodol; yr ymchwil honno sy'n caniatáu llunio'r fath ddamcaniaeth yn hytrach na mympwy'r unigolyn: 'Felly hefyd y dywedwn wrth y Puwiaid – "Pwnc o ddamcaniaeth yw tarddiad gair; ond wedi deall o honoch ddeddfau dadblygiad yr iaith, yr ydym yn foddlon i chwi olrain [*sic*] y gair i'w darddiad, os mynnwch; ond i chwi gofio nas gall eich damcaniaeth chwi ddim cyfnewid y *ffaith* ynglŷn a'r gair; y ffaith hon yr ydym ni'n benderfynol o ddal ati."' Yn ychwanegol at hynny, trafodir tuedd naturiol yr iaith lafar i fenthyg geiriau o ieithoedd eraill er na olyga hynny arfer rhyw 'eiriau Seisnig afraid, lle mae gennym well geiriau Cymreig'. Hynny yw, yn ychwanegol at yr ymosodiad ar 'Puwiaeth', ceir yma awgrymiadau penodol ynglŷn â diogelu 'enaid' yr iaith 'a'i achub o ddwylo'r gau-broffwydi sy'n ceisio'i Seisnigeiddio'. Gwneir hynny meddai ymhellach 'trwy gael gan ein hysgrifenwyr ddarllen ein hen lenyddiaeth ac astudio priod-ddull Cymraeg llafar'. Cyn cloi, dyfynnir o erthygl gynharach a luniwyd gan Morris-Jones 'yng Ngheninen Gorffennaf 1887, y peth cyntaf a 'sgrifennwyd o Gymdeithas Dafydd ab Gwilym ar bwnc y Gymraeg', lle ceir Morris-Jones yn ei dro yn dyfynu geiriau'r 'ieithyddwr enwog Henry Sweet, M.A.':

> It is greatly to be wisht that educated Welshmen would cultivate the genuin spoken language, instead of the artificial jargon of the newspapers and reflect that the superiority of such a work as the Bardd Cwsg consists precisely in its style being founded (as shewn by the numerous English words) on the everyday speech of the period.

Nid annisgwyl, felly, oedd i Morris-Jones, o fewn rhai blynyddoedd, ddewis golygu testun diplomatig o'r Bardd Cwsg yn enghraifft o'r iaith lenyddol ar ei gorau ac, o ganlyniad, yn batrwm cymwys i lenorion ei gyfnod. Diweddir trwy gydnabod gweledigaeth a chyfraniad ei gyd-fyfyrwyr yn Rhydychen a hynny mewn termau sy'n wladgarol gynnes: 'Ac y mae fy nghred i'n gadarn ein bod ar lwybr y gwir, a'm ffydd na wnel Cymru gam a'i mheibion fu'n ymhyfrydu yn ei geiriau mewn estron dir, ac yno'n dysgu ei charu'.

Wrth drafod 'Safonau Ysgrifennu Rhyddiaith', ceir bod yr Athro T. J. Morgan yn dyfynnu'n helaeth o erthygl ddiweddarach o eiddo Morris-Jones, 'Y Deffroad Olaf', a gyhoeddwyd yn *Y Geninen* yn 1892. Mae nifer o'r prif bwyntiau wedi'u cyflwyno eisoes yn yr erthygl 'Cymraeg Rhydychen' y dyfynnwyd yn helaeth ohoni uchod. Mae'r darnau eglurebol a gyflwynir gan T. J. Morgan yn dilyn yr un trywydd, sef yn gyntaf yr ymosodiad disgwyliedig ar William Owen Pugh; dan ei ddylanwad ef, medd Morris-Jones, 'y mae llawer o eiriau ffug, fel arian drwg, wedi ymwthio i'r iaith.'[52] Gresynir ar yr un pryd fod yna 'ugeiniau o bobl yng Nghymru yn galw eu hunain yn llenorion nas gwyddant ddim am hen lenyddiaeth eu gwlad'. Yn sgil y dyfynnu, ceir gan T. J. Morgan ddadansoddiad o'r ffactorau a fu'n gyfrifol am ledaenu'r mathau o Gymraeg y bu Morris-Jones yn ymgyrchu mor ddygn i'w herio a'u diwygio:

Nid oedd yn debyg rywfodd i Gymraeg cyfnodau cynharach, nac i Gymraeg llafar naturiol cyfoes, y math o Gymraeg a ddeuai o enau Cymry da yn eu cynefin: nid yr un iaith ydoedd rywfodd, o ran cystrawen a phriod-ddull. Os oes disgwyl inni esbonio'r dirywiad, pethau eilradd oedd dylanwad Pughe ac effaith gramadegwyr di-glem; y gwir resymau oedd fod llenorion a darpar lenorion heb gael y cyfle i ymborthi yn ddigonol ar lenyddiaeth cyfnodau cynharach a'u bod heb dderbyn i'w cyfansoddiad llenyddol y nodd a'r sicrwydd a'r cywirdeb greddfol nas ceir ond drwy gynefindra â defnyddiau'r gorffennol – y cyfoeth o ran geirfa a'r patrymau cystrawennol sy'n ymsefydlu rywle rhwng yr ymwybod a'r diarwybod, ac yn dod i'r amlwg i ateb galwadau llenyddol bwriadol . . . Yr oedd rhyw doriad yn y berthynas rhwng y darpar lenor a'i orffennol a rhyw doriad hefyd rhyngddo a sicrwydd greddfol yr iaith lafar.[53]

Mae'r erthyglau cynnar gan Morris-Jones yn ymateb mewn modd uniongyrchol iawn i'r amodau a restrir uchod. 'A chan nad oedd unrhyw gyfundrefn addysg Gymraeg na chyfundrefn o ysgolheictod academaidd, fel rhyw blismon ac ynad', medd T. J. Morgan, 'yr oedd rhyddid i bob math o gwac i droseddu, ac i ymyrryd â'r iaith yn ôl rhyw fympwyon.' Dyna'r sefyllfa annerbyniol a etifeddwyd gan Morris-Jones a'i gyd-ysgolheigion ac a fu'n sbardun i'w hymdrechion dros ddyfodol yr iaith; 'a hyn yw'r rheswm fod Morris-Jones' medd Morgan, ' yn cael achos mor fynych i arfer y geiriau *artificial, spurious,*

late bungle, impossible, stupid neologism'. Peth naturiol, dan amgylch-
iadau o'r fath, oedd pwysleisio pwysigrwydd ailddarganfod clasuron
yr iaith ac ennill gwybodaeth am destunau a allai gynnig i ddarpar
lenorion yr oes, batrymau o safon ac arweiniad diogel.

Codir un agwedd atodol, sef natur ymosodol rhai o ddatganiadau'r
cyfnod megis ymdriniaeth lawdrwm Morris-Jones â 'Puwiaeth' sy'n
gyson ddilornus. Rydym erbyn hyn wedi hen ymbellhau oddi wrth
'sŵn y dwrdio mawr' ac, o ganlyniad, yn gallu mabwysiadu safbwynt
llawer mwy gwrthrychol a chymedrol:

> 'Nid hynny oedd i genhedlaeth John Morris-Jones, a phe baem ni'n
> byw y drws nesaf i'r frech wen neu'r geri marwol, ni fyddem mor
> ddidaro. Os dyallwn ni felly fod rhyw *hygiene* o gymhelliad, rhyw
> awydd angerddol i ddadlygru'r iaith ac i buro'r ymwybod llenyddol o
> ran chwaeth, fe fydd yn haws dyall prysurdeb mawr y sebon carbolig
> a'r sgwrio condemniadol a gynrychiolir gan eirau fel *corruption,
> stupid, perverse, bungle, degenerate, blunder, barbarous.*[54]

Roedd traethu'r hyn a ystyrid yn 'gywir' ac yn unol â'r rheolau hynny
a arferid ganddo ar sail ei ymchwil bersonol yn golygu tanseilio a
dilorni gosodiadau neu ddamcaniaethau gwahanol. Athroniaeth y du
a'r gwyn oedd eiddo Morris-Jones, fel bod arddel safbwynt neu
ddamcaniaeth arbennig yn golygu nid yn unig bod disgwyl ymwrthod
â'r dewisiadau eraill, ond ymwrthod ag arddeliad ac afiaith. Wrth
reswm, byddai cysylltu'r gredo wrthodedig â rhyw berson neu
bersonau penodol yn caniatáu i'r ymosodiad fod yn llawer mwy
miniog liwgar ei bwyslais a'i effaith. Golygai'r fath dacteg ei fod ar
brydiau yn tanseilio unrhyw obaith am gyfaddawd yn y pen draw. Fel
mewn achosion eraill yn ystod ei yrfa ystyrid cyfaddawd ganddo yn
gyfystyr â rhyw ddiffyg argyhoeddiad neu wendid, yn elyn i bob
darganfyddiad a wnaed gan yr ymchwilydd diwyd a gonest. Wrth i
Gymraeg Rhydychen ddechrau ennill sylw a chefnogaeth carfan
benodol o lenorion y cyfnod, go brin mai Morris-Jones fyddai'r dewis
i fabwysiadu rôl y cymedrolwr er mwyn ceisio darbwyllo pledwyr
yr hen ddull ('Cymraeg Gosod' yw'r term a arferir gan Caerwyn
Williams) o fanteision y cyfrwng newydd. Byddai'r fath swyddogaeth
yn wrthun i un fel Morris-Jones ac i gyfeiriad arall y bu raid edrych er
mwyn sicrhau lladmerydd o anian diplomataidd hyblyg a fyddai'n
fodlon ceisio tawelu'r dyfroedd ieithyddol gymaint ag y gellid. 'Anodd
i ni amgyffred y chwerwder a'r drwgdeimlad a esgorwyd rhwng y
ddwy garfan hyn ar y pryd,' medd Caerwyn Williams, 'ond nid oes

angen llawer o ddychymyg i weld na allai gwlad fechan fel Cymru fforddio gweld y rhwyg yn mynd yn rhyfel, a'r rhyfel yn mynd yn fuddugoliaeth i'r naill neu i'r llall. Ac i Owen Edwards y mae'r diolch na ddigwyddodd hyn; yn sicr, nid i'w gyfaill Morris-Jones.'[55] Nid oedd yn Morris-Jones gymwysterau'r cymedrolwr a'r diplomat yn fwy na'i dad ac ni fyddai ychwaith, wrth gwrs, yn chwennych y fath rôl. Byddai manylu ar holl ddatganiadau'r cyfnod ynglŷn â natur yr orgraff a'r iaith a ddylai fod, yn ôl gwahanol garfanau, yn sail i weithgarwch llenyddol, yn hawlio astudiaeth benodol a manwl. Wedi iddo ymsefydlu ym Mangor, ni raid synnu fod Morris-Jones ei hun wedi mynegi barn ar rai pynciau ieithyddol mewn modd a fu'n gyfrwng denu ymateb digon chwyrn yn erbyn y genhedlaeth newydd o academyddion proffesiynol. Ni ellir yma ond pwysleisio nad heb ddygn ymgyrchu a dadlau y daethpwyd i sicrhau cyhoeddusrwydd i'r argymhellion newydd a ystyrid yn rhan o agenda 'Cymraeg Rhydychen'. Yr oedd cyfraniadau Morris-Jones i'r wasg yn dangos ei fod yn cymryd o ddifrif y cyfrifoldeb o fod yn gynrychiolydd ei gydfyfyrwyr yn Rhydychen a'i fod wedi derbyn y cyfrifoldeb o ddadansoddi natur 'Cymraeg Gosod' y bedwaredd ganrif ar bymtheg. Yr un modd, yr oedd wedi cynnig ffyrdd o ddileu gau ddylanwadau'r gorffennol drwy ail-greu cysylltiadau ystyrlon â chlasuron yr iaith a thrwy dynnu sylw at bwysigrwydd arddel cystrawennau a phrioddulliau naturiol yr iaith lafar. Byddai digon o ddadlau cyhoeddus yn ei aros cyn gweld gwireddu'r nod.

Yn ogystal â'r gyfres hon o erthyglau ar natur yr iaith, i'r cyfnod hwn y perthyn cyhoeddi 'Welsh Orthography. *The report of the orthographical committee of the Society for Utilizing the Welsh Language*, Caernarvon: Welsh National Press, 1893'. Syr John Rhŷs a fu'n gweithredu fel cadeirydd i'r pwyllgor, a Morris-Jones oedd yr ysgrifennydd. Gyda chyhoeddi'r gyfrol hon, roedd yn bosibl cyhoeddi gwahanol destunau a gwerslyfrau a fyddai'n adlewyrchu argymhellion orgraffyddol y pwyllgor. Fel y crybwyllwyd eisoes, roedd dylanwad 'Puwiaeth' yn dal i effeithio ar ansawdd Cymraeg ysgrifenedig y cyfnod, a bu raid cael gwared â sgil effeithiau'r gau ymresymu hwnnw a fu'n gyfrwng llurgunio'r iaith am gyfran helaeth o'r bedwaredd ganrif ar bymtheg. Roedd gwir angen gweithredu drwy fabwysiadu rhaglen ymarferol a fyddai'n diwygio'r iaith fel y gallai unwaith eto fod yn gyfrwng priodol ar gyfer pob math o weithgarwch llenyddol. O ganlyniad, roedd yr ymgyrch dros iaith naturiol a glân yr un mor bwysig â sicrhau safonau orgraffyddol unffurf a gwelir bod datganiadau Morris-Jones yn rhoi sylw penodol i'r ddwy agwedd fel ei gilydd. Man cychwyn, wrth reswm, oedd cydnabod bod gwir angen am ddiwygiad o ran iaith ac orgraff. Bellach, byddai'n rhaid argyhoeddi cynulleidfa genedlaethol fod newid yn anochel ac yn sgil hynny ddarbwyllo pawb mor bwysig oedd dilyn yr argymhellion a ystyrid yn sail i raglen ddiwygiadol hynod radical. Erbyn hyn, roedd angen ailystyried y materion ieithyddol hynny a drafodwyd gyntaf yn nhawelwch academaidd Rhydychen. Daethai tro ar fyd a rhaid oedd diffinio'r genhadaeth genedlaethol, y genhadaeth honno a oedd yn adlewyrchu dyheadau carfan o Gymry alltud am ddiwygio iaith a hybu dadeni llenyddol, mewn termau diriaethol ac ymarferol. Er mai O. M. Edwards a fu'n gyfrifol am gymhwyso'r rheolau newydd a'u rhannu â chynulleidfa genedlaethol drwy gyfrwng ei lyfrau a'i gylchgronau, Morris-Jones a dderbyniodd y cyfrifoldeb am egluro a chyhoeddi'r argymhellion hyn mewn cyfres o erthyglau safonol ac eglur. Roedd hyrwyddwyr Cymraeg Rhydychen yn ymwybodol iawn o anawsterau'r sefyllfa ac mai cryn gamp fyddai sicrhau cefnogaeth pawb. Mae ymlyniad wrth y safonol gyfarwydd yn duedd naturiol a dealladwy; yma, er mwyn sicrhau'r math o adfywiad a ystyrid yn ganolog i unrhyw welliant mewn gweithgarwch llenyddol, byddai galw am genhadu'n gyhoeddus ac yn ddiplomataidd er mwyn egluro'r cefndir i'r argymhellion chwyldroadol a gyflwynid. Byddai hyn oll yn golygu herio safbwynt llenorion ac amddiffynwyr digoleg yr hen gyfundrefn a fynnai ymwrthod â phob awgrym a gysylltid â'r rhaglen ddiwygiadol hon wrth iddynt lynu'n deyrngar anfeirniadol wrth yr hyn a oedd yn draddodiadol gyfarwydd iddynt. Byddai datgelu ffolineb rhai o ddatganiadau 'arbenigwyr' hunanapwyntiedig y gorffennol yn rhan o ddyletswyddau'r ysgolheigion newydd, hwythau bellach wedi meithrin y sgiliau ymchwil penodol a fyddai'n caniatáu ymdriniaeth lawer mwy cytbwys a chyflawn â theithi'r iaith. Dan y fath amgylchiadau, roedd gwrthdaro yn anochel. Ni fu Morris-Jones erioed yn un i osgoi gwrthdaro neu ddadl ac, fel y dangoswyd, bu'n hynod feirniadol wrth ymdrin â'r hyn a ystyrid ganddo yn ffug ysgolheictod y gorffennol.

Yn ystod y cyfnod hwn, hefyd, y cyhoeddwyd ffrwyth gwaith ymchwil Morris-Jones ar 'Llyfr yr Ancr', *The Elucidarium and other tracts in Welsh from Llyvyr Agkyr Llandewivrevi A.D. 1346* a olygwyd gan Morris-Jones a Syr John Rhŷs ar y cyd ac a gyhoeddwyd yn 1894. Dangoswyd eisoes mai ychydig o glod a hawliwyd gan Rhŷs a'i fod yn hapus i gydnabod llafur ei fyfyriwr ymchwil. Yn wyneb y feirniadaeth

lem a gynigiwyd gan Gwenogvryn yn ei lythyr at Morris-Jones, nad
oedd y darlithydd ifanc mewn gwirionedd mor weithgar ag y gallai ac
y dylai fod, mae'n werth tynnu sylw drachefn at y gweithgarwch a
nodwyd uchod. Priodol cofio iddo ymroi i'r gwaith o olygu testun
Llyfr yr Ancr ar ôl dilyn cwrs gradd mewn Mathemateg ac yntau ar
drothwy ei ben blwydd yn dair ar hugain oed; derbyniasai swydd
darlithydd ym Mangor yn Ionawr 1889 pan nad oedd ond yn bedair ar
hugain mlwydd oed; cyflwynwyd cryn dystiolaeth i ddangos pa mor
anodd oedd y cyfnod rhwng 1889 ac 1895 i ddarlithydd ifanc a'i fryd
ar wasanaethu Cymru. Roedd y cyfnod yn Rhydychen wedi bod yn
ysbrydoliaeth iddo; roedd y sefyllfa ym Mangor wedi'i ddadrithio'n
llwyr am fod y myfyrwyr yn brin a'r amodau'n lladd pob uchelgais.
Ac eto, er gwaethaf pob anhawster, roedd yna elfennau cadarnhaol yn
perthyn i'r cyfnod. Ar wahân i weld cyhoeddi ffrwyth ei waith
ymchwil ac argymhellion Pwyllgor yr Orgraff, derbyniodd y cyfrifol-
deb o ddiffinio ac egluro cefndir a rhesymeg 'Cymraeg Rhydychen'
mewn cyfres o erthyglau eglur a chynhwysfawr. Mae'n wir fod ynddo
duedd i bersonoli bwnglera ieithyddol y gorffennol trwy gyflwyno
amrywiaeth o ddiffygion amlwg yn nhermau 'Puwiaeth', ond mae yma
lawer mwy nag ymosodiad lliwgar ar y blerwch a'r ffug ddamcaniaethu
a'i blinai gymaint. Ceir yma, hefyd, ddadansoddiad o anghenion y
presennol ac argymhellion pendant a allai fod yn sail i raglen ymar-
ferol ar gyfer diwygio'r iaith – hynny yw, dyma gyfnod o ddiffinio ac
ymosod ar y dylanwadau hynny a fu ers tro byd yn llurgunio'r iaith,
cyfnod o lunio argymhellion a fyddai'n dadwneud y drwg ac a
fyddai'n arwain yn y man at ddadeni llenyddol yn hanes yr iaith.
Gellir gwerthfawrogi pa mor rhwystredig y teimlai Morris-Jones
yn ystod y cyfnod hwn. Roedd ganddo'r awydd a'r brwdfrydedd i
wasanaethu'r iaith, i ddechrau gweithredu yn ôl yr argymhellion a
gymeradwywyd ac a ledaenwyd ganddo. Wrth gwrs, roedd cyflwyno
ac egluro natur y genadwri drwy gyfrwng cyfres o erthyglau yn un
peth; roedd llwyddiant yr ymgyrch yn golygu denu cefnogwyr o blith
y genhedlaeth newydd yn ogystal ag argyhoeddi carfanau eraill y
dylid cefnu ar bob arlliw o 'Puwiaeth' y gorffennol. Naturiol ddigon
oedd i'w sefyllfa bersonol ef liwio'i ymateb cyffredinol i'r ymgyrch
ac roedd ei gynulleidfaoedd ym Mangor, ysywaeth, yn rhwystredig
o denau. Roedd newyddion mwy calonogol i gyrraedd cyn hir, newydd-
ion a fyddai'n caniatáu iddo ailystyried ei sefyllfa ac adfeddiannu'r
brwdfrydedd a heriwyd dan amodau digon anodd.

5 ∽ 1895 Yr Athro: Bangor a Llanfair

P AN gafodd Siartr Prifysgol Cymru gymeradwyaeth swyddogol ym mis Tachwedd 1893, ar wahân i bob mantais academaidd i'r sefydliad ei hun, roedd i'r cam arbennig hwnnw arwyddocâd arbennig iawn yn hanes gyrfa John Morris-Jones ei hun. 'Ond wedi cychwyn Prifysgol Cymru', meddai, 'fe dorrodd gwawr, ac yr wyf yn f'ystyried fy hun yn ddedwydd allu ennill fy mywoliaeth trwy fy hobi, er mai bywoliaeth go fain ydyw hi.'[1] Penodwyd ef yn athro yn sgil y datblygiad hwn yn hanes Prifysgol Cymru a than y drefn newydd yn ystod sesiwn 1894–5, roedd modd iddo ddenu cynulleidfaoedd lluosocach o lawer i'w ddarlithiau: 'yn lle rhyw bump neu chwech yr oedd o hanner cant i drigain o fyfyrwyr yn ei ddosbarthiadau'.[2] Roedd rhwystredigaeth y gorffennol ar ben wrth i'r gyfundrefn newydd ganiatáu iddo ddechrau canolbwyntio o ddifrif ar ei briod waith mewn cyd-destun llawer mwy dylanwadol. 'Diau fod ei safle anffortunus yn y Coleg hyd at amser sefydlu Prifysgol Cymru', meddai Caerwyn Williams ymhellach, 'yn rhygnu mwy ar ei deimladau oherwydd ei bod mor anghyson â'i safle yng ngolwg y wlad, ie, ac mor anghyson â gwerth ei bwnc yng ngolwg Cymru Gymraeg'.[3] Erbyn mís Rhagfyr 1894, gallai ofyn i Gyngor y Coleg adolygu ei sefyllfa, 'because of the great increase of students in his Department and because Welsh was now included among subjects examined for the degrees of the University of Wales'.[4] O hynny ymlaen, byddai ganddo'r awdurdod a'r statws academaidd i allu ymateb i'r her o ddysgu'r iaith, nid yn unig i genedlaethau o fyfyrwyr, ond mewn gwahanol ffyrdd ac ar amrywiol lwyfannau, i'r genedl gyfan.

Wrth ystyried natur y dystiolaeth sy'n sail i ddarlun o ffigwr academaidd megis Morris-Jones, mae'n naturiol canfod fod cryn bwyslais ar yrfa a chyhoeddiadau ac ar yr holl weithgarwch a gysylltir â'r person cyhoeddus. Mae, wrth reswm, agweddau eraill sy'n haeddu sylw, agweddau nad oes modd eu dosbarthu'n gronolegol daclus nac ychwaith yn ôl unrhyw linyn mesur sy'n fywgraffyddol safonol. Yn ystod y cyfnod hwn y dechreuodd Morris-Jones ennill enw iddo'i hun

yng ngolwg ei amrywiol gynulleidfaoedd, ond dyma'r cyfnod hefyd
pan y dechreuodd pwyslais ei fywyd personol newid wrth iddo briodi,
newid aelwyd ac, yn y pen draw, fagu teulu.

Wedi ei benodi'n athro
ym Mangor, yn rhinwedd ei swydd bu Morris-Jones yn dylanwadu
ar genedlaethau o fyfyrwyr, er bod yna ddarluniau eraill ohono
mewn gwahanol gyd-destunau – yn feirniad eisteddfodol, yn areithiwr
politicaidd, yn athro ysgol Sul, yn grefftwr pur ddawnus ac yn ddyn
teulu.

Ac eto, peth hollol naturiol yw bod erthyglau ar Morris-Jones
yn canolbwyntio ar waith a dylanwad y ffigwr academaidd a bod
cyfeiriadau at Rydychen a Bangor o'r herwydd yn llawer mwy niferus
na'r rhai sy'n ymwneud â bywyd yn Llanfair ac ar yr aelwyd yn y Tŷ
Coch. Er gwaetha'r diffyg cydbwysedd hwn, rhaid pwysleisio pa mor
bwysig yw'r darluniau atodol hyn sy'n perthyn i'r oriau a dreuliwyd
ar weithgareddau anacademaidd. Yn yr un modd, bu ymateb per-
sonol y myfyrwyr eu hunain i ddarlithiau Morris-Jones yn ffynhonnell
gwybodaeth hynod ddadlennol ac arwyddocaol.

Roedd i'r cyfnod hwn yn ei fywyd, fodd bynnag, arwyddocâd tra
arbennig am iddo briodi ym mis Awst 1897 â Mary Hughes, merch y
Siglan, y bu'n gohebu mor gyson daer â hi er 1890, pan yr oedd hi o
hyd yn ei harddegau. Adeg eu priodas, roedd Mary yn 23 mlwydd oed
a'i gŵr ddeng mlynedd yn hŷn. Mae cyfeiriad Morris-Jones ei hun at
achlysur ei briodas yn ddigon cryno a'r sylw atodol am ddedwyddwch
y berthynas a ddatblygodd rhyngddynt yn gyson â'r hyn a gofnodir
gan gyfres o ymwelwyr â'r Tŷ Coch a ganfu aelwyd hynod groes-
awgar a hapus: 'Yn Awst 1897 mi briodais Mary, ail ferch Mr. William
Hughes, Siglan, Llanfair-pwll, ac yn sicr iawn fe wenodd Rhaglun-
iaeth arnaf y diwrnod hwnnw'.⁵ Er mor groniclaidd blaen yw'r
cofnod hwnnw, ymddengys fod Morris-Jones, ar achlysur arall, wedi
ymddangos yn llawer mwy llafar a phendant ei fwriad wrth ddatgelu
gwir natur ei deimladau drwy gyhoeddi, 'I'r diawl â'r M.A. ond i mi
gael merch Siglan yn wraig'.⁶ Ddechrau 1892, roedd llythyrau Morris-
Jones at Mary yn adlewyrchu angerdd y foment a phruddglwyf y
carwr a oedd wedi'i wahanu oddi wrth wrthrych ei serch. Ni
pheidiodd yr arfer o lythyru â Mary pan fyddai Morris-Jones oddi
cartref, ond erbyn 1896 roedd ystyriaethau llai emosiynol bersonol yn
mynnu sylw'r pâr ifanc. Ym mis Mawrth 1896, er enghraifft, roedd
Morris-Jones yn gweithio ar y Llyfr Coch yn Llyfrgell Bodley ac yn
atebol i amserlen ddigon caeth. Yn ystod ymweliad â chartref Syr
John Rhŷs, anghofir am y byd academaidd dros dro wrth iddo gael ei
daro gan ffurf y neuadd yno, pwnc y mae'n amlwg a fu eisoes dan

ystyriaeth gan Mary ac yntau: 'Y mae yno *hall* yr un fath yn union ag y dywedais i y dymunwn i gael ei thebyg.'[7] Mae'n amlwg fod Tŷ Coch y dyfodol yn ogystal â Llyfr Coch y gorffennol yn hawlio sylw erbyn hyn. Ym mis Awst y flwyddyn honno, roedd Morris-Jones yn seiclo yn Ffrainc ac unwaith eto yn gohebu â'i ddyweddi.[8] Y mis Awst canlynol, byddai achlysur pwysicach yn ei aros ac yntau bellach yn cael datgan yn swyddogol iddo lwyddo 'i mi gael merch Siglan yn wraig'.

Gellir synhwyro bod y rhai a fu'n dyst i fywyd teuluol Tŷ Coch yn bur awyddus i ddynnu sylw at y cyferbyniad amlwg rhwng y person cyhoeddus a allai ymddangos yn ddigon llym ei agwedd, a'r gŵr croesawgar – a swil yng ngolwg rhai – a fyddai'n derbyn ymwelwyr ar ei aelwyd ei hun. Wrth reswm, byddai'r sawl a fyddai'n cyfranogi o'r gwmnïaeth honno yn rhan o garfan ddigon dethol, yn gyd-weithwyr i Morris-Jones neu'n bentrefwyr neu gydnabod a fyddai wedi ennill ei gyfeillgarwch dros y blynyddoedd. Yr hyn sy'n arwyddocaol yw cysondeb y neges, sef mor gynnes naturiol oedd y croeso a estynnid i bob ymwelydd. Roedd y rhestr o ymwelwyr a luniwyd gan Rhiannon, merch Morris-Jones, yn un hynod amrywiol a disglair, am na fyddai 'darlun o'm cartref yn gyflawn', meddai, 'heb grybwyll am rai o gyfeillion fy nhad a alwai yno o dro i dro.'[9] Sonnir, er enghraifft, am John Rhŷs, Henry Jones, Ellis Griffith ('ein haelod seneddol'), O. M. Edwards ac Edward Anwyl, pob un yn 'Syr', ynghyd â'r cymeriad lliwgar Dr John Williams, Brynsiencyn, a alwai ar ei ffordd i'r trên. Ceir sôn am Llewelyn Williams 'yn adrodd hanesion ei gartref yn iaith "Shir Gâr" – llawer ohonynt a gyhoeddwyd yn ddiweddarach yn ei lyfr "Slawer Dydd"', a chofir am 'y cyffro difyr a fyddai pan alwai'r Iarll Lloyd George a'i deulu – Prif Weinidog Prydain fawr erbyn hyn'. Byddai ffigurau enwog eraill yn galw draw hefyd yn achlysurol, pobl megis W. J. Gruffydd, Ifor Williams, 'Principal Reichel', Lewis Jones ('cyfaill pennaf fy nhad ar staff y Coleg ym Mangor y pryd hynny'), y Prifathro J. H. Davies a Syr Vincent Evans. Dyna gynrychiolwyr academia a'r ochr gyhoeddus i'w fywyd, byd yr Athro Coleg a'r ffigwr cenedlaethol. Eithr pan ddychwelai dros Bont Menai, roedd yn un o drigolion Llanfair ac yn dewis uniaethu â gweithgareddau ei filltir sgwâr. O ganlyniad, byddai carfan hollol wahanol a'r un mor arwyddocaol yn ymweld â'r Tŷ Coch, sef 'cyfeillion fy nhad o'r ardal' yn cynnwys 'ei frawd William a f'ewythr John Owen, John Matthews y Siglan, Thomas y druggist, William Pretty, William Edwards, Holgwyn, a Thomas Edwards, Tyddyn Fadog'. Yn ychwanegol at yr ymwelwyr hyn 'cawsai ambell i hen longwr a ddaethai a llythyr

Almaeneg neu Eidaleg i fy nhad i'w gyfieithu gystal croeso â neb o'r ymwelwyr'. Ategir tystiolaeth Rhiannon gan ddarlun J. H. Roberts o'r 'professor' na fynnai arddel y fath deitl yn ei gwmwd ei hun: 'Ni fynnai ei ystyried ei hun yn wahanol i eraill, a difyr ganddo oedd ymgomio'n rhydd â'i gydnabod, yn enwedig â rhai o gymeriadau gwreiddiol y pentref, a chael mwynhad mawr wrth wrando ar eu dywediadau pert a doniol.'[10] Byddai Morris-Jones, yn ôl yr hanes, naill ai yn galw yn nhŷ tad J. H. Roberts am sgwrs neu yn anfon am y gwerinwr o gyfaill 'ato i'w stydi i drafod rhyw bynciau neu'i gilydd hyd ymhell ar y nos'. Gellir deall, felly, paham yr oedd cynifer o'i gyfeillion mewn gwahanol deyrngedau yn awyddus i gydnabod y croeso arbennig a geid ar aelwyd Tŷ Coch ac o gofio'r darlun cyhoeddus ohono fel ffigwr cenedlaethol ac ymgyrchwr ymosodol ei natur, mae'r darlun teuluol hwn o'r gwestai hawddgar a'r cymydog rhadlon, wrth reswm, yn ychwanegu'n fawr at y cronicl cyflawn. Gartref ar ei aelwyd ei hun, medd Rhiannon, 'un ohonom ni ein hunain ydoedd, a charai fyw yn syml a naturiol'.

Gellir awgrymu, felly, fod y daith adref dros Bont Menai nid yn unig yn cyhoeddi fod dyletswyddau swyddogol y dydd ar ben ond yn arddangos yr un pryd ochr arall i bersonoliaeth y darlithydd ac yntau, wedi diosg ei wisg academaidd, yn cael cyfle hefyd i ddianc rhag y ddelwedd gyhoeddus honno a ystyrid ganddo yn academaidd a gweinyddol weddus. Bellach, wrth groesi Pont Menai, gallai gyfnewid swyddogaeth y dyn cyhoeddus, y diwygiwr brwd a allai fod ar brydiau yn ddadleuol grafog, am esmwythyd yr aelwyd lle gallai arddangos rhadlonrwydd a naturioldeb y dyn teulu. Mae sylwadau Thomas Parry yn adlewyrchu'r pwyslais hwn:

> Byddai Syr John a Lady Morris-Jones yn arfer gwadd myfyrwyr yr adran Gymraeg i'r Tŷ Coch i giniawa, a byddai lletygarwch a chroeso ar eu gorau yn y tŷ hwnnw. Yr oedd yn y Tŷ Coch neuadd helaeth ag ynddi le tân agored fel 'simnai fawr' hen-ffasiwn. Yn rhan o'r lle tân yr oedd plât pres crwn, tua deunaw modfedd ar ei draws, a llun y ddraig goch wedi ei weithio ynddo – enghraifft arall o ddawn Syr John fel crefftwr. Byddai yno fel rheol dân coed llachar, ac o'i gwmpas wedi'r cinio eisteddai'r teulu a'r gwahoddedigion. I'r myfyrwyr, a oedd yn gynefin â gwrando ar yr Athro yn darlithio'n ddifri yn Saesneg, hyfryd iawn oedd ei glywed yn sgwrsio'n ysgafn a hwyliog yn Gymraeg. Yn wir, ni fu neb gwell am adrodd straeon difyr am hen gymeriadau Môn neu am ei athrawon a'i gyd-fyfyrwyr yn Rhydychen. Yno y byddai, yn ŵr rhadlon a charedig, yn smocio'i getyn ar delerau da â phawb.

Byddai'n hwyr y nos ar y cwmni o fyfyrwyr yn troedio'n ôl tua
Bangor, a byddent wedi blino cyn diwedd y daith, ond byddai ias yn eu
cerdded wrth feddwl eu bod wedi dod mor agos at un o ddynion gwir
fawr eu hoes.[11]

Er bod modd synhwyro fod yma elfen o ramanteiddio'r gorffennol,
mae nodweddion y darlun yn awgrymu bod yna agwedd arall i
bersonoliaeth yr Athro a'i fod wrth adael yr ystafell ddosbarth yn
ymryddhau oddi wrth rai o gonfensiynau academaidd y cynefin
arbennig hwnnw. Gellid ystyried lleoliad y delyn mewn man amlwg o
fewn y cartref yn symbol hynod briodol o werthoedd diwylliannol
Cymraeg yr aelwyd, aelwyd lle gallai Morris-Jones gefnu ar brotocol
ieithyddol yr ystafell ddarlithio.

Nid yw tystiolaeth Thomas Parry yn unigryw. Fel yr awgrymwyd
eisoes, roedd nifer o'r rhai a fu'n ymweld â'r teulu yn y Tŷ Coch yn
bur awyddus i gyfleu naws y croeso a chreu darlun o ddyn teulu hynod
radlon a chyfeillgar. Byddai hyn yn sicrhau na fyddai'r cyhoedd yn
gyffredinol yn cael eu camarwain wrth gyffredinoli ar sail y dystiolaeth
a oedd, fel arfer, yn canolbwyntio'n benodol ar natur a chymeriad y
dyn cyhoeddus. Ceir bod Ifor Williams, er enghraifft, yn pwysleisio
bod 'agweddau newydd ar ei gymeriad' wedi dod yn amlwg iddo dros
y blynyddoedd, agweddau na fyddai wedi bod yn amlwg o'r cychwyn
cyntaf:

Y peth cyntaf oll yw ei letygarwch di-ben-draw ar yr aelwyd yn y
Tŷ Coch, ac ni fedrir sôn am hynny ar wahan i garedigrwydd diball
dirodres Lady Morris-Jones, wynebau llon y plant oddeutu'r bwrdd,
a'r chwerthin dilyffethair ar bob pryd wrth ddweud a gwrando straeon
fil am droeon digrif a thrwstan y naill a'r llall ohonom. Hoffai bob
stori am fywyd gwledig Cymru: ail adroddai flwyddyn ar ôl blwyddyn
sylwadau gwreiddiol hen gymeriadau Llanfair, a straeon amdanynt.
Wedyn deuai atgofion am O.M. neu fel y galwai ef o, Owen Edwards,
a'r Dafydd yn Rhydychen, y cyfnod aur.[12]

Yna eir ymlaen i sôn am un achlysur arbennig pan ddaethai O. M.
Edwards i ymweld â'r teulu a holi 'am y man yng Nghymru lle mae'r
Cymraeg gore i'w gael?'. Yn dilyn 'ffrae danbaid' ynglŷn â
'rhinweddau cymharol iaith Feirion a Môn', dyma O.M. yn herio'i
gyfaill: '"Rhaid i ti ddwad i Lanuwchlyn i ddysgu Cymraeg!" "O'r
gorau", ebe Syr John, "I bwy?" Wedyn chwerthin dros y tŷ yn
aflywodraethus. Sawl gwaith y clywais i honyna?' Gellid yn hawdd

adleisio'r hyn a ddywed Ifor Williams y gallai'r atgofion hyn 'fynd yn gatalog' ac eto, er mwyn sicrhau cydbwysedd yn y cofnodi, mae'r dystiolaeth a berthyn i fyd y teulu a bywyd y tu arall i Bont Menai yn fywgraffyddol allweddol yn gymaint â bod yma wybodaeth werthfawr sy'n herio gerwindeb y ddelwedd gyhoeddus. Mae'n wir fod y fath dystiolaeth yn ddigon anecdotaidd ei phwyslais ac eto gellid ar yr un pryd gyfeirio at gysondeb amlwg yn y traethu ac at awydd y cofnodwyr i fod yn deg a chytbwys eu hagwedd. Gallai'r Parchedig Lewis Valentine, er enghraifft, eilio'r hyn a gofnodwyd gan eraill ynglŷn â natur y croeso a geid ar aelwyd yr Athro yn Llanfair. Pan oedd yn fyfyriwr ym Mangor ac ar ei flwyddyn olaf, fe'i penodwyd yn llywydd Cyngor y Myfyrwyr ar adeg pan oedd Rhiannon, merch i Morris-Jones, yn is-lywydd. O ganlyniad, am fod y cyfarfodydd yn cael eu cynnal wedi oriau swyddogol y coleg, bu raid i Valentine hebrwng ei gyd-swyddog adref a chael croeso yno:

> Rhaid oedd aros i swpera gyda Syr John, nid athro oedd ar ei aelwyd, ond cwmnïwr difyr yn hoffi sôn am hen gymeriadau go wreiddiol yn yr ynys . . . A dyna deulu dedwydd oeddynt. Lady Morris-Jones yn orau o'r gwragedd, a nythaid teg o ferched, Rhiannon, yr efeilliaid Cara a Llio, a Nest. A'r delyn yn y neuadd, a naws dirion awdurdod yr athro ar bopeth. A'i gwelodd ar ei aelwyd, ni fuasai byth yn ei gyhuddo o fod yn gas. Rhoddai'r argraff hwnnw weithiau yn ei ysgrifau i'r wasg yn erbyn yr ymhonwyr a hawliai ryw wybodaeth oruwchnaturiol o'r Gymraeg. Pryd hynny yr oedd *Cerdd Dafod* eisoes ar y gweill, a meddyliwch amdano'n darllen tameidiau ohoni i mi a gofyn fy marn ar y peth . . . Deuthum yn agos iawn ato yn ystod y misoedd hynny, a dyfod i'r casgliad mai dyn swil iawn ydoedd.[13]

Hynny yw, er gwaethaf pob gwendid a bai a fyddai'n denu sylw mewn unrhyw ddehongliad o'r bersonoliaeth gyhoeddus, mae yma elfen gref o deyrngarwch hynod amlwg i gyd-ysgolhaig a chyfaill yn yr atgofion hynny sy'n canolbwyntio ar hanes y teulu ac ar ymweliadau â Llanfair.

Yr un mor amlwg yn yr atgofion personol amdano yw'r cyfeiriadau at y sgiliau ymarferol a feddai, sgiliau a adlewyrchir mewn gwahanol enghreifftiau o waith coed a metel a addurnai'r gwahanol ystafelloedd yn ei gartref. Rywdro, gorfu iddo aros gartref o'r coleg yn ystod cyfnod o salwch teuluol a defnyddiwyd yr amser i greu cyfres o glociau trydan o fewn y tŷ a oedd wedi'u cysylltu â'i gilydd. Wrth reswm, golygai hyn gryn ddawn dechnegol wrth gynllunio pob dim ond, ar ben hynny, bu'n gyfrifol am lunio amrywiaeth o olwynion ac echelau wedi'u torri allan o ddarnau o bres yn ogystal â chreu'r gwahanol fysedd a deialau ar gyfer y clociau eu hunain. Roedd Rhiannon yn cofio'r achlysur yn iawn a'r disgrifiad manwl o'r gwahanol gamau yn deyrnged amlwg i allu ymarferol tra anghyffredin ei thad. 'Electronome master clock working three dials', medd Rhiannon, yw'r disgrifiad a roddir yng nghatalog yr Amgueddfa Genedlaethol yng Nghaerdydd lle y cedwir y cloc bellach. Cofiai weld ei thad 'yn llifo dannedd yr olwynion allan o ddarn o bres gyda llif ddur neu ffeil' a thri wyneb y cloc 'wedi eu cysylltu â gwifrau a'u gosod mewn gwahanol ystafelloedd yn y tŷ'. Ef a luniodd y wynebau 'o bapur tew gwyn' ac a fu'n gyfrifol am fesur y munudau a'u marcio 'gyda Indian Ink', ac am dorri'r bysedd 'allan o hen dyniau tobacco'. Yn ychwanegol at hyn oll, rhaid cofio nad oedd eto drydan yn yr ardal fel bod angen 'rhes o "cells"' i yrru'r cloc a fu'n 'cadw amser yn gywir am flynyddoedd'.[14] Ceir bod hanes a gofnodwyd gan Lewis Valentine yn cadarnhau pwyslais arbennig y dystiolaeth uchod wrth iddo adrodd hanes am 'ddwy hen chwaer' a oedd yn aelodau yn ei eglwys yn Llandudno: 'Cadw gwesty yr oeddynt, a threuliai Syr John a'i deulu eu gwyliau yno am flynyddoedd. Y tro cyntaf y daeth yno sylwodd J.M-J. ar y cloc wyth niwrnod a oedd wedi stopio ers blynyddoedd. Gofynnodd am gennad i'w drwsio, ac yr oedd yn dal i fynd ers dros chwarter canrif.'[15]

Dwy enghraifft ymhlith nifer yw hanesion y clociau sy'n arddangos galluoedd ymarferol Morris-Jones y crefftwr a'r peiriannydd. Mae Ifor Williams yn un o'r rhai sy'n tynnu sylw penodol at yr agwedd hon ar ei weithgarwch er bod eraill o'i gydnabod yn dilyn yr un trywydd yn eu hatgofion hwythau:

Hoffai waith llaw, ac nid bychan oedd ei fedr fel peiriannwr. Lluniodd gloc trydan ei hun, a rhoi wynebau mewn gwahanol ystafelloedd, torri'r ffigurau arnynt â'i law ei hun, fel y lluniasai'r cyfan o'r tu mewn-olion . . . Yr un deheurwydd llaw a'i gwnaeth yn ysgrifennydd mor brydferth. Hyfrydwch pur i'r llygad yw ei gopi mewn llawysgrif dlos o Lyfr yr Ancr, a gramadeg Llyfr Coch Hergest. Rhaid eu bod wedi costio llawer iawn o amser iddo. Rhagorai fel torrwr llythrennau at arysgrif, ac os ydych am weld enghraifft o'i fedr i ddewis prif lythrennau cain, a'u lleoli yn gymesur, sylwch ar yr arysgrif uwch ben porth y Bwa Coffa ar dir y Coleg, a ysgythrwyd yno wrth batrwm ei gopi ef: neu gweler y tarianau cof am gymwynaswyr y Coleg ar bared y fynedfa i'r Llyfrgell yn y Coleg.[16]

A dilyn yr un trywydd, barn Thomas Parry amdano oedd ei fod yn 'ddyn medrus iawn â'i ddwylo, a dyn oedd yn hoff o wneud pethau'n gywrain ac yn fanwl gywir' ac, o ganlyniad, casglodd 'y gallai Syr John fod wedi bod yn grefftwr nodedig iawn'.[17] Ar wahân i hanes y cloc trydan, cyfeirir at esiamplau pellach o'r ddawn benodol honno:

Os edrychwch ar Gweledigaetheu y Bardd Cwsc, sef yr adargraffiad a olygwyd gan Syr John yn 1898, fe welwch lun o'r Lasynys, ger Harlech, cartref yr awdur, Ellis Wynne, a gwaith Syr John yw'r llun hwnnw. Ar ddalen-deitl neu ar glawr pob llyfr a gyhoeddir gan Wasg y Brifysgol . . . y mae sêl y Wasg, sef llun tarian ag arni bedwar llew, a chylch crwn o'i chwmpas yn cynnwys enw'r Wasg. Syr John Morris-Jones a gynlluniodd y sêl hon ac a wnaeth y cerfiad cyntaf ohoni. Yr oedd ganddo hefyd ei sêl bersonol ei hun, a ddefnyddid ganddo i'w gosod ar gŵyr coch wrth selio llythyr i'w gofrestru. Yr oedd hon wedi ei gwneud o dair llythyren gyntaf ei enw wedi eu torri ar garreg yn brydferth iawn, a phan ofynnodd rhywun iddo ymhle y cafodd y sêl, ei ateb oedd: 'Fi fy hun a'i torrodd hi â chyllell boced.'

Mewn trafodaeth hynod ddadlennol ar sgiliau ymarferol neu dechnegol Morris-Jones – nodwedd a ddenodd sylw penodol John Lasarus Williams – cyfeirir, er enghraifft, at ei ddiddordeb mewn ffotograffiaeth, agwedd ar ei weithgarwch a gysylltir yma â dylanwad John Ruskin (1819–1900) a William Morris (1834–96). Er bod syniadau Ruskin yn perthyn i gyfnod llawer cynharach na dyddiau Morris-Jones yn Rhydychen, awgrymir fod 'ei ddylanwad yn bellgyrhaeddol ym meysydd celfyddyd a diwygiadau economaidd a chymdeithasol'. O gofio pwyslais gwahanol yr arlunwyr Cyn-Raphaelaidd 'ar gynrychioli natur yn fanwl gywir', ni raid synnu iddynt felly gael eu denu gan bosibiliadau'r cyfrwng newydd. Penderfynodd Morris-Jones ddilyn y ffasiwn y gellid ei holrhain i gylch Ruskin a'i gymheiriaid:

Yn ogystal â'i fantell ddu academaidd gwisgai John Morris Jones, ar adegau, gwrlid du arall dros ei ben i'w alluogi i dynnu lluniau â'i gamera ar deircoes. Tua throad y ganrif daeth ffotograffiaeth yn boblogaidd ymhlith amaturiaid, rhai boneddigion a rhai o'r dosbarth canol, a ymhyfrydai yn eu gallu i drin yr offer diweddaraf.[18]

Hawdd deall apêl y fath gyfrwng yn hanes Morris-Jones ac, yn ôl ei arfer, aeth ati â chryn ymroddiad i feistroli'r grefft newydd fel y tystia sylwadau ei ferch Rhiannon:

Ond er nad oedd ganddo ddiddordeb mewn chwareuon fel y cyfryw yr oedd ganddo ddigon o 'hobbies' . . . Pan gymrai ryw hobbi i fyny, ai ati a'i holl egni. 'Rwy'n cofio'r sbel tynnu lluniau er enghraifft. Adeiladodd ystafell dywyll o frics a mortar a tho llechi arni yng nghefn y tŷ a saif hyd heddiw yn dystiolaeth o'i sêl a'i egni. Ynddi yr oedd ffenestri o wydr coch a seston ddŵr a phopeth ddyliwn i yn bwrpasol at drin y lluniau. Cofiaf iddo dynnu llun Syr John Rhys, Syr Henry Jones a Dr. Joseph Parry ymysg eraill, ac y mae'n wir y tynasai luniau o fy mam, fy chwiorydd a minnau bron bob lleuad.[19]

Fel y gellid synhwyro, datblygodd yn gryn arbenigwr fel bod O. M. Edwards ar un adeg yn ystyried cysylltu ag ef er mwyn elwa ar ei brofiad a'i arbenigedd. Roedd O.M. yntau yn ystyried edrych am ffordd o ddianc rhag gorchwylion beunyddiol y byd academaidd. 'Yr wyf am ddechre difyrru fy hun ychydig', meddai mewn llythyr at Elin, 'yn lle gweithio fy hun i farwolaeth'.[20] 'Tynnu pictiwrs' yw'r nod, 'nid trwy wneyd y gwaith yn araf, hefo brws neu bensel . . . ond trwy dynnu caead oddiar lygad y camera, ac mewn chwiff, dyna'r pictiwr wedi ei wneyd.' Byddai prynu camera yn fan cychwyn ond wedi hynny byddai rhaid wrth ryw fath o hyfforddiant a olygai ddianc 'am ryw ddiwrnod at J.M. Jones i ddysgu.'

Yn y bennod arbennig sy'n ymdrin â doniau ymarferol Morris-Jones, ceir fod John Lasarus Williams yn rhoi sylw penodol i'r Tŷ Coch yn Llanfair, y cartref a gynlluniodd yr Athro ar gyfer ei deulu, gan droi drachefn at hanes William Morris a ddaethai dan ddylanwad Ruskin:

Yr oedd hefyd yn ddyn ymarferol. Yn unol â'i syniadau am ragoriaeth a gonestrwydd crefftwaith yr Oesoedd Canol sefydlodd wasg arbennig i argraffu'n gain, cynlluniodd ddodrefn a phatrymau teils a gwydr lliw a'r papur papuro arbennig yn ogystal â chynllunio tŷ The Red House yn Upton, Kent. Yn lle tŷ traddodiadol sgwâr gyda tho llechi a waliau wedi'u plastro dewisodd frics a theils coch a'r plan yn siâp L.[21]

Wrth sylwi ar enw'r ddau dŷ, rhaid prysuro i nodi nad dilyn Morris a wnaeth Morris-Jones yn yr achos hwnnw, am fod traddodiad pendant yn Llanfair, 'traddodiad a gadarnhawyd gan Miss Nêst Morris-Jones', merch ifancaf Tŷ Coch, mai dilyn yr enw a arferid yn gyffredinol yn yr ardal a wnaed ar dŷ a oedd 'mor wahanol i dai eraill'.[22] O droi at gynllun a phatrwm mewnol y tŷ, fodd bynnag, mae'r stori braidd yn wahanol; yma mae dylanwad Morris i'w weld yn bur amlwg:

Fel tŷ William Morris, dyma dŷ nobl o frics a theils coch, to serth, talwynebau pigfain yn amlwg ar ei du blaen a'i ddrws ffrynt cadarn o dderw. Y tu mewn gwelir enghreifftiau o ddylanwad William Morris, gwydr lliw yn y ffenestri, grisiau llydan o goed da, nenfwd goed yn y cyntedd a simdde fawr, hen ffasiwn wedi'i chynllunio'n ofalus, inglenook neu gornel glyd ac aelwyd lydan gyda chanopi neu farclod copr uwchben y lle tân. Gwaith llaw Syr John ydyw llun draig Cymru yn y copr. O boptu'r lle tân mae dwy setl dderw wedi'u gwneud o goed cerfiedig yr oedd Syr John wedi'u hachub o eglwys oedd yn cael ei thynnu i lawr yn Lloegr. Wrth addasu rhan o'r tŷ daeth ychydig o bapur a phatrwm William Morris arno i'r fei.[23]

Bid a fo am y gwahanol athronwyr a mudiadau a fu'n dylanwadu ar fyfyrwyr Rhydychen yn amser Morris-Jones, byddai angen rhyw gyfuniad prin o sgiliau i ddilyn esiampl rhywun fel William Morris. Wrth reswm, dim ond unigolyn a feddai'r doniau ymarferol angenrheidiol, y weledigaeth briodol a'r ymroddiad pendant a allai ymdopi â chymhlethdodau technegol y gwahanol brosesau adeiladu ac a allai ystyried ymroi i'r fath fenter yng nghanol bwrlwm yr holl waith academaidd arall a fyddai'n gofyn am ei sylw. Cynlluniwyd y Tŷ Coch, felly, gan Morris-Jones gyda chymorth ei frawd a oedd yn bensaer, gyda'r gwaith adeiladu yn cael ei orffen yn 1898. O ystyried hanes yr adeiladu, ynghyd â'r gwaith llaw graenus o'i eiddo a fu'n addurno'r tŷ, arddangosir yr un parch at fanylder proffesiynol ag a welir ym mhob cyd-destun academaidd a'i denodd.

Yn hanes Morris-Jones, rhaid gochel rhag ystyried gweithgarwch ei oriau hamdden, bob amser, yn rhyw fath o ddihangfa bur rhag disgyblaeth y byd academaidd ac yn gyfle i gefnu ar ei waith beunyddiol. Byddai syniad Morris-Jones o ymlacio, bid siŵr, yn bur wahanol i eiddo'r mwyafrif o'i gyfoedion a byddai gweithio'n hamddenol ar ryw gynllun ymchwil neu'i gilydd adeg y gwyliau yn ffynhonnell cryn fwynhad iddo. Yn ddiau, roedd amrywiaeth o weithgareddau ymarferol yn ei ddenu er na olygai hynny, wrth gwrs, ei fod yn dewis ymroi i gyfundrefn lai disgybledig wrth iddo fynnu creu yr hyn a ystyrid yn broffesiynol weddus pa mor amrywiol bynnag fyddai'r dasg. Hynny yw, dangosid yr un parch at weithgarwch atodol a'r un gred mewn manylder proffesiynol ar bob achlysur. Byddai'n anodd cyfeirio at enghraifft fwy priodol o'r duedd hon ym mhersonoliaeth Morris-Jones na'r ohebiaeth a fu rhyngddo a Robert Ashwin Maynard, 'Controller of the Press' ar ran Gwasg Gregynog rhwng 1921 a 1930, adeg argraffu cyfieithiad Morris-Jones o waith Omar Khayyâm, hanes sy'n dangos na phallodd ei frwdfrydedd dros ymroi i'r safonau uchel hynny a ystyrid ganddo'n briodol pa mor amrywiol bynnag fyddai'r dasg.

Fel y tystiodd Ifor Williams, bu gosod papurau arholiad, hyd yn oed, yn wir her i'r Athro; 'ni fedrai yn ei fyw gael y gair yr oedd arno ei eisiau, y gair iawn, heb gynnig a chynnig eilwaith a thrachefn, a chyndyn iawn oedd i dderbyn yr ail orau.'[24] Y canlyniad anffodus fu iddo dreulio oriau lawer er mwyn llwyddo i 'loywi pethau dibwys, twtio a thrwsio, ac ail ysgrifennu'. Gellid synhwyro, felly, pa mor lafurus oedd y gwaith o baratoi cerddi Morris-Jones ar gyfer eu cyhoeddi a pha mor rwystredig y teimlai Maynard druan wrth geisio llywio'r gyfrol drwy'r wasg yn wyneb y rhestr ryfeddaf o gwestiynau, awgrymiadau a gwelliannau. Roedd arwyddocâd penodol, felly, i'r ohebiaeth a gyhoeddwyd gan David Jenkins yng *Nghylchgrawn Llyfrgell Genedlaethol Cymru* ac elfen o gydymdeimlad amlwg â Maynard yn yr hyn a ddywedir yn y cyflwyniad i'r gyfres o lythyrau:

> It is not only a valuable source of information for those interested in fine book production, but also provides us with yet another forceful portrait of Sir John as the perfectionist whose enthusiasm for detail was rooted in a deep knowledge of the subject.[25]

Gwir y gair mai 'another forceful portrait of Sir John' a geir yma; gellid synhwyro y byddai Maynard wedi difaru lawer tro am i'r wasg a'i cyflogai benderfynu argraffu'r detholiad arbennig hwn yn y lle cyntaf. Fel y gellid disgwyl, roedd naws y llythyr cyntaf at Dr Thomas Jones, y Cadeirydd (15 Mai 1927), yn dangos pa mor hapus yr oedd Morris-Jones i dderbyn y newyddion am y gwahoddiad gwreiddiol. Wedi hynny, dysgwyd yn ddiymdroi nad rôl y sylwedydd goddefol ac ymostyngar a oedd gan Morris-Jones mewn golwg. Braidd yn wahanol yw pwyslais llythyr pellach, dyddiedig 7 Mehefin 1927, wrth i Morris-Jones ddechrau mynegi barn ac amau doethineb rhuthro er mwyn i'r gyfrol ymddangos erbyn yr Eisteddfod Genedlaethol yng Nghaergybi y flwyddyn honno. Roedd Morris-Jones eisoes yn meddwl yn benodol am ddiwyg y llyfr ac yn cynnig ei farn ar frasluniau priodol; yn ychwanegol at y math hwn o drafodaeth, bu raid i Maynard ddysgu gwers bwysig arall o'r cychwyn cyntaf, sef cred amlwg yr Athro yng nghenadwri'r hen ddihareb, 'Nid ar redeg y mae aredig'.

Y canlyniad fu i'r gyfrol ymddangos yn y pen draw ym mis Rhagfyr 1928 dros flwyddyn yn ddiweddarach, ar ôl colli'r Eisteddfod

Genedlaethol drachefn yn Nhreorci. Yn ystod y cyfnod hwnnw, anfonwyd cyfres o lythyrau hynod fanwl gan Morris-Jones yn olrhain ei obeithion a'i argymhellion ynglŷn â'r gyfrol, gohebiaeth a oedd yn arddangos ymlyniad cyndyn wrth ei syniadau personol ef am ddiwyg y cyhoeddiad ac am lu o nodweddion argraffu digon manwl a thechnegol. Ceir cyfeiriadau at liaws o wahanol agweddau, a'r manylu poenus hwnnw y soniodd Ifor Williams amdano, yn rhwym o fod wedi peri cryn rwystredigaeth a thrafferth i Maynard trwy gydol y cyfnod. Ac eto, mae darllen yr ohebiaeth hon yn dyst i'r gofal manwl a oedd yn sail i ddull Morris-Jones o weithio ac yn arddangos yr un pryd yr ymroddiad diflino a oedd yn elfen mor ganolog yn ei holl weithgarwch. Yma, teimlai'n ddigon hyderus i fynegi barn ar agweddau hollol dechnegol: 'I am not sure that Persian ornament would go well with Caslon type,' meddai wrth Maynard, yr arbenigwr yn y maes, 'and I feel that illustrations such as I had in mind would convey the oriental atmosphere better than any amount of oriental ornament.'[26] Hyd yn oed ar ôl blwyddyn o ohebu, nid oedd brysio yn ystyriaeth briodol: 'I am very sorry, but I do not think this work can be rushed. I had not passed these proofs; and have never passed galley proofs of any book for press, considering it absolutely necessary to see paged proofs . . . I am not keen on getting out the book before the Eisteddfod. I am much keener on getting it out perfect.'[27] Mor hwyr â mis Tachwedd 1928, roedd Morris-Jones yn dal i fanylu ar y nodweddion hynny a ystyrid ganddo'n anghyson neu'n amhriodol: 'I am sorry to say that the planets are not quite right in the drawing. You have left the circle of the moon empty, and have put the Moon on the circle of Mercury, and both Mercury and Venus are on the latter's circle.'[28] Gellid amlhau enghreifftiau cyffelyb. Yr hyn sy'n arwyddocaol yma ac yn hollol nodweddiadol o bersonoliaeth Morris-Jones, yw'r parch anghyffredin at fanylder y gwahanol fras-luniau a'u perthnasedd yn y gwahanol gyd-destunau a'i awydd arferol i fynnu fod pob elfen yn ei lle, ynghyd â'i barodrwydd i ddyfalbarhau er mwyn cyflawni'r nod. Mae'n briodol nodi, hefyd, fod iechyd Morris-Jones, erbyn hyn, yn dechrau dirywio ac yn destun gofid i'w deulu a'i gydnabod, ac eto, ni olygai hynny fod unrhyw lacio gafael ar hanfodion yr argraffu a diwyg y gyfrol. Yr un pryd, wedi proses hir a blinderus o drafod a diwygio, gellir deall natur y rhyddhad a deimlai Maynard wrth iddo allu ddatgan yn ei lythyr at Dr Thomas Jones wedi cwblhau'r gwaith: 'Thank heaven the Omar is completed! I began to get very weary of the woodcutting – working against time &

right through the week-ends. I pray Sir John Morris-Jones will be pleased – somehow I ha' ma doots.'[29] Priodol nodi fod David Jenkins, wrth grynhoi hanes yr argraffu, ac er gwaethaf pob cymhlethdod a dadl, yn tynnu sylw at ddyled Morris-Jones i Maynard ac yn gweld y llythyrau yn gyfrwng cydnabod 'a healthy appreciation of his debt to Maynard without whose active co-operation this fine work would not have been achieved.'[30]

Bu nifer o'r rhai a fu'n hel atgofion am y Tŷ Coch yn cyfrannu hefyd at y darlun o Morris-Jones yn yr ystafell ddarlithio lle bu trwy gydol ei yrfa yn addysgu llu o fyfyrwyr yn ei ddull unigryw ei hun a'r un pryd yn cenhadu dros y safonau iaith a ystyrid ganddo'n briodol er mwyn diogelu ansawdd gweithgarwch llenyddol ei gyfnod. Ac eto, er mor ofalus a chywir yr ymddangosai wrth baratoi pob dim a ddeuai o'i law, ac er cymaint ei ddawn yn sicrhau effeithiolrwydd ei glociau, ymddengys nad oedd prydlondeb yn rhan o'r agenda bersonol honno am nad oedd byth ymhlith y rhai cyntaf i gyrraedd y coleg yn y bore: 'Beicio y byddai i'r coleg yr adeg honno, ac oherwydd hynny, rhag-ymadrodd llu o ddarlithiau fyddai sychu'r chwŷs, ac ymddiheuro am fod yn hwyr, gan roi'r bai ar wynt y dwyrain a Phont y Borth'.[31] Dyfarniad Ifor Williams oedd iddo yntau sylweddoli yn y man 'drwy brofiad chwerw fod y ddau yn esgus digonol'. Yn yr un modd, roedd Kate Robers wedi sylwi ar yr un duedd yn eu hathro ac yn y pen draw, fel yn hanes Ifor Williams, yn sicrhau bod rhaid lliniaru unrhyw elfen o feirniadaeth cyn gorffen yr hanes:

Yr oedd ei ddiweddarwch mewn darlithiau yn ddihareb yn y Coleg. Ato ef y cyfeirir, mae'n debyg, yn y gân yn yr Hymn Sheet, 'When you lecture in the morning what a crowd about the door!' . . . Unwaith penderfynodd ein dosbarth ni ddysgu gwers i'r Athro. Gadawsom yr ystafell ddarlithio ac aethom i'r llyfrgell gan gymryd arnom weithio. Toc clywsom sŵn ei draed yn cerdded y llyfrgell hir. Yr oedd yn gwisgo ei gêp law a'i het souwester a'r cwbl a ddywedodd oedd, 'It was the east wind you know' yn hollol swil. Y munud hwnnw credaf fod pob un ohonom yn difaru gwneud y fath gast, oblegid beth oeddem ni blantos bach o flaen yr Athro mawr a gwynt y dwyrain? Rhwng cromfachau yn y fan yma, dylwn ddweud mai yn Llanfair Pwll yr oedd John Morris-Jones yn byw ac mai ar feic cyffredin y deuai i'r Coleg. Yr oedd cyflog athrawon colegau yn fychain iawn y pryd hynny.'[32]

Er gwaethaf esboniad amddiffynnol-deyrngar Kate Roberts, mae'n amlwg y gwyddai pawb am duedd yr Athro i fod yn llai na phrydlon i'w ddosbarthiadau boreol a'r nodwedd honno sy'n denu sylw myfyrwyr y cyfnod mewn cân sy'n cynnig arolwg chwareus o wendidau'r gwahanol ddarlithwyr. 'The animals came in one by one' oedd yr alaw a ddefnyddid a John Morris-Jones yn wythfed yn y gyfres, nid o ran statws gellid tybied, ond er mwyn hwyluso'r odl:

'The animals came in eight by eight,
John Morris as usual came too late.'[33]

Mae atgofion gwahanol fyfyrwyr yn cynnwys gwybodaeth hynod ddadlennol am natur a chyfrwng y dysgu ac am yr effaith a gafodd yr Athro ar genedlaethau o fyfyrwyr. Byddai'n anodd amddiffyn pob agwedd ar y dysgu yn ôl llinynnau mesur mwy diweddar ond, unwaith eto, tueddai'r mwyafrif llethol i faddau gwendidau'r dull o gyflwyno gwybodaeth a fyddai ar brydiau yn her i'r dosbarth, yn wyneb ystyriaethau amgenach. Y defnydd a wneid o'r iaith Saesneg yw'r man cychwyn a'r modd y derbynnid mai'r iaith honno oedd yr unig gyfrwng priodol ar gyfer cyflwyno gwybodaeth ym mhob pwnc yn ddieithriad. Rhaid derbyn fod dulliau dysgu a strwythurau prifysgolion eraill, a Rhydychen yn benodol, yn rhwym o effeithio ar natur y sefyllfa yng ngholegau Cymru yn y blynyddoedd cynnar. Buwyd am gyfnod, er enghraifft, yn ddibynnol ar gyfundrefn Prifysgol Llundain o ddilysu graddau ac, wrth reswm, byddai anfanteision sylfaenol yn codi o geisio efelychu patrymau estron yng nghyd-destun cyfrwng y dysgu. Ar lefel bersonol, gellir dangos pa mor ffrwythlon y profodd natur y berthynas a ddatblygodd rhwng Morris-Jones a Syr John Rhŷs, perthynas a esgorodd ar agenda ysgolheigaidd hynod arloesol, a bu cyfarfodydd Y Dafydd dan lywyddiaeth Rhŷs yn yr un cyfnod yn gyfrwng cynllunio rhaglen o weithgarwch penodol a fyddai'n arwain at ddadeni llenyddol yn y man. Ac eto, ochr yn ochr ag unrhyw deyrnged i ysgolheictod Rhŷs a'i ddylanwad llesol yn hanes cychwyn Y Dafydd, ni ellir anwybyddu ei agwedd ryfedd at y Gymraeg – sef ei gred na allai'r iaith oroesi yn gyfrwng naturiol a byw at wasanaeth cenedlaethau'r dyfodol. Ar yr un pryd, er gwaetha'i ddiffyg ffydd yn nyfodol yr iaith fel iaith fyw, roedd yn awyddus i arddel safbwynt yr ieithegydd cenedlaethol a chyfrifol a fynnai ddiogelu ffurfiau'r iaith ar gyfer eu dadansoddi a'u dehongli yn ôl safonau a dulliau ysgolheigaidd cydnabyddedig. 'He read Welsh verse', meddai Morris-Jones, 'not with an ear for its music, but with an eye for words and names.'[34] Ychwanegir ei fod yn bur hyddysg yn hen lenyddiaeth Cymru ac Iwerddon, 'but for him they were quarries in which he dug for his philological and mythological material'. Peth digon naturiol fyddai i'r disgybl gael ei ddylanwadu gan safbwynt ei athro ond, er gwaethaf unrhyw ysfa i ddilyn esiampl Rhŷs, yr oedd Morris-Jones yn yr achos hwn yn awyddus iawn i nodi fod pwyslais ei gyd-efrydwyr ef braidd yn wahanol. Os mai 'rhyw chwarel i gloddio allan ddefnyddiau ei ddamcaniaethau cywrain ohoni' oedd y Gymraeg i Rhŷs, 'yr oeddem ni'n ieuainc a hyderus, ac amryw ohonom eisoes yn ymhyfrydu mewn ysgrifennu Cymraeg, ac yn awyddus am feistroli'r iaith er mwyn ei harfer.'[35] Y trueni mawr, wrth gwrs, oedd na ddewisodd Morris-Jones fabwysiadu'r egwyddor honno o 'arfer' yr iaith yng nghyd-destun ei ddarlithiau ac afraid ychwanegu y byddai ei arweiniad yn hynny o beth wedi dylanwadu'n fawr ar statws yr iaith yn nyddiau cynnar Prifysgol Cymru. Er mor gyfeiliornus yr ystyrir safbwynt Rhŷs erbyn hyn yng nghyd-destun parhad y Gymraeg, gellir o leiaf ddeall mai nod yr Athro o ieithydd oedd sicrhau statws i'r iaith yng ngolwg ei gyd-ysgolheigion a gwahodd astudiaethau cymharol a fyddai'n tynnu sylw at brif nodweddion yr iaith mewn cylchoedd rhyngwladol. Cafwyd ymdriniaeth fanwl a diamwys ag agwedd Rhŷs tuag at yr iaith mewn erthygl gan yr Athro Hywel Teifi Edwards, lle y tynnir sylw at y cyngor a roddasai Rhŷs i'w gyd-wladwyr ar un achlysur: '"Gan weled a chydnabod, fel yr ydym yn gwneyd", meddai, "fod ein mam-iaith yn ymadael, gadawer iddi ymadael mewn heddwch".'[36] Rhaid gresynu fod Rhŷs, a fu'n arweinydd parod a chall mewn nifer o feysydd academaidd ac addysgol eraill, wedi methu'n lân â gweld potensial yr iaith fel cyfrwng priodol ar gyfer gwaith ysgolheigaidd. Iaith llawysgrif a llyfrgell oedd y Gymraeg iddo yn hytrach nag iaith fyw y gellid ei harddel yn yr ystafell ddarlithio ac ar yr aelwyd.

Wrth reswm, Saesneg a ystyrid yn iaith dysg yn Rhydychen, a chyhoeddiadau yn yr iaith honno a fyddai'n sicrhau cyhoeddusrwydd a statws i wahanol feysydd ymchwil gan gynnwys astudiaethau Celtaidd. Hynny yw, disgwylid i ysgolheigion y cyfnod arddel yr iaith a oedd wedi disodli'r iaith Ladin yn brif gyfrwng gweithiau academaidd ac roedd Rhŷs, a oedd yn gynnyrch y traddodiad hwnnw, yn rhannu athroniaeth Matthew Arnold ynglŷn â sicrhau cysondeb o ran y cyfrwng, a olygai, wrth gwrs, bwysleisio 'the practical inconvenience of perpetuating the speaking of Welsh'.[37] Gydag amser, ac

wrth i wahanol ddarlithwyr yn adrannau'r Gymraeg o fewn Prifysgol
Cymru fagu hyder yn eu hiaith eu hunain fel cyfrwng priodol ar gyfer
addysg uwch, daeth tro ar fyd. Rhaid ychwanegu, fodd bynnag, na
pherthynai Morris-Jones i'r garfan honno. Roedd yntau, i'r gwrth-
wyneb, wedi'i ddylanwadu gan ei gyfnod yn Rhydychen dan
gyfarwyddyd Rhŷs; byddai holl naws yr addysg honno, bid siŵr,
ynghyd â thraddodiadau hynafol ei goleg yno wedi gadael eu hôl ac o
hyd yn fyw yn y cof. Gwyddom, hefyd, pa mor awyddus y bu i
gydnabod ei ddyled i Rhŷs ar bob achlysur, a gwyddai'r disgybl
teyrngar yn iawn mai gwerthoedd Rhydychen oedd gwerthoedd ei hen
Athro hefyd. Er gwaethaf pob dylanwad personol o'r fath, rhaid
derbyn nad oedd y sefyllfa ym Mangor yn debygol o hwyluso'r ffordd
i unrhyw ddarlithydd herio'r drefn draddodiadol er mwyn sicrhau
safle'r Gymraeg o fewn y coleg. Roedd H. R. Reichel, y Prifathro, yn
perthyn i linach Matthew Arnold a Syr John Rhŷs ac wedi'i drwytho
yn nhraddodiadau'r hen brifysgolion. Wrth drafod hanes Thomas
Richards, neu 'Doc Tom', a aeth yn fyfyriwr i Fangor yn 1899, mae
Geraint H. Jenkins yn tynnu sylw at bwyslais y dysgu yr adeg honno,
ac yn benodol at naws y gyfundrefn a sefydlwyd gan Reichel:
'Synnwyd pawb pan benodwyd yr eglwyswr hwn o dras Wyddelig
uchelwrol, na fu erioed ar gyfyl Cymru ac na wyddai affliw o ddim
am iaith a diwylliant y Cymry Cymraeg, yn brifathro'r coleg ym 1884
. . . Honnai rhai o'i elynion mai nod Reichel oedd sefydlu Balliol o'r
drydedd radd ym Mangor.'[38] Ni raid synnu, felly, na allai'r myfyriwr o
Gymro 'ddioddef snobyddiaeth rhai o'r darlithwyr Rhydychenaidd a
ddenid i Fangor gan Reichel'.[39] Pa ffactorau bynnag y gellir eu rhestru
i geisio egluro'r arfer o ymwadu â'r Gymraeg fel cyfrwng y dysgu,
felly, y mae hi braidd yn eironig a thrist fod Morris-Jones a fu'n
ymgyrchwr mor ddiwyd dros safonau diogel a chyson yng nghyd-
destun yr iaith Gymraeg wedi dewis darlithio yn yr iaith Saesneg o
fewn ei adran ei hun.

Roedd cyfrwng y dysgu o fewn yr adran, felly, yn un agwedd a oedd
yn rhwym o beri gofid i fyfyrwyr wedi'u magu'n Gymry Cymraeg ac
a oedd yn awyddus i arddel y Gymraeg mewn cyd-destun academaidd,
datblygiad a ystyrid gan rai yn un buddiol a naturiol. Nid y cyfrwng
yn unig, ysywaeth, a'u blinai oherwydd fe'u siomwyd ymhellach o
ddarganfod mai trwy gyfrwng y Saesneg y byddid yn cynnal hyd yn
oed y sgyrsiau atodol yn sgil y gwahanol ddarlithiau o fewn muriau'r
coleg. Dyna fyrdwn sylwadau Lewis Valentine, er enghraifft, ac eto yn
gyffredin i gynifer o'i gyd-fyfyrwyr dros y blynyddoedd, yn sgil y

cwyno ynglŷn â chyfrwng y dysgu, telir y deyrnged eithaf i ddoniau unigryw yr Athro:

Yn Saesneg y darlithiai trwy gydol fy nhymor yn y coleg. Ar ddiwedd y ddarlith weithiau âi rhai ohonom ato gan ffugio rhyw ddryswch yn Gymraeg, ond yn Saesneg y rhoddid yr ateb bob tro. Bu hyn yn dramgwydd inni, a bu llawer cais i esbonio'r peth gan fod J.M-J. a'i gyd-athrawon yn ystyried mai Saesneg oedd wedi disodli Lladin fel iaith gydwladol dysg, ac nad oedd hawl gan yr un athro arall i ddefnyddio yr un iaith ond Saesneg. Bodlonodd yr esboniad slic hwn ni am y tro, ond ciliodd yr angen am esboniad a deuthum yn hanner-addolwr un o'r athrawon mwyaf ei ddylanwad a'i urddas a fu yng ngholegau Prifysgol Cymru.'[40]

Yn nyddiau cynnar Coleg Prifysgol Bangor, ymddengys fod Morris-Jones mewn fawr o dro wedi sicrhau enw iddo'i hun fel athro ac fel ysgolhaig, unwaith eto er gwaethaf pob mympwy a gwendid personol y tueddid naill ai i'w hanwybyddu neu i'w hamddiffyn:

The demi-god was John Morris-Jones; it was he whom students most frequently recalled. He gave an initial impression of languor which was not entirely misleading. He was seldom on time for his lectures, often blaming cross-winds on the bridge as he cycled to College from his Anglesey home, and it was not unusual for him to sit for long stretches with his legs upon a table so that the soles of his boots were minutely inspected by generations of students in the front rows who felt that they had literally sat at the feet of the master. But when aroused to fertile thought, he spoke with unchallengeable authority as he traced a Welsh word through Latin, Greek, Lithuanian and many other tongues to its hidden root in the bedrock of our civilization.[41]

Bu nifer o Gymry blaenllaw yn fyfyrwyr iddo ac y mae nifer wedi dewis trafod natur y dysgu a gysylltid â dosbarthiadau Morris-Jones a'u hargraffiadau personol. Ar wahân i Lewis Valentine ceir, er enghraifft, atgofion Thomas Richards a ddaeth ymhen blynyddoedd yn llyfrgellydd yn ei hen goleg, a Kate Roberts, y naill a'r llall yn dyst i gyfuniad o nodweddion gwrthgyferbyniol, undonedd y traethu yn Saesneg a oedd yn dreth ar amynedd cynifer o fyfyrwyr, cyfaredd y llefaru pan fyddid yn cyflwyno dyfyniadau a ddetholwyd o rai o hoff gywyddau a cherddi'r athro a'r ymosodiadau rheolaidd ar ffug ysgolheictod y gorffennol. Mae sylwadau Kate Roberts yn cyfleu naws yr ystafell ddosbarth:

Ei ddull o drafod fyddai gwneud i rywun gyfieithu am yr awr gyfan, gyda'r canlyniad y byddai pawb yn anelu at y seti ôl. Ond âi'r Athro yno ar eu holau a gofyn i rywun, 'Have you translated yet?' Nid oedd wiw i neb wadu rhag ofn iddo gael ei ddal . . . Byddai'n cerdded ôl a blaen ar hyd yr ystafell wrth ddarlithio gan egluro geiriau. Edrychai wrth ei fodd pan fyddai'n egluro rhyw ymadrodd melys a gâi dan ei ddant, a gwenai'n hoffus ar y neb a fyddai wrth ei ymyl. Weithiau caech gerydd a wnâi i chwi deimlo'r un faint â phisyn tair.[42]

Er gwaethaf cyfundrefn ddysgu y gellid ei hystyried yn ddigon undonog a di-fflach, mae Kate Roberts yr un mor deyrngar i'w hen athro â chynifer o'i chyd-fyfyrwyr. Er mai 'egluro geiriau a chystrawennau' y byddai'r Athro wrth gyflwyno barddoniaeth, ceir elfen o gyfiawnhau'r dull am fod Kate Roberts yn pwysleisio bod hyn o leiaf yn sicrhau gwybodaeth drylwyr o'r testun ac yn 'sylfaen gadarn i'n gwybodaeth o farddoniaeth Gymraeg yn yr hen ddull'.[43] Digon tebyg yw ymateb Lewis Valentine i drefn y darlithio a'r un nodweddion a bwysleisir:

Ar ieitheg, hen farddoniaeth a'r cywyddau y darlithiai J.M-J. yn bennaf, ac yn araf a dioglyd yr agorai'r wers, rhywbeth fel hyn – 'Let me see now – suppose we read *Cywydd y Carwr* – no, no, perhaps that cywydd may have sufficient interest for you to read it out of class (dilyn hyn gan y chwerthin heintus hwnnw oedd mor nodweddiadol ohono), no – we will take *Cywydd y Gwahodd*, and will you, Mr. V., read the first twenty lines, specify the cynghanedd and translate'. Ambell i sylw ffraeth wedi i rywun roddi cyfieithiad go syml, – 'no one benefits by a translation except a bishop'.[44]

Mae'n bur amlwg, felly, fod dosbarthiadau Morris-Jones yn gyfuniad rhyfedd o nodweddion dysgu a'r ymateb gan fyfyrwyr unigol yn dibynnu ar eu profiadau personol hwy eu hunain ac ar bersonoliaeth a allai gydymffurfio'n oddefol â'r gyfundrefn arbennig honno.

Roedd ildio i'r drefn yn fwy o her i ambell fyfyriwr na'i gilydd. Sonia Thomas Richards, er enghraifft, am 'y llyfr coch a ddygai'r Athro i'r dosbarth a darllen ei Saesneg yn benisel undonog' a darganfod 'taw *Eminent Welshmen* Robert Williams ydoedd'.[45] Ychwanegir at y darlun:

Ymlaen y darllenid o'r llyfr coch, am Guto'r Glyn y tro hwn, ac o ganol pethau dieneiniad Williams, heb rybudd yn y byd, meddai'r Athro, 'he was quite a good poet, you know, a drover, and perhaps you have seen his cywydd to men of that profession,' a chyda hynny dyma'r cywydd yn llifo allan, heb air o lyfr o'i flaen, yr acen a'r mydr a'r odl a'r oslef o dan berffaith reol, yr eneiniad yn do ar y cwbl, a'r gymeradwyaeth yn torri allan nes siglo muriau'r hen ystafell. 'He was answered by Tudur Penllyn and (in my opinion) Tudur is better than the original.' Y dosbarth yn dyheu am glywed ateb Tudur; ond ni chawsant ddim mwy o gynghanedd Guto na Thudur y prynhawn hwnnw. Suddo'n ôl i ryddiaith Williams.[45]

Y cyfuniad rhyfedd hwnnw yn cael sylw unwaith yn rhagor; yr wybodaeth gyffredinol yn cael ei chyflwyno mewn dull digon diddychymyg trwy gyfrwng y Saesneg ond wrth droi at y gwahanol destunau enghreifftiol, yr ymserchu yng ngeiriau ac arddull y cywyddwyr a'r beirdd a'r adrodd gofalus a chyfareddol a fyddai'n swyno'r gynulleidfa. Ceir bod Thomas Richards yn cyfaddef nad yn y dosbarthiadau Matriculation ac Intermediate y gwelid Morris-Jones ar ei orau ond gyda'r myfyrwyr a benderfynasai arbenigo yn y Gymraeg 'lle y câi fanylu ar y Llyfr Du, y Llyfr Coch, a'r Llyfr Gwyn, ar neges y glosau, mireinion bethau'r cywyddwyr mawr, rhyddiaith glasurol Elis Wyn'. O gofio i Thomas Richards ddewis arbenigo mewn hanes yn y pen draw, gellid gwerthfawrogi pwyslais arbennig sylwadau Geraint H. Jenkins wrth i Doc Tom ffarwelio â'r Gymraeg a dosbarthiadau Morris-Jones. Nid oedd wedi disgleirio yn y Gymraeg am amrywiaeth o resymau ac, am 'na welodd John Morris-Jones ddeunydd ysgolhaig ynddo', ei benderfyniad oedd 'ysgwyd llwch y ddarlithfa Gymraeg oddi ar ei esgidiau ar ddiwedd y flwyddyn'.[46] O ganlyniad, naturiol ddigon yw canfod teyrngedau llawer mwy twymgalon gan rai eraill a ddewisodd aros yng nghwmni'r Athro drwy gydol eu cwrs colegol ac a fyddai, o bosib, wedi magu mwy o gydymdeimlad na'r 'hwntw' arbennig hwn o sir Aberteifi: 'Nid oedd fawr londid calon i Sioni na Chardi na Shirgar mewn aml un o'i ddarlithiau – tebyg iawn oeddynt i seiadau gramadeg ar gyfer etholedigion o'r *North*'.[47] Ac eto, er gwaethaf pob arlliw o ragfarn ddaearyddol, rhagfarn gynhenid daleithiol a allai fod wedi'i dwysáu ymhellach gan faterion gorseddol, roedd Richards yn barod iawn i gydnabod cryfderau'r Athro:

Gŵr mawr, mawr iawn; o'i glywed yn egluro geiriau, sadio rheolau Cerdd Dafod, a chyda chryfder a chymesuredd yn trin awdlau'r Eisteddfod, teimlech fod gwyntyll y gwirionedd yn ei law, eich bod yn tyfu'n dipyn o ysgolhaig yn ei gysgod, a bod rhin y puro a'r glanhau yn mynd yn rhan o'ch esgyrn chwithau.[48]

Ac eto, nid yw'r ganmoliaeth yn hollol ddibrin: 'Camgymeriad er hynny', meddai Richards ymhellach, 'yw credu bod pob gair a ddeuai o'i enau yn ysbrydoledig' ac fe'i beirniedir hefyd am iddo barhau i ddysgu trwy gyfrwng y Saesneg am fod 'yr hen draddodiad yn rhy gryf iddo'. Priodol yw ychwanegu nad y 'Cardis' fyddai'n denu sylw bob tro a bod Kate Roberts hithau yn dyst iddi dderbyn ambell fonclust ieithyddol gan yr Athro o bryd i'w gilydd. Mae'r atgofion a gyflwynir ganddi ar y naill law yn ategu tystiolaeth Lewis Valentine a Thomas Richards ynglŷn â natur flinderus y dysgu ar adegau ac, ar y llaw arall, yn cyfeirio at gyfundrefn a oedd yn ei hanfod yn ddigon diddychymyg ei naws. Y mynych ddyfynnu a oedd yn gyfrifol am godi safon y traethu yng ngolwg y myfyrwyr a go brin bod angen pwysleisio drachefn duedd y myfyrwyr i barchu statws Athro a enillasai gryn enw iddo'i hun y tu allan i ffiniau'r ystafell ddarlithio.

Mae'r gwahanol adroddiadau yn eu hanfod yn dueddol o ddilyn yr un math o drywydd a digon tebyg yw naws werthfawrogol y cofáu o atgof i atgof. Fel yn hanes cynifer o athrawon ar draws y blynyddoedd, mae yna barodrwydd i faddau pob math o wendidau o ran methodoleg a threfn yn wyneb ystyriaethau mwy personol eu pwyslais a'u harwyddocâd. Hynny yw, gall personoliaeth yr athro, a'i agwedd at ei bwnc, brofi'n gryfach arf na manylion technegol y cyflwyno a'r addysgu. Gellid dadlau, er enghraifft, fod y disgrifiad canlynol o eiddo Ifor Williams yn cynnwys nifer o'r elfennau a nodwyd eisoes ond bod naws y croniclo yn awgrymu bod rhannu cyfrifoldebau darlithio o fewn yr un adran dros gynifer o flynyddoedd wedi dylanwadu ar natur y darlun. Am 'farweidd-dra' ambell bwnc y sonnir yn hytrach nag am undonedd y traethu a rhoddir mwy o bwyslais ar y straeon atodol hynny am gymeriadau cefn gwlad a fyddai, yn ôl tystiolaeth myfyrwyr eraill, yn ysgafnhau rywfaint ar sesiynau digon di-fflach. Hynny yw, talu teyrnged i gyfraniad cyffredinol athro a chyd-ddarlithydd a enillasai gryn sylw a chlod a wneir, yn hytrach na dadansoddi'n wrthrychol ddiduedd, fanylion penodol y dulliau dysgu:

Beth bynnag arall oedd wan gennym, medrem guro'r llawr â'n traed
nes bod y Penrhyn Arms yn crynu i'w sylfeini, pan fynnem ei groesawu
ef neu ddiolch iddo am un o'i straeon difyr. Deuai'r rheini rwan ac yn
y man i fywiogi peth ar farweidd-dra *Gorchestion y Beirdd*, neu'r
Latin Element, stori pen y cloc, stori'r ffarmwr o Sir Fôn a'r cae sâl
hwnnw, neu honno am y dyn a syllai yn llygad pob ceiniog nes bod
twll ynddi, cyn medru ffarwelio â hi. Wedyn ambell fonclust go hapus,
– merch yn y dosbarth â thafod annosbarthus ganddi, a honno'n
sydyn yn cael cwpled yn ffrwyn ac yn fwsel, 'A fo doeth, efô a dau, /
Annoeth ni reol enau!' Ac os digwyddai i'r ferch honno fod yn ddistaw,
disgynnai'r ddyrnod ar William Owen Pugh, heb glwyfo neb. A llu
o'r cyfryw bethau. Gwerthfawrogem y darlithiau Cymraeg yn anad
pob un arall yn y dyddiau diddan hynny . . . [a] daw peth o'r mwyn-
der hwnnw'n ôl ar draws y blynyddoedd, wrth ysgrifennu'r llinellau
hyn.'[49]

O ystyried y gwahanol groniclau a theyrngedau sy'n trafod natur ac
awyrgylch y dosbarthiadau cynnar hyn yn hanes Morris-Jones fel
athro, nodwyd rhai themâu cyson sy'n nodweddu'r traethu. Rhaid
cydnabod, hefyd, fod yma leisiau sy'n cynrychioli carfan a oedd yn
ymwybodol iawn o gyfraniad unigryw yr Athro mewn cynifer o
feysydd, a bod yr atgofion hynny, fel arfer, yn gynnyrch cyfnod llawer
diweddarach na chyfnod y dysgu. Er bod tuedd, felly, i nodi gwahanol
ffactorau negyddol wrth ystyried naws a phwyslais y dysgu, mae'n
amlwg fod cydnabod a chanmol agweddau eraill ar bersonoliaeth
hynod ddylanwadol a chryf yr Athro, yn golygu nad ar y negyddol, yn
y pen draw, y mae'r pwyslais. Yr un yw'r atgofion, ond bod treigl y
blynyddoedd yn effeithio ar y modd y detholir ac y cyflwynir y cyfryw
ddarluniau wrth i ystyriaethau newydd fynnu dylanwadu ar hen
argraffiadau. Ochr yn ochr â'r agweddau a flinai ambell fyfyriwr, mae
yna dystiolaeth bendant sy'n nodi ac yn dathlu cryfderau amlwg ac
amrywiol yr Athro. Yn y lle cyntaf, enillodd statws arbennig iddo'i
hun yn gynnar yn ei yrfa ac, fel y nodwyd eisoes, byddai rhai yn ei
ystyried yn rhyw fath o 'demi-god' o fewn y coleg.[50] Yr oedd, hefyd,
wedi cyfrannu at ddadleuon cyhoeddus ar wahanol bynciau gan
gynnwys brwydr yr orgraff. 'Clywais ddifrïo enw J.M-J. o'r pulpud
gan hen bregethwyr', meddai Lewis Valentine, 'a dodi arddelwyr
Cymraeg "y dyn 'na o Fangor" gyda'r meddwon a'r tor-Sabathwyr'.[51]
Ac eto, er gwaethaf pob dadl gyhoeddus, neu efallai oherwydd iddo
dderbyn y fath gyfrifoldeb fel cynrychiolydd Cymraeg Rhydychen,
ystyrid ef yn gyffredinol yn arbenigwr yn ei bwnc, yn wir ysgolhaig a

allai gynnal dadl drwy ddangos ei feistrolaeth ar y deunydd a fyddai'n sail i'r gwahanol drafodaethau.

Er nad oedd naws y datganiadau oraclaidd a wnaed gan Morris-Jones bob amser yn denu cefnogaeth a chydymdeimlad gan bob carfan, daethpwyd i gydnabod cryfder a didwylledd ei safbwynt. Cafwyd yr un awdurdod yn ei ddosbarthiadau lle y dangosai ddiffyg amynedd amlwg tuag at ffug ysgolheictod ym mhob cyd-destun. Cyfeirir ato gan Ifor Williams fel 'gramadegwr penigamp, meistr perffaith ar ei bwnc, ac awdurdod yn ei eiriau'.[52] Yma eto, maddeuir iddo am gefnu ar yr iaith Gymraeg o fewn yr ystafell ddarlithio; 'ac er mai Saesneg', meddir, 'oedd y ddarlith, Cymraeg oedd ei thestun, a chaem glywed ynddi gampwaith detholedig beirdd a llenorion gorau ein hiaith ni ein hunain'. Yr un mor arwyddocaol yw ymateb T. Gwynn Jones i ddoniau amlwg yr Athro, lle pwysleisir yn benodol y parch arbennig a ddangosai tuag at ei bwnc, y parch a adlewyrchid yn y modd y mynnodd roi cymaint o bwys ar gywirdeb a chysondeb ffurf a chystrawen:

> Hebddo ef, y mae'n lled sicr na buasai lawer o lun ar astudio'r Gymraeg yn y colegau Cymreig hyd heddiw. Wrth gwrs, nid anghofir am Syr John Rhys, ei athro yntau yn ei dro, ond y gwir yw ei fynd ef yn gynnar i dalu sylw i bynciau ehangach na dysgu'r Gymraeg yn unig; ac am y lleill o'i ddisgyblion ef, nid oedd iddynt oll mo'r ddawn ymddisgyblu parhaus oedd yn nodwedd mor amlwg yng nghymeriad John Morris-Jones.'[53]

Ar wahân i'r parch a enillasai fel arbenigwr yn ei bwnc, cyfeirir droeon at ei allu i ysbrydoli myfyrwyr. 'O'r holl athrawon a gefais i mewn pedair gwlad ac o bedair cenedl', medd J. Lloyd Jones, 'gan fy hen athro Cymraeg ym Mangor yr oedd y gallu mwyaf i ennyn brwdfrydedd ei ddisgyblion'.[54] Fel y gellid tybied, nid answdd y dysgu na chynllun y gwahanol gyrsiau oedd yn gyfrifol am ddatganiad o'r fath ond bod ynddo 'ryw reddf gyfrin i greu diddordeb ac i ennill serch at y pwnc yr ymdrinid ag ef'. Ymddengys y gallai'r Athro, ar sail ei barch personol ef tuag at yr iaith, ysbrydoli eraill i ddilyn ei esiampl a sylweddoli bod i'r darlithiau arwyddocâd a oedd yn trosgynnu gofynion arholiad, bod yr hyn a gyflwynwyd, ym marn Lloyd Jones, yn rhan o ymgyrch llawer ehangach ei chyd-destun a'i ffiniau:

Collid pob cof am arholiad yn y cariad a gynheuid ynom at yr iaith, yn arbennig ei barddoniaeth, ac er myned ymron chwarter canrif heibio er yr amser dedwydd hwnnw, teimlaf eto gyfaredd ei lais wrth ddarllen llinellau o gywydd, a gwelaf unwaith eto'r mwynhad a ddisgleiriai yn ei drem a'r wên a ymledai dros ei wyneb.

Profiad tebyg a groniclir gan Gwen E. Davies, hithau'n manylu ar rai o'r uchelfannau a gofiai, atgofion am Morris-Jones wrthi'n traethu'n huawdl ar wahanol bynciau ac yn dyfynnu'n helaeth o weithiau'r beirdd. Ac eto, ar wahân i'r cyfeiriadau penodol at Ellis Wynne a'r Llyfr Du ac at 'ei oleuni llachar ef yn erlid ymaith y tywyllwch inni', roedd i'r darlithiau amgenach arwyddocâd na chyfaredd y foment:

> Dysgodd ni i garu llenyddiaeth Cymru a'r Gymraeg, ac i weled gwerth a godidowgrwydd ein hetifeddiaeth, i ymhyfrydu yn ein gorffennol a'i defnyddio i gyfoethogi'r dyfodol. Rhoes inni safonau a chwaeth sicr, sy'n dal rhyferthwy heddiw.[55]

Gellid yn hawdd ychwanegu at y rhestr o gyfranwyr sy'n talu teyrnged mor amlwg i'r agwedd hon ar ei addysgu, sef y gallu i ddenu myfyrwyr i osod yr hyn a gyflwynwyd mewn cyd-destun ehangach fel bod amgyffred natur a phwysigrwydd y cam ychwanegol hwnnw yn llwyddo i greu ynddynt barch parhaol at draddodiad llenyddol eu gwlad. Hynny yw, roedd i'r darlithiau, ym mhrofiad cynifer o'r myfyrwyr a fu'n hel eu hatgofion, arwyddocâd a oedd wedi llwyddo i drosgynnu'r ffiniau academaidd cyfarwydd. O ganlyniad, taniwyd nifer o'r myfyrwyr â brwdfrydedd cenedlaethol ei bwyslais, o weld, trwy gyfrwng y darlithiau, gyfoeth arbennig eu diwylliant brodorol. Byddai hyn oll, wrth gwrs, yn unol ag amcanion penodol Mudiad Cymru Fydd, yr oedd Morris-Jones ei hun yn gyfrifol am hybu ei athroniaeth yn ei fro ei hun yn Llanfair. Yn achos Kate Roberts, er enghraifft, roedd astudio'r iaith dan arweiniad a chyfarwyddyd Morris-Jones ac Ifor Williams wedi agor ei llygaid 'i weld gogoniant a harddwch iaith fy nghartref a bod ei thras yn bendefigaidd, peth na'm gadawodd byth oddi ar hynny'. 'Ar hynyna', meddai ymhellach, 'y mae fy nghenedlaetholdeb wedi ei sylfaenu'.[56]

Er bod rhai yn beirniadu tempo cychwynnol y darlithiau ac eraill undonedd y cyflwyniad, mae cryn gytundeb ynglŷn â gallu unigryw yr Athro i gyfareddu'i gynulleidfa pan fyddai'n dyfynnu llinellau neu benillion i brofi rhyw bwynt gramadegol neu'i gilydd, neu wrth gyflwyno agweddau ar waith y bardd a oedd dan sylw. Dyna fyrdwn sylwadau un o'i fyfyrwyr, J. T. Jones (Porthmadog):

Mewn dau le, i'm tyb i, y gwelid ac y clywid Syr John "ar ei orau", – sef ar lwyfan ei ystafell ddarlithio yn y coleg – pan ymdriniai â barddoniaeth, ac ar lwyfan yr Eisteddfod Genedlaethol – pan draddodai'r feirniadaeth yng nghystadleuaeth Awdl y Gadair . . . Yr oedd y diweddar William Jones, Tremadog, yn gyd-efrydydd â mi am beth amser yn nosbarthiadau Syr John; ac fe gofiwch ei ddisgrifiad ef o ddawn ddarlithiol yr athro:

'Roedd yno wŷr dysgedig iawn
Yn sychlyd draethu fore a nawn.

Wrth wrando arnynt, yn ein cur,
Gwyliem y cloc oedd ar y mur.

Ond pan glustfeiniem ar Syr John,
Nid oedd diflastod dan ein bron.

Cans pan ddyfynnai William Llŷn
Canai'r holl glychau yn gytûn.

Ac yn sŵn pennill Tudur Aled
Anghofiem am y meinciau caled.

Ond go brin y llwyddodd William Jones i lwyr-fynegi'r gyfrinach. Ni allaf innau chwaith, ac ni cheisiaf.[57]

Profiad tebyg o fwynhad pur ac o barch at 'iaith bereiddia'r ddaear hon' a gofféir gan Ifor Williams o glywed yr athro 'yn adrodd yn y llais clir lleddf hwnnw, a'r oslef undonog effeithiol oedd ganddo, benillion o farwnadau Wiliam Llŷn, neu o *Folawd Môn* Goronwy, a'i dafod fel pe'n profi mêl ar ei wefusau wrth i'r cytseiniaid lithro'n araf drostynt'.[58] Diweddglo'r gwahanol ddarlithiau a fyddai'n apelio at Lewis Valentine am yr un rheswm: 'Yn aml, aml, yr oedd deng munud olaf darlith yn ddatguddiad ac yn orfoledd, yn arbennig pan oedd yr athro ei hun yn darllen y cywydd neu'r awdl'.[59] Ond atodir sylw pellach am un ddarlith benodol a adawodd gryn argraff ar yr un myfyriwr:

Un o funudau mawr fy mywyd i oedd gwrando arno wrth ddarlithio ar y delyneg yn y dosbarth yn adrodd emyn Pantycelyn – yn ei hactio-adrodd hi – a'r cudyn gwallt du yn rhydd dros hanner ei dalcen, wedi dianc o iawn-drefniant ei wallt, a'i ddwy law ar led:

> Fe roes ei ddwylo pur ar led,
>   Fe wisgodd goron ddrain,
> Er mwyn i'r brwnt gael bod yn wyn
>   Fel hyfryd liain main.

Yr un yw pwyslais T. Gwynn Jones yn y cyd-destun arbennig hwn, wrth iddo yntau gyfeirio at y cyferbyniad rhwng diffyg huodledd y traethu cyffredinol a allai brofi'n ddigon undonog ar brydiau, a naws gyfareddol y dyfynnu:

Nid oedd yn siaradwr cyhoeddus llithrig; yn wir, herciog fyddai; ond os dyfynnai ddarn o brydyddiaeth neu o iaith rydd, gwnai hynny â pherffeithrwydd. Y peth hyotlaf a glywais i ganddo erioed oedd darlith ar Williams Pantycelyn, a draddodes yn Aberystwyth rai blynyddoedd yn ôl. Adroddai lawer o waith Williams, wrth gwrs, a hynny gydag effaith anghyffredin. Yr oedd tinc yr hwyl Gymreig ganddo, ond na chaniatâi ef i'w graddfa amrywio ond ychydig i fyny ac i lawr.[60]

Mae'n amlwg fod Kate Roberts o'r farn nad oedd rhaid iddi hi ymdrin â'r agwedd arbennig hon 'am ei dôn arbennig ef ei hun wrth ddarllen barddoniaeth', am fod 'honno'n wybyddus i bawb a fu'n gwrando arno yn beirniadu yn yr Eisteddfod Genedlaethol, lle y gallai ddal torf o wyth mil ar gledr ei law heb help unrhyw feicroffon'.[61] Yr hyn sydd hefyd yn ddiddorol yw'r amrywiaeth o ddarnau penodol a nodir gan y gwahanol gofnodwyr, amrywiaeth sydd nid yn unig yn brawf o dduedd Morris-Jones i ddyfynnu'n helaeth yn ei ddarlithiau, ond o'i ddawn i ddyfynnu yn y fath fodd fel bod naws y cyflwyniad neu'r perfformiad wedi gadael argraff mor amlwg ar gynifer o fyfyrwyr. Yr awgrym gan nifer o gyn-fyfyrwyr yw bod arnynt gryn ddyled i'w hen athro a'u bod yn bur awyddus i gydnabod y ddawn a oedd ynddo i'w hysbrydoli hwythau i ddangos yr un diddordeb yn yr iaith Gymraeg ac i feithrin yr un parch tuag ati.

Roedd tuedd, hefyd, i ganolbwyntio ar y wedd ymosodol ar ei natur, y pwyslais sydd braidd yn wahanol i'r hyn a gofnodwyd gan y rhai hynny a oedd yn ei adnabod yn dda ac a dderbyniwyd ar yr aelwyd yn y Tŷ Coch. Hynny yw, awgrymir fod yna gyferbyniad amlwg rhwng y ffigwr cyhoeddus a'r cyfaill agos neu'r gwesteiwr ar ei aelwyd ei hun. Ceir awgrym gan fwy nag un a fu'n agos ato ei fod yn y bôn yn ddyn swil a bod y ddelwedd gyhoeddus o bosib yn ddull o wneud yn iawn am y nodwedd honno, fel pe bai wedi penderfynu mai gorau amddiffyn, ymosod. Fodd bynnag, mae'r nodweddion personol hynny a restrir mewn cyfres o ddarluniau ohono sy'n perthyn i'r ystafell ddosbarth a'r llwyfan gyhoeddus, nodwedd a adlewyrchir drachefn mewn nifer o gyfraniadau i'r wasg, yn awgrymu personoliaeth a allai fod ar brydiau yn ddigon llym a digyfaddawd. Ni ellir, er enghraifft, osgoi'r agwedd ddu a gwyn sy'n elfen mor amlwg yn ei ymateb i gynifer o bynciau mân a mawr dros y blynyddoedd, agwedd y gellir ei hystyried ar y naill law yn wendid anffodus ond sydd yng ngolwg cynifer o'i gyfoedion yn symbol o barch yr academydd proffesiynol at yr hyn a brofwyd yn gywir yn ôl dulliau ymchwil cadarn a chydnabyddedig. Yr agwedd hon, sef parch y gwir ysgolhaig at yr hyn a ystyrid yn gywir, sy'n denu sylw T. Gwynn Jones, er enghraifft:

> Gramadegwr, astudiwr cystrawen a phriod-ddull, un a aned i astudio'r pethau sy'n gwneuthur celfyddyd iaith yn bosibl, ydoedd ef. Ac yn y maes hwn darganfyddai rywbeth newydd o hyd. Iddo ef, y pethau hynny, pan ddarganfyddid a phan brofid nes ei fodloni ef, oedd yr iawn a'r gwir. Ni rusodd erioed ymwrthod â'r peth y profwyd ei fod yn anghywir, hyd yn oed er iddo ef ei hun fod wedi arfer y ffurfiau hynny gynt. Pan ddeuthum i'w adnabod gyntaf, hyn a'm trawodd fwyaf o bopeth – yr oedd cywireb a manylder yn egwyddor iddo, ac ni lefarodd erioed mo'r ganmoliaeth wag a ddifetha lawer bachgen a allai sgrifennu'n burion.'[62]

Gwelir, felly, fod y nodwedd arbennig hon a fyddai'n sail i waith ymchwil yr ysgolhaig yn egwyddor a berchid ganddo ym mhob cyddestun fel ei gilydd wrth iddo ymwneud â gwahanol fyfyrwyr a chyfoedion. Ar yr un pryd, roedd y fath ymlyniad diysgog wrth yr hyn a ystyrid yn gywir, yn creu delwedd o unplygrwydd a rhodres a fu'n darged cyfleus i'r sawl a ddymunai ymosod ar y genhedlaeth newydd o academyddion prifysgol.

Roedd cyhoeddi argraffiad diplomatig o *Gweledigaetheu Y Bardd Cwsc* (1898) wedi bod yn gam pwysig yng nghynlluniau Morris-Jones yn gymaint â bod y fath gyhoeddiad nid yn unig yn gyfraniad i ysgolheictod y Gymraeg ond yn ddull o hyrwyddo amcanion y rhaglen

ieithyddol a oedd eisoes yn derbyn cryn sylw. Ar y naill law, roedd
natur a chynllun yr argraffiad yn cynnig patrwm diogel i'w gyd-
ysgolheigion ac, ar y llaw arall, roedd y testun clasurol ei hun yn
cyflwyno darpar lenorion i esiampl odidog o gyfoeth yr iaith Gymraeg
ar ei gorau cyn iddi gael ei llychwino gan batrymau a phriod-ddulliau
Seisnig yn ystod y bedwaredd ganrif ar bymtheg. Yn un o'i gyfran-
iadau cynharaf i'r *Geninen* yn 1887, roedd Morris-Jones eisoes yn
dadlau fod gwir angen parchu rheolau'r Gymraeg a bod Saesneg 'yn
well o lawer yn ei ddillad ei hun nag wedi ei wisgo mewn geiriau
Cymraeg'.[63] Dyfynnir geiriau'r 'ieithyddwr enwog Henry Sweet' er
mwyn rhoi pwyslais penodol ar gydnabod patrymau naturiol yr iaith
lafar, 'the everyday speech of the period'. Wrth gwrs, roedd arddull
Gweledigaetheu Y Bardd Cwsc yn cynnig cymaint yn fwy na hynny
am fod Ellis Wynne hefyd wedi etifeddu nodweddion arddull glasurol
a gysylltir â gwaith llinach o lenorion tra amlwg. Roedd y fath gyfun-
iad o ddylanwadau yn nwylo awdur mor grefftus a gwreiddiol yn
rhwym o esgor ar ryddiaith urddasol a chyffrous. Wrth reswm, yn
'Rhagymadrodd' Morris-Jones, telir teyrnged ddisglair i ddoniau Ellis
Wynne fel awdur, ond manteisir yr un pryd ar gyfle i ymosod yn
chwyrn ar arddull farbaraidd ei gyfnod ei hun. 'Un o brif ragor-
iaethau ei arddull', meddir, 'yw ei bod yn bur; a phurdeb arddull, fel
coethder aur, yw ei bod heb yr alcam.'[64] Mae'r neges yn amlwg i bob
darllenydd, sef mai 'ymwrthod â'r gau yw'r wers gyntaf mewn
ysgrifennu, fel mewn bywyd'. Pur wahanol yw dyfarniad Morris-
Jones wrth droi at y sefyllfa gyfoes:

> Nis gellir llai na theimlo, wrth ddarllen y *Bardd Cwsc*, fod ysgrifennu
> Cymraeg erbyn hyn yn gelfyddyd goll; ac eto, wrth ystyried mai
> baldordd Pughe a rhodres Gwallter oedd prif batrymau ysgrifenwyr
> traean cyntaf y ganrif, y mae'n ddigon rhyfedd ar ei diwedd fod
> Cymraeg llên cystal ag ydyw.[65]

Mae'n amlwg nad hwn fyddai'r gair olaf ar y pwnc ac y byddai
Morris-Jones dros y blynyddoedd yn ymgyrchu'n ddygn er mwyn
ceisio adennill y tir a gollwyd ac yn herio'r math o arddull a lygrwyd
gan gau ysgolheictod y gorffennol a chan dduedd cynifer o lenorion i
ddynwared patrymau ieithyddol Seisnig ac annaturiol. Roedd Morris-
Jones, fodd bynnag, yn ddigon pragmataidd ei safbwynt i sylweddoli
na fyddai rhagymadrodd i destun llenyddol yn cyrraedd cynulleidfa
arbennig o eang ac, o ganlyniad, yn gyfraniad ymarferol iawn i
unrhyw raglen o safoni ieithyddol; gwyddai y byddai'n rhaid troi at

ddulliau o fath gwahanol a fyddai'n fwy tebygol o hyrwyddo amcan-
ion yr ymgyrch. Dysgasai yn gynnar yn ei yrfa am ddylanwad y wasg
fel teclyn a allai sbarduno ymateb a thrafodaeth yn ddiymdroi ac i'r
cyfeiriad hwnnw yr arferai droi yn weddol gyson yn y cyfnod hwn er
mwyn sicrhau cyhoeddusrwydd i nodweddion ei agenda ieithyddol.
Ar yr adegau hynny y gwelid cadernid a diffuantrwydd yr ymgyrchwr
diflino, y nodwedd arbennig yn ei bersonoliaeth a berchid gan gynifer
o'r cyfoeswyr hynny a fyddai'n ystyried eu hunain yn aelodau o'r un
garfan genhadol.

Gellid rhestru llu o achosion sy'n arddangos y duedd ymrysongar
ym mhersonoliaeth Morris-Jones, tuedd a ddeuai i'r amlwg yn gyson
pan fynnai'r ymgyrchwr ymroddedig lynu wrth gywirdeb ei genadwri
yn wyneb pob llais croes. Roedd y math hwnnw o unplygrwydd yn
rhwym o ddenu gwrthwynebiad ac, ar brydiau, gellir cydymdeimlo'n
llwyr â'r sawl a fynnai arddel yr un safbwynt ag ef ond a fynnai, ar yr
yr un pryd, ddiogelu elfen o annibyniaeth barn wrth ymdrin â rhyw
agweddau penodol. Dro ar ôl tro, bu Morris-Jones yn gyndyn o
dderbyn fod iaith, wrth ddatblygu ar lafar gwlad, yn creu'r math o
amrywiadau organig sy'n cyfoethogi gwahanol dafodieithoedd a bod
y cyfryw amrywiadau yn drech na deddfu gramadegol. Gwyddai yn
iawn fod meistrolaeth ar reolau sylfaenol yr iaith yn anhepgor ar
gyfer unrhyw ddadeni llenyddol; yn anffodus, fodd bynnag, roedd ei
agwedd fathemategol at reolau'r iaith, ar adegau, yn gwarafun iddo
ddangos yr un parch â rhai o'i gyd-ysgolheigion at wahanol ffurfiau
neu nodweddion yr iaith lafar a ystyrid gan eraill yn rhai hollol ddilys
eu natur. Yn ei ymdrechion i egluro a lledaenu cyfres o reolau
sylfaenol i'r genhedlaeth newydd, gellid deall paham y byddai cyd-
nabod corff o amrywiadau yn atodiad anghyfleus ac yn groes i
feddylfryd cynhenid y mathemategydd a droes yn ramadegydd.

Byddai'r fath safbwynt anhyblyg yn rhwym o ddenu ymateb a dyna
a ddigwyddodd ar lawer achlysur. Yn 1906, er enghraifft, cafwyd un
o'r dadleuon cyhoeddus hynny a fu'n gyfrwng codi gwrychyn yr
Athro, ynghyd â charfan o gynghorwyr a gohebwyr ac ambell gyd-
ysgolhaig. Asgwrn y gynnen oedd anghytundeb ynglŷn â'r ddwy ffurf,
'Ffordd Deiniol' a 'Ffordd Ddeiniol', ac un rheol ramadegol yn esgor
ar bob math o ymresymu a gwrth-ddadlau cyhoeddus. Ar y pryd,
wrth gwrs, ystyrid y fath ymgyrchu ieithyddol yn elfen anochel yn yr
ymgais i ddyrchafu awdurdod y Brifysgol ac, o ganlyniad, roedd i'r
ddadl agweddau academaidd wleidyddol wrth i wahanol ysgolheigion
fynegi barn ac ymestyn ffiniau'r drafodaeth. 'Ymddengys fod y ddwy

ffordd erbyn hyn', meddai Dyfed mewn llythyr at Morris-Jones, 'yn goch gan waed'.[66] Fodd bynnag, ceir ganddo yn yr un llythyr sylwadau hynod ddadlennol a chraff a fyddai'n herio safbwynt mathemategol yr Athro a fynnai sicrhau ymlyniad pawb wrth gyfres o reolau safonol a diamwys:

Y mae yr eglurhad a roddwch ar yr hen gystrawen yn berffaith iawn. Nid cwestiwn o ramadeg oedd gennyf mewn golwg yn fy sylw ar y ffyrdd, ond arfer gwlad, yn arbennig yn y Deheubarth. Dywedais fod clust pob deheuwr yn erbyn "Ffordd Wynedd" etc ac felly y mae. Mae arfer gwlad wedi gwneud y ffurf arall yn rheol gydag enwau lleoedd yn y rhanbarthau hyn.

Wele ddadl, felly, rhwng datganiadau'r gramadegydd ac arfer gwerin gwlad, dosbarth na fyddid, wrth reswm, yn atebol i unrhyw ddeddfu gan academyddion prifysgol.

Bu dyn o'r enw Owen Owen yn ddraenen yn ystlys Morris-Jones yn ystod y cyfnod hwn ac, yn rhinwedd ei swydd fel cynghorydd, penderfynodd ohebu â gwahanol arbenigwyr er mwyn ceisio tanseilio barn Morris-Jones, a awgrymasai eisoes wrth y cyngor mai 'Ffordd Ddeiniol' a 'Ffordd Wynedd' oedd y ffurffiau priodol. Bu'r strategaeth yn llwyddiannus, a gwrthodwyd awgrym Morris-Jones o dair pleidlais ar ddeg i bedair! Nid oedd unrhyw ddewis ond ymateb ac, ar wahân i lythyr at olygydd *The Chronicle*,[67] paratowyd pamffled 'Ffordd Ddeiniol' a oedd yn 'Ad-Argraffiad' o'r hyn a anfonwyd i'r '*Genedl Gymreig* Ebrill 24ain, 1906'.[68] Yn y naill ddogfen a'r llall, ceir y cyfuniad cyfarwydd o ddadleuon eglur y gramadegydd a sylwadau brathog yr arbenigwr a anwybyddwyd ac a gythruddwyd gan benderfyniad y Cyngor. Yn y llythyr at olygydd *The Chronicle*, dywed Morris-Jones na phoenai ryw lawer am farn Owen Owen. 'I had failed', meddai mewn cywair dilornus, 'to get him to grasp my meaning'. Mater arall, wrth gwrs, oedd ymdrin â sylwadau'r Athro Edward Anwyl a fynnai arddel yr un math o safbwynt â Dyfed ynglŷn ag amrywiadau rhanbarthol. Mewn cyd-destun a ddatblygodd, yn sgil tactegau amheus Owen Owen, i fod yn un hynod gyhoeddus, teimlai Morris-Jones fod rhaid iddo amddiffyn ei enw da a golygai hynny herio rhai o osodiadau Anwyl, er nad oes unrhyw ymgais i gydnabod gwir fyrdwn yr ysgolhaig hwnnw ynglŷn â phwysigrwydd ystyried y ffurfiau hynny a oedd yn fyw ar lafar gwlad. Dadl Anwyl oedd 'that Ffordd Ddeiniol was medieval, and Ffordd Deiniol modern, and that he was all for the

modern form'. Arall oedd safbwynt Morris-Jones: 'The difference
between the hard and soft consonant is not that one is medieval and
the other modern: both are medieval and both are modern. The
difference is a difference of function'. Yna, cyn tewi, rhaid i Anwyl
dderbyn y math o ergyd bersonol a fyddai, fel arfer, yn cael ei neilltuo
i dawelu aelod hunan-bwysig o'r frawdoliaeth digoleg: 'If Professor
Anwyl can write so loosely on the subject, what can be the value of
the other communications?'[69] Wrth droi at ran olaf y llythyr, gellir
gwerthfawrogi arwyddocâd yr hyn a ddywedodd T. Gwynn Jones
amdano, sef 'fod gwrth-ddadlau yn ei waed' wrth iddo, unwaith yn
rhagor, amddiffyn yr hyn a ystyrid ganddo yn 'gywirdeb diamau':[70]
'This is a matter in which it is more important to weigh opinions than
to count them; nought multiplied by a hundred is still nought. I
append the opinion of the highest living authority'. Rhaid dyfalu pwy
yw'r awdurdod pennaf hwnnw!

Roedd yn bur amlwg i Morris-Jones gael ei gythruddo'n fawr a bod
hynny nid yn unig wedi arwain at y datganiadau cyhoeddus ond
at benderfyniad i ysgrifennu at yr arbenigwyr hynny y gwyddai
amdanynt a ddewisodd fynegi barn ar y pwnc. Er i'r gwahanol
ysgolheigion gyfrannu gwybodaeth yn ôl eu gweledigaeth bersonol,
ystyriai Morris-Jones hyn yn fygythiad i'w awdurdod, am mai nod
Owen Owen oedd casglu unrhyw dystiolaeth a allai danseilio saf-
bwynt Morris-Jones. Bid a fo am ddilysrwydd y dadleuon ac agwedd
ddiniwed y gohebwyr, y canlyniad oedd i Morris-Jones gael ei fychanu
gan y Cyngor a bod bai felly ar y sawl a fu'n arfogi ei wrthwynebwyr.
Roedd Anwyl yn un o'r prif droseddwyr ac, er bod modd deall a
chydymdeimlo â'i safbwynt, roedd cynnig tystiolaeth a ddefnyddid yn
erbyn ei gyd-ysgolhaig yn fater arall. Eglurodd natur ei safbwynt
mewn cyfres o lythyrau at Morris-Jones wrth iddo geisio tawelu'r
dyfroedd. Yn y lle cyntaf, ceir datganiad clir na all rannu gw26ledig-
aeth ei gyd-Athro gyda'i bwyslais cyson ar gywirdeb mathemategol
yng nghyd-destun iaith:

> Yr unig wahaniaeth rhyngom ydyw nas gallaf fi fod mor bendant a
> chwi mai dyna'r unig ffurfiau sydd yn berffaith ddidramgwydd i
> Gymry Cymreig fel enwau perffaith newydd yn yr oes hon. Nid wyf yn
> ammeu dim nad yw Ffordd Wynedd a Ffordd Ddeiniol yn ddigon
> didramgwydd i lawer o drigolion Bangor a'r cyffiniau ac i lawer o bobl
> mewn mannau eraill . . . ond credaf fod dosbarth pur fawr erbyn hyn
> sydd yn teimlo yn reddfol nad yw treiglad ar ol gair fel ffordd yn agos

mor reddfol, byw a Chymreigaidd ag ydyw mewn ymadroddion eraill, megis mewn enw benywaidd ar ôl y fannod.[71]

Ond, fel a nodwyd, roedd ystyriaeth egwyddorol yn mynnu sylw fel bod angen tawelu llid ei gyd-ysgolhaig:

> Ni wneuthum o'r cychwyn ond chwilio am ryw dir y gallem wahan-iaethu oddiwrth ein gilydd yn hollol heddychlon arno . . . Gallaf eich sicrhau na bu ynof ac nad oes ynof yr awydd lleiaf i wneuthur unrhyw gam a chwi nac a'ch safonau ieithyddol mewn modd yn y byd.[72]

Er bod Anwyl, felly, yn awyddus i gydnabod sêl Morris-Jones 'dros burdeb yr iaith', mae yna beryglon amlwg yn deillio o ymroi i gyfun-drefn o orddeddfu:

> Y rheswm paham y tueddaf i ganiatau rhai ffurfiau arferedig yn y newyddiaduron ydyw, fy mod yn ofni i ryw fath o or-goethder beri i ddynion ieuainc beidio mentro cyfansoddi, gan dybied eu bod yn fwy anghelfydd nag ydynt, a thrwy hynny achosi i'n llenyddiaeth edwino.[73]

Roedd agwedd Anwyl at yr iaith gyfoes yn un hynod iach ac yn dangos cydymdeimlad amlwg â'r genhedlaeth newydd o lenorion. Iddo ef, roedd i'r ddadl benodol hon arwyddocâd ehangach o lawer na brwydr dros sicrhau ffurfiau priodol ar ddwy ffordd. 'Dengys hyn eto', meddai wrth Morris-Jones, 'yr angen sydd am ymchwiliad trwyadl i'r tafodieithoedd a'u treigladau a'r perygl sydd o fod yn orbendant hyd nes y ceir yr holl ffeithiau'.[74] Ceir yma wraidd y feirn-iadaeth a gynigiwyd yn adolygiad Anwyl, flynyddoedd yn ddiwedd-arach, pan gyhoeddwyd *Welsh Grammar* Morris-Jones yn 1913, sef na roddid sylw penodol i ffurfiau byw yr iaith am i'r ysgolhaig ddewis canolbwyntio'n ormodol ar Gymraeg traddodiadol yr Oesoedd Canol. Mae'n ymddangos fod O. M. Edwards, yntau, wedi gorfod amddiffyn ei gyfraniad i'r ddadl ond ei fod yn cynnig ateb y gwleidydd cymodlon sef, er gwaetha'r dadleuon ieithyddol dros y ffurf draddodiadol, fod yn well ganddo 'ddewis yn hytrach Cymraeg y dydd hwn, er ei waeled, na bod heb enw Cymraeg ar heolydd o gwbl'.[75]

Mae hanes ffrwgwd 'Ffordd Ddeiniol' yn codi amrywiaeth o gwestiynau pwysig ac yn dangos yn eglur natur yr ymgyrchu brwd a fu'n rhan o fywyd Morris-Jones am nifer o flynyddoedd pan oedd wrthi'n hybu ei agenda ieithyddol gerbron cynulleidfa genedlaethol.

1. Cymdeithas Dafydd ap Gwilym.

T. G. Owen, <u>D. M. Jones</u>, <u>D. Lleufer Thomas</u>, <u>Edward Anwyl</u>, <u>John Morris-Jones</u>
W. D. Roberts, <u>J. Puleston Jones</u>, <u>J. O. Thomas</u>
W. Llewelyn Williams, John Rhŷs, <u>O. M. Edwards</u>

Llun a dynnwyd yn 1886, ond wedi'r cyfarfod sefydlu ym mis Mai y flwyddyn honno. Tanlinellir enwau'r saith aelod gwreiddiol.

2. Diwrnod priodas John Morris-Jones a Mary Hughes, 1897.

3. Tŷ Coch, Llanfair-pwll.

4. Adeiladwyr y Tŷ Coch. Gwelir John Morris-Jones yn eu plith ar y chwith yn y rhes ôl.

5. Coleg Bangor, adeg Eisteddfod Genedlaethol Bangor, 1915. Gwelir yma deuluoedd Morris-Jones a David Lloyd-George mewn cwmni yn cynnwys Syr John Prichard-Jones (y tu ôl i Lloyd-George) a'r llyfrgellydd Thomas Shankland (y tu ôl i Morris-Jones ac i'r chwith). Wrth ymyl Lloyd-George mae ei ferch, Megan, a Nêst Morris-Jones; mae'r efeilliaid Gwenllian ac Angharad, Rhiannon a'u mam yn sefyll i'r chwith o Morris-Jones. Syr Vincent Evans sy'n sefyll ar ymyl dde y llun.

6. Y llong *R.M.S. Kaiserin Auguste Victoria*, yr hwyliodd John Morris-Jones arni i America yn 1920.

7. John Morris-Jones a Jack Morris ar fwrdd yr *R.M.S. Kaiserin Auguste Victoria*, 1920.

R.M.S. "KAISERIN AUGUSTE VICTORIA".

Medi 8 1920

Fy annwyl Gariad,
Yr wyf yn dechreu sgrifennu hwn dipyn cyn ciniaw nos Fercher, ac yn disgwyl ei orffen ar ol cinio. Wrth ei bostio ar y llong 10 o'n gloch heno, yr wyf yn disgwyl y bydd o'n myned ar yr "Imperator" o New York 'fory ac y cewch chwithau o tua dydd Sadwrn y 18fed.

Yr ydym yn awr yn nesu at New York, ac yn ol pob tebyg byddwn yno tua hanner nos; a byddwn yn glanio ar ol brecwast bore 'fory, sef dydd Iau y 9fed. Mi anfonaf eto i chwi o New York; efallai y cyrhaedda'r llythyr hwnnw i chwi ddydd Mercher yr 22ain; ond rhag ofn y

8. Llythyr gan John Morris-Jones at Mary, a ysgrifennwyd ar y fordaith i America, 1920.

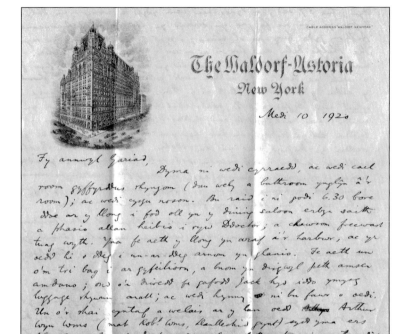

The Waldorf-Astoria
New York

Medi 10 1920

Fy annwyl Gariad,

[Handwritten letter in Welsh from John Morris-Jones to Mary, written at the Waldorf Astoria hotel]

THE BELLEVUE-STRATFORD, PHILADELPHIA, UNDER SAME MANAGEMENT

9. Llythyr gan John Morris-Jones at Mary, a ysgrifennwyd yng ngwesty'r Waldorf Astoria, Efrog Newydd, 1920.

Yn ychwanegol at arwyddocâd y cenhadu diflino hwnnw, dangosir pa mor sensitif y gallai Morris-Jones fod, ar brydiau pan feiddiai rhywun gwestiynu ei safbwynt. Dan amodau felly, teimlai reidrwydd i ymateb, yn gyhoeddus drwy'r wasg a gwahanol gyhoeddiadau, ac yn bersonol drwy gyfrwng gohebiaeth ddigon plaen â rhai o'i gyd-ysgolheigion. Ac eto, er iddo dderbyn cefnogaeth i'w safbwynt o lawer cyfeiriad, derbyniai yntau ambell gernod, hefyd, gan wahanol ohebwyr. Wele Robert Williams, er enghraifft, yn cefnogi dadleuon Morris-Jones dros y ffurf dreigledig 'Ffordd Ddeiniol' drwy nodi iddo gael ei eni 'yn agos i Dre Garon' ac iddo fynd yn fachgen i 'Ffair Garon a Ffair Landdewi'. Ond y mae atodiad sy'n adlewyrchu hiwmor a doethineb cefn gwlad, rhyw dro yn y gynffon a fyddai wrth fodd yr Athro Anwyl: 'Bum i wrthi am flynyddoedd lawer', meddai Robert Williams, 'yn ceisio dysgu un wers, sef yw honno fod y Gymraeg yn hŷn (ac yn anfeidrol well) na'i gramadegwyr (!).'[76] Go brin y byddai Morris-Jones yn cydsynio.

Yn ôl tystiolaeth cynifer o'i gyhoeddiadau, gallai Morris-Jones fod yn uniongyrchol ddilornus wrth ymosod ar ffug ddamcaniaethau yn y gwahanol erthyglau a luniodd dros y blynyddoedd; yn yr un modd, gallai fod yn bur lawdrwm ('severe' oedd gair Thomas Richards) ar fyfyrwyr a ystyrid ganddo yn esgeulus neu'n ddi-hid wrth ymdrin â rheolau'r iaith, o gofio pa mor ofalus oedd yr athro ei hun wrth roi'r fath bwyslais ar Gymraeg graenus a chywir. Ond roedd yna ochr arall i'w gymeriad y mae rhai o'i gyfeillion agosaf yn awyddus iawn i'w phwysleisio. O ganlyniad i'r swildod y cyfeiriwyd ato gan ambell un, ystyriai T. Gwynn Jones mai mewn 'ymddiddan personol rhwng dau' yr oedd Morris-Jones fwyaf cyffordus, 'er ei fod hefyd mewn cwmni helaeth yn adroddwr ystraeon ardderchog'. Eir ymlaen i ychwanegu 'fod ynddo ryw fath o wyleidd-dra ac o ddiniweidrwydd anghyffredin'.[77] Mae'r pwyslais hwn gan un a'i hadwaenai'n dda yn bur wahanol i fyrdwn cynifer o ddehongliadau eraill lle y tueddid i ganolbwyntio i raddau helaeth ar ddelwedd y ffigwr cyhoeddus, boed mewn darlithfa neu ar lwyfannau eisteddfodol, yn hytrach nag ar natur y dyn preifat:

Credaf na byddai byth yn rhyw hapus iawn yng nghwmpeini dieithr-iaid – byddai rhyw sychter cwta undonog yn ei lais, ac edrychai'n anesmwyth. Yr wyf yn berffaith sicr iddo lawer gwaith dynnu ymosod ffyrnig arno ef ei hun drwy beth a ddywedodd yn gwbl ddiniwed. Odid well chwarddwr nag ef. Eto ni roed iddo'r ddawn i chwerthin ar bapur. Peth arall a'm tarawodd oedd ei barch i lefel gyffredin gonestrwydd dynol, hyd yn oed pan sonnid am rai a gyfrifid yn elynion iddo.'[78]

Dyma T. Gwynn Jones yn darlunio'r cyferbyniad amlwg rhwng y dyn cyhoeddus a'r dyn preifat mewn modd sy'n ddadlennol gofiadwy. Ceir mynych sôn am chwerthiniad iach ac afieithus y sgwrsiwr difyr mewn cwmni dethol; ni lwyddwyd, ysywaeth, i elwa ar naturioldeb yr hiwmor cynhenid hwnnw er mwyn ysgafnu rhywfaint ar ddwyster dadleugar ambell erthygl o'i eiddo am na 'roed iddo'r ddawn i chwerthin ar bapur'.

Er bod tebygrwydd sylfaenol rhwng natur y gwahanol deyrngedau o ran cynnwys a phwyslais, wrth reswm, ceir mân wahaniaethau sy'n adlewyrchu gwahanol gyfnodau yn hanes yr athro. Hynny yw, mae i bob atgof ei gymeriad ei hun. Ceir nifer o gyfeiriadau at ddulliau dysgu sydd wedi hen ddiflannu, megis yr arfer o gyfieithu cerddi a chywyddau'n destunol fanwl. Er bod Kate Roberts, er enghraifft, yn gweld gwerth arbennig yn y math hwnnw o ddisgyblaeth, byddai eraill, yn y man, yn croesawu dulliau mwy deniadol ac amrywiol o gyflwyno gwybodaeth. Gellid dadlau mai dilyn ffasiwn yr oes yr oedd Morris-Jones, er ei fod i raddau yn gorfod arloesi mewn amryw feysydd oherwydd prinder defnyddiau, yn werslyfrau a thestunau safonol. Byddai ganddo, hefyd, ddulliau Rhydychen i'w hefelychu yn ôl y galw, a hyfforddiant mewn dulliau mathemategol neu wyddonol eu pwyslais. Ar ben hynny, roedd yna agweddau ar y dysgu y dylanwadwyd arnynt gan ei bersonoliaeth ef ei hun a chan ei ymlyniad diwyro wrth y safonau a ystyrid ganddo'n briodol yn y sefyllfa arbennig honno. Arweiniodd hynny at gyfundrefn a allai ymddangos, ar yr olwg gyntaf, braidd yn undonog a di-fflach ac ar ei gwaethaf yn aneffeithiol ac anhyblyg. Ac eto, er gwaethaf pob gwendid penodol a nodwyd gan y gwahanol fyfyrwyr, mae'r dyfarniad terfynol yn un hynod gadarnhaol a gwerthfawrogol. Ymddengys fod naws y bersonoliaeth a pharch yr athro at gywirdeb a threfn, felly, yn y pen draw yn drech nag unrhyw ystyriaethau penodol o ran technegau dysgu. Yng ngeiriau J. Lloyd Williams, 'Y pryd hwnnw yr oeddwn yn rhy ieuanc i amgyffred y ddyled oedd ar Gymru iddo. Wedyn y gwybûm ac y deëllais mai ef yn hytrach na neb arall a roesai raen ar yr iaith ac edfryd prydferthwch a cheinder i'r farddoniaeth. Canfûm pa sut y buasai rhyw rhagluniaeth gudd yn ymorol am waredwr a cheidwad iddynt.'[79]

Gellid awgrymu mai sylw gan Elphin (R. A. Griffith) sy'n llwyddo orau i gyfleu natur y strategaeth genhadol ac ymosodol a fabwysiadwyd gan Morris-Jones yn ystod y cyfnod hwn, a hynny mewn llythyr yn diolch am bamffled a dderbyniasai gan yr Athro. 'Oni bai fod y drafodaeth', meddai, 'mor lawn o addysg a dyddordeb buaswn yn dweyd eich bod yn cymeryd gordd i ladd pry'. Cydnabyddir yn gyffredinol y byddai tuedd anffodus o'r fath yn rhai o ddatganiadau Morris-Jones; dadl yr Athro, ar y llaw arall, fyddai bod angen elfen gref o ymddisgyblu a deddfu cadarn er mwyn sicrhau unffurfiaeth lwyddiannus. Yng ngeiriau Elphin, 'fe ddysg i bryfed ereill adnabod eu lle yn y cread'.[80] Safbwynt cyson Morris-Jones fyddai mai trwy gyfrwng strategaeth ddiwyro o'r fath yn unig y gellid sicrhau ymlyniad pawb wrth agenda glir a chadarn. O ystyried yr achos arbennig hwn yn benodol, gellir dangos fod y dadleuon ynglŷn â ffurf briodol y ddwy ffordd ym Mangor, Ffordd Wynedd a Ffordd Ddeiniol, wedi arwain at drafodaeth rhwng Morris-Jones a'r Athro Anwyl a aeth at wraidd athroniaeth y naill a'r llall ynglŷn â natur yr iaith gyfoes, sef y deunydd crai a ddylai fod yn sail i ramadeg safonol o'r Gymraeg. Wrth gwrs, ar adeg pan roddai Morris-Jones gymaint o bwys ar dderbyn cefnogaeth ddiwyro gan bob cennad o du'r Brifysgol, go brin y byddai unrhyw groeso i awgrymiadau a fyddai'n arwain at drafodaeth ynglŷn â natur y fath agenda ieithyddol yn hytrach na chynnig cefnogaeth ddigwestiwn i gyd-ysgolhaig.

Pan ymwelodd Evan Roberts ag ardal Llanfair ym mis Gorffennaf 1905, tynnwyd llun ohono o flaen adeilad yr orsaf. Gwelir nifer o bobl leol, wedi'u gwisgo'n briodol barchus, yn cyd-gerdded yn ei gwmni a Morris-Jones yn ei ymyl yn y rhes flaen.[81] Roedd yr Athro wedi hen sefydlu yn Llanfair erbyn diwygiad enwog 1904 ac wedi cyfrannu'n helaeth at wahanol weithgareddau diwylliannol a gwleidyddol yn yr ardal, fel un a fu'n un o hoelion wyth Cymdeithas Cymru Fydd yno ac yn gynghorydd lleol. Ac eto, nid ymddengys ei fod yn ddyn capel yn ôl diffiniad yr oes honno, er iddo ddangos ei fod mor egwyddorol ei bwyslais mewn cynifer o wahanol gyd-destunau. Ar sail yr hyn a ddywed Morris-Jones am ei dad, gallai Morris Jones fod wedi cymryd ei le yn gyfforddus ddigon ochr yn ochr â rhai o gymeriadau Daniel Owen wrth i'r nofelydd hwnnw fynnu dangos nad oedd ufuddhau i reolau'r seiat o anghenraid yn esgor ar y math o athroniaeth Gristnogol a fyddai'n hybu gwerthoedd iach o fewn cymdeithas. Dyma a ddywedir am y tad:

He was a blaenor with the Methodists but was far from coming up to the idea of the narrow minded of that sect. He did not identify religion with attending chapel, and was careless enough in that respect. He also read his newspaper on Sundays, another heinous crime, and allowed us children to play if we wished to. He was entirely free from hypocrisy of any kind, and his moral influence was certainly most healthy. We learnt early to distinguish between morality and the observance of more or less conventional forms, and to recognize the absolute nature of the one and the comparative unimportance of the other. There are some people here now who find difficulty in reconciling my laxity in attending moddion gras &c. with what they know of me in other respects – I heard that the other day from our minister, (an intelligent man who does not confuse the two things himself.)[82]

Dangosir yn eglur ddigon, beth oedd agwedd y tad at grefydd ei ddydd; yr un mor bwysig yw canfod pa mor barod yr oedd y mab i arddel y safbwynt hwnnw ac i ddilyn llwybr ei dad. Ni roddai'r mab, ychwaith, unrhyw bwys ar fynychu capel neu eglwys yn rheolaidd; fel yn achos ei dad, gellir dweud amdano yntau ei fod yn 'careless enough in that respect'. A derbyn tystiolaeth Rhiannon, merch Morris-Jones, byddai gan y tad ddull arall o gydnabod bore Sul:

> Amheus gennyf os gwyddai lawer am gerddoriaeth glasurol, ond yr oedd yn hoff iawn o'r emynau Cymreig, a chwaraeai un neu ddwy ohonynt ar y piano cyn cinio bob dydd Sul. Deuai oddiwrth y piano yn aml tan ganu 'Yno cawn ni ddweud yr hanes' neu 'Minnau'n aros, minnau'n aros / Yn fy ninas fore a nawn'.[83]

O ganlyniad, ni cheir rhyw lawer o bwyslais mewn gwahanol erthyglau ar y wedd arbennig honno er bod un eithriad penodol, sef cyfraniad J. H. Roberts (Caergybi) i *Yr Eurgrawn*. Roedd pwyslais anghyfar-wydd y fath dystiolaeth yn galw am 'Nodiad' eglurhaol gan y golygydd:

> Dyma dystiolaeth anghyffredin o werthfawr am un o fawrion pennaf ein cenedl ni gan ŵr teilwng iawn a'i hadnabu'n dda ac un sydd, felly, yn llefaru o lygad y ffynnon . . . Teimlaf, a minnau'n hen ddisgybl a chyfaill i Syr John, yn dra diolchgar i Mr. Roberts am y llith hon i'r Eurgrawn, a gwn mor wiw fydd gan y darllenwyr ei darllen a'i thrysori. Y mae ynddi oleuni a fydd yn newydd i laweroedd ar nod-weddion a theithi meddwl a chymeriad y gŵr mawr y mae'r iaith a'r genedl mor ddyledus iddo.[84]

Wrth ddyfynnu'r hyn a ddywed J. H. Roberts am 'arweinwyr crefyddol' yr ardal, mae dylanwad daliadau crefyddol y tad ar y mab yn bur amlwg:

> Ond yn rhyfedd iawn, am ryw reswm sy'n ddirgelwch i mi, ni fynnai arweinwyr crefyddol yr ardal glosio dim ato. Heb unrhyw achos, hyd y gwyddwn i, ymddygent fel petaent yn amheus ohono. Efallai mai oherwydd ei fod wedi cael mesur da o addysg, ac yn y peth hwn yn wahanol i'r gweddill o'r frawdoliaeth, a'i fod hefyd yn berchen barn annibynnol, yr ystyrid ef yn fachgen peryglus yn y cylch crefyddol. Cythruddid yr hen frodyr o flaenoriaid (coffa da am lawer ohonynt) oherwydd i J.M.-J. fwrw amheuaeth ar aml syniad crefyddol a goleddent, ac ymosod yn chwyrn a diarbed ar bob ffurf o eudeb a welai yn ffynnu ymhlith rhai a broffesai Efengyl Crist. Yn wawdlyd y cyfeiriai y 'saint' at y 'proffesor' ac achubid pob cyfle i fwrw sen ato yn gyhoeddus.[85]

O ganlyniad, ni raid synnu i Morris-Jones, yn ôl ei arfer, siarad yn blaen 'pan ymosodai ar y Phariseaeth a welai o'i gwmpas'.

Er iddo gythruddo hoelion wyth y gymuned grefyddol, roedd Roberts yn bur awyddus i bwysleisio nad pawb a fynnai arddel yr un safbwynt am fod carfan annibynnol ei barn, gan gynnwys y bobl ieuainc, 'yn fawr eu hedmygedd ohono'. Y canlyniad fu i rai o'r athrawon eu hunain benderfynu estyn gwahoddiad iddo fod yn Arolygwr Ysgol y Plant tua'r flwyddyn 1895; er gwaethaf agwedd yr arweinwyr tuag ato, bu yntau'n ddigon mawr i dderbyn y gwahodd- iad. Cofnodir i'r ysgol ddatblygu 'yn batrwm o beth a ddylai Ysgol Sul fod' ac eto, wedi i'w dymor ddod i ben, torrwyd ei gysylltiad â'r capel drachefn am nad oedd yn cael ei ystyried yn un a fynnai 'wthio'i hun i unrhyw gylch'.[86] Ailgydiodd yn ei waith fel athro Ysgol Sul yn 1900, y tro hwn ar gais penodol rhyw chwech o fechgyn yn eu harddegau a benderfynodd fynd i'r Tŷ Coch i ofyn 'am y ffafr hon'. Cytunodd ac unwaith yn rhagor, bu canmol ar ei gyfraniad: 'Agorwyd ein llygaid am y tro cyntaf', meddai Roberts, 'i weled gogoniant ymadrodd yr Ysgrythurau, a datguddiwyd inni yn glir rai o wirion- eddau mawrion yr Efengyl.' Pan ddaeth yn amser i'r bechgyn adael ar ôl pedair blynedd o hyfforddiant ysgrythurol, yr un oedd y stori ac ni ofynnwyd am wasanaeth Morris-Jones mewn unrhyw gylch arall o weithgareddau'r capel a chollwyd, o'r herwydd, 'y cyfle i fanteisio ar athrylith John Morris-Jones i gyfoethogi bywyd crefyddol yr eglwys'. Gellid canfod yma thema sy'n hawlio sylw yn weddol gyson yn ystod gyrfa'r Athro. Byddai pob her neu orchwyl, ym mha gyd-destun bynnag, yn teilyngu'r sylw eithaf a'r ymroddiad llwyraf ar ran yr Athro. Ar yr un pryd, roedd ynddo ddawn gynhenid i gorddi'r dyfroedd a denu gwrthwynebiad i'w safbwynt di-ildio ar lawer achlysur. Gellir parchu ffyddlondeb i safbwynt neu egwyddor; gellir parchu hefyd, wrth gwrs, y parodrwydd i gyfaddawdu yn wyneb dadleuon hollol wrthgyferbyniol. Nid oedd Morris-Jones yn gyfadd-awdwr naturiol a gellir deall, i raddau, safbwynt arweinwyr yr eglwys a fyddai'n ei ystyried yn fygythiad i'w hawdurdod, nid yn unig ar sail ei wybodaeth a'i annibyniaeth barn ond ar sail y duedd a oedd ynddo i fynegi'r gwir plaen. Yr oedd ei dad, yn ôl Morris-Jones, yn bur egwyddorol, 'entirely free from hypocrisy of any kind';[87] am Morris-Jones, dywedir ei fod yn 'ymosod yn chwyrn a diarbed ar bob ffurf o eudeb' a welai mewn cyd-destun crefyddol.[88] Afraid pwysleisio na fyddai Morris-Jones, wrth gynnig rhesymau dros arddel y fath athroniaeth radical, yn dewis mabwysiadu'r math o ieithwedd gymod-lawn a fyddai'n debygol o beri i arweinwyr yr eglwys glosio tuag ato.

6 ✍ Hynafiaeth yr Orsedd: Yr Ymchwilydd yn Herio Traddodiad

MEWN cyfres o erthyglau a anfonodd John Morris-Jones i'r cylchgrawn *Cymru* yn 1896, ceir ymosodiad chwyrn ar ddilysrwydd hanesyddol yr Orsedd. Ac eto, nid cynnig datganiad gwrthrychol ar sail y dystiolaeth a gyflwynwyd yn rhesymegol drefnus oedd unig nod yr ymchwilydd, er na ellir amau iddo lwyddo i gyflawni ei briod waith. Ymdriniwyd â'r ffeithiau a gasglwyd ac a broseswyd ganddo mewn modd hynod ofalus er mwyn chwalu hen goelion amheus eu ffynhonnell. Pe bai'r ymchwilydd wedi penderfynu canolbwyntio ar gyflwyno a dadansoddi'r dystiolaeth a oedd yn ei feddiant ac a oedd yn taflu goleuni newydd ar dybiaethau cyfeiliornus ynglŷn â hynafiaeth yr Orsedd, mae'n bosibl na fyddem wedi gweld cymaint o gythrwfl cyhoeddus ac na fyddai cylchgronau'r cyfnod wedi denu cynifer o gyfraniadau gorseddol liwgar. Ond nid dyna a ddigwyddodd. Ni fu Morris-Jones erioed yn un am herio'r drefn, ym mha gyd-destun bynnag, mewn dull y gellid ei ystyried yn bwyllog a diplomatig. Hyd yn oed mewn cyfnod lle byddai gohebwyr i'r wasg yn mynegi syniadau mewn dull sydd ar brydiau yn hynod o frathog ac ymosodol, ymddengys fod Morris-Jones yma, er gwaethaf peryglon y fath dacteg, yn cyflwyno'i bwnc mewn cywair a fyddai'n rhwym o godi gwrychyn y sanhedrin eisteddfodol. Ceir yr argraff yn bur aml, o ystyried cynifer o'r datganiadau a wnaed ganddo, y byddai Morris-Jones yn ystyried fod mabwysiadu tôn fwy cynnil y cyfryngwr yn arwydd pendant o wendid neu ddiffyg argyhoeddiad. Ffynhonnell y gwrthdaro oedd iddo fynnu cysylltu gorseddogion blaenllaw ei oes ei hun â'r syniadau ffug hyn mewn modd hynod bersonol, eu cyplysu hwy a'u hymlyniad wrth wahanol weithgareddau'r Orsedd, â'r ffugio amheus a ddatgelwyd ganddo fel bod gosodiadau'r ymchwilydd cydwybodol yn datblygu'n ymosodiad ffyrnig a diangen ar aelodau cyfoes yr Orsedd. Mae yma, felly, gyfuniad o waith gofalus a chanmoladwy yr ymchwilydd ynghyd ag awydd hollol amlwg i ddilorni agwedd gorseddogion a fynnai amddiffyn dilysrwydd hanesyddol y sefydliad hwnnw yn wyneb holl bwyslais y dystiolaeth heriol a gyflwynwyd. Ni fyddai llawer o groeso i ddarganfyddiadau a fyddai'n tanseilio statws ac awdurdod yr Orsedd a'r Eisteddfod ac nid annisgwyl, felly, fyddai gweld yr eisteddfodwyr eu hunain yn ymateb i'r fath honiadau a chyfeirio'n amddiffynnol deyrngar at gyfraniad yr ŵyl i fywyd a diwylliant Cymru. Er mai cam naturiol oedd ceisio sefydlu safonau ysgolheigaidd cymeradwy wrth i'r genedl ddechrau elwa ar gyhoeddiadau cenhedlaeth newydd o raddedigion prifysgol, byddai ymosod yn y fath fodd ar gymwynaswyr un o'i phrif sefydliadau, yn rhwym o greu gwrthdaro rhwng academia a hoelion wyth yr Eisteddfod. A dyna, ysywaeth, a ddigwyddodd.

Cofnodir i Iolo Morganwg greu'r sefydliad a elwid yn 'Gorsedd Beirdd Ynys Prydain'. Ni ellir amau fod Iolo am greu delwedd o Gymru a fyddai'n denu parch ac edmygedd cenhedloedd eraill ac ni ellir amau ychwaith iddo ymroi i ffugio'r dogfennau a'r traddodiadau a fyddai'n fodd i argyhoeddi'r cyhoedd a'i gyd-Gymry o ddilysrwydd y sefydliad. Hynny yw, er mai ei nod oedd sefydlu gorsedd a fyddai'n ddull o hybu'r diwylliant brodorol, seiliwyd pob dim ar ddogfennau a haeriadau ffug. Erbyn heddiw, gellir troi at waith llinach o ysgol-heigion amlwg a fu'n diwyd archwilio llawysgrifau Iolo, a fu'n mynegi barn ar natur a maint y ffugio ac a fu, ar yr un pryd, yn gyfrifol am sylweddoli gwerth ac arwyddocâd y gwaith aruthrol a gyflawnwyd ganddo. Yr hyn sydd o bwys, yma, yw bod agwedd ysgolheigion tuag at waith Iolo wedi newid yn ddirfawr dros y blynyddoedd a bod i Morris-Jones ran amlwg yn hanes y llinach academaidd honno. Gydag amser, mae'r gwahanol ymdriniaethau â hanes yr Orsedd nid yn unig wedi llwyddo i ddatgelu manylion am ddatblygiad y sefydliad ei hun, ond wedi cynnig hefyd wybodaeth werthfawr am agweddau'r croniclwyr eu hunain, hwythau'n gynnyrch eu cyfnodau ac yn arddangos y dylanwadau a fu'n effeithio ar natur eu casgliadau a phwyslais penodol eu cyhoeddiadau.

Morris-Jones oedd llefarydd cyhoeddus cyntaf y blaid wrth-orseddol honno a fynnai ddatgelu troseddau Iolo. Roedd eisoes wedi dangos awydd parod i bledio achos y byd academaidd yn ôl y galw ar bynciau ieithyddol, a dyma gyfle pellach a pherffaith ddealladwy iddo gyhoeddi drachefn pa mor bwysig oedd arddel safonau academaidd diogel wrth drafod hanes yr iaith a'i diwylliant. Am flynyddoedd lawer, nid oedd neb wedi amau tystiolaeth Iolo. 'Throughout the

Victorian period', meddai Geraint H. Jenkins, 'hardly anyone suspected that such an apparently innocuous creature could have tampered with historical records and created the most outlandish bardo-druidic fantasies.' Bellach, roedd gan Gymru brifysgol â chyfrifoldebau ymchwil:

> The sense of national pride which accompanied the establishment of a federal University of Wales in 1893, however, was tempered by a demand for academic rigour which placed the likes of Iolo and others associated with Gorsedd ceremonies under the microscope. Doubting Thomases were led by John Morris-Jones of the University College of North Wales, Bangor, a scholar and critic who was described as the 'chief of the academic cocks o'the walk' in Wales and who wielded an enormous influence on scholarly practices. He did more than anyone to discredit Iolo in Edwardian Wales and subsequently. Discomfited by having been hoodwinked for so long by the forgeries of a humble stonemason, Morris-Jones depicted Iolo as a Mephistophelean figure who had contaminated the literary tradition of Wales.[1]

Hawdd deall pa mor awyddus y byddai ysgolheigion Prifysgol Cymru i sefydlu safonau academaidd diogel o'r cychwyn cyntaf; nid mor hawdd yw egluro'r argymhellion dros ddarlunio Iolo fel ffigur 'Meffistoffelaidd'. Gellir deall yn iawn paham y bu Morris-Jones, yr ysgolhaig, mor feirniadol ynglŷn â ffugiadau Iolo, yn enwedig o gofio iddo yntau gael ei dwyllo gan 'the forgeries of a humble stonemason', er na ddylid rhoi gormod o bwys ar y fath ddiffiniad o gymeriad Iolo. Daw'n amlwg, yn y man, fod natur y ffugiadau eu hunain mewn gwahanol gyd-destunau yn dân ar groen yr ysgolhaig, yn arbennig felly pan ddarganfu duedd Iolo i fawrygu traddodiadau ei dalaith enedigol ar draul rhai Gwynedd.

O droi at yr erthyglau a gyhoeddwyd yn *Cymru* rhwng Ionawr a Mehefin 1896,[2] gellir derbyn fod Morris-Jones yn cyflawni dyletswyddau'r ymchwilydd proffesiynol wrth olrhain hanes sefydlu'r Orsedd ac wrth ddadlennu'r elfennau amheus hynny a dderbyniasid cyhyd. Gosodwyd cwestiwn hollol ddilys gan yr ymchwilydd ei hun, a hynny mewn dull hynod eglur, nodwedd y gellid ei chysylltu yn benodol â'r sawl a oedd yn gynnyrch hyfforddiant mewn mathemateg: 'Y cwestiwn i'w benderfynu ydyw hwn – A yw'r Orsedd wedi dod i lawr o amser y derwyddon, ai nad yw; ac os nad yw, pa bryd, paham, a pha fodd y dygwyd hi i fod.' Mae man cychwyn y drafodaeth sy'n ymateb i union elfennau'r cwestiwn, yr un mor rhesymegol eglur:

Dymunwn ar i'r darllenydd ar y dechreu ystyried y ddau wirionedd syml a ganlyn. 1. Ym Morgannwg, *ar ol* canol yr unfed ganrif ar bymtheg, yr ysgrifennwyd pob un o'r llawysgrifau sy'n crybwyll am yr Orsedd. 2. Yn yr holl lawysgrifau a ysgrifennwyd cyn yr adeg honno drwy Gymru benbaladr, nid oes un gair o sôn am y fath beth a Gorsedd Beirdd Ynys Prydain. Y mae Mr. Gwenogfryn Evans wedi archwilio cannoedd o'r llawysgrifau hynaf hyn, ac wedi methu canfod cymaint ag enw'r Orsedd yn yr un ohonynt.[3]

Yn dilyn y gosodiad hwn, eir ymlaen i gyfeirio at gasgliad helaeth o lawysgrifau pwysig lle nad oes unrhyw sôn am Orsedd o unrhyw fath:

Fe lanwai cynnwys y Llyfr Coch lawer o gyfrolau argraffedig o faintioli cyffredin; ceir y Mabinogion a'r Brutiau ynddo, ynghyda chrynswth o farddoniaeth, ac amryw draethodau, ac yn eu mysg Ramadeg Cymraeg a Thrioedd Cerdd. Ond nid oes air o sôn am yr Orsedd yn y Llyfr Coch.

Cyfeirir yn yr un modd at Lyfr Llandaf ac at ddistawrwydd 'Gildas yn y chweched ganrif', 'Nennius yn y nawfed', 'Giraldus a Sieffre o Fynwy yn y ddeuddegfed', cyn troi yn benodol at 'hen feirdd Morgannwg eu hunain'. 'Distaw', meddai i gloi'r rhestr, 'ydyw'r Cynfeirdd a'r Gogynfeirdd, a distaw ydyw Cyfreithiau Hywel Dda'. Mae'r rhestr yn un sylweddol a thrwy gyfrwng y sylwadau hyn dechreuir ateb y cwestiynau a osododd yr ymchwilydd iddo'i hun ar ddechrau'r drafodaeth. Gydag amser byddai angen didoli'r gwir oddi wrth y gau. Cyn diwedd yr erthygl agoriadol hon, ceir fod Morris-Jones yn cymryd rhyw 'gipdrem yn ol ar y tir a gerddasom hyd yma' ac yn dod i'r penderfyniad na cheir 'gair o sôn yn unman am Orsedd y Beirdd hyd yr unfed ganrif ar bymtheg; ac erbyn edrych y manylion, y mae'n amhosibl cysoni'r distawrwydd hwnnw â bodolaeth yr Orsedd yn y canol oesoedd.'[4] Ni ellir amau trylwyredd yr ymchwil na rhesymeg y casgliadau a luniwyd ar y pryd. Wrth gwrs, byddai tystiolaeth bellach yn cael ei datgelu maes o law.

Ond nid datgelu ffeithiau yw unig nod yr erthygl. Yn y paragraff cyntaf un, mae'r ymchwilydd yn gwyro oddi wrth ei brif neges trwy gymryd arno swyddogaeth atodol. Nid yr ysgolhaig diduedd sydd bellach yn siarad â'i gynulleidfa eithr yr eiconoclast dig sy'n datgan mewn termau digon plaen a di-dact pa mor ffôl yw ymlyniad eisteddfodwyr y dydd wrth sefydliad mor amheus ei linach â'r Orsedd:

Pa mor groch bynnag y cyhoeddir honiadau'r gwŷr hyn, ni chymerir nemor o sylw o honynt; hyd yn oed pan ddatganodd Hwfa Môn, yng *Nghenhinen* Hydref 1887, fod Gorsedd y Beirdd cyn gadarned â Gorseddfainc y Goruchaf –

> 'Cyn holltir, syflir ei sedd,
> Cryna prif fainc Gwirionedd,' –

Nis gwn i ddarfod i neb yngan gair yn ei erbyn. Ni roddir cyfrif ar ofereiriau'r beirdd pan lefaront am eu Gorsedd.[5]

Datblygasai ymchwil i un o brif sefydliadau'r genedl, felly, yn ymosodiad ar gefnogwyr yr Eisteddfod ac yn benodol ar yr Archdderwydd, Hwfa Môn, er bod eraill yn darged cyfleus ar brydiau. Wrth ymdrin â chyfraniadau Morien, er enghraifft, ac â'i gyfrol *Pabell Dofydd* lle ceisir amddiffyn hynafiaeth yr Orsedd, mae naws y traethu yn arbennig o ddilornus. Ymddangosasai traethawd yn olrhain hanes 'Gorsedd Beirdd Ynys Prydain' gan Morien ar gyfer cystadleuaeth yn Eisteddfod Genedlaethol Wrecsam (1888), traethawd a fu'n ail orau ac a gyhoeddwyd yn ddiweddarach dan y teitl *Pabell Dofydd*. Wele farn Morris-Jones am y cynnwys:

> Rhyw gymysgbeth ydyw'r traethawd hwn tebyg iawn i erthygl Glanffrwd, ond mwy penchwiban fyth na hithau. Gwibia'r awdwr yma a thraw, i'r Aifft, i China, i'r India, i Ganan, i Dir Groeg, i Ogledd America, a chenfydd yr Orsedd ymhobman. Ni raid ei ddilyn ar yr helynt hon . . . Gallwn ddifyrru'r darllennydd â llawer o ddarnau diddan fel hyn o Babell Dofydd, pe difyrrwch fai fy amcan; ond gan fy mod yn ewyllysio bod o ddifrif, rhaid i mi adael y llyfr hwn.[6]

Manteisir ar gyfle pellach i dynnu sylw at swydd yr Archdderwydd, fel y cyfryw, ac at ddiffyg hygrededd y fath swydd o fewn yr Eisteddfod. Hwfa Môn, o ganlyniad, yw'r targed unwaith yn rhagor:

> Gellir crybwyll wrth basio fod Morien ar yr wyneb ddalen yn ei alw ei hun 'Yr Archdderwydd yn ol Braint a Defawd;' a phwy a wad nad oes ganddo gystal hawl i'r teitl a Hwfa Môn, sef yr hawl sydd gan bob ymhonnwr i arddel y ffug-deitl a fynno, hawl Gwilym Cowlyd i'r teitl o Brifardd Pendant, a hawl y diweddar Fardd Cocos i'r teitl o Archfardd Cocysaidd Tywysogol.

Afraid ychwanegu na fyddai'r fath ymdriniaeth â rhai o bleidwyr yr Orsedd yn debygol o feithrin unrhyw elfen o gydweithrediad yng Nghymru rhwng y Brifysgol a'r Eisteddfod hyd yn oed mewn cyfnod o ddadeni diwylliannol.

Cyn cloi'r erthygl agoriadol hon, cyflwynir thema sy'n mynd i ddenu sylw Morris-Jones am flynyddoedd lawer ac sydd yn y pen draw yn ymylu ar fod yn obsesiwn ganddo. Roedd y pwyslais a roddid ar Forgannwg ac ar statws beirdd a thraddodiad barddol y dalaith honno yn mynd i lwyr ddiflasu'r ymchwilydd, a'r mynych sylw a roddid i hynafiaeth yr Orsedd a'i chysylltiadau deheuol yn mynd i'w bryfocio'n gyson i fod yn ymosodol a dialgar ei agwedd. Cysylltir datblygiad Gorsedd y Beirdd, felly, â thystiolaeth beirdd Morgannwg a'r ymateb i'r pwyslais deheuol hwn yn hollol ddisgwyliadwy ac yn nodweddiadol o safbwynt digyfaddawd yr ymchwilydd:

> Gallesid tybied y buasai iaith yr ysgrifau yn ddigon ei hunan i'w condemnio ar unwaith yng ngolwg pob dyn craff. Y mae'r arddull yn gyffredin, fel y sylwyd, yn amleiriog a chwmpasog, fel iaith dyn yn dyfeisio pethau i'w dweud; ac nid oes yn sŵn yr ymadrodd ddim tebyg i dinc glir y gwirionedd . . . Ond heblaw'r iaith, y mae'r defnydd ei hunan yn cynnwys lliaws o bethau y cydnebydd pawb nad ydynt wir. Adroddir fel gwirioneddau hanesyddol, lawer o hen chwedlau y buasai'n gywilydd gan neb yn yr oes hon addef arno'i hun ei fod yn ddigon ffôl i'w credu.[7]

Hynny yw, er bod yr holl dystiolaeth yn cael ei chyflwyno mewn dull trefnus a rhesymegol, mae naws y traethu yn newid cywair yn llwyr wrth i Morris-Jones ymosod ar feirdd Morgannwg ac wrth iddo honni yn ei ddiweddglo 'mai mewn gwrthryfel yn erbyn yr Eisteddfod y cychwynnodd y cyfan; ac nad oedd yr Orsedd ar y dechrau yn ddim amgen nag Eisteddfod sorri gwrthgilwyr Morgannwg'.[8]

Mae'r gwahanol erthyglau yn cynnwys dadansoddiad ysgolheigaidd fanwl o'r dystiolaeth a oedd ar gael gan gynnwys, yn y drydedd erthygl, ymdriniaeth â'r 'ysgrifau gorseddol'. Yna, yn yr erthygl derfynol (rhif 5), ceir ymgais i egluro'r gwahanol gamau yn hanes datblygiad yr Orsedd trwy grynhoi'r deunydd a gyflwynasid eisoes a manteisio drachefn ar gyfle i fynegi ymateb personol i'r holl dystiolaeth. Mae'r arolwg yn un cynhwysfawr a manwl er bod naws yr ymateb personol ar brydiau yn dueddol o brofi'n fwy lliwgar ac apelgar. Wrth sôn, er enghraifft, am ddiniweidrwydd Myfyr

Morganwg – ei fod wedi llyncu gwahanol ffug draddodiadau yn hollol anfeirniadol, traddodiad am addoli Noah a'r arch yn ogystal â'r chwedl orseddol – â Morris-Jones i hwyl sy'n atgoffa'r darllenydd o arddull ddychanol chwareus T. Marchant Williams, yr 'Acid Drop', ar ei fwyaf pryfoclyd. I'r un garfan, wrth gwrs, y perthyn Morien a chaiff yntau sylw ar yr un pryd:

> Profodd [Myfyr] ei bynciau i'w foddlonrwydd ei hun drwy gyfrwng ieithyddiaeth gyffelyb i'r un a darddai Atlantic Ocean o 'At y lan Dic! Oh, Siân!' a chymerodd arno ei fod yn archdderwydd wedi ei urddo gan Daliesin fab Iolo. Y gynysgaeth hon a etifeddodd Morien; a chaiff fenthyg colofnau'r Western Mail i draethu am dani. Dyry i ni lu o darddiadau at-y-lan-dicyddol sy'n taflu ieithyddiaeth William Owen a Rowland Jones o'r Weirglodd Fawr i'r cysgod; a sieryd mewn termau Groeg a Hindŵaidd (a ddysgodd efe gan Myfyr) am bethau na ad gwylder eu henwi . . . Gofynna Morien i mi paham nad atebaf ei ysgrifau; ni fuasai waeth gennyf feirniadu gwaith y Bardd Cocos; o'r ddau y mae ysgrifeniadau'r Bardd yn bereiddiach eu sawyr.[9]

Sonnir bod Iolo Morganwg wedi cysylltu'r Orsedd â'r Eisteddfod am y tro cyntaf yng Nghaerfyrddin yn 1819, 'sef ei himpio ar yr Eisteddfod, er mwyn gallu o honi ffynnu ar draul yr hen sefydliad cenedlaethol yr oedd hi o'i chychwyniad yn ei wrthwynebu a'i ddifrio.' Dyma'r cyfle olaf am y tro i Morris-Jones ymosod ar yr Orsedd gyfoes a gwna hynny mewn dull sy'n ymosodol a digyfaddawd ac mewn ieithwedd a fyddai yn y pen draw yn sbarduno ymateb yr un mor uniongyrchol groch gan selogion yr Orsedd. 'Ffug o'r hen dderwyddiaeth oedd yr Orsedd gynt', meddai, 'ffugiad o'r ffug hwnnw ydyw'r Orsedd heddyw'. Peth digon hawdd fyddai amlhau enghreifftiau cyffelyb am fod rhan olaf yr erthygl, diweddglo'r gyfres, yn frith o gyfeiriadau dilornus at yr Orsedd ei hun, ei dilynwyr a'i swyddogion: 'Y mae cysylltu â'r gymdeithas ddefodau ffol beirdd Morgannwg yn ddirmyg ar synwyr cyffredin ac ar Gristionogaeth'; 'Y mae Cymdeithas yr Orsedd yn ddifudd, a'i graddau'n ddiwerth, oherwydd y rhwyddineb y gollyngir pob anheilyngdod iddi'. Afraid ychwanegu fod y ffug a oedd ynghlwm wrth ei hanes wedi peri i Morris-Jones ddiystyru unrhyw agwedd ar weithgarwch yr Orsedd a allai, yn haeddiannol ddigon, ddenu rhywfaint o barch ac edmygedd. Ar ben hynny, roedd y sylw a enillasai seremonïau lliwgar yr Orsedd yn wrthun iddo ac yn embaras llwyr ar adeg pan oedd ysgolheigion yr oes yn ceisio creu delwedd academaidd newydd a fyddai'n fwy cydnaws barchus â dyheadau ysgolheigion y cyfnod. Yr her, wrth gwrs, yw cydnabod gwerth ac arwyddocâd y gwaith ymchwil manwl a gwblhawyd gan Morris-Jones ochr yn ochr â'r ymosodiadau a wnaed ar yr Orsedd, ymosodiadau sydd bellach yn cael eu hystyried yn amhriodol o frathog ac yn gwarafun i'r Orsedd a'i dilynwyr unrhyw gydnabyddiaeth o'r cyfraniad amlwg a wnaed ganddi mewn cyd-destun eisteddfodol i ddiogelu agweddau pwysig ar ddiwylliant y genedl.

Cyhoeddwyd erthyglau Morris-Jones ar yr Orsedd yn *Cymru* yn 1896. Aeth deng mlynedd ar hugain heibio cyn cwblhau manylion yr agenda Ioloaidd yn llawn; gyda chyhoeddi cyfrol Griffith John Williams *Iolo Morganwg a Chywyddau'r Ychwanegiad* (1926) daeth yn amlwg fod llawysgrifau Iolo yn gwahodd y sylw manylaf ac y byddai ymchwil academaidd pellach yn datgelu hyd a lled athron-iaeth a chreadigaethau'r gŵr rhyfedd hwnnw mewn nifer o wahanol feysydd. Pan ddewisodd Morris-Jones ymgymryd â'r gwaith o olrhain hanes Gorsedd Beirdd Ynys Prydain, ac o ddatgelu eu llinach amheus o flaen cynulleidfa genedlaethol o bob dosbarth a thuedd, yr oedd ar yr un pryd yn cyhoeddi neges ehangach ei harwyddocâd, sef bod sefydlu prifysgol yng Nghymru wedi creu cyfle i'r genhedlaeth newydd feithrin dulliau ymchwil llawer cadarnach eu seiliau. Byddai modd ffarwelio am byth â ffug ysgolheictod y gorffennol a chychwyn bellach ar astudiaeth academaidd o'r iaith Gymraeg, ei llên a'i diwylliant. Ar un olwg, roedd hanes yr Orsedd yn bwnc a fyddai'n mynnu ymchwil resymegol a manwl wedi'i seilio ar ddulliau academaidd y brifysgol newydd a gynrychiolid yma gan y darlithydd ifanc; ar yr un pryd, dyma gyfle i Morris-Jones, cynrychiolydd y dadeni ysgolheigaidd hwn, ddangos ei ddoniau ar lwyfan gyhoeddus trwy arddangos hanfodion y dull newydd hwn o drin tystiolaeth.

Fodd bynnag, roedd yna wahanol gymdeithasau a charfanau yng Nghymru a fu, ers tro byd, yn derbyn y cyfrifoldeb am ddiogelu a hyrwyddo pob math o weithgareddau diwylliannol yn absenoldeb unrhyw rwydwaith o sefydliadau cenedlaethol neu ranbarthol. Hynny yw, bu raid dibynnu ar gyfraniad cenedlaethau o gymwynaswyr brwd na fu ar gyfyl unrhyw goleg na phrifysgol, nifer ohonynt wedi meithrin doniau arbennig ar eu haelwydydd hwy eu hunain ac o fewn eu cymunedau penodol. Yn eu plith, byddai'r eisteddfodwyr hynny a fu'n gyfrifol nid yn unig am hwyluso trefniadau'r sefydliad hwnnw yn genedlaethol, ond a fu mewn nifer o achosion yn cyfrannu hefyd at raglenni diwylliannol cymunedol neu ranbarthol. Byddai modd

cyfeirio at gyfraniad gwahanol feirdd, er enghraifft, ynghyd â
chyfraniad gohebwyr a haneswyr lleol a fyddai wedi ennill cryn
brofiad y tu allan i furiau unrhyw sefydliad addysgol, yr unigolion di-
goleg hynny a fu'n arweinwyr amlwg yn eu gwahanol gymunedau ac
a lwyddodd i ennill gwybodaeth ac i feithrin sgiliau'r llenor a'r
hanesydd er gwaethaf unrhyw anfantais addysgol. Wrth ymdrin â'r
cyfryw gymwynaswyr a fu'n bleidiol iawn i'r diwylliant brodorol,
roedd angen elfen amlwg o sensitifrwydd wrth geisio pledio achos
safonau cadarnach a dieithr y byd academaidd. Hynny yw, wrth
geisio dwyn perswâd ar y garfan leyg i gofleidio'r safonau newydd o
ran iaith a thechnegau ymchwil, roedd angen mabwysiadu agwedd
lysgenhadol a chymodlawn ynghyd â dull mynegiant cydnaws er
mwyn sicrhau elfen gref o undod ymhlith y gwahanol sectorau a fu ac
a fyddai'n dal i hybu'r diwylliant brodorol. 'Y ddelwedd o'r Brifwyl y
ceisid ei meithrin yn anad yr un ddelwedd arall', meddai Alan Llwyd,
'oedd y ddelwedd ohoni fel "Prifysgol y Werin" gan gyfeirio at araith
lywyddol yr Aelod Seneddol William Jones yn Eisteddfod Genedlaethol
Lerpwl yn 1900 a honnodd "that the Eisteddfod was the university of
the democracy of Welsh people"'.[10] Nid oes raid ychwanegu fod
sefydlu Prifysgol Cymru, ar un olwg, wedi profi'n wir fygythiad i'r
brifysgol werinol honno, ac er gwaethaf unrhyw fanteision a allai
ddeillio o gydweithrediad cymodlawn rhwng y ddwy, nid felly y bu, a
'magwyd gelyniaeth ddigymrodedd rhwng y ddau gorff'.[11] Ni ellir
amau, ychwaith, nad Morris-Jones a fu'n bennaf gyfrifol am greu'r
fath elyniaeth, nid yn unig trwy ddatgelu hanfodion gau hynafiaeth yr
Orsedd, ond trwy ymosod yn bersonol ar Hwfa Môn (Rowland
Williams), yr Archdderwydd. Ac eto, ym marn Alan Llwyd, roedd y
frwydr rhwng y ddau yn frwydr 'gynrychioliadol':

> Tra cynrychiolai John Morris-Jones y ddysg a'r ysgolheictod newydd,
> cynrychiolid ofergoeliaeth a diffyg dysg yr hen ganrif gan Hwfa . . .
> Roedd 'Prifysgol y Werin' yn prysur golli ei statws, ac yn cael ei disodli
> yn raddol gan y colegau Prifysgol a godwyd gan y werin. Roedd John
> Morris-Jones a'i debyg nid yn unig yn dadlennu ffwlbri'r gred fod yr
> Orsedd yn dirwyn yn ôl i ryw gynoesoedd annelwig, ond yn tanseilio
> holl werth a phwysigrwydd yr Eisteddfod ei hun.[12]

Ac eto, nid fel 'un o elynion pennaf yr Eisteddfod a'r Orsedd' yn unig
y gwelir Morris-Jones, ond yn ddiwygiwr hefyd, un a fu'n gyfrifol am
droi 'llwyfan y Brifwyl yn ystafell ddarlithio' ar gyfer myfyrwyr

'Prifysgol y Werin'.[13] Er gwaethaf unrhyw ddadleuon dros gydweith-redu, parhau a wnaeth yr elyniaeth rhwng gwŷr yr Orsedd a'r ysgolheigion wrth i'r Gorseddogion geisio'n daer amddiffyn hynafiaeth eu defodau yn erbyn holl honiadau chwyldroadol yr academyddion. Wrth geisio cyfiawnhau'r dystiolaeth Ioloaidd, un canlyniad anochel oedd i Morris-Jones gael ei ddilorni oherwydd, 'yn hytrach na beio Iolo Morganwg am dwyllo'r genedl, beiwyd John Morris Jones am ddarganfod a dadlennu'r twyll.'[14]

Yn y fath gyd-destun gwrthdrawiadol â hwn, gellid bod yn hollol sicr na fyddai Morris-Jones yn un i ymgymryd â chyfrifoldebau'r cymodwr; nid un i gyfaddawdu fu Morris-Jones erioed ac ni allai ymwrthod â'r demtasiwn i gyhoeddi'r gwir plaen ar unrhyw achlysur, hyd yn oed pe olygai hynny greu gwrthdaro a drwgdeimlad. Yn ei olwg ef, arwydd bendant o wendid fyddai tewi yn wyneb unrhyw waith blêr neu safbwynt anghyson y dylid ei amlygu. O ganlyniad, y duedd yw edrych ar gyfraniad Morris-Jones fel un a fyddai'n ceisio creu trefn lle bu anhrefn trwy ddatgelu'r ffug a chyhoeddi'r gwir a'r dilys. 'In *Cymru*', medd K. O. Morgan, 'Morris-Jones offered caustic comment on the poor quality of the language and of the style of verse displayed at the national eisteddfod. There was criticism, too, of the bogus, folksy pageantry that surrounded its ceremonial, and of "Hwfa Mon" for retaining his faith in the authenticity of the bardic past in the face of all scholarly evidence to the contrary'.[15] Mae'r wedd feirniadol, am resymau digon amlwg, yn denu sylw. Yn rhaglun-iaethol, fodd bynnag, roedd yna ffigwr cyfoes arall a oedd yn llawer mwy parod i sicrhau cydweithrediad y gwahanol ddosbarthiadau cymdeithasol, un yr oedd ganddo wir awydd i adeiladu'r pontydd diwylliannol hynny na fu erioed yn rhan o raglen Morris-Jones: 'It was the effort to create a bridge between Welsh men and women of all classes and of widely differing levels of education that was to provide the life work of Owen M. Edwards later on.'[16]

Os oedd ffugiadau Iolo ynddynt eu hunain yn dueddol o godi gwrychyn Morris-Jones, roedd gogwydd deheuol ei genadwri yn her ingol i'r gŵr o sir Fôn. Y cam cyntaf oedd ceisio pwyso a mesur y dystiolaeth a adawyd gan y gŵr o Forgannwg, ond pan ddaethpwyd i ddechrau synhwyro mai sail y twyllo ar brydiau oedd dyrchafu beirdd y dalaith honno ar draul traddodiad barddol y gogledd, heriwyd gwrthrychedd yr ymchwilydd a'i deyrngarwch i'w ranbarth ei hun, ac enynnwyd ei lid. Rhaid cofio bod Morris-Jones yntau yn ddyn ei filltir sgwâr ac, er nad oes rhaid derbyn gosodiad Gwenogvryn yn hollol

lythrennol fod ei gyfaill bob amser yn cyfeirio at Iwerddon a'r
Deyrnas Unedig fel 'Anglesey and the adjacent islands',[17] mae'r neges
yn eglur ddigon. O gofio fod gwaith Iolo yn un o'r pynciau hynny a
oedd wedi derbyn sylw cyhoeddus y darlithydd yn gynnar yn ei yrfa,
byddai'r elfen o dwyll ynghyd â'r pwyslais deheuol wedi bod yn gryn
her i ymchwilydd â'i fryd ar arddangos goruchafiaeth ysgolheictod
prifysgol y cyfnod newydd hwn. Go brin, fodd bynnag, y byddai
cyfraniadau T. Marchant Williams i'r wasg yn beirniadu safbwynt
Morris-Jones wedi hyrwyddo'r math o ddelwedd yr oedd cynrych-
iolydd ysgolheictod y Brifysgol mor awyddus i'w meithrin a'i dyrchafu.
Brodor o Aberdâr oedd Marchant a fu'n fyfyriwr yn Aberystwyth ac
yn arolygydd ysgolion yn Llundain cyn cael ei alw i'r Bar yn 1885.
Roedd yn eisteddfodwr brwd ac yn un o gefnogwyr selocaf yr Orsedd
er gwaethaf ei gysylltiad agos â'r Brifysgol, gan 'ochri â'r Orsedd a'i
chwacyddiaeth a'i ffug-hynafiaeth' yn hytrach nag 'â'r Brifysgol,
gyda'i phwyslais ar ysgolheictod, gwirionedd, gwybodaeth a dysg'.[18]
Fel golygydd *The Nationalist*, bu'n hynod frathog a ffraeth wrth
drafod gwleidyddiaeth, addysg ac agweddau ar fywyd diwylliannol
Cymru, gan ennill iddo'i hun y ffugenw amheus 'The Acid Drop'.
Yn un o rifynnau'r cylchgrawn hwnnw, mewn darn sy'n canmol
cyfraniad arbennig Iolo Morganwg i ddiwylliant Cymru, ceir hefyd
ymosodiad hynod bersonol ar Morris-Jones:

> From Iolo Morganwg down to Professor John Morris Jones of
> Llanfairpwllgwyngyll – What a drop! Iolo has been in his grave for
> three quarters of a century, and it is left therefore to others to
> vindicate his character and to protect his reputation from the smirch-
> ing touch of ungrateful and insolent pedants . . . And Iolo's services to
> Welsh literature are as much greater than those of Silvan Evans, as are
> the services of Silvan Evans greater than those of Professor John
> Morris Jones, who has been telling us for years that he is *going to*
> publish a Welsh grammar (and we are on the look-out for it), and who
> *has actually* published an expensive book of verse, which has turned
> out to be nothing better than a dish of 'jingling food for the hunger of
> oblivion.'[19]

Natur y dirywiad – 'What a drop!' – yw byrdwn trafodaeth Marchant
sydd yn dangos yn y modd mwyaf amlwg yr elyniaeth a deimlid gan
rai carfanau tuag at wŷr y Brifysgol. Am Morris-Jones, dywedir iddo
adael Rhydychen 'with a fairly good degree' a'i fod, yn dilyn hynny,
wedi cyflawni 'a considerable amount of useful literary ditching and

hedging' heb sôn am 'more sound literary work than one could reasonably have expected from a scholar of average learning and average intellect'.[20] Yn ddiau, ceir yma elfen gref o dalu'r pwyth i'r Athro yn sgil ei ymosodiad ffyrnig nid ar hynafiaeth yr Orsedd yn unig ond ar eisteddfodwyr ei ddydd a Marchant yn eu plith. 'We have a sneaking fondness for Jones', meddir ymhellach, 'notwithstanding his abuse of us and others, and we are always glad to meet him, looking as he invariably does, as clean as a pin and as fresh as white paint'. Yn ôl y disgwyl, braidd yn wahanol yw naws yr ymdriniaeth â chyfraniad Iolo:

> We cannot adequately realise what we, the Welsh people, owe to this simple, brave, upright, honest and gifted man, who has taught us to feel proud of our history, of our language and of our splendid national possession – the Eisteddfod.'[21]

Anghofir am Morris-Jones a dynghedwyd i ddiflannu 'like all the ephemeral things of this world into the realms of eternal silence and forgetfulness'. Nid felly Iolo, a fydd yn aros yng nghof ei gyd-Gymry 'as one of the most versatile and one of the most accomplished, and one of the truest and noblest of Welshmen of any time and of all time'.[22] Gellid bod yn hollol sicr y byddai arfer geiriau megis 'honest and gifted' a 'truest and noblest' wrth gyfeirio at Iolo wedi bod yn rhwym o gythruddo Morris-Jones i'r eithaf, tacteg a fyddai o ganlyniad wrth fodd yr 'Acid Drop'. Er bod Marchant yma, am resymau digon dealladwy, yn ceisio amddiffyn enw da ei dalaith yntau yn unol â'r weledigaeth Ioloaidd ac o'r herwydd yn gweld cyfle i fod yn llai na charedig tuag at Morris-Jones, ceir ar yr un pryd deyrnged i weithgarwch a gweledigaeth Iolo sydd braidd yn annisgwyl ac anffasiynol yn y cyfnod dan sylw yn wyneb yr holl feirniadaeth a ddenai ffugiadau Iolo. Mor berthnasol, erbyn hyn, yr ymddengys y dadleuon a gyflwynir gan Marchant yma, yn arbennig yn wyneb datblygiadau diweddar a'r sylw manwl a roddir i weithgareddau Iolo gan ymchwilwyr cyfoes.

Mae'n amlwg, felly, fod elfen gref o blwyfoldeb yn nodweddu datganiadau'r gwahanol garfanau yn eu hymateb i hanes yr Orsedd ac i'w hynafiaeth honedig. Yr eironi, wrth gwrs, yw bod hyn oll yn parhau hen thema Ioloaidd o gofio iddo yntau deimlo rhyw reidrwydd i ymwrthod â'r sylw arbennig a roddid i draddodiadau barddol y gogledd. Yma, gwelir Morris-Jones yn manteisio ar bob cyfle i atgoffa'i gynulleidfa am yr ymlyniad digywilydd a chreadigol hwnnw wrth draddodiad barddol yr hen Forgannwg fel bod y gwrthdaro rhwng y 'deudneudwyr' a'r 'hwntws' mor fyw ag erioed. Ceir dadansoddiad dadlennol fanwl o'r elfen ganolog hon yn hanes Iolo mewn papur ymchwil gan Cathryn Charnell-White, lle ceir ymdriniaeth ag ymateb Iolo i safbwynt y 'deudneudwyr' hynny, megis William Owen Pughe ac Owain Myfyr a ymgartrefodd yn Llundain, y bu brwdfrydedd eu cefnogaeth dros ogoniannau barddol y gogledd yn ormod i'r 'hwntw' sensitif hwnnw a fynnai weld y byd trwy ffenestri unigryw ei fwthyn yn Nhrefflemin. Roedd yr her yn un amlwg a sbardunwyd Iolo i gyflwyno ei fersiwn ef o'r traddodiad barddol: 'Bardism provided a stage on which he could, in scholarly guise, champion the south against the north with apparently authoritative historical material and secondary sources.'[23] Y canlyniad fu gwarafun i feirdd y gogledd unrhyw glod na llinach anrhydeddus wrth iddo greu system 'which set the civilization of south Wales against the barbarism of the north, and which contrasted the antiquity, freedom and lyric quality of south Walian "bardism" with the novelty, rigidity and limitation of the mere "poetry" of north Wales.'[24] Yn ei law-ysgrifau ac mewn cyhoeddiadau megis *Cyfrinach Beirdd Ynys Prydain* (1829) a ymddangosodd wedi ei farw, cyhoeddwyd goruchaf-iaeth beirdd Morgannwg ar draul traddodiadau'r gogledd wrth iddo fychanu 'the decayed edifice of Dafydd ap Edmund's school'.[25] O ganlyniad i'r damcaniaethau brodorol liwgar hyn, hawdd deall ymateb Morris-Jones ac yntau bellach nid yn unig yn derbyn cyfrifol-debau'r ymchwilydd cydwybodol ond yn cynrychioli'r genhedlaeth newydd o ddarlithwyr prifysgol ac anrhydedd ei ranbarth ei hun, a hyn oll mewn cyd-destun pur gyhoeddus. Ar y naill law, roedd rhaid datgelu unrhyw dwyll a fyddai'n dod i'r amlwg wrth ymchwilio. Ar y llaw arall, wrth gyflawni'r dyletswydd ysgolheigaidd hwnnw, roedd rhaid ffrwyno'i ddicter rhanbarthol a fyddai byth a beunydd yn ei flino wrth weld Iolo yn mawrygu beirdd Morgannwg trwy gyfrwng y dystiolaeth greadigol a gyflwynwyd ganddo.

Wrth gwrs, roedd dewis hanes yr Orsedd fel pwnc ymchwil yn benderfyniad a fu'n gyfrwng dadlennu llawer am allu a phersonol-iaeth yr ymchwilydd ei hun. Ar wahân i'w allu amlwg i gasglu a dosbarthu tystiolaeth, gwelwyd eisoes ei fod yn fwy na pharod i fynegi'r gwir plaen yn ôl y galw. O ganlyniad, profodd olrhain hanes yr Orsedd yn dipyn o her, o bosib yn fwy o her na'r disgwyl, nid yn unig i ddawn yr ymchwilydd ond i ddiplomatyddiaeth y gohebydd yn ogystal. Yn y gyfres agoriadol o erthyglau yn *Cymru* (1896) dangoswyd yn eglur, o safbwynt yr ysgolhaig, pa mor fregus oedd tystiolaeth pleidwyr hynafiaeth yr Orsedd. Trafodwyd a dadansoddwyd gwahanol ffynonellau yn wyddonol fanwl gan ddangos yn glir pa mor gryf oedd y dadleuon yn erbyn hynafiaeth honedig yr Orsedd. Roedd yr ysgolhaig wedi cyflawni ei briod waith. Mae'n wir na ddaethpwyd o hyd i'r holl wirionedd ond roedd rhesymau digon amlwg am hynny yn wyneb y pentwr o ddefnyddiau amrywiol eu natur a'u ffynhonnell a adawyd gan Iolo. Byddai angen amser a hir ymchwil i ddidoli'r gwir oddi wrth y gau. Ac eto, yn yr erthygl gyntaf un, roedd Morris-Jones wedi mynegi amheuaeth ynglŷn â seiliau hanesyddol yr Orsedd a bod 'yr ysgrifau *sy'n* sôn am dani wedi eu *cyfansoddi* yn gystal a'u hysgrifennu gan feirdd Morgannwg yn yr unfed ganrif ar bymtheg neu'n ddiweddarach'.[26] Ond nid oedd darganfyddiad o'r fath yn ddigon i ateb gofynion yr ymchwilydd. Bu raid rhannu casgliadau'r ymchwil â gorseddogion yr oes a'u cyhuddo o fod yn gynheiliaid y ffug a'r digrif ac nid yn geidwaid traddodiadau'r genedl. Yn ôl ei arfer, wrth iddo grynhoi'r dystiolaeth yn yr erthygl sy'n cloi'r gyfres, ni welir unrhyw arwydd o'r safbwynt na'r ieithwedd gymodlawn a allai fod wedi sicrhau rhyw elfen o gydweithredu.

Bu Morien (Owen Morgan 1836?–1921), un arall o wŷr Morgannwg ac un o gefnogwyr selocaf yr Orsedd, yn ceisio herio dadleuon a chasgliadau Morris-Jones ond roedd cymhlethdod anacademaidd ei ymresymu ffug yn rhwym o fod yn drech nag unrhyw ddarllenydd craff a deallus. Hawdd oedd i Morris-Jones ddiystyru'r fath gawdel o ddamcaniaethau di-sail er bod modd ystyried llymder ei fynegiant, wrth gyfeirio at waith Morien fel 'yr ynfydrwydd a gyhoeddodd wedyn dan y teitl Pabell Dofydd', braidd yn ddiangen. Yr oedd dadleuon T. Marchant Williams, fel y nodwyd, yn dilyn trywydd hollol wahanol, trywydd sydd bellach wedi derbyn cryn gyhoeddusrwydd gan ysgolheigion mwy diweddar. Yn wahanol i Morien, ni fynnai ef herio casgliadau Morris-Jones ynglŷn â hynafiaeth yr Orsedd; 'pa ots?' yw byrdwn ei ymateb i'r ddamcaniaeth arbennig honno. Cyfraniad yr Orsedd i'r Eisteddfod ac i ddiwylliant Cymru yw'r ystyriaeth bwysicaf a'r un sy'n haeddu sylw, ac ni all unrhyw ymosodiad a ddaw o gyfeiriad 'the Bangor Professor and his clique' danseilio gwerth ac arwyddocâd y fath gyfraniad. 'Talk of converting it into an academy,' meddai, 'why it would perish in a day under the chilling touch of Varsity snobbishness and affection.'[27] Yn ychwanegol at hyn, ac yn wahanol i agwedd cynifer o'i gyfoedion, nid oedd y cyhuddiadau yn erbyn Iolo wedi peri i Williams ddiystyru ei allu amlwg a'i weledigaeth hyd yn oed pan nad oedd y safbwynt hwnnw yn un mor ffasiynol. Llwyddodd ef i weld ymhellach na'r ffugio; y tebyg yw, wrth gwrs, y byddai elfen o fwynhad ychwanegol mewn amddiffyn y sawl a oedd wedi llwyddo i gythruddo'r 'Varsity mugs' yn y fath fodd:

> Being of very studious habits he gave up all his leisure moments to reading and research. In process of time he became a sound scholar, with a mind well-stored with information of the most varied and interesting character, and it is no wonder therefore to find him on terms of close intimacy with men like Priestley, Franklin and Southey.[28]

Er gwaethaf pob cymhelliad personol i herio datganiadau gwŷr y Brifysgol â brwdfrydedd afreolus yr archgecrwr proffesiynol, gellid dadlau iddo weld bod llawer mwy i weithgarwch Iolo nag a gâi sylw yn yr ohebiaeth gynhenllyd ar hynafiaeth yr Orsedd. Am na roddai Williams yr un pwyslais canolog ar ffaeleddau Iolo, gallai o'r herwydd ddechrau datblygu darlun mwy cadarnhaol a chytbwys o gyfraniad y gŵr a brofodd ei hun yn gymaint o her i ysgolheigion y dydd. Ac eto, ni allai ymatal rhag ymroi i'r math o rethreg sy'n nodweddu cymaint o'r darnau o'i eiddo sy'n ymwneud â'r Brifysgol a'i darlithwyr, a Morris-Jones yn benodol:

> Do give up the habit of calling dead men fools and liars, and living men who differ with you in respect to the Gorsedd of the bards 'deceivers who knowingly deceive the ignorant'. Get on with your grammar, Welsh life is becoming dull and we are in sore need of something to amuse us.[29]

Bymtheng mlynedd ar ôl i Morris-Jones atgyfodi'r ddadl ynglŷn â hynafiaeth yr Orsedd yng nghyfrol gyntaf *Y Beirniad* (1911), ceir cyhoeddiad sy'n cynnwys ffrwyth ymchwil fanylach ar hanes Iolo, cyfrol sy'n fan cychwyn i gyfres hir o ymdriniaethau â'r cyfoeth o lawysgrifau a adawyd gan y gŵr rhyfedd hwnnw o Drefflemin ym Mro Morgannwg. Gwobrwywyd traethawd y darlithydd ifanc Griffith John Williams yn Eisteddfod Genedlaethol Caernarfon yn 1921, a datblygwyd y deunydd hwnnw yn gyfrol a gyhoeddwyd dan y teitl *Iolo Morganwg a Chywyddau'r Ychwanegiad* yn 1926, gan gynnwys rhagymadrodd gan Morris-Jones. Dyma'r cam nesaf yn yr hanes a Morris-Jones, yn ôl y disgwyl yn gyffro i gyd fod 'y twyllwr wedi ei ddal' ('Rhagymadrodd', t. v). Mae'n amlwg bellach nad oedd Iolo mor ddiniwed â'r dehongliad a gyflwynwyd gan Morris-Jones yn *Y Beirniad*; roedd yr ymchwilydd yntau wedi'i dwyllo fel y bu raid iddo gyfaddef:

> Ond wrth geisio olrhain dechreuad a thyfiant y twyll, yr oeddwn yn hollol ar gyfeiliorn . . . Yna rywbryd tua 1906, mi welais yr adeilad a godaswn ar dywod celwyddau Iolo, yn dyfod yn deilchion i'r llawr. (tt. xi–xii)

Ceir yma hanes yr ymchwil i ddatblygiad yr Orsedd ac arwyddocâd y gwahanol gamau a fu'n rhan o'r broses. Wrth droi at bwnc 'Cywyddau'r Ychwanegiad', er cyfaddef fod Iolo 'yn ddigon galluog' i'w cyfansoddi, nid ar ei allu y mae'r pwyslais:

> Erbyn hyn yr oedd yn amlwg i bawb a ddeallai ystyr tystiolaeth y llawysgrifau, a gwir rym y profion ieithyddol, fod twyll digywilydd wedi ei gyflawni ynglŷn â'r cywyddau hyn; ac yr oedd yr holl arwydd-ion yn pwyntio at Iolo fel y twyllwr. (t. xiii)

O ganlyniad, y mae'r pwyslais ar ddatgelu'r twyll, a'r ymchwilydd G. J. Williams yn ei gael ei hun, yn ôl Morris-Jones,

> megis yng ngweithdy bathwr arian drwg, lle gellid gweld ei foldiau ac offerynnau ei grefft, ynghyd ag esiamplau o'i arbrofion a'i welliannau mewn amryw o'i gynhyrchion a geid mewn gwahanol raddau o berffeithrwydd gwneuthuriad. (t. xiv)

Erbyn heddiw, ar sail gwaith ymchwil manwl ar gynifer o 'gynlluniau' Iolo, mae modd bod yn llawer mwy cytbwys wrth bwyso a mesur natur ei gyfraniad ac wrth geisio deall cymhlethdodau ei argym-hellion. Roedd Morris-Jones, ar y llaw arall, yn byw mewn cyfnod pan oedd Prifysgol Cymru yn ceisio ennyn parch fel sefydliad addysgol o bwys trwy feithrin ac arddangos y safonau academaidd hynny a ddisgwylid gan ei ddarlithwyr a'i hymchwilwyr. Byddai datgelu twyll a gwirio dilysrwydd ffynhonnell unrhyw dystiolaeth yn rhan allweddol yn y broses o ymbarchuso'n academaidd fel bod disgwyl i'r ymchwilydd gondemnio'r ffug yn y termau llymaf posibl ac ymryddhau oddi wrth effeithiau pob ystryw a thwyll. Mae'n ymddangos mai yn y cyd-destun hwnnw y lluniwyd agenda benodol i G. J. Williams a'i wahodd gan Morris-Jones i ymestyn ei faes ymchwil i gynnwys yr holl lawysgrifau a gysylltid ag enw Iolo Morganwg. 'Ac yr wyf yn hyderu'n fawr', medd Morris-Jones ymhellach,

> y gwêl ei ffordd cyn bo hir i gyhoeddi ei ymchwiliadau i dwyll yr Orsedd, a'i choeg-dderwyddiaeth a'i hathrawiaethau gau; ac i lawer o'r anwireddau (pwysicaf, beth bynnag) am hanes Cymru a gyhoedd-wyd gan y twyllwr ac a gredid fel efengyl yn y bedwaredd ganrif ar bymtheg. (t. xv)

Yn anffodus, mae'r elfen o dwyll a fu'n dylanwadu mor drwm ar bob ymdriniaeth ar Iolo o eiddo Morris-Jones, yn gwarafun unrhyw ddehongliad cadarnhaol ei naws fel mai'r 'ddamcaniaeth garedicaf am Iolo' meddai 'yw nad oedd ef yn foesol gyfrifol am ei weithred-oedd'. (t. xvi)

Mewn erthygl yn dwyn y teitl 'Llenorion a Lleygwyr', ceir fod Saunders Lewis yn diffinio natur y broblem a wynebai ysgolheigion proffesiynol yr ugeinfed ganrif ac yn ceisio amgyffred rhesymeg safbwyntiau cyferbyniol eu naws a'u pwyslais. Cydnebydd i ddechrau arwyddocâd a phwysigrwydd ysgolheictod diweddar:

> Y mae'r hyn a ddangoswyd am darddiad yr Eisteddfod, am yr Orsedd, am Gyfrinach y Beirdd, am ffugion Iolo Morganwg, yr hyn a eglurwyd gan Syr J. M. Jones, gan Mr Ifor Williams, gan Mr G. J. Williams yn llwyr a llawn, yn ffeithiau profedig, di-droi'n-ôl. Yn hanes ysgolheig-iaeth Gymraeg fe ymddengys yr efrydiau hyn ymhen cenhedlaeth arall yn glasuron ymchwil feirniadol.[30]

Sonnir hefyd am gyfrifoldeb pellach sydd ynghlwm wrth y datgelu a'r dadansoddi; rhaid dangos yn eglur nad yw'r math hwn o ymresymu academaidd, ffeithiol yn golygu amddifadu cymdeithas o'r hyn a brisiwyd ac a ddathlwyd ers cenedlaethau:

> Rhaid yw i uwchfeirniadaeth dorri ar hen ddaliadau a thybiaethau, ac yn enwedig rhaid iddi wneud hynny pan fo'r tybiaethau hynny'n wreiddiol yn ffrwyth ffugio a thwyllo. Ond yr hyn nas deallodd y llenorion yn ddigon eglur yw bod yr hwyrfrydigrwydd i dderbyn eu goleuni newydd yn codi oddi ar ofn y lleygwyr y bydd eu hetifeddiaeth hwynt yn dlotach oblegid y torri hwn, y bydd eu traddodiadau a'r

pethau a garasant ac a brisiasant yn lleihau a diflannu. Ni ddangosodd y llenorion yn ddigon pendant nad tlodi llên a sefydliadau Cymru heddiw a wnânt, ac am na ddangoswyd hynny bu'r wlad yn gyndyn i wrthod eu darganfodau.[31]

Yn hyn o beth, gellir dadlau fod Saunders Lewis yn adleisio'r hyn a gyhoeddwyd yn ddi-flewyn-ar-dafod gan T. Marchant Williams, sef nad oedd gwrthbrofi hynafiaeth yr Orsedd mewn unrhyw fodd yn tanseilio gwerth ac arwyddocâd y sefydliad. Wrth ymateb i honiadau Morris-Jones y dylid ymbellhau oddi wrth weithgareddau'r Orsedd, dywed Marchant yn *The Nationalist*:

> The original indictment, one remembers, fell absolutely flat. What did it amount to? That the Gorsedd was not as old as the Deluge. Who cared? What really mattered was that however old it might be, it still retained the rejuvenescent qualities of youth . . . The 'mystic circle' lost nothing of its fascination for the multitude, on the contrary, its ceremonial grew in attractiveness and influence from year to year. The Professor has not forgiven the bards the serenity with which they received his first onslaught. He crawled into his tub and consoled himself with the pessimistic philosophy of Omar Khayyam. Drink your wine, eat your banana, and enjoy your book, especially if it be your own . . . Because the Gorsedd is not the inheritor of druidic rites and beliefs as described by Caesar, Strabo, and Lucan, it is not fit to be the central authority of the Eisteddfod – that is the Proffesor's argument . . . To be candid, the whole thing is nothing but academical conceit and bombast. The Professor seeks to discredit the officials of the Gorsedd by saddling them with pretentions which they never so much as entertained.[32]

Mynegir syniadau sy'n ddigon rhesymegol a chall gan un a oedd wrth ei fodd yn amddiffyn enw da'r Orsedd. Nid oes angen ychwanegu ei fod wrth ei fodd, hefyd, yn manteisio ar bob cyfle i ymosod ar safbwynt Morris-Jones a'i drafod mewn ieithwedd sy'n 'asidig' liwgar ar bob achlysur. Wrth olrhain arwyddocâd y gwahanol gyhoeddiadau ysgolheigaidd, myn Saunders Lewis na chollodd yr Eisteddfod ddim o'i pharch na'i statws yn sgil yr holl ddadleuon ynghylch llinach yr Orsedd:

> Bellach fe wyddys mai peth a gychwynnwyd yn niwedd y ddeunawfed ganrif yw'r Eisteddfod, ac a dyfodd i'w ffurf bresennol yn y ganrif

ddiwethaf. Gan hynny, a amddifadwyd yr Eisteddfod o'i hen urddas a pharch a phwysigrwydd? Oni chollodd hi gyda'i hynafiaeth bob hawl mawr ar ein serch? Naddo ddim, ond yn hytrach fel arall.[33]

Y mae Iolo Morganwg erbyn hyn wedi bod yn destun rhaglen ymchwil gan Ganolfan Uwchefrydiau Cymreig a Cheltaidd Prifysgol Cymru, ac yn y rhagair i gyfrol agoriadol y prosiect sonnir mai un o'r prif amcanion yw 'to rescue this remarkably many-sided man from those who have disregarded, misunderstood or ridiculed him in the past, and to rehabilitate him as a figure of singular importance in the history of Wales'.[34] Mae'n amlwg, felly, fod Iolo gydag amser wedi ennill iddo'i hun y math o gydnabyddiaeth a wrthodwyd iddo pan ddechreuwyd ar y gwaith o ddarllen ei lawysgrifau. Yn wyneb dehongliad gelyniaethus a difrïol Morris-Jones o waith Iolo, nid annisgwyl ei weld yntau bellach yn denu beirniadaeth gan ysgolheigion cyfoes sy'n llawer mwy ymwybodol o'r cyfoeth o ddeunydd a ddiogelwyd gan Iolo ochr yn ochr â'r 'ffugiadau' hynny a fu'n lliwio naws yr asesiadau cynnar ar ei waith. Mae'r rhod wedi troi ac erbyn hyn ymwrthodir yn gyfan gwbl â dehongliad gwreiddiol Morris-Jones o Iolo'r 'twyllwr' a fu'n llygru ffynonellau hanes.

Afraid nodi, felly, fod stori'r Orsedd yn un hir a chymhleth sydd wedi gwahodd ymdriniaeth fanylach nag erioed gan ymchwilwyr cyfoes. Derbyniodd Morris-Jones gyfrifoldebau'r ymchwilydd cyd-wybodol ar ran y Brifysgol a datblygiad hollol naturiol oedd olrhain hanes yr Orsedd a oedd yn elfen ganolog a gweladwy yng ngweith-gareddau'r Eisteddfod Genedlaethol, prif lwyfan ddiwylliannol y genedl. Ond fel a ddangoswyd, nid datgelu'r ffug oedd unig nod y gwahanol gyhoeddiadau. Ymddengys fod ystyriaethau eraill yn mynnu sylw'r ymchwilydd, sef fod yr Orsedd yn cael ei chondemnio ar sail datguddiadau'r arolwg hanesyddol a gorseddogion amlwg y cyfnod yn cael eu dilorni yn yr un cywair. Ar adeg pan oedd ysfa hollol ddealladwy i ennill parch a hygrededd i'r Brifysgol, roedd gwaith Iolo Morganwg yn rhwym o fod yn her i unrhyw ymchwilydd a fynnai gyhoeddi goruchafiaeth ysgolheictod broffesiynol yr oes newydd dros safonau llai sicr y gorffennol. Roedd ymdeimlad amlwg fod cenhedlaeth newydd o ysgolheigion yn dechrau ymsefydlu ac yn dechrau meithrin y sgiliau ymchwil a allai weddnewid y sefyllfa. Ac eto, er bod yn awr gyd-destun a chyfeiriad newydd i gynlluniau ymchwil, y gwir amdani oedd bod Iolo Morganwg wedi ymyrryd â chwmpawd yr ysgolheigion. Ar adeg pan roddid cymaint o bwyslais ar fod yn ddysgedig ddibynadwy mewn cyfnod o oleuni ysgolheigaidd newydd, roedd Iolo wedi tarfu ar yr holl gynlluniau hyglod trwy adael ar ei ôl y casgliad rhyfeddaf o dystiolaeth yn gyfuniad o'r dibynadwy a'r ffug a fyddai'n her i genedlaethau lawer o ymchwilwyr.

Wrth droi at yr Eisteddfod a oedd i'w chynnal yng Nghasnewydd yn 1897, sonia John Morris-Jones am ddull yr oes o hysbysebu gwahanol weithgareddau trwy gyfrwng 'papurau newyddion', ond cyfeirir hefyd at yr hen ddefod o 'anfon rhingyll i bob ffair a marchnad' i'r un perwyl. Nid yw hyn oll ond ymgais i osod y llwyfan cyn cychwyn ar yr ymosodiad cyfarwydd ar yr Orsedd oherwydd, wrth dderbyn na ddisgwylir i bwyllgor Casnewydd ddilyn yr 'hen ddefod' o fynychu'r gwahanol ffeiriau a marchnadoedd, ychwanegir y 'buasai hyn yn fwy rhesymol ganwaith iddynt ei wneuthur, na gwahodd beirdd yr Orsedd i chware'u ffiloreg yng Nghasnewydd er difyrrwch i'r estron a gwrid wyneb i'r genedl'.[35] Mae'n amlwg fod y 'ffiloreg' hon yn ffynhonnell annifyrrwch a chywilydd i'r ymchwilydd ac yn creu embaras mawr iddo fel Cymro, yn enwedig o ystyried fod yr holl weithgareddau yn creu 'difyrrwch i estron'. Nid yw'r dymuniad a welir yn y diweddglo i'r gyfres erthyglau, felly, yn un annisgwyl: 'Rhodder y goreu i'r chware ffol hwn, a'r ymffrostio mawr a'r bloeddio; a gwneler rhyw waith distaw a fo a'i duedd i ddyrchafu iaith a barddoniaeth a llenyddiaeth Cymru'.[36]

7 ∽ John Morris-Jones a'r Eisteddfod Genedlaethol: Athro'r Genedl

MAE eironi gogleisiol yn perthyn i hanes Eisteddfod Genedlaethol Llandudno 1896. Roedd Gwilym Cowlyd eisoes wedi bod wrthi'n ceisio tanseilio awdurdod yr Orsedd a oedd ar fin ymgynnull yn enw'r Eisteddfod Genedlaethol i gydnabod doniau beirdd buddugol Llandudno; roedd ganddo yntau ei Orsedd ar lan llyn Geirionydd yng Ngwynedd, un ac iddi dras hynafol y gellid ei chysylltu, meddai ef, ag enw Taliesin ac a elwid ar wahanol adegau yn Orsedd Taliesin, Cadair Taliesin, Gorsedd Gwynedd ac Arwest Farddonol Glan Geirionydd. Mewn cylchlythyr o'i eiddo, ceir rhybudd pendant i'r holl feirdd ('Loyal Bards of Wales') 'that no lawful Chair nor Gorsedd of Welsh Bards will be held at Llandudno in connection with the Eisteddfod this year, and that any person or persons joining a counterfeit fabrication or fraudulent imposition aping such functions will divest themselves of every Bardic privilege'.[1] Fodd bynnag, tua'r un pryd, pan oedd paratoadau ar y gweill ar gyfer yr eisteddfod honno, bu raid i Hwfa Môn a'i gyd-orseddogion dderbyn ergyd bellach ac annisgwyl pan gyhoeddodd Morris-Jones ei erthyglau yn amau hynafiaeth yr Orsedd. Hynny yw, ymhell cyn i feirdd yr Orsedd ymgynnull y flwyddyn honno, roedd bygythiad amlwg i gredoau'r gorseddogion hynny a oedd wedi hen gynefino â phatrymau seremonïol yr Eisteddfod a'r statws a fwynheid o'r herwydd. Ond synhwyrid, hefyd, y byddai bygythiad llawer mwy diriaethol i'w ystyried ac y byddai gofyn i Morris-Jones yntau fod yn bur wyliadwrus adeg y Brifwyl. 'A fydd arnoch angen gwarchodlu yn Llandudno tybed ddiwrnod y cadeirio', meddai Robert Bryan wrtho mewn llythyr ychydig fisoedd cyn dyddiad yr Eisteddfod, 'pan fyddwch fel Daniel gynt yn ffau'r llewod?'[2] Yn ddiamau, roedd y gyfres o erthyglau yn ymdrin â hynafiaeth yr Orsedd wedi creu cryn argraff ond pe bai cyrch gorseddol yn cael ei drefnu, byddai catrawd 'o wyr grymus Maelor yn barod i ymrestru ar unwaith i'ch amddiffyn'! Gellid synhwyro, wrth gwrs, pa mor barod y byddai Morris-Jones i dderbyn rôl y drylliwr delwau ac i gynrychioli safbwynt academaidd y Brifysgol; gwyddys am ei bwyslais cyson ar herio'r gau ac ar ei ymlyniad wrth yr hyn y gellid ei brofi ar sail ymchwil fanwl. Roedd Morris-Jones ar y naill law yn herio traddodiad a oedd yn ganolog i statws yr Orsedd, a Gwilym Cowlyd ar y llaw arall yn bygwth y sawl a fyddai'n mentro cynnal unrhyw gau ddefod a elwir ganddo'n 'counterfeit fabrication'.

O dan y fath amgylchiadau, ni ellid rhoi gormod o bwys ar yr heddwch eisteddfodol sy'n sail i weithgareddau'r Orsedd. Oherwydd yng nghanol y cyffro anochel a grewyd gan y gyfres o erthyglau i *Cymru*, wele Morris-Jones yn cael ei wahodd i feirniadu am y tro cyntaf ar gystadleuaeth yr awdl yn yr Eisteddfod Genedlaethol. Dyma fersiwn T. Gwynn Jones o'r hanes:

> Yn fy ymyl eisteddai gŵr ieuanc dieithr i mi; gwallt du iawn, syth ac yn hytrach yn llaes a thrwchus, weithiau'n tueddu i ddisgyn dros ei dalcen ar un tu a chuddio ei lygad, ac yntau'n ei droi ymaith yn rhyw chwyrn â'i law . . . Yn y man, dyma orymdaith y beirdd i mewn. Wrth basio'r lle yr oeddym ni yn eistedd, troes yr 'Archdderwydd' [Hwfa Môn], edrychodd yn dra digllon ar y gŵr ieuanc, estynnodd ei law a rhol o bapur ynddi tuag ato, gan fwmian rhywbeth yn dra cynhyrfus, fel yr ymddangosai i mi. Pwy bynnag a gerddai nesaf i'r 'Archhdderwydd', cydiodd hwnnw yn ei fraich ac aeth y beirdd i fyny i'r llwyfan. Chwarddodd y gŵr ieuanc. Bûm yn siarad ychydig eiriau ag ef am y digwyddiad, oedd wedi ei ddifyrru ef yn fawr. Ni ryfygais ofyn iddo pwy ydoedd ac ni ddywedodd yntau ddim amdano'i hun, ond yr oeddwn yn sicr yn fy meddwl fy hun mai John Morris-Jones ydoedd, a gwybûm cyn nos mai ê.[3]

Roedd holl gyffro dramatig yr achlysur wedi ysgogi Gwyn Thomas, yntau, i gynnig ei fersiwn bersonol ef o'r hanes yn ddiweddarach:

> Dyma'r beirdd yn ei gorseddu hi i mewn i'r babell a'r Archdderwydd Hwfa Môn – dyna ichwi enw, 'Hwfa Môn', *vacuum cleaner* o fardd, Hwfer Môn! – yno'n talsythu. Dacw Hwfa'n oedi, ac yn troi ei olygon yn ddicllon ar ŵr ifanc yn yr un rhes â T. Gwynn Jones, a bron yn ymosod arno â rholyn mawr o femrwn, nes iddo gael ei ddarbwyllo.[4]

Ar yr un pryd, mae Gwyn Thomas yn fwy na pharod i gydnabod apêl grymus traddodiad er gwaethaf datguddiadau pob ymchwilydd sef 'fod sioe a bajis a band a dawns flodau'n gryfach pethau na gwirioneddau hynafol'. Roedd cynnwys herfeiddiol yr erthyglau, bid siŵr, wedi bod yn destun trafod yn Llandudno yr wythnos honno. Er enghraifft, mewn erthygl yn *Y Geninen* dan enw 'Pen y Gogarth' sy'n canmol regalia newydd yr Orsedd, ceir cyfeiriad dychanol chwareus at ymosodiad Morris-Jones ar yr Orsedd ac ar rai o brif gynrychiolwyr y sefydliad hwnnw. Yn ddiamau, roedd y neges wedi cyrraedd ei chynulleidfa:

> Er bod y cyfarfod yn foreu, yr oedd yno dyrfa fawr bob dydd a dywedir fod y Proffessor Morris-Jones mewn disguise yn mysg yr edrychwyr ac yn dotio ar yr olygfa. Y mae rhai o'r beirdd yn son am wneyd tysteb iddo am ddwyn yr Orsedd i sylw, a'i fod yntau wedi bodloni derbyn y god aur a'r ruban glas ar y Maen Llog pan fydd y trefniadau'n barod a bod Morien wedi addaw cyflwyno y pwrs, a Hwfa Mon yn barod i waeddi 'Heddwch'.[5]

Fodd bynnag, er gwaetha'r amgylchiadau, estynnwyd y gwahoddiad ac fe'i derbyniwyd. 'Yn 1896 yn Llandudno', medd Morris-Jones, 'y bûm yn beirniadu gyntaf ar y gadair genedlaethol, yna yn Lerpwl 1900, Bangor 1902, Rhyl 1904, Mountain Ash 1905, Caernarfon 1906, Llundain 1909, Wrexham 1912, Bangor 1915, Aberystwyth 1916, Castell nedd 1918, Barri 1920, Caernarfon 1921.' Ac wedi'r rhestru, noda'r canlynol: 'Y mae'n debyg mai'r hyn a roes syniad i'r pwyllgorau y gwyddwn reolau barddoniaeth oedd cyhoeddi Awdl "Cymru Fu: Cymru Fydd" yng *Nghymru*, Awst 1892.'[6]

Dyna'r cefndir yn fras, ac eto, byddai'n ddiddorol cael gwybod mwy am hanes y gwahoddiad o gofio pa mor ddamniol i hygrededd yr Orsedd yr oedd datguddiadau Morris-Jones a pha mor ymosodol a dibrisiol yr oedd wrth ymdrin â safiad gwahanol swyddogion a fynnai arddel sefydliad a oedd mor amheus ei linach. Bu cryn feirniadu ar yr Eisteddfod Genedlaethol ei hun dros y blynyddoedd a bu hanes penodi Hwfa Môn mewn cyfarfod brys yn Amwythig yn 1894 yn symbol o'r math o weinyddu mympwyol a oedd yn nodweddiadol o hynt a helynt yr Eisteddfod Genedlaethol yn ystod y cyfnod ar ddiwedd y bedwaredd ganrif ar bymtheg. Dyna fyrdwn llythyr a anfonodd Vincent Evans, er enghraifft, ysgrifennydd Cymdeithas yr Eisteddfod, at Arlunydd Penygarn (T. H. Thomas, Arwyddfardd cyntaf yr Eisteddfod Genedlaethol), yn dilyn penodiad sydyn Hwfa Môn yn Archdderwydd gan y grŵp hynod ddethol o orseddogion a gafodd wahoddiad i'r cyfarfod brys: 'The Association has not taken upon itself to interfere in any way in this matter, but I did mildly suggest to Eifionydd the advantage of consultation and co-operation. He however wants his own way and I am in no way responsible for the Shrewsbury farce.'[7] Mae'n wir fod Arlunydd Penygarn ac eraill wedi ymdrechu i sicrhau gwell trefn ar weithgareddau'r Orsedd, a bod comisiynu regalia newydd wedi bod yn ddull o ychwanegu at urddas y seremonïau. Fodd bynnag, parhaodd yr anniddigrwydd a'r ymosodiadau achlysurol. Flynyddoedd yn ddiweddarach, yn 1912, roedd y sawl a gyfrannodd erthygl i *Wales*, er enghraifft, yn mynegi cwynion digon cyfarwydd ac yn gweld bai o hyd ar Gymdeithas yr Eisteddfod a'r Orsedd fel ei gilydd:

> Before it was formed there was no body competent to manage the Eisteddfod in any way; but we would like to submit most respectfully that the time has now come when the Association, if it is to merit the confidence of our countrymen, should be restituted. The Gorsedd itself needs to be thoroughly reformed. It is no longer composed of persons possessing the divine gift of song or of music. Its members are titled or wealthy patrons of the Eisteddfodau, ambitious lawyers, fashionable physicians, notoriety-hunting humbugs, pretty girls, and a few bards and musicians. Nor need the bards necessarily possess the divine gift. They are admitted as ovates, bards, and Druids, not because they have composed a work which shows that they possess a 'Awen wir', but because they have passed an examination in Welsh grammar, and have mastered the rules of the Chinese puzzles which are duly laid down in that immortal work, the Ysgol Farddol, of Dafydd Morganwg . . . The real reason for these absurdities is that the Gorsedd lacks organisation.[8]

Digon tebyg yw dyfarniad W. J. Gruffydd mewn rhifyn diweddarach o'r un cylchgrawn. 'Critics of the Eisteddfod', meddai, 'fall, therefore, into two opposite classes – those who think the Eisteddfod an unmixed blessing, and those who regard it as an unmitigated evil.' Yn y garfan gyntaf, deuir o hyd i'r dynion llwyddiannus hynny 'who deliver orations on Eisteddfod platforms, men who are generally so detached from any literary or artistic interest as to find it safest to hide their lack of knowledge under high-sounding, platitudinous flattery'.[9] Mae'r thema yn un gyfarwydd ac yn adlewyrchu i'r dim yr hyn a draddodwyd yn yr erthygl gynharach. Am yr ail ddosbarth, y rhai na welant unrhyw fudd mewn eisteddfod, ystyrir eu bod yn perthyn 'to that very serious and high-minded class of English gentlemen who contribute to the Tory press . . . a society of writers who have studied and thoroughly mastered the art of echoing the opinions of bilious old colonels and militant parsons of the old school'. Rhwng y ddwy garfan, rhaid sicrhau lle 'for the opinion of the unprejudiced educated Welshman' a mynnu fod yr Eisteddfod Genedlaethol yn adlewyrchu bywyd diwylliannol y genedl ar ei orau. Mae'n wir fod tuedd yn W. J. Gruffydd yntau i fynegi'r gwir plaen, ac eto ni ellir anwybyddu craidd ei genadwri, sef bod angen diwygio'r Eisteddfod Genedlaethol, bod angen gwell trefn, a bod angen cael gwared ar y dosbarth hwnnw o 'platform orators' a oedd yn dibynnu ar yr Eisteddfod am lwyfan flynyddol ac a oedd o'r herwydd yn erbyn unrhyw newid; 'and so naturally see no fault with an institution which, if it were changed or in any way reformed, would know them no more'.

Gellid awgrymu, o ganlyniad, nad oedd yr Eisteddfod Genedlaethol ar ddiwedd y bedwaredd ganrif ar bymtheg yn derbyn cefnogaeth unfrydol a digymysg pob dosbarth yng Nghymru. Rhaid dyfalu, felly, o safbwynt bwriad swyddogion yr Eisteddfod, fod gwahodd ffigwr fel Morris-Jones i feirniadu i feirniadu yn golygu creu cysylltiad amlwg â'r Brifysgol ac yn ennill i'r sefydliad, o'r herwydd, elfen gref o hygrededd o gyfeiriad hollol newydd ac allweddol. Roedd Morris-Jones wedi datblygu'n ffigwr amlwg mewn nifer o gyd-destunau cyhoeddus ers tro ac yn athro prifysgol er 1894, pan sefydlwyd cadair Gymraeg ym Mangor. Yn ddiamau, felly, enillasai enw iddo'i hun a statws arbennig yng ngolwg ei gyd-Gymry, ac roedd bellach yn arbenigwr yn ei faes ac yn awdurdod ar yr iaith Gymraeg a'i llenyddiaeth. Er iddo yntau gysylltu'r gwahoddiad â chyhoeddi'r awdl 'Cymru Fu: Cymru Fydd' nôl yn 1892, ymddengys fod yna resymau cadarn eraill a fyddai wedi sicrhau iddo ei le ar lwyfan yr Eisteddfod Genedlaethol. Ond beth am safbwynt Morris-Jones ei hun a'i ymateb ef i'r feirniadaeth gyhoeddus a fyddai'n codi o bryd i'w gilydd? Mae'n siŵr ei fod yntau yr un mor effro i ffaeleddau'r Eisteddfod â'i gyfaill W. J. Gruffydd, ac afraid ychwanegu na fyddai rhwysg a gorymdeithio'r Orsedd yn debygol o'i ddenu. Fodd bynnag, roedd yna ystyriaethau eraill o natur hollol wahanol a fyddai'n rhwym o fod wedi peri iddo feddwl o ddifrif am dderbyn y cynnig i gyfrannu at weithgareddau'r Eisteddfod. Byddai derbyn gwahoddiad i feirniadu cystadleuaeth y gadair yn yr Eisteddfod Genedlaethol, er enghraifft, yn cynnig cyfle i annerch cynulleidfa luosog o'i gyd-Gymry a hynny o lwyfan prifwyl amlycaf y genedl. Byddai sicrhau llwyfan o'r fath yn atyniad hollol amlwg i'r sawl a fynnai hyrwyddo agenda ieithyddol a llenyddol a hynny mewn cyd-destun cenedlaethol. Hynny yw, estyniad i'r ystafell ddarlithio oedd y pafiliwn, estyniad lle y gallai Morris-Jones – yr athro a'r Athro cenedlaethol – gyflwyno'r gwersi ieithyddol a llenyddol a fyddai'n ddull o ledaenu hanfodion agenda radical ei naws a fyddai'n arwain yn y pen draw at ddadeni yn hanes barddoniaeth y genedl. Er bod hyn oll yn gryn her, yn enwedig i erlidiwr y gorseddogion a beirniad eu gweithgareddau, ceir tystiolaeth o lawer cyfeiriad sy'n brawf o lwyddiant ei ddycnwch a'i strategaeth. Yr agwedd a fyddai'n denu sylw y mwyafrif oedd ei fod 'fel beirniad yn cyfareddu'i gynulleidfa trwy lafar-ganu iddi ddyfyniadau o Awdl y Gadair'. Mae Cynan, wrth ddwyn i gof ei ymweliad cyntaf â'r Eisteddfod Genedlaethol yn 1906 ac yntau'n 'hogyn un-ar-ddeg oed ar y pryd', yn ceisio egluro cyfrinach y traethu a wnaeth gymaint o argraff arno:

> Mae llawer o siarad wast ynghylch safonau adrodd, neu ddiffyg safonau adrodd yn ein heisteddfodau heddiw. Wn i ddim beth a ddywedai rhai o'n beirniaid adrodd modern petai ymgeisydd yn lliwio ac yn llafar ganu darn o gywydd fel hyn ger eu bron; ond mi wn hyn – na chlywais i neb erioed a fedrai gyflwyno miwsig y gynghanedd yn debyg i John Morris-Jones, ag eithrio efallai T. H. Parry-Williams. Dyma adroddwr ar lwyfan eisteddfod a fyddai'n dryllio rheolau redi-mêd y Llawlyfrau Adrodd bob un, ac yn llafar-ganu barddoniaeth gaeth nes bod honno'n ennill ei ffordd trwy'r glust hyd at galon hogyn un-ar-ddeg oed, a'r dylanwad yn aros arni ym mhen pum-mlynedd-a-deugain![10]

Dro ar ôl tro, bu'n cyfareddu'r gwahanol gynulleidfaoedd trwy adrodd, yn ei ddull unigryw, ddarnau cofiadwy o waith y beirdd gorau a'r perfformiad ei hun yn ffynhonnell cryn fwynhad iddo. Wrth gwrs, byddai ambell gystadleuydd llai dawnus yn falch i allu cuddio y tu ôl i'w ffugenw wrth i wendidau'r ymgeiswyr aflwyddiannus gael eu datgelu a'u collfarnu mewn modd digon uniongyrchol a di-lol. Disgwylid i'r beirniad, hefyd, egluro hanfodion yr awdl gan nodi cryfderau'r gwahanol ymgeiswyr ynghyd â ffaeleddau'r sawl a drechwyd gan ofynion y gynghanedd a'r gwahanol fesurau traddodiadol. Ac eto, er gwaethaf pob cyfrifoldeb o'r fath, nid oedd unrhyw amheuaeth fod Morris-Jones wrth ei fodd yn llafarganu'r darnau hynny a oedd yn ei blesio ac yn gwerthfawrogi'r cyfle i rannu'r pleser hwnnw â'i gynulleidfa. Ond yr oedd cael ymdrin yn ieithyddol a thechnegol â'r gwahanol awdlau yn ystyriaeth bwysicach fyth i

Morris-Jones yr ymgyrchwr a fynnai herio safonau llenyddol y bedwaredd ganrif ar bymtheg. Yn rhinwedd ei swyddogaeth fel beirniad, câi gyfle i gynnig sylwadau ar y gwahanol awdlau ac i ddangos yn eglur i'r gynulleidfa genedlaethol a oedd o'i flaen wendidau'r gwahanol gyfansoddiadau a gyflwynid o ran iaith, crefft a chynnwys. Hynny yw, wele gyfle i ddylanwadu ar safonau barddonol y dydd, i gollfarnu barddoniaeth athronyddol a diwinyddol y ganrif o'r blaen ac i gyflwyno ei syniadau ef am natur yr awdlau gorau ac am y math o ymdriniaeth destunol a fyddai'n ei foddhau. Afraid ychwanegu y byddai'r cynulleidfaoedd eisteddfodol hyn yn lluosocach o lawer na dosbarthiadau'r Brifysgol ond bod y genadwri'n gyson â nodweddion yr agenda ddiwygiadol a fu'n sail i weithgarwch Morris-Jones ym mhob cyd-destun.

Derbynnir mai yn Eisteddfod Genedlaethol Lerpwl yn 1900 y gwelwyd ei wir ddylanwad am y tro cyntaf ac, o droi at ei feirniadaeth ar yr awdl, ni raid aros yn hir cyn adnabod naws ddigamsyniol y cywair mynegiant hwnnw a oedd mor nodweddiadol o gynifer o'i ddatganiadau eraill ar wahanol bynciau. O'r cychwyn cyntaf ceir ganddo'r gwir plaen. Er bod cynghanedd nifer o'r ymgeiswyr yn 'lled gywir', 'rhyfedd', meddai, 'mor salw yw Cymraeg y rhan fwyaf ohonynt. Os bydd dwy ffurf ar air i'w cael, y maent bron yn sicr o ddewis y fwyaf *angh*ywir. Ni ddilynant mo'r hen awduron na'r Beibl Cymraeg'.[11] Hynny yw, mewn cyd-destun eisteddfodol, braidd yn annisgwyl oedd canfod y fath bwyslais ar broblemau orgraff ac iaith wrth i'r beirniad gyflwyno i'w gynulleidfa ei wers eisteddfodol gyntaf:

Lle mae *eu* neu *au* i fod, troir ef yn rhywbeth arall; dywedir *goraf* gan rai yn lle *goreu*. Troir *uchaf* yn *uwchaf* am ei fod yn tarddu o *uwch*, fel pe dywedid *buwchod* am mai *buwch* yw'r unigol. Dodir g yn y gair *wyneb* yn ol llygriad rhai tafodieithoedd, er nad oes *gwyneb* na *gwynebu* yn yr holl Feibl. Yn lle hen eiriau Cymraeg, arferir cyfieithiadau llythyrennol o'r Saesneg; y mae *dyddiol* yn gymaint tebycach i *daily* na *beunydd* neu *feunyddiol*, a felly *dyddiol* a geir. Gwanychir geiriau trwy ychwanegu atynt sillafau diangenrhaid; ni wyddech wrth rai o'r awdlau fod y fath beth a *bugail* yn bod; troir ef yn *fugeilydd* neu *fugeiliwr*. Ond yn y ferf y gwelir hyn amlycaf: dywedir *canfyddodd* yn lle *canfu* − y cam nesaf fydd dywedyd *byddodd* yn lle *bu*; ceir *dalia* yn lle *deil*, *agora* yn lle *egyr*, *gosoda* yn lle *gesyd*, *rhodda* yn lle *rhydd*, *todda* yn lle *tawdd*, *troa* yn lle *try*, glasdwr yn lle hufen, i lanw llinell ac i achub odl.[12]

Dyna'r neges ddigon llym a drosglwyddwyd i'r ymgeiswyr am y gadair yn 1900 ac i unrhyw ddarpar fardd a oedd yn digwydd gwrando ar y feirniadaeth honno, neges a oedd yn adlewyrchu hyd a lled y broblem a wynebai'r ymgyrchwyr hynny a oedd mor awyddus i sicrhau cadarnach seiliau a fyddai'n arwain at ddadeni llenyddol ymhlith eu cyd-wladwyr. Yr awgrym, wrth gwrs, yw bod meistrolaeth ar y cyfrwng yn golygu gwybodaeth fanwl am reolau'r iaith, am y gynghanedd ac am y mesurau a ddewisid. Yn ychwanegol at y sylw a roddwyd i iaith, peth hollol naturiol oedd troi at ofynion y gynghanedd. Er mor dderbyniol yw gwaith y mwyafrif, ceir eithriadau llai llwyddiannus. Wrth drafod awdl 'Llygad y Dydd' yn Eisteddfod Bangor (1902), er enghraifft, dywed Morris-Jones: 'Afrwydd a llafurus yw'r ymadroddiad yn yr awdl hon; nid yw'r bardd wedi meistroli'r gynghanedd; hi sy'n peri iddo ysgrifennu'n ol ei gofynion hi . . . Y mae hyn i'w deimlo trwy'r awdl – y gynghanedd yn feistress [*sic*].'[13] Nid yw diffygion yr ymgeisydd hwn yn unigryw, fodd bynnag: 'Pa bryd y dysg beirdd yr oes hon fod *gh* yn *c* yn ol sain briodol yr iaith? Y mae *Plygain* yn ysgrifennu drycin yn "dryghin" a thybia felly y gwna'r tro i ateb "ddraig"; ni fuasai waeth iddo ysgrifennu ateb yn "adheb", a'i gynganeddu ag "ydyw".'[14] Ar ben hynny, byddai'n rhaid ailystyried rôl y bardd a chynnig canllawiau newydd ac argymhellion o ran cynllun a thema a fyddai'n annog beirdd y cyfnod i ymbellhau oddi wrth ffasiynau'r Bardd Newydd a'r haniaethu athronyddol hir-wyntog a fu'n nodwedd mor amlwg yng ngwaith cynifer o feirdd eisteddfodol y bedwaredd ganrif ar bymtheg. Dyna fan cychwyn beirniadaeth Morris-Jones yn Eisteddfod Bangor yn 1902:

Derbyniwyd deg o awdlau. O'r deg y mae dwy ar y testyn, ac wyth yn troi o amgylch y testyn. Y mae'r beirdd wedi arfer cymaint â thestynau ansoddol i awdlau, nes tybied nad yw'r gynghanedd yn gyfaddas i ddim ond i bregethu a thraethu meddyliau cyffredinol ynddi; a cheisio gwneuthur hynny y mae'r wyth hyn . . . Ychydig sydd yma am ymadawiad Arthur, a llawer am ysbryd yr Arthur ymadawedig. Heblaw hyn nid yw'r un o'r wyth wedi medru taflu ei hun i fyd yr hen ramantau; nid oes yn eu canu ddim o swyn yr oesoedd gynt. Fe ddywedodd rhyw feirniad fod Tennyson yn portreadu Arthur fel '*English gentleman*' – gwr bonheddig o Sais; y mae'r ymgeiswyr hyn yn ei bortreadu megis pregethwr neu flaenor parchus o Gymro.[15]

Hynny yw, ar wahân i'r sylwadau penodol ar iaith a gallu cynganeddol yr ymgeiswyr, ceir ymgais benodol i ddylanwadu ar y modd y disgwylid i'r beirdd ymdrin â'r testun.

Roedd i'r eisteddfod 'Forris-Jonesaidd' honno ym Mangor, arwyddocâd arbennig ym marn Bobi Jones a'r 'flwyddyn 1902 i'w ddynodi'n ddyddiad trobwynt derbyniedig yn hanes ein llenyddiaeth.'[16] Ochr yn ochr â dylanwad Morris-Jones, sonnir am 'awdl T. Gwynn Jones, pryddest anfuddugol W. J. Gruffydd, a thelynegion Eifion Wyn'. Yn ddiau, roedd y 'safoni ieithyddol' o'r pwys mwyaf, 'ac yn lle'r ysgolheictod amaturaidd di-ddal (a oedd weithiau'n wirion; yn aml iawn yn ddigon cymeradwy), sefydlodd John Morris-Jones a'i gymheiriaid ysgolheictod proffesiynol na fedrai neb amaturaidd bellach ei wrthwynebu'. Ond sonnir, hefyd, am 'y gwelliant mewn safonau esthetaidd' ac am 'y newid thematig'. Hynny yw, o flwyddyn i flwyddyn, byddai Morris-Jones yn ei feirniadaethau yn parhau i ymgyrchu, yn parhau i nodi'r gwallau iaith, i dynnu sylw at y diffygion cynganeddol ac i geisio dylanwadu ar y modd y byddai'r beirdd yn ymdrin â'r gwahanol destunau gosod:

> Ymwrthododd Morris-Jones a'i ddisgynyddion â chrefydd ddirywiedig diwedd y ganrif, a'i philistiaeth lethol, gan gofleidio hiwmanistiaeth yn ei lle, a'r hiwmanistiaeth honno ar y pryd yn cynnwys elfennau o epiciwriaeth ac o stoiciaeth. Yr oedd hyn yn rhan bwysig o'r adwaith thematig yn erbyn culni Fictoraidd. Yn ogystal â theimlad a dychymyg, pwysleisiwyd testunau cymharol ddieithr i'r tadau Methodistaidd llengar, sef serch a natur wyllt a hiraeth am wynfyd coll synhwyrus neu egwyddorol; eithr yr hyn a wnâi'r testunau hyn yn ddieithriach byth oedd eu bod yn ddigonol ynddynt eu hunain, nad oedd iddynt arwyddocâd trosgynnol, a'u bod yn ben draw 'ysbrydol'.[17]

Gwelir, felly, pa mor effro yr oedd Morris-Jones i bwysigrwydd a phosibiliadau y llwyfan genedlaethol hon, ac i'r modd y gellid dylanwadu ar chwaeth lenyddol yr oes trwy ddyfalbarhau yn y gwahanol eisteddfodau i dynnu sylw at y safonau ieithyddol a'r gwerthoedd llenyddol hynny a fyddai'n effeithio ar waith y beirdd. Mae'n wir mai'r beirdd eu hunain a fyddai'n elwa fwyaf ar y beirniadaethau, ond am fod Morris-Jones eisoes wedi ennill statws academaidd yng ngolwg y wlad, byddai'r perfformiadau eisteddfodol hyn yn denu cryn sylw ymhlith yr eisteddfodwyr. Roedd hyn, wrth reswm, yn gyfrwng lledaenu'r neges i gynulleidfa genedlaethol wrth i'r gwrandawyr hwythau weithredu fel tîm o genhadon. Er mor gyndyn y byddai rhai i gydymffurfio â'r gwahanol argymhellion yn y lle cyntaf, ymddengys fod y beirdd fesul cam yn dechrau derbyn arwyddocâd y neges ac yn ildio i safonau'r 'Ysgol Newydd'. 'A public platform was given him for this purpose', medd Henry Lewis, wrth drafod ymdrechion Morris-Jones dros gywirdeb gramadegol, 'when he was called upon to adjudicate at the National Eisteddfod. Here the standard of correctness set by him gave frequent cause for complaint, but the complainants kept striving to attain his standard.'[18]

Mae'r gyfres o feirniadaethau manwl a baratowyd dros y blynyddoedd, felly, yn adlewyrchu ymlyniad ffyddlon Morris-Jones wrth yr egwyddorion hynny a fyddai'n sicrhau gwelliant, pa mor araf bynnag, yn ansawdd y cyfansoddiadau. Byddai'r profiad a gafodd yn Eisteddfod Rhydaman yn 1922, er enghraifft, yn rhwym o fod wedi'i blesio'n fawr ar ôl blynyddoedd o ymgyrchu cyson:

> Nid oes angen cymaint o sylw i iaith yr awdlau ag a fu. Fe'm cyhuddwyd gynt o roi gormod o bwys ar elfennau gramadeg mewn beirniadaethau; ond y mae'r gwelliant amlwg yn iaith y cyfansoddiadau erbyn hyn yn cyfiawnhau hynny. Y mae gwall iaith yn fefl ar y farddoniaeth orau; o roi sylw i bethau bychain . . . y ceir perffeithrwydd, ond nid peth bychan yw perffeithrwydd.[19]

Er bod y beirniad yn tynnu sylw at wendidau a oedd o hyd yn ei boeni, mae naws optimistaidd y sylwadau yn bur wahanol i'r feirniadaeth ddigalon o lem a draddodwyd nôl yn 1900 ar ddechrau'r cyfnod. Gellid derbyn, felly, fod y traethu diamwys, y dadansoddi manwl o ran iaith a chrefft ynghyd â'r anogaeth gyson, wedi dechrau dwyn ffrwyth, ac yntau bellach wedi argyhoeddi canran deg o'r anghredinwyr gwreiddiol o bwysigrwydd yr hyn a draddodid ganddo o dro i dro ar ffurf beirniadaeth ar yr awdl. Gellir deall, felly, fod y defnydd a wnaed o lwyfan yr Eisteddfod Genedlaethol yn y modd hwn yn cynrychioli un elfen mewn ymgyrch bwriadol ac amlweddog ei natur, a fyddai'n sicrhau amodau iachach ar gyfer hybu gweithgarwch llenyddol o safon lawer yn uwch na'r hyn a gynrychiolid gan waith cynifer o ymgeiswyr eisteddfodol droad y ganrif. Yn y man byddai cyhoeddi *Welsh Grammar* (1913) a *An Elementary Welsh Grammar* (1921) yn golygu bod ymdriniaethau safonol â nodweddion yr iaith ar gael i feirdd ac ysgrifenwyr yr iaith; yn yr un modd, byddai *Cerdd Dafod* (1925) yn cynnig gwybodaeth fanwl am y gwahanol gynganeddion ac am fesurau a rheolau'r canu caeth. Ar ben hynny, byddai'r beirniadaethau eu hunain a'r ymgais i ddylanwadu ar y dewis o destunau yn gymorth i sicrhau amrywiaeth o themâu mwy cydnaws â hinsawdd lenyddol yr oes wrth i feirdd gael eu hannog i ffarwelio ag athronyddu crefyddol a thraethu haniaethol y gorffennol.

Gydag amser, daeth cyfle i asesu natur ei gyfraniad a'r modd y bu i'r Eisteddfod, dan ei ddylanwad ef, effeithio ar lendid ieithyddol, crefft ac ansawdd y farddoniaeth a gyflwynid yn flynyddol. 'Yr oedd safon y farddoniaeth eisteddfodol', medd E. Morgan Humphreys,

> yn hynod o isel ers cenhedlaethau cyn dyddiau Morris-Jones . . . Ond os oedd y farddoniaeth yn sal a disafon yr oedd y feirniadaeth cyn saled a hithau. Y mae darllen rhai o'r beirniadaethau cyn dydd Morris-Jones yn peri i chwi deimlo eich bod yn symud mewn byd anhygoel bron, ac y mae gofyn eu darllen i sylweddoli pa mor od oedd y pethau a ddwedid mewn llawer ohonynt. Nid gormod dywedyd fod rhai o'r beirniaid yn gwbl anghymwys, heb wybodaeth am iaith na llenyddiaeth . . . Y mae'n debyg fod teimlad o werth addysg ac ysgolheictod yn bod yng Nghymru tua'r cyfnod hwnnw a bod rhywun mwy beiddgar na'i gilydd wedi medru cael yr athro ieuanc o Fangor ar banel y beirniaid. A dyna droi'r drol.[20]

Nid annisgwyl, yn y cyd-destun eisteddfodol, yw canfod Morris-Jones yn arddangos yr un dycnwch cynhenid a'r un argyhoeddiad cadarn ag a ganfyddir yn ei gyfraniadau i'r wasg ar bwnc yr orgraff ac wrth amddiffyn 'Cymraeg Rhydychen' rhag ymosodiadau brathog cefnogwyr yr hen gyfundrefn amatur. Yma eto, nid pawb a fynnai arddel y safonau a gyflwynwyd o lwyfan yr Eisteddfod 'ond yr oedd John Morris-Jones yn myned ymlaen trwy'r cwbl, i gywiro iaith, i fynnu safonau llenyddol rhesymol, ac i geisio adfer y cysylltiad, a oedd bron iawn wedi torri, â'r traddodiad llenyddol Cymraeg a oedd yn myned yn ôl fil o flynyddoedd.'[21]

O ystyried yr ymgecru a ddilynodd ymosodiad Morris-Jones ar hynafiaeth yr Orsedd yn ei erthyglau i *Cymru* yn 1896, mae'n eironig braidd, fel y nodwyd eisoes, mai yn y flwyddyn honno y cychwynnodd ei gysylltiad â'r Eisteddfod Genedlaethol. Er gwaethaf yr ymosodiad hwnnw, ac o gofio ffyrnigrwydd y gwrthdaro a fu rhwng lleygwyr digoleg yr 'hen' ysgol ac ysgolheigion y Brifysgol, rhaid bod ambell aelod llai penstiff ei safbwynt o blith y sanhedrin Eisteddfodol wedi mynnu cydnabod gwerth ac arwyddocâd y gyfundrefn academaidd newydd ac wedi dadlau o blaid elwa ar y fath gysylltiad. Roedd

Morris-Jones bellach yn athro prifysgol ym Mangor ac eisoes yn ffigwr cyhoeddus a oedd wedi dangos cryn awdurdod mewn amryw feysydd. Gellid tybied y byddai, ar un olwg, yn ddewis digon amlwg fel cynrychiolydd y byd academaidd ac eto, fel y nodwyd mewn cyddestunau eraill, go brin mai Morris-Jones fyddai'r dewis delfrydol i hyrwyddo amodau unrhyw gadoediad diplomataidd gall rhwng y gwahanol garfanau cynhennus. Er gwaethaf unrhyw dyndra cychwynnol, fodd bynnag, y gwir amdani yw i Morris-Jones lwyddo, yn ei ffordd unigryw ei hun, i ddefnyddio llwyfan yr Eisteddfod Genedlaethol mewn modd hynod effeithiol nes ei ystyried gan lawer yn 'Athro'r Genedl'. Wrth reswm, roedd byrdwn ac arwyddocâd y beirniadaethau eu hunain yn ystyriaeth allweddol; ond enillodd y cyflwyniadau llafar hyn enw i Morris-Jones fel 'perfformiwr', fel un a allai wefreiddio cynulleidfa. Mae'n ddiddorol meddwl hefyd fod beirniadaeth eisteddfodol, a honno'n bur aml yn ymdebygu i wers iaith mewn dosbarth neu ystafell ddarlithio, yn gallu creu'r fath gyffro. Yn ôl tystiolaeth y gwrandawyr, y rheswm pennaf am hyn oedd y modd arbennig a chofiadwy y byddai Morris-Jones yn ystod pob beirniadaeth, yn dyfynnu o waith y beirdd gorau:

> Son amdano yn adrodd barddoniaeth, yr oedd ei ddawn i wneud hynny yn cyfrif am ei boblogrwydd fel beirniad gyda thorf yr eisteddfod. Prin y buasai'r 'werin a'r miloedd' yn gwrando mor eiddgar arno yn traethu ar feiau iaith ac yn cystwyo rhodres a diogi llenyddol oni buasai am y ddawn honno. Nid oedd yn siaradwr huawdl, na rhugl hyd yn oed, a chlywais rai yn dywedyd iddynt gael eu siomi yn ei ddarlithiau. Ond yr oedd ar ei ben ei hun yn ei gyfnod fel dywedwr barddoniaeth; medrai adrodd darnau lled faith o awdl nes swyno cynulleidfa aflonydd a diamynedd i wrando arno a disgwyl am ragor.[22]

Mae'r dystiolaeth hon yn bur debyg i'r hyn a groniclir gan fyfyrwyr i Morris-Jones ym Mangor, sef bod ganddo ddawn arbennig iawn i adrodd barddoniaeth a bod darlithiau digon di-fflach ac undonog yn cael eu cyfoethogi a'u bywiocáu'n fawr o safbwynt y gwrandawr pan fyddid yn dyfynnu o waith y beirdd. Llion Pryderi Roberts sy'n cyfeirio yma at 'rym perfformiadol' y beirniad eisteddfodol:

> Gwelwn felly fod barddoniaeth unwaith eto'n gyfrwng llafar i daro'r maen i'r wal, a'r peiriant yma yw'r perfformiad. Yr oedd i farddoniaeth rym perfformiadol i gyffwrdd teimladau ac i addysgu, gan nyddu'n araf i'r cof a'r isymwybod, a gwyddai John Morris-Jones

hynny'n iawn. Yr oedd dawn lleisiol naturiol yn cyplysu â dawn ysgolheigaidd fathemategol bron o adnabod strwythur y gynghanedd yn mowldio'r llafarganu hwn, fel ei fod yn pwysleisio aceniad a chyflythreniad naturiol y gynghanedd.[23]

Hawdd o beth fyddai troi at gyfres o adroddiadau sy'n hollol gyson eu neges, sef fod gan Morris-Jones ddawn adrodd arbennig iawn a fu'n gyfrwng denu cynulleidfaoedd selog i'w glywed yn traethu'r gwahanol feirniadaethau o lwyfan yr Eisteddfod Genedlaethol. Gellid ychwanegu fod llwyddiant y perfformiadau yn ystyriaeth hollol allweddol; heb ymateb cadarnhaol ei gynulleidfa, ni fyddai modd iddo gyflwyno holl argymhellion yr agenda lenyddol a oedd wrth wraidd y gyfres o feirniadaethau.

Fodd bynnag, roedd elfen arall a fyddai'n nodweddu'r traethu o bryd i'w gilydd. Wrth reswm, natur y perfformiad llafar oedd yr ystyriaeth bwysicaf, yr elfen a fyddai'n sicrhau ymateb gan y gynulleidfa. Ac eto, ceid hefyd gyffyrddiadau dychanol chwareus, weithiau'n llymach eu naws yn ôl y galw, a fyddai'n ychwanegu elfen o hiwmor at y cyflwyniad. Am awdl 'Bardd Llednais' yn Eisteddfod Genedlaethol Y Rhyl (1904), dywedir:

Ond efallai mai'r pennill a ddengys orau ei arddull ydyw hwn:

'A Geraint mewn dull gwrol – i Ynwyl
    Adfeddiannai'r gwaddol:
    I'r teulu'n awr talai'n ol
    Y colledion cyllidol.'

'To the family he now paid back the financial losses.' Oni wêl dyn trosto'i hun nad barddoniaeth yw peth fel hyn, y mae arnaf ofn mai gobaith gwan sydd i un beirniad ei argyhoeddi.[24]

Am awdl 'Dringiedydd' (Llundain, 1909), dywedir fod y bardd yn siarad 'nid fel un a chennad ganddo, ond fel un yn ceisio rhywbeth i'w ddywedyd'.[25] Nid oedd Morris-Jones yn gwerthfawrogi, ychwaith, y 'nodiad' a gyflwynwyd gan 'Rhonabwy' (Caernarfon 1921) ar ddechrau ei awdl 'Gwaredwr'. 'Yn y meddyliau cymysglyd yma', medd y beirniad dig,

y mae syniad hollol gyfeiliornus am farddoniaeth – y syniad mai barddoniaeth yw personoli'r abstract, galw rhinweddau'n bersonau a llunio rhyw fath o alegori dywyll ohonynt. Ond rhag ofn bod ei awdl

yn *rhy* farddonol, hynny yw yn rhy dywyll, y mae'r ymgeisydd yn
gofalu am roi i'r beirniad allwedd i rai o'r dirgelion. Od oes ganddo
genadwri i'r oes traethed hi mewn rhyddiaith ddiamwys; di-fudd a di-
reswm yw ei thraethu mewn enigma gynganeddol.[26]

Yn yr un modd, byddai'r gynulleidfa yn rhwym o fod wedi
mwynhau'r cyfeiriad 'derwyddol'-gyfoes sy'n atodiad chwareus at
sylwadau'r beirniad ar ymgais Hamlet i ddarlunio 'Ymadawiad
Arthur' (Bangor 1902): 'Yna yn yr ail adran ceir derwydd yn wylo ar
ei ol – derwydd o holl bethau'r byd. Yr oedd derwydd mor ddieithr i
oes Arthur ag i Gristionogaeth ganoloesol y rhamantau; nid oedd yno
neb yn cymaint a chware derwydd fel rhai o Gristionogion yr oes
hon.'[27] Dro arall, bydd cywiro gwall o ryw fath yn arwain at sylw
ffraeth; byddai'r pwynt yn un hollol ddilys ond byddid yn ysgafnhau'r
traethu trwy ymroi i atodiad a fyddai'n difyrru'r gynulleidfa ac yn
tynnu sylw at ffolineb y gwall. Meddai am waith 'Dadblygydd'
(Bangor 1902): "Uchach" yw gair mawr yr ymgeisydd hwn; aed
ymlaen – y mae "isach", "gwaethach", "gwellach", a ffurfiau pryd-
ferth eraill tebyg iddynt, yn disgwyl yn bryderus am rywun i'w rhoi'n
addurn mewn cerdd.'[28]

Nid oes angen pwysleisio fod y cyffyrddiadau amrywiol hyn yn
nodwedd hollol fwriadol, yn ddull o fywiocáu'r traethu ac o sicrhau
ymateb gan y gynulleidfa. Ar un olwg, gellid ystyried yr agwedd hon
braidd yn annisgwyl o gofio natur ei ddelwedd gyhoeddus, ond rhaid
cofio fod nifer o'i gyfeillion agosaf yn tystio i'w ddawn storïol ac i'w
chwerthiniad iach; 'Odid well chwarddwr nag ef' oedd sylw T. Gwynn
Jones amdano,[29] tra'n pwysleisio mai wrth ymlacio ymhlith ffrindiau
agos y gwelid ei hiwmor naturiol ar ei orau. Gellid cyfeirio, o gan-
lyniad, at nifer o ffactorau a oedd yn gyfrifol am lwyddiant ei
feirniadaethau; soniwyd am ei ddoniau fel areithiwr ac am saernïaeth
ofalus yr areithiau eu hunain a fwriedid ar gyfer eu cyflwyno ar lafar.
Ond rhaid cydnabod hefyd y dycnwch hwnnw, y 'parch i iaith a
manyldeb disgyblaeth barhaus',[30] a'i sbardunai i ymgyrchu flwyddyn
ar ôl blwyddyn, er gwaethaf y siom a deimlai ar adegau yn wyneb y
rhai na fynnai gydymffurfio, i wella ansawdd gwaith y mwyafrif.
Roedd yn gyfle, hefyd, i'r beirniad annerch cynulleidfa eang o'i gyd-
wladwyr, eu darbwyllo hwythau o bwysigrwydd y Gymraeg, o'r
modd y dylai unrhyw ddarpar fardd neu lenor barchu ei rheolau a'i
phriod-ddull. Paratowyd y beirniadaethau yn ofalus, felly, ar gyfer
cynulleidfa benodol a rhoddwyd sylw manwl i'r cynnwys, i'r cyfrwng

ac i'r mynegiant. Hynny yw, byddai gofyn am gyfuniad o wybodaeth yr athro a dawn yr areithiwr, am fod pob beirniadaeth yn berfformiad a oedd wedi'i gynllunio a'i strwythuro'n ofalus. Ond yn ychwanegol at fanylder y paratoi gofalus a naws gyfareddol y traethu, ni fyddai'r strategaeth wedi llwyddo oni bai am ymroddiad amlwg a diflino Morris-Jones ei hun. Dylid pwysleisio, hefyd, fod ganddo'r statws academaidd hwnnw a'i galluogodd, yn y lle cyntaf, i sefyll o flaen y fath gynulleidfa o'i gyd-Gymry a'u hargyhoeddi o ddilysrwydd ei neges. Roedd i'r beirniadaethau, felly, arwyddocâd arbennig a nod hynod uchelgeisiol wrth i Morris-Jones ddefnyddio'r llwyfan arbennig honno fel un elfen mewn ymgyrch amlweddog. Ond roedd rhaid cyrraedd cynulleidfa ehangach ar yr un pryd:

> Daeth y feirniadaeth eisteddfodol yn llwyfan pwerus i Morris-Jones greu a chynnal persona'r beirniad awdurdodol a'r athro barddol. O'r llwyfan hwn gallai ddylanwadu yn effeithiol iawn ar werin y cyfnod – pob 'Cymro, deallus, dirodres' – er mwyn newid a chwyldroi'r drefn ieithyddol, ddiwylliannol a oedd ohoni. Trwy osod fframweithiau deongliadol a'i galluogai i ymgyrraedd at ymwybod neu isymwybod ei gynulleidfa, ac a fyddai'n codi cenadwri'r feirniadaeth uwchlaw'r neges benodol neu neilltuol ynglŷn ag awdlau'r ymgeiswyr, gallai'r perfformiad hyrwyddo ei genadwri i'r genedl. Y perfformiad a fyddai'n llywio (ac yn lliwio) dehongliad y gynulleidfa o eiriau Morris-Jones, a'r gynulleidfa, wrth gwrs, a fyddai'n trosglwyddo dylanwad y perfformiad hwnnw y tu hwnt i'r pafiliwn eisteddfodol.[31]

Er mai ymateb i waith cnewyllyn o feirdd digon amrywiol eu natur o ran safon eu crefft ac eglurder eu gweledigaeth a wneir ar un olwg, byddai'r fath berfformiadau yn tynnu sylw'r cyhoedd eisteddfodol, ar yr un pryd, at yr ymgyrch i wella safonau llenyddol yr oes. Byddai'r apêl, felly, at bawb – yn feirdd ac yn ysgrifenwyr yr iaith – sef fod parch at iaith yn golygu dysgu rheolau'r iaith a bod elfen gref o ymddisgyblu ynghlwm wrth unrhyw broses o ennill gwybodaeth. Cyhoeddid neges debyg yn ei ddosbarthiadau ym Mangor ac yn ei fynych gyfraniadau i'r wasg wrth iddo bwysleisio droeon pa mor bwysig oedd ymgydnabod â theithi'r iaith. Yma, ychwanegwyd llwyfan bellach:

> Ei gred yn neallusrwydd y werin, dyna'r rheswm paham y gallai dreulio wythnosau yn ysgrifennu i'r wasg i ddadlau dros Ffordd Ddeiniol, yn hytrach na Ffordd Deiniol; dyna'r rheswm paham yr

edrychai ymlaen at yr Eisteddfod ac at gymryd y llwyfan i roi hyfforddiant yng nghelfyddyd barddoniaeth i luoedd.[32]

Roedd i'r llwyfan arbennig hon, felly, arwyddocâd a oedd yn ei alluogi i gyrraedd cynulleidfa eang o werinwyr deallus na fyddai byth yn cael y cyfle i fanteisio ar addysg coleg neu brifysgol. 'Ni allodd fodloni', medd Caerwyn Williams ymhellach, 'hyd yn oed ar fod yn Athro Coleg; yr oedd rhaid iddo fod yn Athro Cenedl ac yn Athro Cenedl yn y pethau a berthyn i'w henaid, yn ei hiaith a'i llên'. Gellir sôn, felly, fel y gwnaeth J. E. Lloyd, fod gan Morris-Jones ddau bulpud at ei wasanaeth. Ar y naill law, roedd ganddo'r ystafell ddarlithio 'to carry his gospel from the classroom to the remotest corners of Wales'. Ar y llaw arall, roedd ganddo lwyfan yr Eisteddfod Genedlaethol:

> His second pulpit was the platform of the National Eisteddfod, and here it was marvellous to see the dominance of a bardic judge who had never won an eisteddfodic chair, and who held aloof, as a matter of deep conviction, from the bardic Gorsedd . . . But the real turning point was in 1902, when, with unerring judgement, he singled out Gwynn Jones's 'Ymadawiad Arthur', and set the seal of the eisteddfod upon the work which may fairly be regarded as the first fruits of the new poetic movement.[33]

Gwasanaethodd yr Eisteddfod Genedlaethol am gyfnod hir o Eisteddfod Genedlaethol Llandudno yn 1896 tan Eisteddfod Genedlaethol Treorci yn 1928. Drwy gyfrwng ei gysylltiad â'r sefydliad hwnnw, gellid dadlau iddo yntau elwa am iddo sicrhau iddo'i hun statws arbennig yng ngolwg ei gyd-wladwyr ac ychwanegu at yr awdurdod a enillasai eisoes trwy ei gyfraniadau i'r wasg nes ei ystyried, yng ngeiriau Lloyd, 'as the final authority upon all points of bardism'. Cadarnhawyd y safle awdurdodol hwnnw pan gyhoeddwyd *Cerdd Dafod* (1925) flynyddoedd ar ôl iddo droedio ar lwyfan yr Eisteddfod Genedlaethol am y tro cyntaf, astudiaeth sy'n cynnwys ffrwyth ymchwil blynyddoedd lawer neu, fel y dywed yr Athro Henry Lewis, 'an exposition of that poetic art which he first got to know when, in his youth, he read *Gorchestion Beirdd Cymru*.'[34]

Cyflwynodd ei wersi o flaen cynulleidfa genedlaethol a byddai'r gwrandawyr yn eu tro yn lledaenu'r neges yn eu cymunedau hwythau ac mewn gwahanol gymdeithasau diwylliannol. Y strategaeth hon, felly, a arweiniodd at ei ystyried yn 'Athro Cenedl'. Dylid cofio, wrth gwrs, mai ei nod oedd codi uwchlaw ystyriaethau a ffiniau eisteddfodol ac mai un cyfrwng oedd y beirniadaethau hyn o fewn ymgyrch llawer ehangach ei gysylltiadau ac uchelgeisiol ei nod. Er mor bwysig oedd y cyhoeddusrwydd eisteddfodol hwn a'r wedd genhadol a ddaw i'r amlwg, gwyddai yn iawn na fyddai'r sefydliad hwnnw yn ateb ei holl ddibenion. Roedd ennill cymeradwyaeth yr Eisteddfod Genedlaethol yn un peth; yng nghyd-destun adfywiad llenyddol o wir werth, byddai'n rhaid derbyn mai man cychwyn fyddai ennill gwobrau'r Eisteddfod, rhyw gyfle i fwrw prentisiaeth farddol yn hytrach na phinacl gyrfa a phen draw pob uchelgais. Roedd W. J. Gruffydd, er enghraifft, yn bur awyddus i gyflwyno cenadwri'r 'ysgol newydd' ac, ar yr un pryd, i ddatgelu ffaeleddau'r hen gyfundrefn eisteddfodol. Mae'n gymar i Morris-Jones yn hyn o beth, nid yn unig o ran ei safbwynt ond yn y modd pryfoclyd ac uniongyrchol y mynegir pob dim:

> Now this is the complaint of the new school of Welsh criticism, that for the last thirty or forty years the crowned and the chaired 'bards' (not necessarily poets) of the Eisteddfod have never been able to produce anything better than their prize poems, and that Eisteddfodic success has been the high-water mark of their development rather than the first sign of the rising tide of genius, that all the winners which the Eisteddfod has produced have never concerned themselves with writing great poetry, but rather with the gaining of prizes and distinctions . . . The Eisteddfod should be nothing more or less than an opportunity for a young man of exceptional genius to win his spurs – to catch the ear of his countrymen, and to give him confidence (and incidentally pecuniary help) to go forward towards something very much greater than he has achieved before.[35]

Y pwynt canolog yw'r modd y dylid defnyddio'r cystadlaethau eisteddfodol, sef eu defnyddio ar gyfer ennill profiad a derbyn beirniadaeth adeiladol wrth ddatblygu doniau'r bardd ac arddull bersonol. 'A university', meddir ymhellach, 'is not (as some suppose) an end in itself', ac felly hefyd farddoniaeth eisteddfodol am fod rhaid i lenyddiaeth genedlaethol godi'n uwch, 'beyond its necessarily confined outlook'. Gellid gwerthfawrogi'r pleser amlwg sy'n nodweddu'r modd y mae W. J. Gruffydd yn ymfalchïo ym muddugoliaeth ddeublyg T. H. Parry-Williams y flwyddyn honno (1912) ac yntau'n un o wŷr yr 'ysgol newydd'. Wele gyfle gwych, hefyd, i gyflwyno'i agenda bersonol ef fel cynrychiolydd yr oes newydd ac i wawdio ffaeleddau a chulni'r hen gyfundrefn eisteddfodol ar ei gwaethaf:

The chair and the crown were both won by a new poet (not a 'bard'), a scholar, a son of the people, whose inspiration came directly from the *gwerin*, but whose horizon is infinitely wider than theirs. His poems, however, are not the measure of his genius; they have simply given him the opportunity, and though they can by no means be called great except in potentiality, they will tell his fellow countrymen that he has started on the road which may lead to greatness, if he can resist the temptation to pander pettily to those whose praise is not worth the winning. The 'old school' are somewhat pathetic over it; and surely it is a heart-breaking sight to see a man of sixty still at the copy-book stage, still weaving an interminable Penelope-web of poetic exercise, still a pupil scrambling for prizes, where he ought to be master, speaking with no uncertain voice, confident in his strength, secure in his influence on the *gwerin*.[36]

Roedd arwyddion pendant fod y sefyllfa'n gwella, mai 'poet' yn hytrach na 'bard' a fu'n fuddugol y flwyddyn honno, a bod angen iddo bellach, fel pob bardd o argyhoeddiad a gweledigaeth, adeiladu ar y buddugoliaethau hynny a ffarwelio â phrentiswaith y 'copy-book stage'. Y neges ddigamsyniol oedd bod dydd yr 'old school' yn dirwyn i ben a W. J. Gruffydd wrth ei fodd yn canu cnul yr hen gyfundrefn. Hyd yn oed os nad oedd y sefyllfa mor olau ag a awgrymir gan W. J. Gruffydd yn 1912, a bod brwydrau eraill i'w hymladd, roedd cyfraniad Morris-Jones wedi bod yn un hollol amlwg yng nghyd-destun yr Eisteddfod Genedlaethol ym mlynyddoedd cynnar y ganrif. Wrth grynhoi hanes yr Eisteddfod yn y blynyddoedd yn arwain at y rhyfel byd cyntaf, mae Alan Llwyd yn cydnabod yr 'ymlafnio' a fu 'i gael y beirdd i ddeall nad oedd modd creu barddoniaeth o unrhyw werth heb gywireb a glendid iaith'. Roedd John Morris-Jones 'yn ganolog i'r chwyldro hwn' ac ef, meddir, 'yn anad neb, a ddaeth â safonau'r Brifysgol, a safonau beirdd mwyaf y gorffennol, cyn i'r Eisteddfod lwyr lurgunio barddoniaeth, i'r Brifwyl'.[37] Ar y naill law, bu John Morris-Jones yn gyfrifol am roi sylw penodol i lendid iaith ac, ar y llaw arall, am annog beirdd ei gyfnod i ymbellhau oddi wrth y canu haniaethol ac anfarddonol a fu mor ffasiynol yn niwedd y ganrif flaenorol. Roedd ei gyfraniad yn hollol allweddol:

Er nad John Morris-Jones a gadeiriodd bob awdl o bwys yn ystod cyfnod ei deyrnasiad yn nhraean cyntaf yr ugeinfed ganrif . . . ei drafodaethau a'i feirniadaethau ef, a wnaeth y Dadeni yn bosib. John Morris-Jones a fraenarodd y tir ac ef a heuodd yr hadau ar gyfer y cynhaeaf mawr toreithiog a oedd i ddilyn.[38]

8 ⸱⸱ Caniadau *John Morris-Jones (1907)*

CYHOEDDWYD *Caniadau* John Morris-Jones yn 1907. 'Y mae'r rhan fwyaf o'r *Caniadau* hyn', meddai'r bardd yn ei ragair i'r darllenydd, 'wedi ymddangos o'r blaen mewn gwahanol gyhoeddiadau.' Yr eithriadau amlwg sy'n ymddangos am y tro cyntaf yw ei 'Awdl Famon a Phenillion Omar Khayyâm', er bod yr awdl wedi'i llunio 'tua'r flwyddyn 1893 neu 1894' ac i'r gwaith o drosi penillion Khayyâm gychwyn 'yn Nhachwedd 1898 (wedi bod yn dysgu ychydig Berseg rai blynyddoedd ynghynt)'.[1] Dylid nodi fod canran uchel o'r cerddi'n gyfieithiadau, a nifer ohonynt o waith y bardd Almaeneg Heine a gyhoeddwyd gyntaf yn y cylchgrawn *Cymru Fydd* yn 1890 ac wedi hynny yn *Cymru*.[2] Wrth gwrs, byddai cyfieithu Cathlau Heine yn ddull o geisio pledio achos y delyneg ar adeg pan oedd dylanwadau eraill ar waith a oedd yn tanseilio gobeithion Morris-Jones ynglŷn â sicrhau dadeni ym myd barddoniaeth Gymraeg. O ystyried rhan gyntaf *Cerdd Dafod*, gwelir cymaint o bwyslais a rydd yr awdur ar arwyddocâd a bendithion y delyneg sy'n rhoi cymaint o le i '[d]datgan profiad' a ffurf 'y mae ei thestunau mor amrywiol â theimladau'r galon'.[3] Ac o gofio tuedd y canu eisteddfodol i fod yn llai na chynnil, nid annisgwyl yw'r sylw pellach o'i eiddo:

> Daliai Edgar Allan Poe mai telyneg yw'r unig wir gân. Nid oes y fath beth â chân faith, medd ef; y mae 'cân' a 'maith' yn wrth-ddywediad. Nid yw cân yn haeddu'r enw ond cyn belled ag y symbyla trwy ddyrchafu'r enaid; a'r symbyliad dyrchafol hwn yw mesur ei gwerth fel cân. Ond y mae pob cyfryw symbyliad wrth natur yn fyr ei barhad; ni ellir ei gynnal yn ei angerdd drwy gyfansoddiad maith iawn.[4]

Ar yr un pryd, ni allai Morris-Jones osgoi'r demtasiwn o anelu ambell sylw digon crafog at feirdd-athronwyr eisteddfodol y cyfnod a'u canu didactig:

Pan roed rhamant yn destun cadair yn 1902, mynnai'r rhan fwyaf o'r ymgeiswyr ddinistrio'r lledrith drwy gyfeirio byth a hefyd at yr oes hon, neu dynnu gwers i'r oes hon. Wrth ffugio rhamanta fe ddaw'r moesolwr diweddar i'r golwg; nid oes gantho ddigon o ddychymyg i ffugio'n iawn. Hwn yn ddïau yw'r bardd a welir amser eisteddfod mewn gwisg dderwyddol a het ffelt.[5]

Hynny yw, roedd i'r delyneg yn ei hanfod nodweddion a oedd yn apelio'n fawr at Morris-Jones; roedd y cyfrwng, hefyd, yn ddull o ymbellhau oddi wrth y math o ganu eisteddfodol a ddatblygasai'n norm yn ystod y bedwaredd ganrif ar bymtheg ac a oedd, i raddau helaeth, yn athronyddol a di-fflach. Wrth bwyso a mesur dylanwad y gyfrol, felly, tuedd beirniaid llenyddol, at ei gilydd, yw cydnabod fod y gwahanol gerddi yn cynnig patrwm o ran glendid iaith a chrynoder mynegiant sy'n her i gynnyrch eisteddfodol y cyfnod.

Mae'n amlwg fod Morris-Jones yn bur ymwybodol o'r traddodiad telynegol Cymraeg ac eto nid i'r cyfeiriad hwnnw y penderfynodd droi ar gyfer ei batrymau penodol a'i ysbrydoliaeth, ond i'r Almaen. 'Gwyddai ef', medd Hywel Teifi Edwards, 'am delynegion Ceiriog, Talhaiarn, Alun ac Ieuan Glan Geirionydd – rhai o'r ychydig bethau a garai ym marddoniaeth y ganrif ddiwethaf – ond fel y dengys ei gyfrol *Caniadau* llenyddiaethau eraill a roes iddo'i batrymau, llenyddiaeth yr Almaen yn arbennig'.[6] Gellid dadlau nad mater o greu cysylltiad newydd â'r Almaen a wneir wrth droi at batrymau telynegol priodol er mwyn ceisio ailgyfeirio gweithgarwch prydyddol y cyfnod, ond elwa ar gysylltiad a oedd eisoes yn bod mewn meysydd eraill. Gellid cyfeirio, ar y naill law, at faes diwinyddiaeth ac at y pwyslais a roddesid yng Nghymru ers tro ar ysgolheictod diwinyddol ac athronyddol yr Almaen. Ar y llaw arall, roedd ysgolheigion yr Almaen wedi bod yn gyfrifol am waith ymchwil safonol ar wahanol bynciau ieithyddol gan gynnwys ieitheg gymharol, a naturiol felly oedd i astudiaethau o'r fath ddenu sylw'r Cymry a oedd yn gweithio yn yr un maes. Cam digon rhesymegol oedd i hyn arwain, yn ogystal, at ystyried agweddau penodol ar lenyddiaeth y wlad honno ac yn arbennig at astudiaeth o gynnyrch llenorion y cyfnod rhamantaidd:

Yr oedd y cyfnod hwnnw yn hanes yr Almaen yn gyfnod o gyffro a gobaith, ac o adfywiad cenedlaethol a gydweddai'n rhyfedd â theithi'r oes yng Nghymru. Priodol ydoedd felly i flynyddoedd olaf y bedwaredd ganrif ar bymtheg weled cyfieithu i'r Gymraeg gryn swm o waith Goethe a Schiller a Heine.[7]

Ar yr un pryd, y tebyg yw na fyddai Morris-Jones wedi mynd ati gyda'r fath frwdfrydedd i drosi cynifer o gerddi Heine i'r Gymraeg oni bai bod rhyw rinweddau arbennig yn y canu ei hun a fyddai wedi apelio ato. 'Y mae yn y caneuon', meddai, 'fwy o fiwsig nag y gellir byth ei gyfleu mewn iaith arall, ond fe geisiwyd yn y cyfieithiadau hyn, gyfleu'r gynghanedd, lle'r oedd modd; ac y mae gan Heine lawer i linell sydd o fewn dim yn gynghanedd gywir yn ol rheolau D. ab Edmwnt, heb law cynganeddion tlysion eraill na ddycbwyd i reffynnau rheolau erioed.'[8] Yn ychwanegol at y cysylltiadau penodol hyn rhwng ysgol-heictod Cymru a'r Almaen, y gwir amdani oedd bod gwaith Heine ac Omar Khayyâm yntau, wrth gwrs, yn hynod boblogaidd yn Lloegr ar y pryd ac y byddai Morris-Jones yn ystod ei gyfnod yn Rhydychen yn bur ymwybodol o'r sylw amlwg a roddid i'r naill a'r llall. Bu Matthew Arnold yn gyfrifol am dynnu sylw at waith Heine mor gynnar â 1865 mewn ysgrif yn ei *Essays in Criticism*,[9] a chyn cyhoeddi cyfieithiadau cyntaf Morris-Jones yn 1890 rhoddid cryn sylw i waith y bardd Almaeneg yn Lloegr a chyfieithu fersiynau lawer o'i gerddi i'r Saesneg. Priodol nodi, felly, fod llawer o'r gweithgarwch hwn yn cyd-daro â chyfnod Morris-Jones yn Rhydychen a bod detholiad safonol o'i waith, *Poems Selected from Heinrich Heine*, a baratowyd gan Kate Freiligrath Kroeker wedi'i gyhoeddi yn 1887.

Roedd Morris-Jones yn bur ymwybodol hefyd o draddodiad telyn-egol ei famwlad ond bod angen cydnabod, yn ogystal, ddylanwad y gweithgarwch llenyddol hwnnw yn Lloegr a fu'n gyfrifol am boblog-eiddio barddoniaeth yr Almaen a gwaith Heine yn benodol. Wrth reswm, o ystyried agwedd elyniaethus Morris-Jones at gynnyrch barddonol ei ddydd, a'i atgasedd at gyfraniad negyddol yr Eisteddfod yn hyn o beth, roedd y pwyslais hwn ar ganu telynegol yn elfen allweddol yn yr ymgyrch i adfer y sefyllfa. Mae hon yn thema gyfar-wydd a gyflwynir mewn cynifer o ymdriniaethau â dadeni llenyddol yr ugeinfed ganrif a gellir synhwyro mai'r nod yw gosod esiampl trwy gyfrwng y cyfryw gyfieithiadau er mwyn cynnig arweiniad i ddarpar lenorion a'u hannog i ffarwelio am byth â safonau amheus yr hen gyfundrefn. Yng ngeiriau Hywel Teifi Edwards, wrth iddo olrhain arwyddocâd dadeni'r ugeinfed ganrif:

Ar ddechrau'r ganrif hon roedd mawr angen deddfwr o'i allu ef i achub yr awen Gymraeg rhag trengu [*sic*]. Buasai honno druan, ers rhai blynyddoedd, mewn perygl o'i thagu gan Orseddogion hunan-bwysig megis Hwfa Môn, Cadvan a Thudno ac o'i mygu tan bentyrrau

arwrgerddi, awdlau, pryddestau a myfyrdraethau'r 'Bardd Newydd'
. . . Yn erbyn y rhain y cododd Syr John ei lais beirniadol a'u tra-
arglwyddiaeth hwy a'i symbylodd i gyfansoddi'r awdlau a'r telynegion
a roes obaith newydd i'r awen Gymraeg. Nawr y mae'n werth cofio
mai fel bardd y dechreuodd gyntaf frwydro dros adfer ffresni a
gloywder i'n barddoniaeth. Lluniodd ei faniffesto lenyddol ar ôl rhoi
i'w gyfoeswyr, yn arbennig yn ei delynegion, batrwm y farddoniaeth
bur y rhoes ei fryd arni.'[10]

Wrth ddilorni cynnyrch barddonol y bedwaredd ganrif ar bymtheg, y
duedd oedd canolbwyntio ar ffaeleddau'r 'Bardd Newydd', am ei fod
yn 'ymroi'n bwysfawr i ddatgelu cyfrinach y greadigaeth a'r gwir-
ionedd am fywyd "tu hwnt i'r llen"'. Fel arfer, roedd ymateb Morris-
Jones yn uniongyrchol bendant:

> Ffieiddiai Syr John y cyfan, y "gwag-fetaffisegu", y cenadwrïo, y
> pregethu a'r moesoli di-ball . . . Addurnwr bywyd, felly, oedd y gwir
> fardd i Syr John Morris-Jones, nid pregethwr, athronydd, cenadwrïwr
> na dim byd o'r fath . . .Yn ôl Syr John yr oedd testunau hanfodol
> anfarddonol, megis testunau haniaethol y "Bardd Newydd", na ddylid
> ymhél â hwy o gwbl, mwy nag y dylid defnyddio geiriau haniaethol
> neu undim cras, afluniaidd ac amhersain mewn cerdd.[11]

Mae'n amlwg fod Morris-Jones yn sylweddoli fod gwir angen
patrymau barddonol newydd i'w gosod gerbron ei gyd-Gymry a'i fod
wedi achub ar y cyfle i droi at waith beirdd yr Almaen a oedd yn bur
boblogaidd yn Lloegr ar y pryd. Gellid honni, felly, fod tuedd i
ystyried yr arweiniad ymarferol a gynigid i genhedlaeth newydd o
feirdd yn bwysicach ystyriaeth na chynnwys a gweledigaeth y cerddi
fel y cyfryw, a bod i'r cyfieithiadau arwyddocâd penodol o ran ffresni
testunol a glendid iaith. 'A puritan thumb', meddai Saunders Lewis,

> had smudged the sensuousness out of the language. John Morris-
> Jones cleansed it, gave it back its lissomness and sheen, and made it
> again an instrument for song. Though more scholar and artist than
> critic, it was he who, in his early essays, spurned the moralising and
> absract themes of the Nonconformist eisteddfod, and pointed to the
> Mabinogion and the Mediaeval romances as the proper inheritance of
> poets. In his own few lyrics and in his translations of Heine he showed
> how a scholar's care for niceness of word and phrase could, even with-
> out any great endowment of imagination, produce delicate songs.[12]

O droi at y cerddi a droswyd o'r Almaeneg, gwelir fod yr holl bwyslais ar waith Heine y rhamantydd, bardd y cyfnod cynnar cyn iddo gefnu ar y cerddi serch a datblygu'n sylwedydd ar anghyfiawnder cymdeithasol ac ar hawliau'r unigolyn. Anwybyddwyd cynnyrch yr ail gyfnod wrth i'r cyfieithydd ganolbwyntio ar delynegion serch y bardd Almaeneg, gan drosi 37 o gerddi ynghyd â rhai o'r 'Berg-Idylle', cerdd hwy o *Die Harzreise*. Poen a thristwch serch a drafodir, y serch seithug sy'n sail i'r rhwystredigaeth a deimlir a'r cefndir yn adlewyrchu, mewn rhyw fodd neu'i gilydd, brudd-der sefyllfa'r carwr o fardd. Yr un yw elfennau'r cerddi gwreiddiol, 'yr un darlun a'r un meddylfryd' am mai 'ymarferiadau ydynt ar yr un themâu yn union â'r caneuon a droswyd o waith Heine'.[13] Yn yr un modd, y nod oedd dychmygu neu greu'r sefyllfa yn hytrach na bod Morris-Jones yn anelu at gyfleu ei brofiadau personol ei hun. Er gwaethaf confensiwn o'r fath ac er gwaethaf y ffaith mai telynegion benthyg oedd cynifer o gynnwys ei *Caniadau*, roedd i'r corff hwn o ganu, fel yr awgrymwyd eisoes, werth penodol fel cyfrwng i herio athroniaeth a chynnyrch y 'Bardd Newydd' er mwyn gwaredu barddoniaeth gyfoes rhag pob arlliw o ddiwinydda ac athronyddu'r mudiad hwnnw.

O ganlyniad, ni ellir adnabod unrhyw newid cywair o ystyried y 'Dyrïau' gwreiddiol a welir yn *Caniadau* am mai'r un yw'r cefndir, yr un yw'r awyrgylch a digon tebyg yw natur y prif ddelweddau. Erys niwloedd a naws ledrithiol rhyw wlad afreal, bell, a'r bardd yn ôl y patrwm Heineaidd yn freuddwydiol bruddglwyfus. O bryd i'w gilydd, canfyddir elfen o hapusrwydd wrth i'r niwl godi fel bod y bardd, neu yn hytrach y cymeriad a grëir ganddo, yn llwyddo am unwaith i ddianc rhag effeithiau'r pruddglwyf ac yn llawenychu ym mhleserau'r foment. Yn y gerdd 'Y Gwylanod',[14] er enghraifft, mae'r carwr yn cerdded ar lan y môr yn breuddwydio am ei gariad ac yn gweld 'cwmwl o wylanod / buain llwyd' yn hedfan uwch ei ben. Wrth newid cyfeiriad gwelir y gwylanod yng ngolau'r haul, 'yr adar llwyd-ddu', bellach 'yn ddisglair wyn'. Yna daw'r atodiad eglurhaol a'r bardd y bu ei gyflwr unwaith yn ddigon 'llwyd' yn canfod ei 'ddyddiau' yn cael eu gweddnewid yng ngoleuni'r trawsnewid: 'Tywynnodd gwawl dy gariad arnynt – / Gwyn a golau ŷnt i gyd'. Er bod y delweddau yn nhraddodiad Heine, gwneir i fyd natur adlewyrchu teimladau'r bardd gyda'r fath dra-chywirdeb amlwg fel bod y symbolaeth yn profi'n hollol ddiffrwyth ac aneffeithiol. Mae'r gerdd yn gorffen pan fydd pob elfen wedi'i chyfateb yn fathemategol fanwl. Digon tebyg yw adeiladwaith 'Seren y Gogledd', gyda'r pwyslais y tro hwn ar bwysigrwydd 'un seren wen' y bydd pob seren arall yn symud o'i hamgylch. Yn ôl y patrwm cyfarwydd, sy'n cysylltu'r amgylchfyd naturiol â chyflwr y bardd, pwysleisir fod gan y bardd yntau ei 'seren wen':

> Holl sêr fy nef sydd yn eu cylch
> Yn troi o'i hamgylch hi.[15]

Hynny yw, bydd y pennill sy'n cau'r gerdd yn cynnig mynegai i'r gwahanol ddelweddau a ddewisir fel bod y cydbwysedd mathemategol yn awgrymu elfen o ddiffyg ffydd mewn cynulleidfa wedi'i chodi ar fath hollol wahanol o ganu. Gydag amser, byddai modd ymddiried mewn darllenwyr mewn cyfnod pan welid 'gwelliant mewn chwaeth esthetaidd' a oedd 'ynghlwm wrth gywiro'r swyddogaeth lenyddol'.[16] Yn raddol y newidiodd y sefyllfa, meddai Bobi Jones ymhellach, ond trwy ddarllen yn helaethach ac 'ymgydnabod â chlasuron estron ac â safonau llenyddol gorffennol Cymru . . . hyfforddwyd to newydd mewn gwerthoedd celfyddydol, a thyfodd parch amharchus at rin a grym iaith a ddefnyddid mewn modd hydeiml a chreadigol'. Fodd bynnag, o ystyried cerddi'r ddau fardd a'r tebygrwydd rhyngddynt o ran cynnwys a thema, gellid honni fod yna elfennau digon apelgar yng ngwaith Heine a ddenodd Morris-Jones i'w drosglwyddo i dirlun Cymreig. Ar y llaw arall, gellid dadlau fod yr apêl nid yn gymaint yn y cynnwys, ac yn benodol yn y byd rhamantaidd a berthyn i'r caneuon gwreiddiol, ond yn y mesurau telynegol a'r patrymau arbennig a ddewiswyd. Yng ngwaith Heine, fel yng ngwaith ambell fardd o Sais megis Herrick, Ben Jonson a Suckling, y cyfieithiwyd enghreifftiau o'u gwaith hwythau, byddai modd i Morris-Jones ddianc rhag y mydryddu pregethwrol a apeliai at hoelion wyth yr Eisteddfod ar y pryd, a chynnig tirlun barddonol tra gwahanol ynghyd â chyfrwng hollol newydd i bob darpar fardd. Roedd iaith ac arddull barddoniaeth yn bwnc a oedd yn mynd i ddenu sylw Morris-Jones ar hyd ei yrfa ac yn destun cyfarwydd yn ei ddarlithiau a'i feirniadaethau eisteddfodol fel ei gilydd. Roedd ei gyfieithiadau o waith Heine, felly, ynghyd â'r cerddi gwreiddiol a oedd yn ymdebygu iddynt o ran ffurf a chynnwys, yn gyfrwng i ysbrydoli cenhedlaeth newydd o feirdd ac ar yr un pryd yn fodd i hybu y defnydd o'r delyneg y byddai iddi le amlwg mewn cyfnod o ddadeni llenyddol.

O bryd i'w gilydd, ceir o hyd gyfeiriadau penodol at y gerdd 'Cwyn y Gwynt', un o'r telynegion gwreiddiol sydd wedi denu cryn sylw ar sail ei thechneg a'i chrynoder. 'Nid yw dagrau, cwynfan, ochain, wylo a gwae tybiedig y gwynt', meddai Hywel Teifi Edwards, 'namyn dychmygion un sy'n cael blas ar greu profiad o dorcalon'.[17] Yma, mae'r gwynt yn adleisio galar y bardd ond bod ffurf y gerdd yn elwa am nad oes yma'r atodiad arferol a fyddai'n ymddangos i genedlaethau diweddarach yn fynegiol hesb ei natur:

> Pam y deui, wynt, i wylo
> At fy ffenestr i?
> Dywed im, a gollaist tithau
> Un a'th garai di?[18]

Canmolir y delyneg, felly, ar sail 'yr ieithwedd ddiriaethol lân, y crynoder a'r cynildeb prin, y datblygiad sicr o'i nod, y "structural unity" sy'n nodweddu telynegion gorau Syr John i gyd.'[19] Ac eto, cyflwynwyd tystiolaeth sy'n awgrymu nad sefyllfa ffug a ddarlunnir y tro hwn yn unol â'r patrwm Heineaidd, ond Morris-Jones y bardd yn galaru ar ôl ei fam.[20] Enillodd ei delyneg 'Rhieingerdd' yr un math o sylw a chydnabyddiaeth, prydferthwch y ferch y tro hwn yn cael ei ganmol yn nhraddodiad 'dyfalu' Canoloesol, fel bod y bardd yn creu iddo'i hun rhyw Flodeuwedd o gariadferch, a derbyn geiriad yr is-deitl i'r gerdd o waith Casnodyn, rhyw 'Main firain riain gain Gymraeg'.[21] Unwaith eto, hawdd cydnabod crefft y gerdd er bod y dechneg o ddelfrydu'r gwrthrych yn y, fath fodd, sef trwy gyfrwng cyfres o gymariaethau, wedi hen ddyddio erbyn hyn.

I gyfeiriad Rhydychen y mae'n rhaid troi unwaith yn rhagor er mwyn darganfod y rhesymau dros benderfyniad Morris-Jones i ymroi i gyfieithu gwaith Omar Khayyâm. Yn ystod ei ddyddiau coleg yn Rhydychen, roedd cyfieithiad Edward Fitzgerald o waith y bardd Perseg yn bur boblogaidd ac yn destun trafodaeth frwd ymysg myfyrwyr y cyfnod. Yn 1883, yr union flwyddyn ag y dechreuodd Morris-Jones ei gwrs gradd yn Rhydychen, bu farw Fitzgerald gan ddwysáu'r diddordeb yng ngwaith Omar. Wrth geisio egluro 'pa beth a symbylodd John Morris-Jones i ymgymeryd â'r fath fynydd o waith', dyry J. G. Williams bwyslais penodol ar y cyd-ddigwyddiad hwnnw, sef i'r 'Bardd o Fôn' gael ei dderbyn i Rydychen yn 1883 a chael ei hun 'yng nghanol y cwlt Omar-Fitzgerald pan oedd hwnnw yn tynnu at ei ben-llanw ac yn dechrau ymledu ar chwâl dros y byd'.[22] Hynny yw, trwy droi at waith y bardd Perseg o'r ddeuddegfed ganrif, fel yn achos ei gyfieithiadau o waith Heine, roedd Morris-Jones wedi dewis cyflwyno gwaith bardd tramor a oedd yn bur boblogaidd gyda chynulleidfa frwdfrydig o Saeson ar y pryd. 'Mae'n amlwg', medd J. G. Williams ymhellach, 'bod John Morris-Jones wedi gweld bod y gwaith Persaidd hwn a ddaethai mor enwog ac mor dderbyniol gan genhedloedd y byd yn gyfryw ag y dylai'r Cymry hefyd ei gael yn eu hiaith hwythau'.[23] Er bod tuedd naturiol i geisio egluro apêl arbennig y cerddi a ddetholwyd ar gyfer eu cyfieithu, gellid dadlau nad y dewis ei hun yw'r ystyriaeth bwysicaf, ond ceisio deall paham y penderfynwyd cynnwys cynifer o gyfieithiadau yn *Caniadau* ochr yn ochr â'r gwaith gwreiddiol, 'un ar ddeg a thrigain o ddarnau sy'n gyfieithiadau o ieithoedd eraill' yn ôl dadansoddiad manwl Gwilym R. Tilsley.[24] Mae'n bosibl rhestru amrywiaeth o resymau digon cadarn dros gyfieithu, proses sy'n sicrhau fod modd rhannu cyfoeth llenyddol gwahanol genhedloedd tramor a lledaenu diddordeb mewn cyfres o glasuron cydnabyddedig mewn amryw ieithoedd. Diau fod elfen o'r ysfa i rannu cyfoeth llenyddol yn y cyd-destun hwn. 'Prydferthwch Heine', medd Morris-Jones, 'yw ei symlrwydd' ac er bod ei waith ar gael yn y Saesneg 'fe gollir llawer o hwnnw yn rhai o'r cyfieithiadau Seisnig'.[25]

Ac eto, awgrym Ifor Williams yw fod yna ystyriaeth arall sy'n haeddu sylw, ystyriaeth nad yw'n canolbwyntio ar gefndir a naws y cyfieithiadau ond ar bersonoliaeth y cyfieithydd ei hun. Tynnir sylw, mewn gwirionedd, gan un a fu'n fyfyriwr iddo ac yn gyd-ddarlithydd am flynyddoedd lawer, at duedd bersonol sy'n mynd at graidd gweithgarwch Morris-Jones mewn cynifer o feysydd:

> Nid â llaw rydd y tynnai lun, neu dorri llythyren, ond wrth batrwm, gyda chwmpas, a phren mesur. Arfer dda ar ddyn, meddai'r hen feirdd, oedd 'llunio gwawd wrth y llinyn'. Efallai. Ond y mae hefyd angerdd sy'n dryllio rheol. Prin yw hynny yn ei farddoniaeth ef: ni charai ddim oedd yn torri mesur, yn ystyr lawnaf y gair mesur. Felly hoffach oedd ganddo gyfieithu cerddau eraill na chanu'n wreiddiol, a ffyddlondeb i'r patrwm oedd ei nod, nid ystwythter.[26]

Wrth reswm, roedd y broses o gyfieithu yn cynnig cyfle iddo roi pwyslais canolog ar lendid iaith ac ar yr hyn a eilw Ifor Williams yn 'eglurder tryloyw'. Ar yr un pryd, wrth ymroi i gynllun o'r fath, roedd Morris-Jones yn gallu elwa ar ei ddysg eang fel ysgolhaig wrth iddo ddilyn y gwahanol batrymau a ystyrid yn briodol ar gyfer eu cyfieithu i'r Gymraeg. Roedd strategaeth o'r fath hefyd yn cwtogi ar y garfan o adolygwyr posibl a fyddai'n awyddus i fanteisio ar unrhyw gyfle i ymosod ar un o 'geiliogod y coleg', ond na fyddai'n ddigon hyddysg yn y gwahanol ieithoedd i bwyso a mesur ansawdd y cyfieithu. Dylid ychwanegu na lwyddwyd i dawelu pob llais dialgar.

Gellid felly gynnig rhesymau digon amlwg i egluro diddordeb Morris-Jones yng ngwaith Omar o gofio'r sylw a gâi yn Rhydychen ac o gofio dylanwad y cwlt Omar-Fitzgerald. Ond o droi at y gyfres penillion ei hun ac at nifer o'r themâu amlwg, gellid tybied y byddai radicaliaeth Omar wrth fodd y cyfieithydd, y radicaliaeth honno a olygai na allai'r bardd hwnnw gydnabod nac ufuddhau i'r holl fân reolau a gysylltid â dysgeidiaeth Mohamed. Yn yr un modd, synhwyrai Morris-Jones na fyddai'r cyfieithiad yn debygol o dderbyn sêl bendith crefyddwyr ei gyfnod yntau, yn enwedig o gofio'u pwyslais hwythau ar gydymffurfio â chyfres o reolau enwadol. Rhaid cofio, hefyd, i'r gyfrol gael ei chyhoeddi ryw dair blynedd ar ôl diwygiad crefyddol 1904 a fu mor drwm ei ddylanwad ar gynifer o gymunedau ledled Cymru. 'I have done about 80 of old Omar's quatrains', meddai'r cyfieithydd, ond am yr ymateb, nid oedd yr arwyddion yn rhyw addawol: 'I am afraid I shall be brought to book by the orthodox when I publish them'.[27] Fel y gwyddys, etifeddodd Morris-Jones agwedd sinicaidd ei dad tuag at grefydd gyfundrefnol ac, o ganlyniad, nid oedd yn un i arddel confensiynau enwadol ei ddydd: 'We learnt early to distinguish between morality and the observance of more or less conventional forms, and to recognize the absolute nature of the one and the comparative unimportance of the other.'[28] Ceir adlais pendant o'r agwedd hon yn yr hyn a ddywed Morris-Jones yn ei 'Nodiadau' eglurhaol: 'Gellir disgrifio Omar fel gwrthryfelwr beiddgar yn erbyn y grefydd sefydledig.'[29] Roedd yr apêl yn amlwg. Ac eto, yn ychwanegol at hynny, gellid deall atyniad arbennig athroniaeth Epicwreaidd y bardd Perseg, athroniaeth a gynrychiolid yn aml gan y cwpan llawn gwin, yn enwedig i rywun fel Morris-Jones yr oedd ei dadcu ar ochr ei fam wedi ennill cryn enw iddo'i hun fel areithiwr dros ddirwest. Byddai'r fath gyfuniad o themâu, bid siŵr, yn rhwym o apelio at dueddiadau radical y cyfieithydd, o gofio fod y fersiwn Gymraeg o'r Rubaiyat wedi ymddangos yn 1907 pan oedd effeithiau diwygiad crefyddol 1904–5 o hyd i'w teimlo ac ar adeg pan welid cryn gefnogaeth i'r mudiad dirwest.

Ym marn Hywel Teifi Edwards, fodd bynnag, roedd agwedd lawer mwy difrifol ac arwyddocaol yn haeddu sylw, sef 'fod ei ddiddordeb yn Khayyâm yn rhywbeth mwy na ffansi'r foment, yn wir ei fod yn beth bwriadus ddigon y gellir ei briodoli i'w ymwybod ag argyfwng llenyddol ei ddydd'.[30] Cyflwynir gan Hywel Teifi Edwards ddarlun digon digalon o safonau llenyddol yr oes:

> Gwlad ddiflas i artist o argyhoeddiad a dawn fyw ynddi oedd Cymru troad y ganrif. Gwlad i gydymffurfwyr oedd hi a'i llenyddiaeth yng ngafael clic yr Orsedd, y beirdd-bregethwyr ymneilltuol yr oedd 'cywirdeb' syniadau diwinyddol ac ufudd-dod digwestiwn i gonfensiynau cymdeithasol yr oes yn bwysicach iddynt mewn cerdd nag awen.

Dan amodau o'r fath, yr oedd i gyfieithiad Morris-Jones arwyddocâd tra arbennig a fu'n gyfrwng 'dwyn amheuon ac ofnau Khayyâm i mewn i lenyddiaeth a fuasai'n rhy hir dan ormes uniongrededd y seiat'. 'Gwychach na phob dim', meddai ymhellach, 'oedd i Syr John lwyddo yn ei gyfieithiad i gyfleu "cenadwri" Khayyâm mewn dull digamsyniol farddonol.' Canmolid cyfieithiad Morris-Jones o waith Omar ar sail ei geinder iaith a'i burdeb priod-ddull, ystwythder ei dechneg a gweddusder ei ffurf, y mwyaf llwyddiannus ac urddasol o'r holl gyfieithiadau. Yng ngolwg R. Williams Parry, roedd yn gyfuniad hapus o elfennau a oedd yn gynhenid anghymarus eu natur: 'Ac onid yn ei "Omar" – y gerdd bagan honno – y clywyd Cymraeg gorchestol y Beibl felysaf erioed mewn cerdd?'[31]

O ran strwythur, fel Fitzgerald o'i flaen, penderfynodd Morris-Jones greu ei gyfres penillion ei hun a fyddai'n ateb ei ddibenion personol er mwyn cyflwyno'r gwahanol themâu yn y modd mwyaf effeithiol. Penderfynwyd ar gynllun sy'n ymestyn dros bum niwrnod, y pum niwrnod yn cwmpasu bywyd y bardd. Mae egni synhwyrus yr adran agoriadol yn ildio yn y man i ymwybyddiaeth o gymhlethdod bywyd ac, yn y pen draw, i ddinodedd bodolaeth yr unigolyn. Am na all y bardd ddirnad dirgelion bywyd a natur dylanwad Duw, mae'n cwestiynu natur ei fodolaeth mewn dull sy'n amddifad o unrhyw gysur a chefnogaeth ysbrydol:

> Yn ifanc ar y doethion y gwrandawn,
>   A'u holl ddoethineb a wybûm yn llawn;
> A dyma ben y cwbl a ddysgais i:
>   'Fel dŵr y deuthom, ac fel gwynt yr awn.'[32]

Yn y man, bu'r math hwn o athroniaeth yn sbardun i waith creadigol nifer o lenorion a dramodyddion yr ugeinfed ganrif a fu'n ceisio cyfleu'r teimlad o ansicrwydd a sgeptigiaeth a oedd yn nodweddu agwedd cynifer o gymunedau ledled gorllewin Ewrop tuag at natur a nod bywyd yn gyffredinol. Wrth reswm, ni fyddai'r math hwn o athroniaeth nihilaidd wedi denu llawer o ddilynwyr yn y gymdeithas ôl-ddiwygiad, ond denwyd ambell fardd megis T. H. Parry-Williams i geisio dilyn trywydd o'r fath wrth iddo sylweddoli na allai gofleidio yn ddiniwed ddigwestiwn ddiwinyddiaeth yr oes. 'Fel dŵr y deuthom, ac fel gwynt yr awn', medd Omar; 'Ni wnawn . . .', medd Parry-Williams, 'ond llithro i'r llonyddwch mawr yn ôl'.[33] Gwêl Bobi Jones, yntau, mai gwaith y bardd Perseg 'oedd yn argoeli gryfaf y canu gorau a geid wedyn gan T. Gwynn Jones, R. Williams Parry, a T. H. Parry-Williams.'[34] Cydnebydd i ddechrau yr agwedd radicalaidd sy'n nodweddu'r penillion, 'mai gwrthryfela'n hwyliog yr oedd yn erbyn ceidwadaeth grefyddol farw a difeddwl, yn erbyn parchusrwydd llwyrymwrthod ac ymarweddiad diaconaidd nad oedd ynghlwm wrth brofiad ysbrydol, ac yn erbyn y difrïo difywyd ar synwyrusrwydd mewn iaith a llenyddiaeth'.[35] Eithr, wrth ochr yr elfen radicalaidd hon, tynnir sylw at y thema honno a ddenodd sylw Parry-Williams ac a fyddai'n sail i gymaint o weithgarwch llenyddol diweddarach, sef fod rhyw elfen o ansicrwydd a gwacter ystyr yn nodweddu patrwm bywyd. Dywed Bobi Jones ymhellach:

Ac yn wir, mewn llawer o'r penillion hyn fe geir am y tro cyntaf yn ein llenyddiaeth ymgais artistig i leisio'n groyw y gwacter a ddaethai'n gynyddol amlwg bellach er canol y ganrif ddiwethaf:

> Pan oedd im hoywder yn y bywyd hwn,
>   Gwyddwn gyfrinion y cyfanfyd crwn;
> Ond heddyw, eglur y canfyddaf fi,
>   Fy mywyd aeth ar gil, a dim nis gwn.

Mae'n nodweddiadol o agwedd ysgolheigaidd Morris-Jones at bob cynllun o'i eiddo, iddo fynnu troi at y testun gwreiddiol, a hynny er gwaethaf poblogrwydd fersiwn Fitzgerald. Yn y cyflwyniad i'r *Caniadau* dywed am y cyfieithiad, fel y nodwyd eisoes, mai 'yn Nhachwedd 1898 (wedi bod yn dysgu ychydig Berseg rai blynyddoedd ynghynt) y meddyliais am geisio Cymreigio penillion Omar; cyfieithiais ddeg neu bymtheg a thrigain o honynt y gaeaf hwnnw, ac ychwanegais ambell bennill pan gaffwn hamdden o dro i dro'.[36] Ceir gwybodaeth ychwanegol am hynt y cyfieithu yn yr atodiad i'r *Caniadau* ac yn ei ragair i argraffiad Gregynog, *Penillion Omar Khayyâm* (1928), er mai yn yr ail y ceir yr ymdriniaeth fwyaf cyflawn:

Yr oedd cyfieithiadau llythrennol Heron-Allen a hyd yn oed cyfieith-
iadau mydryddol Whinfield o help dirfawr i mi; ond ni fodlonais ar
gyfieithu eu cyfieithiadau hwy, gan y gwyddwn y gallwn yn fynych
fynegi'r meddwl yn Gymraeg yn nes i ddull y gwreiddiol nag y gallent
hwy yn Saesneg. Yr oeddwn yn weddol gydnabyddus â ffurfiau a
chystrawen y Berseg, ond yn brin fy ngwybodaeth o'i geiriau . . . Ni
ddilynais drefn yn y byd, namyn cymryd y naill bennill ar ôl y llall fel y
trawent fy ffansi . . . Ystyriais, gan hynny, mai iawn yn y cyfieithiad
oedd llunio pryddest Gymraeg o'r penillion, trwy eu trefnu hyd y
gallwn yn ôl rhediad y meddwl, a'u hasio ag ambell 'ac' neu 'ond'. Y
mae i'r bryddest a dyfodd fel hyn dan fy nwylaw bum rhan, sy megis
yn dangos allan bum niwrnod yn hanes y bardd.[37]

Ni ellir amau fod i synwyrusrwydd y canu ac i gyfres o themâu
mentrus a ffres arwyddocâd penodol yng nghyd-destun y cyfnod. Ac
eto, gellid dadlau ymhellach mai patrwm ac ieithwedd y penillion
oedd yr ystyriaeth bwysicaf fel yn achos yr holl gerddi a geir yn y
gyfrol, a dyna hefyd sydd wrth wraidd asesiad Morris-Jones ei hun.
'Whatever may be said of the quality of the poetry', meddai mewn
llythyr at Gwenogvryn, ' the book is the first attempt since Gronwy to
write correct Welsh according to the standards of the bards of the
good periods.'[38] Afraid pwysleisio pa mor allweddol oedd y cyfieith-
iadau o waith Heine ac Omar Khayyâm wrth geisio cyflwyno
patrymau sicrach o ran ffurf ac ieithwedd ar gyfer beirdd y cyfnod.

'Cyhoeddwyd yr awdl "Cymru Fu: Cymru Fydd" yn *Cymru* am
Awst 1892', meddai Morris-Jones yn ei ragair 'At y Darllenydd'. Dyma
un o ddwy awdl a gyhoeddwyd yn *Caniadau*; y llall, 'Salm i Famon',
hefyd yn perthyn i gyfnod cynharach, sef tua 1893 neu 1894. Yn y
gyntaf, mae anfodlonrwydd y bardd â Chymru ei gyfnod yn peri
iddo ymfalchïo yng ngogoniannau'r gorffennol mewn modd sy'n
adlewyrchu delfrydau Mudiad Cymru Fydd, a fu'n ymgyrchu'n frwd
dros yr iaith a'i diwylliant, cyn mabwysiadu agenda boliticaidd gyda'r
bwriad o sicrhau hunan-lywodraeth. Mae'n amlwg fod pwyslais
Cymru Fydd ar falchder ac ymwybyddiaeth genedlaethol yn dwysáu'r
cyferbyniad a ddarlunnir rhwng gwendidau'r gymdeithas gyfoes ac
ysblander y gorffennol urddasol a ddelfrydir gan y bardd. Nid oes
raid pwysleisio, felly, fod gwladgarwch pybyr y cyfnod, a adlewyrchir
mewn cynifer o gylchgronau'r dydd, i'w briodoli i raddau helaeth i
ddylanwad Mudiad Cymru Fydd. Ac felly, cyn cychwyn ar ei waith
cyfieithu a olygai ddilyn cyfres o batrymau rhagosodedig, wele Morris-
Jones yn defnyddio'r awdl i fynegi ei farn ar amrywiaeth o faterion

cyfoes. Yn ôl ei arfer, diffinnir ei safbwynt mewn dull sy'n gyson eglur a digyfaddawd. Trwy greu cymhariaeth â bonedd diwylliedig y gorffennol, cyn noddwyr y beirdd a chymwynaswyr yr iaith, tynnir sylw penodol at y modd y dirmyga'r bardd y genhedlaeth newydd o dirfeddianwyr sydd wedi ffeirio gwerthoedd canmoladwy yr hen fonedd am fateroldeb hunanol y presennol. 'Urddas a syberwyd tybiedig yr hen drefn bendefigaidd', medd Alun Llywelyn-Williams, 'a apeliai at Syr John', ac yn yr awdl hon 'cyferbynna'r bardd lendid ac urddas Cymru gynt a'i thrueni a'i hariangarwch a'i philistiaeth yn y presennol.'[39] Bu cyfnod pan berchid yr iaith:

> Gwŷr iawn a garai heniaith,
> Gwŷr hael a garai eu hiaith.[40]

Mae'r sefyllfa, ysywaeth, wedi dirywio'n enbyd:

> Ein hiaith i'n bonedd heddyw,
> 'Barb'rous jargon' weithion yw;
> Sŵn traws y 'peasant', a rhu
> I'r 'ignorant' i'w rygnu.

Yn lle'r 'Hen fonedd a fu unwaith', gresynir wrth orfod datgan 'I'w lle daeth bonedd heddyw, / A'u goreu waith gware yw'. Yn yr un modd, nid annisgwyl yw'r ymosodiad ar y garfan gyfoes o Eisteddfodwyr, y rhai a fu'n sicrhau eu statws o fewn y sefydliad hwnnw, ar sail llwyddiant materol ac nid oherwydd unrhyw barch at yr iaith na chyfraniad i weithgarwch diwylliannol:

> Ond prif wyddfod
> Yr Eisteddfod
> Am aur y god, O Gymru ! gânt;
> Ac yn y lleoedd uchaf y safant,
> Dieithr eu drych, odiaeth, yr edrychant,
> A'u Saesneg carnbwl geciant – i foli
> (Ys diwerth stori !) iaith ddiystyrant.

Yma beirniedir tuedd yr oes i gydnabod 'uchelwyr tiriog nad oeddynt yn ddim amgen na gelynion i'r iaith a'r diwylliant yr honnai'r Eisteddfod ei bod yn eu hyrwyddo'.[41] Wrth gwrs, roedd lleisiau eraill i'w clywed yn mynegi safbwynt cyffelyb trwy gyfrwng y wasg gyfoes.

Ymateb y mae W. J. Gruffydd, er enghraifft, i honiadau gohebydd yn defnyddio'r enw Henafgwr a fu'n camgyflwyno ei safbwynt:

> Ond dyma a ddywedais, ac ni flinaf ei gyhoeddi tra bo Duw yn caniatau imi, – y mae bywyd Cymru, ei haddysg, a'i chynghorau crefyddol ac yn enwedig ei phwyllgorau Eisteddfodol wedi mynd i ddwylaw masnachwyr *llwyddiannus* . . . O bob gormes, gormes arian yw'r waethaf, ac ni cha na *grocer* na *draper* air i'w ddweyd yn unman os na bo wedi gwneud ei ffortiwn.[42]

Manteisiwyd ar gyfle, yr un pryd, i ddychwelyd at un o themâu cyson Morris-Jones, sef ei wrthwynebiad ffyrnig i'r pwyslais cyfoes ar y canu haniaethol a oedd yn nodwedd mor amlwg yng ngwaith y 'Bardd Newydd' ac a feithrinwyd gan gyfres o bwyllgorau eisteddfodol yn eu dewis o destunau.

> Nid naddu diwinyddiaeth, – a hollti
> Gwelltyn coeg athroniaeth
> A hedeg uwch gwybodaeth,
> O olwg gŵr, i niwl caeth.

Mae'n briodol nodi fod yn yr awdl apêl ar i'r beirdd edrych o'r newydd ar ieithwedd a chynnwys eu canu, neges a fyddai'n cael ei hailadrodd droeon yn ei feirniadaethau eisteddfodol ac a fyddai'n destun sylw drwy gydol ei yrfa. Yr un pryd, cyhuddir beirdd y cyfnod o fod wedi bradychu traddodiadau'r gorffennol wrth ymateb i genhedlaeth newydd o gau foneddigion. 'Ac i'r rhain', medd Hywel Teifi Edwards, 'y tirfeddiannwyr crafangllyd, y rhoddir y lle blaen yn yr Eisteddfod a'r beirdd o bawb yn gwenieithio iddynt am mai'r "wobr a â a hi"'.[43] Roedd yr her i'w gyfoeswyr yn amlwg ac yntau'n dangos hynny wrth greu cyferbyniad mor ddramatig rhwng 'glendid a balchder doe' ar y naill law a 'diffyg urddas a philistiaeth heddiw' ar y llall.[44] Yr un mor uniongyrchol oedd natur ei ymosodiad ar eisteddfodwyr y dydd a'i beirdd. 'Mewn gair', meddai Hywel Teifi ymhellach, 'awdl y radical unplyg a chefnogwr cyhoeddus mudiad Cymru Fydd yw "Cymru Fu, Cymru Fydd"; darn o bropaganda angerddol ydyw.'[45] Fodd bynnag, pan adewir y darlun digalon o wendidau'r oes, canolbwyntir ar y wedd optimistaidd a gynrychiolid gan obeithion Mudiad Cymru Fydd:

Di fegi bendefigion, – oreugwyr,
Uchelwyr, â chalon
I'th garu, fy nglân fanon,
A charu'th iaith, heniaith hon.

Mewn cywair optimistaidd, felly, y diwedda'r awdl a'r agwedd honno
a bwysleisir gan William Hughes Jones mor gynnar â 1912, un sy'n
gweld yr awdl yn gyfrwng ysbrydoli cenhedlaeth newydd i ymarfogi
yn erbyn pob bygythiad i'r genedl a'i hiaith:

There is the social challenge of New Wales ringing in the strong verse
of Professor Morris Jones' *Cymru Fu Cymru Fydd*: a challenge to
Saxon and to Turncoat, a cry that Young Wales is adopting in every
valley, a cry, we pray to Heaven, that will grow louder and stronger day
by day till the time come to give over challenging, till the time come to
fight, and to win.[46]

I'r un cyfnod ac i'r un cywair y perthyn 'Salm i Famon' er bod y
cynnwys yn fwy cyffredinol ei natur wrth ymosod ar fateroliaeth yr
oes. Hawdd olrhain ffynhonnell y genadwri, unwaith yn rhagor, yn ôl
i ddyddiau coleg y bardd:

Derbyniasai John Morris-Jones yn Rhydychen syniadau Ruskin a
William Morris am swyddogaeth celfyddyd. Ceisient hwy alw'n ôl at
geinder lliw a llun fyd a âi'n hyllach beunydd gan gynnydd diwydiant
direol ac a dyfai'n fwy philistaidd ei ysbryd dan gysgod clyd rhydd-
frydiaeth *laissez faire* – ei alw'n ôl, yn hytrach na'i wthio ymlaen
at ryw weledigaeth newydd, oherwydd yn arwriaeth ac yn ysbryd
crefft yr Oesoedd Canol y gwelodd y Cyn-Raphaeliaid esiampl i'w
delfrydau.[47]

Peth naturiol oedd i Morris-Jones ac O. M. Edwards addasu'r
syniadau ar gyfer cynulleidfa o'u cyd-Gymry. Yma, ceir fod yr awdl
arbennig hon yn adleisio pryder nifer o lenorion Saesneg y cyfnod
ynglŷn â gorbwyslais y gymdeithas Fictoraidd ar gynnydd econom-
aidd a diwydiannol ar draul gwerthoedd mwy traddodiadol a
gwaraidd a fyddai'n caniatáu llawer mwy o amlygrwydd i fyd y
celfyddydau. Ar yr un pryd, ystyrid fod perygl y byddai'r gweithiwr yn
dioddef dan amodau a oedd yn rhoi cymaint o bwys ar fuddiannau'r
diwydiannwr a'r *entrepreneur*, safbwynt sy'n awgrymu elfen o gyd-
synio â daliadau sosialaidd dynion fel William Morris:

'Rhyddid i bawb a rodder – yw rheol
  Ei athrawon tyner;
Yn eu cain iaith datganer
Y ddilys ffydd – 'laissez faire !'

. . .

Athrawiaeth iachus, a grymusaf
Er dwyn y gweithiwr dan iau gaethaf,
A thwyllo llibin werin araf
O ffrwyth ei llafur a'i chur chwerwaf, –
Canys dyna'r hawddgaraf – alluoedd
A ddwg ei filoedd i gyfalaf.'[48]

Nid oes yma, felly, wreiddioldeb thema am mai adlewyrchu athroniaeth y Cyn-Raphaeliaid a wneir wrth 'fod Syr John yr un mor ddirmygus ag Arnold o'r cyfoethogion nad oedd gwerthfawrogi celfyddyd yn golygu mwy iddynt na datod llinynnau'r pwrs'.[49]

I Saunders Lewis, roedd i'r ddwy awdl uchod arwyddocâd penodol yng nghyd-destun eu cyfnod: 'Dwy awdl John Morris Jones yw barddoniaeth boliticaidd bwysicaf y bedwaredd ganrif ar bymtheg yn y Gymraeg. Yn *Cymru Fu: Cymru Fydd* dehonglodd ef ddelfrydau cenedlaethol mudiad Cymru Fydd. Yn *Awdl Famon* fe ddehonglodd ddelfrydau radicalaidd a chwyldroadol y mudiad. Y ddwy awdl hyn, nid ei gerddi serch, yw barddoniaeth fawr John Morris Jones. Ni buasai "deffroad llenyddol" dechrau'r ugeinfed ganrif heb fudiad Cymru Fydd.'[50]

Er bod eraill yn gweld perthnasedd ac apêl y cyfryw awdlau, y duedd yw ystyried ei gyfieithiadau, at ei gilydd, yn elfen fwy dylanwadol o ystyried natur a phwysigrwydd ei holl waith prydyddol yng nghyd-destun ei gyfnod. Er enghraifft, y telynegion a gyfieithodd i'r Gymraeg ym marn Alun Llywelyn-Williams 'yw ei brif gymynrodd i'n llenyddiaeth ac nid ei syniadau beirniadol'.[51] Hyd yn oed pe dewisid ymwrthod â dyfarniad hollol bendant Saunders Lewis o blaid pwysigrwydd yr awdlau, gellir yn hawdd werthfawrogi apêl y fath ganu bywiog ac afieithus ar themâu cyfoes, barddoniaeth a fyddai yn y man yn dylanwadu ar feirdd eraill megis W. J. Gruffydd a T. Gwynn Jones. Tan ddylanwad ei athroniaeth farddonol ef ei hun, cefnodd Morris-Jones ar y math hwn o ganu lle câi ryddid i ddychanu ei oes ei hun a'i sefydliadau. Y canlyniad – anffodus ar un olwg – fu iddo 'glosio fwyfwy at yr athrawiaeth honno a ddaeth mor boblogaidd yn Lloegr yn y nawdegau, sef celfyddyd er ei mwyn ei hun'.[52] Roedd disgwyl i

Morris-Jones, y bardd, adlewyrchu safbwynt y beirniad llenyddol ac wrth geisio annog ei gyd-feirdd i droi o fyd haniaethau at yr hen ramantau, y nod oedd dileu unrhyw duedd i foesoli ac athronyddu ar sail y cronicl hanesyddol a gyflwynid. Golygai hynny, yr un pryd, ymwrthod â phob temtasiwn i bwyso a mesur y sefyllfa gyfoes yn nhermau gwerthoedd rhyw oes a fu.

Er na ellir gwadu dylanwad Morris-Jones ar ddatblygiad barddoniaeth Gymraeg ym mlynyddoedd cynnar yr ugeinfed ganrif, derbynnir yn gyffredinol nad oedd ei farddoniaeth yn cyrraedd y safon uchaf. Mae'n wir fod *Caniadau* yn gyfrol ddiddorol ac arwyddocaol iawn yng nghyd-destun ei chyfnod, yn gymaint â'i fod yn cynnig persbectif newydd ac yn gosod safonau sicr o ran ieithwedd a ffurf. Gellid synhwyro, hefyd, fod tuedd ar adegau i osgoi beirniadaeth fanwl ar adrannau neu gerddi unigol trwy ganolbwyntio ar osod gwaith Morris-Jones mewn cyd-destun hanesyddol, barddoniaeth sy'n nod-weddiadol o naws cyfnod ac o fath penodol o ganu rhamantaidd a fyddai cyn hir yn cael ei ddisodli'n llwyr. Am fod gan ei gyd-ysgolheigion gymaint o barch tuag ato, a chan bwysiced ei gyfraniad mewn meysydd eraill, rhaid aros am beth amser cyn gweld cyhoeddi asesiad gwrthrychol o'i farddoniaeth ar ôl chwynnu pob arlliw o sentiment a pharchedig ofn. Yn ei ddadansoddiad o waith y cyfnod, 'Ail Ymweld â Llenyddiaeth 1902–36', a gyhoeddwyd mewn cyfres o erthyglau yn y cylchgrawn *Barn*, ceir gan Bobi Jones y math o asesiad gwrthrychol y mae pellter amser yn ei ganiatáu a'i wahodd. Yma, mae cywair yr ymdriniaeth yn bur wahanol i ddatganiadau cynharach gan gyfoeswyr Morris-Jones a oedd yn rhan o gylch academaidd yr ysgolhaig o fardd. Wrth drafod yr ymgyrch dros wella safonau llenyddol ar ddechrau'r ugeinfed ganrif, daw Bobi Jones i'r casgliad fod 'yna griw o ddynion ifainc gwlatgar' a oedd yn haeddu cydnabyddiaeth eu cyd-wladwyr:

Ac eto, fe fydd dau enw yn dychwelyd o hyd i'n sylw, ac yn codi'n uwch o'u hysgwyddau i fyny na'r ffigurau digon gweithgar ac arwyddocaol a oedd o'u cwmpas, sef y ddau gyfaill, John Morris-Jones ac O. M. Edwards. Pan awn ati wedyn i ymholi pa gyfraniad llenyddol a beth oedd natur ac ansawdd llenyddol y ddau ddyn nodedig hyn, fe ganfyddwn yn ddigon buan mai prin oedd eu cynnyrch llenyddol 'pur'; ac o'r hyn a grewyd ganddynt, gweniaith bron fyddai ei ddynodi â'r disgrifiad 'eilradd'. Bardd trydedd radd oedd John Morris-Jones; a hyd yn oed yn ei feirniadaeth lenyddol, digon amheus oedd llawer o'i fyfyrdod ynghylch hanfodion llenyddiaeth (er nad eilradd mohono byth bythoedd mewn ysgolheictod).[53]

Arall oedd natur eu cyfraniad hwy ac fel y dadleuir mewn cyd-destun pellach wrth drafod cenhadaeth gyffredinol Morris-Jones, 'gwleidydd-iaeth lenyddol' oedd priod faes y ddau gyfaill a lwyddodd 'o nerth braich ac ysgwydd a phopeth arall i newid cywair a chynnwys llenyddiaeth Gymraeg o'r brig i'r bôn'.[54] Diddorol ac arwyddocaol yw cyfosod â'r uchod sylwadau Henry Lewis ar y gyfrol, sylwadau un a fyddai'n ymateb, bid siŵr, nid i unrhyw gyfres o gerddi, ond i gerddi a luniwyd gan gyd-ysgolhaig a enillasai ers tro barch amlwg ei gyfoedion ar sail ei ysgolheictod a'i weithgarwch diflino dros yr iaith:

> Throughout his poetry, whether original or in translation, there breathes a delicacy whose charm cannot fail to please. It shows that poetry need not be spoiled by correctness of expression and purity of diction . . . They are the result of long and careful study, and particularly of submission to the strictest discipline. Sir John's *Caniadau* will long repay careful study if only to convince people that close observance of linguistic rules is not synonymous with dullness and unintelligibility.[55]

Roedd gwaed y frawdoliaeth academaidd, yn ddi-os, yn dewach na dŵr a theyrngarwch cyd-ysgolheigion yn gyfrwng gweld arwyddocâd amlwg yn y canu yng nghyd-destun y cyfnod.

9 ∞ The Nationalist *a'r 'Macwyaid'* (1907–1911)

CYHOEDDWYD *Caniadau* John Morris-Jones yn 1907, yr un flwyddyn ag y dechreuodd T. Marchant Williams olygu'r cylchgrawn *The Nationalist*, cyfnodolyn a fu'n llai na chefnogol i weithgarwch yr athro prifysgol o Fangor, ac yn gyson ddilornus wrth ymdrin ag ymdrechion cynifer o'r genhedlaeth newydd i wella safonau llenyddol yr oes. Fel eisteddfodwr pybyr, byddai wedi nodi a chofio yr hyn a groniclwyd gan Morris-Jones yn y gyfres o erthyglau a ymddangosasai yn 1896, y gyfres a fu'n her nid yn unig i hynafiaeth yr Orsedd ond i hygrededd a hunan barch y sawl a oedd o hyd yn dewis arddel perthynas â'r sefydliad hwnnw. Bu'r gyfres honno o erthyglau, yn arbennig y pwyslais cyfoes a dilornus ar bersonél yr Orsedd, yn gyfrifol am ennyn llid a dicter gorseddol ac am greu pla o ymgecru dieisiau mewn cyfnod pan fyddai polisi o gyd-dynnu a chyfaddawdu wedi bod yn llawer mwy llesol. Yr hyn a gythruddodd y gorseddogion yn fwy na dim, felly, oedd nid yr ymdriniaeth â hynafiaeth amheus yr Orsedd ond yr ymosodiad chwyrn ar natur ac arwyddocâd y sefydliad cyfoes. Beirniadwyd Hwfa Môn a'i gyd-orseddogion ar y pryd am barhau'r hyn a ystyrid yn sefydliad llwgr ei darddiad a'i weithgareddau ac, wrth ailymweld â'r cyfnod, ceir gan J. E. Caerwyn Williams arolwg hynod fanwl o'r gwrthdaro a grewyd gan ymdriniaeth Morris-Jones â'r pwnc, gwrthdaro a esgorodd yn y pen draw ar ddadleuon eang iawn eu natur a'u cysylltiadau.[1] Hynny yw, gwelwyd ymestyn yr agenda orseddol yn y man i gynnwys amrywiaeth helaeth o bynciau ieithyddol a llenyddol, ond bod aelodau'r ddwy garfan eisoes wedi'u gwahanu yn ôl eu hymateb i helynt yr Orsedd.

Dangoswyd eisoes, wrth drafod hanes yr Orsedd, nad oedd sensitifrwydd yn un o nodweddion amlycaf Morris-Jones, yn enwedig pan fyddai'n ymateb i honiadau di-sail ambell wrthwynebydd hunangyfiawn. Nid oedd yn un i osgoi'r gwir plaen nac ychwaith i ymroi i gyfnod o ailystyried ar ôl iddo ddatgan ei farn, hyd yn oed pan fyddai datganiad o'i eiddo yn rhwym o gorddi'r dyfroedd. Dilysrwydd amddiffynadwy ei safbwynt personol oedd yr unig ffon fesur a ystyrid yn briodol; roedd rhyddid i bob gwrthwynebydd fynegi barn ond bod yr ymateb hwnnw wedi'i lunio ar sail tystiolaeth briodol yn unol â rheolau ymchwil cydnabyddedig. Er bod y mwyafrif llethol o gymwynaswyr yr iaith, ar y pryd, yn byw ac yn bod y tu hwnt i gyrraedd dylanwadau academaidd unrhyw goleg, mynnai Morris-Jones arddel safbwynt a dulliau ymchwil y Brifysgol a gynrychiolid ganddo ef a'i gyd-ysgolheigion fel bod unrhyw ddulliau llai manwl yn annerbyniol ganddo. Nid annisgwyl, felly, oedd iddo ddenu beirniadaeth lem yn sgil ei erthyglau i *Cymru*. Ystyriai Marchant ei hun, ar y llaw arall, yn llefarydd dros hawliau a statws yr Eisteddfod Genedlaethol a bron na ddisgwylid iddo, yn rhinwedd y cyfrifoldeb hwnnw ac yn rhinwedd ei swyddogaeth olygyddol, ymosod yn ei dro ar bob carfan elyniaethus wrth-eisteddfodol – a Morris-Jones, am resymau amlwg, yn brif darged. 'Ond a bod yn deg', meddai Caerwyn Williams, 'nid Marchant Williams a ddechreuodd y "colbio": Morris Jones a wnaeth hynny yn ei ysgrifau ar yr Orsedd yn *Cymru* O. M. Edwards . . . Gwir fod Morris Jones yn colbio o blaid y gwir, ond nid oedd hynny'n brifo'r sawl a golbid yn llai; odid nad oedd yn eu brifo'n fwy'.[2] Ond hyd yn oed o gydnabod canlyniadau anffodus yr erthyglau, pwysleisir ar yr un pryd fod 'grym diwrthdro yn nadleuon Morris Jones', a bod 'angerdd teimlad hefyd'.[3] Sail y ddadl oedd na ddylid arddel gweithgareddau'r Orsedd bellach 'oblegid', a dyfynnu Morris-Jones ei hun,

> fe'i lluniwyd hi, ac fe honnwyd awdurdod Beirdd Ynys Prydain a'r derwyddon i'w mesurau a'i chrefydd trwy dwyll ac anwiredd, er mwyn gwrthwynebu a sarhau rhai o'r beirdd goreu a welodd Cymru, a hynny gan ddyrnaid o rigymwyr na buasai nemor golled i'r wlad pe nad anadlasent erioed.'[4]

Yr oedd ochr arall i weithgarwch Morris-Jones a oedd wedi denu cryn sylw a chryn feirniadaeth hefyd yn achos nifer fawr o'r garfan ddigoleg a gythruddwyd gan yr argymhellion a gysylltid â'r ymgyrch dros 'Gymraeg Rhydychen'. Gwyddai pawb am ei gysylltiad â phwnc yr iaith ac am ei ymrwymiad i raglen hynod radical o ddiwygiadau sylfaenol a gysylltid â gwŷr y brifysgol. Bu mynych ddadl dros argymhellion y pwyllgor a fu'n gosod trefn ar reolau'r orgraff; bu ymosod llawn mor ffyrnig ar natur yr iaith a gysylltid yn benodol â gwŷr Rhydychen, y math o iaith, wedi'i rhyddhau o effeithiau ffug ysgolheictod y gorffennol, a ystyrid yn hollol angenrheidiol ar gyfer sicrhau dadeni mewn gweithgarwch llenyddol. Yma eto, er gwaethaf argymhellion carfan gyfrifol a dysgedig o gymwynaswyr yr iaith, cyndyn iawn fu cynifer o'u cydwladwyr i fabwysiadu'r cyfryw raglen o ddiwygiadau ieithyddol. Yn y cyd-destun hwn, drachefn, derbyniasai Morris-Jones y cyfrifoldeb o ddiffinio a chyflwyno'r rhaglen arloesol hon trwy gyfrwng ei gyfraniadau gofalus i'r wasg ac yn benodol trwy gyfrwng ei erthygl swmpus 'Cymraeg Rhydychen'. Hynny yw, fel yn hanes yr Orsedd, Morris-Jones fyddai'n debygol o orfod wynebu ac ymateb i bob ymosodiad gelyniaethus. Yn ei ymdriniaeth â hanes yr Orsedd, roedd yn cynrychioli dulliau ymchwil y to cyntaf o academyddion Prifysgol Cymru; o droi at ddadleuon yr iaith, ef oedd yn llefaru dros ei gyd-fyfyrwyr yn Rhydychen ac, o ganlyniad, yn amddiffyn yr argymhellion a oedd wrth wraidd yr ymgyrch dros buro a diwygio iaith a lurguniwyd yn ystod y bedwaredd ganrif ar bymtheg.

Cam allweddol pellach oedd i Morris-Jones ddechrau dylanwadu ar weithgareddau'r Eisteddfod Genedlaethol. Mae'n wir iddo ddechrau ar yrfa fel beirniad eisteddfodol yn Eisteddfod Genedlaethol Llandudno yn 1896, ond gellir dadlau fod i Eisteddfod Bangor (1902) gryn arwyddocâd yn hanes ei gysylltiad â'r sefydliad hwnnw am mai 'dyma, ond odid', ym marn Caerwyn Williams, 'yr eisteddfod gyntaf i ddwyn yn llenyddol ddelw a stamp Morris Jones'[5] yn gymaint â'i fod wedi dylanwadu ar y dewis o destunau. 'Ymadawiad Arthur' oedd testun yr awdl a enillwyd gan T. Gwynn Jones, a 'Trystan ac Esyllt' yn destun gosod ar gyfer y goron a gipiwyd gan R. Silyn Roberts – er bod ymgais W. J. Gruffydd hefyd wedi denu sylw a chanmoliaeth. Yr oedd barn W. Lewis Jones, cyfaill i Morris-Jones, yn adlewyrchu safbwynt y to newydd, yn canmol cymryd y testunau 'o'r hen ramantau Cymreig', ond ar yr un pryd yn atgoffa'r darllenydd fod hwn yn faes 'sydd bron wedi myned ar ddifancoll ymhlith swyddogion ac aelodau'r Orsedd'.[6] Ymddengys, felly, nad heb elfen o ddadlau ac annibyniaeth barn y llwyddwyd i newid pwyslais y testunau gosod, datblygiad a fu'n gyfrwng sicrhau buddugoliaeth i ddau fardd nad oeddent yn arddel unrhyw berthynas â chylch cyfrin yr Orsedd. Wrth reswm, nid oedd y fath gampau wrth fodd pawb. Ochr yn ochr â sylwadau cadarnhaol W. Lewis Jones yn *Y Traethodydd*, rhaid cyfosod y safbwynt traddodiadol, gorseddol, a gyflwynwyd gan 'Hen Ddosbarth' yn *Y Geninen* (1902), yntau'n ysgrifennu ar 'Eisteddfod Genedlaethol Bangor'. Afraid pwysleisio pa mor wahanol yw naws y traethu:

Yr oedd yno un neu ddau yn trin y testynau, a'r lleill yn eu canmol. Dwedai un bardd gwledig doniol mai testynau colegol, ac nid testynau eisteddfodol, oedd testyn y Gadair a thestyn y Goron . . . 'Nid oedd gair o hanes ymadawiad Arthur o hyd cyraedd i'r glowyr a'r chwarelwyr: mewn hen lyfrau a ddarllenid yn y coleg y ceid hanes Arthur, a Thristan, ac Esyllt – pe hanes hefyd. Y stori am Arthur glywais i gan fy mam oedd, ei fod yn cysgu mewn ogof heb fod y'mhell o'n ty ni,' meddai . . . 'Yr wyf fi,' meddai, 'yn ddigon boddlon i fechgyn y colegau gael eu ffordd gydag ambell destyn; ond credaf mai cam â gwerin o feirdd Cymru oedd gadael iddynt lusgo y Gadair a'r goron yn ol i niwl traddodiad ac i lwch hen lyfrau'.[7]

Roedd cynrychiolwyr y ddwy garfan yr un mor frwdfrydig â'i gilydd ac yn defnyddio gwahanol gylchgronau cyfoes i ddatgan barn ac i genhadu'n gyhoeddus ar ran eu cefnogwyr. Yn sgil y fath gyfraniadau i'r wasg, penderfynodd Morris-Jones yntau ymuno yn y drafodaeth drwy gyfrannu erthygl 'Swydd y Bardd' yn *Y Traethodydd* (1902) Daeth ymateb o du'r gorseddogion dan y teitl 'Swydd y Beirniad', erthygl ar ffurf ymddiddan a luniwyd gan Gwili (J. Gwili Jenkins). Sonnir am 'ffadiau orgraffyddol' Morris-Jones y beirniad, fod yn ei sylwadau elfen o 'flippancy' a bod ambell gopi 'wedi ei farcio'n dda'. Ymatebir, yr un pryd, i rai o'r egwyddorion a gyflwynir gan Morris-Jones a hynny mewn modd digon amharchus. Heb fanylu ar natur y gwahanol ddadleuon, y nod oedd dangos fod Morris-Jones yn ystod y cyfnod arbennig hwn yn darged amlwg i amrywiaeth o unigolion a charfanau. Byddai eto gyfle i ddylanwadu ar ei gyd-Gymry trwy gyfrwng y llwyfan eisteddfodol, ond roedd eisoes wedi herio safonau ieithyddol a phwyslais testunol y prif gystadlaethau. Ymhell cyn cyhoeddi rhifyn cyntaf *The Nationalist* yn 1907, roedd gan Marchant ddigon o ddeunydd diddorol i'w drafod ac i ysgogi ymateb golygyddol ar ran ei gyfeillion gorseddol ac eisteddfodol. Roedd yr 'Acid Drop' eisoes wedi'i gythruddo, a Morris-Jones yn un o'r prif gythruddwyr. Hyd yn oed yn y rhifyn cyntaf oll, roedd y llais golygyddol eisoes wedi magu naws hyderus ac ymosodol. Taranai yn erbyn 'the crude and archaic forms of Welsh that were in vogue, and are still in vogue, in Anglesey as recognised standards of style and diction', a gwrthodai dderbyn, fel hwntw ymroddedig, unrhyw ddadleuon dros gynnwys enw Goronwy Owen ymhlith beirdd mawr y genedl; 'these two men', meddai am Dafydd ap Gwilym ac Islwyn, 'force the black bard of Mona into the rank of second-rate poets'.[9] Er mai Goronwy Owen oedd man cychwyn y drafodaeth ac, yn benodol, ei statws ymhlith beirdd y dosbarth uchaf, go brin bod y cyfeiriadau atodol at sir Fôn yn rhai hollol ddamweiniol o dan yr amgylchiadau. Roedd y sylwadau, fel y gellid disgwyl gan Marchant, yn adlewyrchu tensiynau'r oes, a'r ymosodiad ar Morris-Jones yn rhan o'r agenda ddadleugar honno. Mae'n amlwg fod enw Morris-Jones bellach yn gysylltiedig ag amrywiaeth o ymgyrchoedd gwahanol a flinai Williams yn arw, a'i fod o'r herwydd yn dewis ymwrthod â phob awydd i fod yn olygyddol gytbwys. Roedd ystyriaethau llawer pwysicach yn galw a chyfle i gyhoeddi'r math o gyfraniadau dadleuol fywiog a fyddai'n rhwym o adlewyrchu safbwynt y golygydd a'i dueddiadau a'i ragfarnau arbennig ef. Ni allai ymatal rhag ymosod ar Morris-Jones o'r cychwyn cyntaf: 'He is the poetical idol of Anglesey folk. We do not complain. They live in a small island and are contented with small divinities'.[10] O fewn rhyw ddeufis, O. M. Edwards oedd yn denu sylw, ac yntau'n rhwym o gael ei ystyried yn un o'r un garfan golegol nad oedd modd ei anwybyddu. Mewn adolygiad ar gyfrol O.M., 'A Short History of Wales', dywedir ei bod yn 'packed with facts, arranged like so many notes in a common-place book'[11] a rhaid, wrth reswm, oedd herio statws yr ysgolheictod newydd a gynrychiolid gan ddarlithwyr o Gymry megis O.M. a Morris-Jones ei hun: 'And the complacent, confident, measured manner in which Mr. Edwards makes these statements, misleads some people into the belief that they, of necessity, bear the mark of infallibility'.

Yr hyn sy'n arwyddocaol ac yn ddiddorol, yw bod Marchant, trwy gyfrwng tudalennau *The Nationalist*, yn datgelu'r union agweddau ar weithgarwch y genhedlaeth neu'r 'ysgol' newydd a oedd yn blino a chythruddo'r garfan eisteddfodol ynghyd â'r sawl a oedd yn dal i arddel ymlyniad anfeirniadol a diysgog wrth yr hen drefn. Ar yr un pryd, arddangosir rhai o brif ragfarnau'r golygydd ei hun. Byddid, o dro i dro, yn ymosod ar aelodau a gweinyddiad y Brifysgol, ar feirdd yr ysgol newydd, ac ar unrhyw un a fyddai'n dewis herio cyfraniad a swyddogaeth yr Orsedd. Ar ben hynny, byddid yn manteisio ar bob cyfle i ddathlu traddodiadau'r de yn aml ar draul yr hyn a ganfyddid ac a brisid yn y gogledd. Gellid deall, felly, paham na fu raid aros yn rhy hir i olygydd *The Nationalist* adolygu cyfrol o farddoniaeth gan un o wŷr y Brifysgol a oedd ar y naill law yn ogleddwr, ac ar y llaw arall yn gyfrifol am amau hynafiaeth yr Orsedd ac am fychanu ei gweithgareddau. Roedd cymwysterau Morris-Jones yn ddi-ffael ar gyfer gwahodd y math o adolygiad a fyddai'n arddangos doniau dychanol y golygydd i'r eithaf. Ymddangosodd yr adolygiad yn ôl y disgwyl, a naws y traethu'n adlewyrchu holl rym yr emosiynau gelyniaethus a fu'n cyniwair cyhyd wrth i'r adolygydd fanteisio ar ei gyfle. Y mae'r brawddegau agoriadol yn bur gyfarwydd erbyn hyn ac yn adlewyrchu pwyslais dilornus yr holl adolygiad:

> This is a book of hand-made paper and 'machine made' poetry. The paper will live, for it is excellent; but the poetry, we confidently yet regretfully predict, will be consigned in due course to that great heap of uninspired and neglected verse that cumbers the field of Welsh literature, and 'hungry generations will tread it down'.[12]

Nid yw'r adolygydd, ychwaith, yn ei gyfyngu ei hun i ystyried cynnwys y gyfrol yn unig a cheir cyffyrddiadau atodol sy'n rhagfarnllyd o sarhaus. Mae'n wir fod yr adolygydd ar brydiau yn ddychanol ddifyr ond go brin y gellir ystyried adolygiad o'r fath yn gyfraniad o bwys i'r ddadl ynghylch safonau barddonol y cyfnod nac ychwaith yn ddull o osod y gyfrol mewn unrhyw gyd-destun perthnasol. 'The professor', meddai,

> fails us even as a writer of love songs. His lady-love is always a lily, and all his friends marry lilies. We could have wished, were it only for a change, that at least one of them had married a tulip or even a geranium. And the mischievous little jade, before whom he himself assiduously attitudinises in his mock dreams should be put under treatment forthwith for anaemia, and moreover should be solemnly warned against misleading the innocent grammarian of Llanfairpwll-gwyngyll into the belief that the dab of red paint which glistens on her lips is the juice of the grape.[13]

Byddai curriculum vitae Morris-Jones, yn arbennig ei ddatganiadau ar hanes yr Orsedd, wedi trechu gwrthrychedd Marchant yn llwyr. Pan droir i ystyried cyfieithiad Morris-Jones o waith Omar Khayyâm, nid yw'r hyn a draethir fymryn yn fwy cefnogol:

> As things are, all we are able to say is that the Persian poet's philosophy of life is presented to us, for the most part, in sound Welsh prose which is, on the whole, a credit to the translator. There are some distinctly good passages, and they even possess a slight poetical flavour.[14]

Nid annisgwyl, felly, yw canfod diweddglo i'r adolygiad sy'n ddi-brisiol frathog:

We do not say that his sense of style is always at fault, or that his ear for music always fails him; but we do say that the goddess of poetry seldom waits upon his steps and seldom pitches her tent near his door. In all sincerity we urge him to give up the manufacture of vituperative verse, and devote himself steadily to grubbing in grammar.

Gellir synhwyro y byddai'r golygydd yn cael blas arbennig ar y defnydd o gyflythreniad sy'n cloi'r dyfyniad.

Nid dyna ddiwedd yr hanes, fodd bynnag, oherwydd cyhoeddwyd adolygiad arall yn Y *Traethodydd*, y tro hwn gan Gwenogvryn Evans, adolygiad gwahanol iawn ei natur a'i gymhellion. Wedi i hwnnw ymddangos, wele Marchant yn dychwelyd i'r ffrae heb unrhyw arwyddion fod chwerwder yr ymateb gwreiddiol yn dechreu cilio gydag amser. Mae'r ymdriniaeth â sylwadau Gwenogvryn yn nodweddiadol o arddull grafog yr 'Acid Drop':

> Professor Morris Jones reminds Gwenogfryn of Matthew Arnold. How very droll! We once knew a life-long teetotaler, who used to say that ginger-beer reminded him of champagne. But he did not live near Pwllheli.[15]

Eithr nid cynnwys yr adolygiad yn unig sy'n denu dirmyg a sen yr adolygydd am fod natur yr arddull yr un mor annerbyniol ganddo:

> Gwenogfryn's Welsh is in keeping with the whole scheme and scope of his article. It is the Welsh that was spoken long, long ago in the streets of Nineveh, and by Nebuchadnezzar when taking outdoor exercise in green pastures. The spelling is that of the first Welsh school-boys, Cain and Abel, and the grammar is that of the people of the land of Nod – "*Shanties* dichwaeth a elwir yn *gappal*"![16]

Ar wahân i'r gwrthdaro cyson rhwng gwŷr y colegau a'r sanhedrin eisteddfodol ac ymosodiad Morris-Jones ar yr Orsedd, mae'n bosibl fod rhywun o blith yr 'ysgol newydd' wedi ymosod ar gyfrol Marchant *Odlau Serch a Bywyd*, cyfrol a gyhoeddwyd yn 1907.[17] Digon dilornus, er enghraifft, oedd agwedd W. J. Gruffydd at y gyfrol mewn llythyr a ysgrifennwyd at T. Gwynn Jones beth amser yn ddiweddarach gan gyfeirio ati fel 'Ogla Cerch a Bawyd'.[18]

O ystyried detholiad o'r darnau golygyddol a welir yn *The Nationalist*, felly, ni ellir osgoi'r casgliad fod yna gryn wrthwynebiad ac atgasedd o du'r garfan eisteddfodol a'r 'hen ysgol', tuag at wŷr y colegau a oedd yn dechrau ennyn sylw a meithrin awdurdod mewn gwahanol feysydd diwylliannol ac ieithyddol. Byddai dadeni llenyddol, wrth gwrs, yn gofyn am ailasesu amrywiaeth o werthoedd a thueddiadau'r bedwaredd ganrif ar bymtheg a oedd, ym marn y genhedlaeth newydd o ysgolheigion, yn rhwystr i unrhyw gynnydd o wir arwyddocâd ym myd llenyddiaeth. Roedd yr Eisteddfod Genedlaethol yn sefydliad allweddol yn hyn o beth, a chwynwyd bod cyfeiriad a phwyslais barddoniaeth y cyfnod yn dioddef dan ddylanwad negyddol pwyllgorau lleol a oedd yn geidwadol gyndyn i newid ac i arbrofi a chan feirniaid yr 'hen ysgol' a dueddai i fod ormod o dan ddylanwad patrymau diffrwyth y bedwaredd ganrif ar bymtheg ac i arddel yr un meini prawf. Hawdd deall safbwynt golygyddol *The Nationalist*, felly, fel cylchgrawn a oedd yn adlewyrchu pryderon a chwynion y garfan wrth-golegol. Yn ôl yn 1896, pan ymosodwyd yn gyhoeddus ar hynafiaeth amheus yr Orsedd, gellid synhwyro bod Morris-Jones i raddau helaeth yn llais unigol, yn gynrychiolydd cyfnod newydd a oedd yn ceisio dangos manteision dulliau ymchwil academaidd y Brifysgol o'u cymharu ag ymdrechion unigolion diwylliedig ac ymroddedig y gorffennol nad oedd cyfleusterau addysgol o fewn cyrraedd iddynt. Hawdd dirnad, o ganlyniad, ffynhonnell anniddigrwydd y dosbarth digoleg. Ond gydag amser, ychwanegwyd gwahanol bynciau at yr agenda golegol wrth i amrywiaeth o faterion ynglŷn ag orgraff, iaith a chwaeth lenyddol dderbyn mwy o gyhoeddusrwydd yng nghylchgronau'r cyfnod. Er bod lleisiau eraill i'w clywed yn y man, derbyniodd Morris-Jones yn aml fwy na'i siâr o'r sylw a'r feirniadaeth am fod cynifer yn ei weld yn brif gynrychiolydd yr arloesi cyson a'r syniadaeth radical a gysylltid â'r Brifysgol. O edrych ar y cyfnod rhwng 1907 a 1911, pan ymddangosodd *Y Beirniad* am y tro cyntaf, ymddengys nad oedd Morris-Jones bellach wedi'i ynysu i'r un graddau â chynt. Yn naturiol ddigon, byddai'r Brifysgol ei hun, fesul cenhedlaeth, yn magu mwy o rym academaidd ac yn creu ysgolheigion newydd a fyddai wedi ymgyfarwyddo â'r dulliau ymchwil y bu'n rhaid ymladd mor daer o'u plaid rai blynyddoedd ynghynt. Yn yr un modd, byddai cyfle i ddenu cefnogaeth a chydymdeimlad gan raddedigion amlwg eraill, megis W. J. Gruffydd a fu'n fyfyriwr yn Rhydychen, neu gan rywrai megis T. Gwynn Jones na fyddai wedi derbyn addysg ffurfiol ond a fyddai wedi'u hysbrydoli gan ysgolheigion yr oes. Bu Ifor Williams a J. E. Lloyd, er enghraifft, yn fyfyrwyr i Morris-Jones rhwng 1902 a 1906. Fesul tipyn, felly, ychwanegwyd at rengoedd yr academyddion proffesiynol fel nad oedd raid i unrhyw ysgolhaig unigol a fynnai ddiffinio rhyw agwedd newydd ar yr agenda ieithyddol neu lenyddol deimlo ei fod yn hollol ddiamddiffyn yn wyneb y protestiadau cyfarwydd gan aelodau'r garfan wrth-golegol. Fel yr eglurwyd eisoes, aeth Marchant ati i lunio adolygiad ar *Caniadau* Morris-Jones gyda brwdfrydedd dialgar y sawl a fu'n hir aros ei gyfle, gan ymosod yn yr un cywair ar adolygiad ffafriol Gwenogvryn. Bellach, nid oedd y bardd yn ddigefnogaeth, a synhwyrai W. J. Gruffydd, er enghraifft, pa mor gynhenid elyniaethus yr oedd Marchant i bopeth a wnâi Morris-Jones. Mewn llythyr at Morris-Jones, dyddiedig 28 Tachwedd 1907, gwelir pa mor ffyrnig oedd ymateb W. J. Gruffydd:

> Dyma fi'r funud yma newydd brynu'r Nationalist ac nis gallaf lai nag ysgrifennu atoch. Pe buasai Marchant wedi dweud pethau amdanaf fi fel a ddywedodd am eich llyfr, buasai gennyf gur yn fy mhen am fis. O'r cythraul diegwyddor! . . . Nid wyf yn gwybod paham yr wyf yn ysgrifennu ond rhaid imi wneud rhywbeth i gadw fy nhymer yn oer. O'r cythraul eto.[19]

Parhaodd y dadlau ynglŷn â chyfrifoldeb yr Eisteddfod Genedlaethol ym maes barddoniaeth am rai blynyddoedd ac yn y man, pender-fynodd Gruffydd rannu ei ddicter a'i rwystredigaeth â chynulleidfa lawer ehangach. 'Yn 1910', medd T. Robin Chapman, 'ymdaflodd Gruffydd i'r berw cyhoeddus nid yn gymaint bellach er mwyn amddiffyn enw da Syr John ag oherwydd ei hoffter cynhenid o gythrwfl'.[20] Mewn cyfraniad i'r *Brython* (25 Awst 1910), mae W. J. Gruffydd yn gresynu fod 'gan y groser llwyddiannus a'r dilledydd sydd wedi ymneilltuo ormod i'w ddweyd o lawer ynglŷn â materion yr Eisteddfod Genedlaethol'. Mae'n amlwg fod dwyster ei rwystredig-aeth yn y pen draw wedi'i lethu'n llwyr ac wedi arwain at ddatganiad o'r fath. Datgelwyd y manylion mewn llythyr at ei gyfaill T. Gwynn Jones (28 Awst 1910):

> Y newydd mwyaf poenus amdanaf fi yw fy mod wedi cablu mawrhydi'r Orsedd a'r Orsedd wedi tynnu melltithion y Wasg Gymreig a chethern yr Eisteddfod am fy mhen, ond ni'm dawr frwynen am hynny. Yr wyf yn teimlo ysfa codi twrw yn fy esgyrn ers tro bellach.[21]

Cafwyd ymateb anuniongyrchol i sylwadau Gruffydd gan Marchant yn ei araith oddi ar y Maen Llog ar ddydd Iau Eisteddfod Genedlaethol Bae Colwyn, y diwrnod a welodd gadeirio R. Williams Parry am ei awdl 'Yr Haf', pan ofynnwyd am elfen o ymbwyllo ar ran yr 'ysgol newydd' a gynrychiolid, wrth gwrs, gan Gruffydd. 'Yr wyf fi yn pregethu heddwch ac yn gofyn am i'r Ysgol Newydd roddi eu harfau i lawr', meddai Marchant yn awdurdodol gyhoeddus oddi ar y Maen Llog. Erbyn rhifyn Hydref, roedd neges bur wahanol yn ymddangos yng ngholofnau *The Nationalist*; roedd pob arlliw o gadoediad wedi llwyr ddiflannu wrth i gyfraniad ymddangos dan enw 'A Member of the Gorsedd', cyfraniad a oedd yn esgus trafod 'The New School of Welsh Poets'. Sefydlir y cywair o'r cychwyn cyntaf a gellid, heb fawr o ddychymyg, adnabod arddull y traethu:

> That there is a new school of Welsh poets must be admitted, and it must also be admitted that the few comparatively young men who are the recognised members of this school are thoroughly versed in the grammar of their native language, and write it with great ease, though not always with either charm or distinction . . . These men, I repeat, are few in number, and nearly all of these young men have acquired their knowledge of Welsh grammar, and the craft of Welsh versi-fication, within the four walls of one of the class rooms of the Bangor University College. Their poetic inspiration comes from afar, or, at any rate, comes not from Bangor.[22]

Y drefn a awgrymir, 'in order of merit as poets', yw Gwynn Jones, Silyn Roberts, W. J. Gruffydd a Morris-Jones, y ddau olaf, mae'n siŵr, yn cael eu hystyried yn archbechaduriaid gwrth-eisteddfodol. Sonnir hefyd am Elphin, 'Elved' ac Eifion Wyn ynghyd â'r sylw arwyddocaol na ellir cyfiawnhau eu hystyried yn aelodau 'of the new school that has been established by the men of the Bangor College class room'. Ymddengys, felly, fod yma dri bardd o leiaf nad oedd wedi profi'n destun gofid i'r adolygydd. Canolbwyntir o'r herwydd ar y beirdd eu hunain ac ar wahanol agweddau atodol yn hytrach nag ar eu cynnyrch barddonol am fod yr ystyriaethau personol hynny yn debygol o fod yn fwy cydnaws â gwir genadwri'r erthygl:

> And why do they submit to be chaired and crowned by the members of the Gorsedd? The truth is, I have never been able to explain the presence of my friends of the new school and the other academic detractors of the Eisteddfod, on its platform, except on the assump-tion that the sniffing of the incense that is burnt under their nostrils on the Chairing Day, in the presence of a great multitude of their fellow-countrymen is more precious in their sight than rubies, and more acceptable than the drink of the gods.

Cyfeirir, hefyd, at amheuon W. J. Gruffydd ynglŷn â chyfansoddiad y gwahanol bwyllgorau ac am ragoriaeth beirdd yr 'hen ysgol' sy'n dangos 'a greater poetic instinct and a surer handling of the pith and essence of the compositions'. Yn ôl y disgwyl, ni cheir mewn ymdriniaeth mor unochrog ei phwyslais unrhyw ddatganiadau newydd sy'n ychwanegu at arwyddocâd y drafodaeth ynglŷn â phatrymau llenyddol y cyfnod nac ychwaith unrhyw awydd i dawelu'r dyfroedd. Troir yn y man at waith y beirdd eu hunain. Er na ellir cymryd rhyw lawer o sylw o'r ymdriniaeth sarhaus sy'n dilyn, rhaid cydnabod fod yr arddull ar brydiau yn ddychanol fywiog ac yn nodweddiadol o gynifer o'r cyfraniadau ymosodol hynny lle gwelir Williams ar ei orau fel dychanwr ymroddedig. Roedd ymosodiad Gruffydd ar drothwy Eisteddfod Genedlaethol Bae Colwyn yn ffres yn y cof ac am resymau amlwg yn haeddu ateb:

> Gruffydd denounces the National Eisteddfod for its many imperfections, and by capturing its Crown in the year of our Lord, 1909, he has greatly increased the difficulty of defending the Institution.

Enillasai Gwynn Jones y gadair yn yr un eisteddfod:

> There are some exquisite passages in this Chair Ode, and yet it is not going to live. It appears to me that the author has misinterpreted the title of his subject – 'The Land of the Hills' – for he has given us an ode on 'The Land of the Ills.' North Wales people do not usually drop their aitches.

Trafodir gwaith Morris-Jones, y lleiaf pwysig o'r beirdd yng ngolwg Marchant, gyda'r un sêl ddirmygus. Cyfeirir ato fel awdur 'the well-known lyric, "The Limp Lout" (Y Bachgen Main)', ac ar ôl cynnwys cyfieithiad hollol wawdlyd o 'Duw cadw'n gwlad',[23] deuir i'r casgliad fod 'the sun of the poetic Morris Jones is rapidly drawing near the horizon'. Gellid dweud yr un peth am y neges heddychlon a gyhoeddwyd gan Marchant o'r Maen Llog ychydig fisoedd ynghynt.

Mae braidd yn anodd deall amseriad yr ymosodiad rhyfedd hwn yn sgil yr apêl am gymod a gysylltir ag Eisteddfod Genedlaethol Bae Colwyn yn Awst 1910. Yr eironi yw bod carfan o feirdd yr 'ysgol newydd', tua'r un cyfnod, yn penderfynu mabwysiadu tactegau *The Nationalist* ac ar fin torri amodau'r cadoediad bregus. Diflanasai ysbryd y math o gyfaddawdu y buwyd yn ei argymell, yn achos y naill garfan a'r llall, wrth i weithgareddau'r eisteddfod dynnu i'w terfyn. Yn y cyd-destun hwn, tynnodd Caerwyn Williams sylw, i ddechrau, at Eisteddfod 1909:

> Yr oedd yr Eisteddfod Genedlaethol y flwyddyn honno yn Llundain a gellid dweud fod Bechgyn Rhydychen wedi cael y llwyfan yno ac wedi manteisio'n fawr arno. Ond er gwaethaf eu llwyddiant yn Eisteddfod Genedlaethol 1909, mae'n debyg mai Eisteddfod Bae Colwyn 1910, ydoedd y trobwynt yn y frwydr, oblegid ar ôl honno y mae'r 'Bechgyn' yn dechrau cymryd tudalen, os nad tudalennau o lyfr Marchant Williams ac yn dechrau defnyddio'r wasg i ymosod arno ef a'i gefnogwyr.[24]

Gellir cyfeirio'n benodol at erthyglau a gyhoeddwyd adeg Eisteddfod Bae Colwyn a oedd yn brawf fod 'cymylau wedi casglu drosti', erthyglau a oedd eto'n tynnu sylw at yr anniddigrwydd a deimlid ynglŷn â'r dewis o feirniaid ar gyfer y flwyddyn honno o blith aelodau'r 'hen ysgol'. Ceir ymdriniaeth fanwl â holl ymgecru'r eisteddfod honno yn erthygl Caerwyn Williams ar helyntion y 'Macwyaid' gan gynnwys cyfeiriadau at gyfarfodydd yr Orsedd ar y dydd Mawrth a'r dydd Iau, at anerchiadau yn sôn am safbwynt yr 'ysgol newydd', ac at ginio a gynhelid gyda'r hwyr ar y dydd Iau lle gwelid cynrychiolwyr y naill garfan a'r llall. Roedd cynrychiolwyr yr 'ysgol newydd', sef 'Y Macwyaid', ar fin amddiffyn eu safbwynt yn erbyn pob ymosodiad o du'r garfan eisteddfodol trwy gyfrwng cyfres o gyfraniadau dienw i'r wasg a fyddai'n parhau am ryw ddwy flynedd ac a fyddai'n ddull o hyrwyddo'r safonau llenyddol hynny a berchid ganddynt. Mae'n siŵr fod pob Macwy a oedd yn bresennol yn Eisteddfod Bae Colwyn, felly, wedi mwynhau gweithgareddau'r dydd Iau i'r eithaf. Y bore hwnnw, bu Marsiant wrthi mewn araith oddi ar y maen llog, yn dilorni aelodau'r 'Ysgol Newydd' y 'criw o upstarts . . . yn gwisgo cotton knickerbockers tailor-made o wneuthuriad teilwriaid Aberystwyth, Caerdydd a Bangor'.[25] Daeth tro ar fyd a datblygiad annisgwyl a dramatig erbyn diwedd dydd wrth i R. Williams Parry gipio'r gadair, 'wedi ei osod ynddi gan ddyfarniad unfrydol tri o gynrychiolwyr mwyaf gwdn yr hen do, sef Dyfed, Berw a Phedrog'. Medd Bedwyr Lewis Jones ymhellach:

> 'Roedd un o 'upstarts' Bangor ac un o gywion John Morris-Jones wedi ennill y gadair gyda cherdd 'newydd' ei mydr, ei hieithwedd a'i dull ac wedi gorfodi tri o 'stalwarts' yr Orsedd i gydnabod ei ragoriaeth.

Ni raid synnu i'r fuddugoliaeth hon gan un o gynrychiolwyr yr 'ysgol newydd' esgor ar gyfnod pellach o ysgarmesu cyhoeddus, a denwyd Morris-Jones yntau i ymuno yn y ddadl mewn llythyr o'i eiddo i'r *Genedl* (4 Hydref 1910), gan amddiffyn enw da'r bardd ynghyd â'i benderfyniad i gyfyngu ei ddewis o fesurau i ddau 'yn lle chaos mydryddol yr odlau diweddar'.

Er na ellir cyfeirio at un digwyddiad neu ddatganiad unigol a fu'n gyfrifol am beri i aelodau'r 'ysgol newydd' weithredu, ryw fis neu fwy ar ôl Eisteddfod Bae Colwyn ymddangosodd erthygl yn *Y Brython*, ar 29 Medi 1910, dan y teitl 'Meddyliau'r Macwyaid'. Cyhoeddir mai dyma'r ysgrif gyntaf mewn cyfres 'gan Facwyaid llen Cymru', ac ni fu raid aros yn hir cyn cael gwybod beth fyddai union bwyslais y gyfres wrth i 'Macwy Clwyd' fynd i'r afael â'i bwnc a throi ei sylw at un o seremonïau'r Orsedd lle 'codai dau neu dri, o'r rhai mwyaf hylithr eu dawn, i ganmol y sefydliad, ac i ymffrostio yn ei henaint'.[26] Byrdwn y neges oedd y gwrthdaro cyfarwydd rhwng yr hen a'r newydd: 'Clod-forent yr Hen byth a hefyd', meddai Macwy Clwyd, 'a gwawdient y Newydd'. O hyn ymlaen, mynnai'r 'ysgol newydd' dderbyn llawer mwy o sylw ac i'r perwyl hwnnw mabwysiadwyd tactegau Marchant a *The Nationalist* wrth iddynt ymgyrchu'n gyhoeddus trwy gyfrwng y wasg i egluro'u safbwynt ac i danseilio dadleuon a statws eu gwrth-wynebwyr. Parhaodd y dadlau a'r gwrthddadlau am ryw ddwy flynedd yng ngholofnau'r *Brython*, *Y Genedl Gymreig* a *Baner ac Amserau Cymru*.[27] Gellid dadlau mai'r safiad ei hun a oedd yn bwysig a bod gwir angen edrych o'r newydd ar natur ac ansawdd gweithgarwch llenyddol yr oes. Ar yr un pryd, roedd angen ystyried rôl yr Eisteddfod Genedlaethol hithau mewn unrhyw raglen ddiwygiadol a cheisio elfen o gydweithredu rhwng y carfanau hynny a oedd hyd yn hyn wedi glynu wrth athrawiaethau cwbl gyferbyniol eu natur. Fodd bynnag, teimlai aelodau'r naill garfan a'r llall fod rhaid amddiffyn eu saf-bwynt a bod yr ymgecru cyhoeddus yn ddull derbyniol o gyrraedd y nod. Yng ngeiriau T. Robin Chapman:

Y mae hanes y cweryla rhwng y Macwyaid ar y naill law a'r sefydliad Eisteddfodol ar y llall yn un tywyll a chymhleth a chwerw ac nid hawdd yw adrodd y stori'n gytbwys, nid yn unig am fod gwreiddiau'r gynnen yn anodd eu holrhain ond hefyd am fod yr ymosodiadau mor bersonol (a phlentynnaidd ar brydiau hefyd) nes peri diflastod. Efallai mai'r casgliad tecaf yw dweud i lawer o inc gael ei dywallt yn mynegi barnau a lleisio cyhuddiadau nad ydynt, a bod yn blaen, yn dwyn unrhyw glod i'w hawduron. Profiad digalon yw troi tudalennau crin *The Nationalist* ac *Y Brython* a chlywed blas yr hen falais a'r sinic-iaeth a nodweddai'r gwrthdaro.[28]

Er i gyfres y Macwyaid barhau tan fis Tachwedd 1912, roedd sefydlu *Y Beirniad* yn 1911, dan olygiaeth Morris-Jones, yn mynd i effeithio'n fawr ar y sefyllfa. 'Bellach', medd Caerwyn Williams, 'yr oedd gan yr Ysgol Newydd, yn feirdd ac yn llenorion, gylchgrawn addas i'w cyhoeddiadau a chylchgrawn a hawliai eu gorau ym mhob ffordd.'[29] Roedd llwyfan newydd ar gyfer y Macwyaid a fyddai, mae'n siŵr, yn ddigon bodlon ffarwelio â'r hen drefn a throi at olygydd *Y Beirniad* a oedd yn arddel yr un egwyddorion â hwy ac yn awyddus i greu cylchgrawn a fyddai'n ymdrin yn academaidd gyfrifol ag amrywiaeth o bynciau ieithyddol a llenyddol.

I raddau helaeth, felly, roedd sefydlu *Y Beirniad* yn cyhoeddi diwedd cyfnod, cyfnod sy'n dilyn cyhoeddi'r gyfrol *Caniadau*, ac sydd yn cyfateb yn fras i oes *The Nationalist*. 'Gellid meddwl', yn ôl Caerwyn Williams, 'fod T. Marchant Williams wedi sefydlu *The Nationalist* yn unswydd er mwyn cadw Morris Jones, ei ffrindiau a'i ddisgyblion, yn eu lle.'[30] Yr hyn sy'n arwyddocaol o ystyried helynt-ion y blynyddoedd hyn yw bod Morris-Jones, o leiaf o un safbwynt, yn ymddangos fel pe bai ar gyrion y prif ddigwyddiadau. Ni fyddai dehongliad o'r fath, fodd bynnag, yn cyfleu'r holl wir. Mae cynifer o golofnau golygyddol *The Nationalist*, wrth ymosod ar syniadaeth yr 'ysgol newydd', yn datgelu ar yr un pryd wendidau a ffaeleddau'r garfan eisteddfodol y bu Morris-Jones mor awyddus i'w herio a'i diwygio. Ac eto, roedd nifer o'r cyfraniadau yn ymwneud yn union-gyrchol â gweithgarwch Morris-Jones mewn rhyw fodd neu'i gilydd. Ceir adolygiad dilornus ar ei gyfrol *Caniadau*, ceir beirniadaeth lem arno fel cynrychiolydd y safonau orgraffyddol newydd a lladmerydd 'Cymraeg Rhydychen' ac, fel y gwelwyd uchod, arweiniodd y drafod-aeth ar lenyddiaeth eisteddfodol ei naws at ohebiaeth ddadleugar y Macwyaid. Afraid ychwanegu fod yr holl bynciau hyn yn rhan anhepgor o fyd a gwaith Morris-Jones ac mai ymateb a wneir mewn cynifer o erthyglau'r cyfnod i'r datganiadau amrywiol hynny sy'n dwyn ei enw. Gydag amser, gwelwyd fod eraill o dueddiadau cyffelyb yn ymgynnull o'i blaid ar y naill law i achub ei gam, ar y llaw arall i sicrhau fod byrdwn ei neges yn cyrraedd y gynulleidfa ehangaf posibl. Nodweddid y cyfnod gan gryn ddadlau cyhoeddus, dadlau a oedd ar brydiau yn brin o'r math o weledigaeth gymodlawn a allai fod wedi arwain at gyfaddawd derbyniol. Ac eto, gydag ymddangosiad *Y Beirniad*, roedd modd i gefnogwyr yr 'ysgol newydd' ymddiswyddo o rengoedd y Macwyaid a throi eu golygon i gyfeiriad cylchgrawn newydd y Brifysgol a fyddai'n ateb eu dibenion yn well ac yn creu llwyfan mwy cydnaws â'u tueddiadau ac â'u hamcanion.

10 ∽ 1911–1918 Y Beirniad *a'r* Gramadegydd

ROEDD cychwyn cylchgrawn newydd yn 1911 yn ddigwyddiad o gryn bwys ar lawer golwg ac yn gyfle i bleidwyr yr Ysgol Newydd ymateb i nifer o'r cwynion a oedd erbyn hyn yn eu blino. Mae'r cyfraniad cyntaf oll a welir yn Y *Beirniad*, sef cyflwyniad John Morris-Jones, y golygydd, yn amlinellu nod a phwyslais y cylchgrawn a gyhoeddid ar ran y Brifysgol, yn cynnwys nifer o sylwadau digon dadlennol:

> Edliwir weithiau i Brifysgol Cymru na wnaeth ac na wna hi nemor ddim dros lenyddiaeth Gymraeg . . . Eithr mi gyfaddefaf na chyfrannodd aelodau'r Brifysgol hyd yma gymaint ag a ellid ei ddisgwyl ganddynt at lenyddiaeth bresennol Cymru. Y mae amryw ohonom ers tro'n ymdeimlo â hyn; a chododd awydd yn ein plith am gyfrwng newydd y gallem draethu'n meddyliau'n rhydd trwyddo.[1]

Ymddengys, felly, fod aelodau'r Brifysgol, trwy gyfrwng y cylchgrawn hwn, yn dewis ymateb i'r cyhuddiad mai gweddol ymylol fu natur eu cyfraniad i weithgarwch llenyddol eu cyfnod hyd hynny. Wedi proses o ymgynghori ymhlith 'cynrychiolwyr o gymdeithasau Cymreig y tri choleg yn Aberystwyth ym mis Tachwedd, ac yng Nghaerdydd ym mis Ionawr', penderfynwyd cychwyn cylchgrawn dan olygiaeth Morris-Jones. Gellid synhwyro y byddai wedi gweld ei gyfle, trwy dderbyn y fath gyfrifoldeb, i ychwanegu dimensiwn pellach eto at raglen ieithyddol a llenyddol ddigon amlweddog a oedd eisoes ar y gweill.

Er mor barod yr oedd Morris-Jones i ymgyrchu'n gyhoeddus yn ôl yr angen, mae'n siŵr ei fod, ar brydiau, wedi teimlo grym yr ymosodiadau niferus arno ef yn bersonol a ddilynai ei wahanol gyfraniadau i'r wasg, ac er mai lleisio barn ei gyd-ysgolheigion a wnâi mewn cynifer o achosion, ystyrid mai ef oedd prif ffynhonnell pob datblygiad a flinai'r garfan ddigoleg. Ar adegau, byddai Morris-Jones ei hun yn euog o ychwanegu ambell atodiad anacademaidd o bersonol at brif fyrdwn ei sylwadau fel bod rhywrai yn rhwym o dderbyn yr her o amddiffyn eu safbwynt a gwrthymosod mewn ieithwedd a oedd yr un mor ymosodol grafog. Ac eto, yn y dyddiau cynnar pan gyflwynwyd awgrymiadau ynglŷn â safoni'r orgraff, pan ymosodwyd ar 'Cymraeg Rhydychen' a phan gyhoeddwyd yr erthyglau gwreiddiol yn 1896 ar hanes yr Orsedd, roedd Morris-Jones, ar adegau, braidd yn ddi-gefn ac yn ddiamddiffyn. Gwelai ei hun ar drugaredd pob math o ymosodiad gan amryfal garfanau a oedd yn gyndyn o dderbyn yr hyn a ystyrid ganddynt yn ddull nawddoglyd ac annerbyniol o herio'r drefn draddodiadol a gynrychiolid ac a berchid ganddynt. Yn y cyd-destun hwn, ceir sylw arwyddocaol yn rhan olaf y cyflwyniad i'r cylchgrawn: 'Cyhoeddir pob erthygl yn *Y Beirniad* uwchben enw'i hysgrifennydd. Yr wyf yn credu fy hun mewn bod yn wynebagored.'[2] Fel y dangoswyd, cuddiai'r 'Macwyaid' y tu ôl i wahanol ffugenwau ac o'r herwydd, roedd ansawdd y cyfraniadau yn gallu dangos diffyg cydbwysedd wrth i selogion y ddwy garfan fanteisio ar bob cyfle i ddilorni ei gilydd. Dyma gyfle amlwg, felly, i ddileu'r ymgecru dienw hwnnw a oedd wedi parhau'r gwrthdaro Macwyaidd a di-chwaeth a ddechreuodd yn 1910 ac a barhaodd tan 1912.[3] Ac eto, gyda chychwyn *Y Beirniad*, gallai aelodau'r Ysgol Newydd fanteisio bellach ar gylchgrawn safonol a fwriedid i wasanaethu anghenion ysgolheigion y Brifysgol er bod y golygydd, yn ei gyflwyniad yn bur ofalus i bwysleisio nad oedd unrhyw gyfyngu carfanol i fod yn sgil yr ymgecru a fu:

> Ni fynnem i neb synio mai cyhoeddiad i'r Brifysgol yn unig ydyw hwn
> i fod. Bwriad ei hyrwyddwyr ydyw iddo fod yn gylchgrawn cenedlaethol;
> a hyderwn y ceir i gyfrannu iddo nid yn unig athrawon a myfyrwyr a
> graddolion, ond hefyd holl ysgrifenwyr goreu Cymru.[4]

Mae'n bur debyg fod i'r geiriau 'holl ysgrifenwyr goreu Cymru' arwyddocâd arbennig yn y cyswllt hwn, yn enwedig o gofio fod Morris-Jones eisoes wedi ennill iddo'i hun enw cyhoeddus fel beirniad eisteddfodol a gythruddid yn aml gan gyfansoddiadau a fyddai'n arddangos amrywiaeth o wallau iaith. O ganlyniad, er gwaethaf y gwahoddiad i gyfranwyr o bob dosbarth, byddai rhaid i unrhyw gyfrannwr i *Y Beirniad* ystyried ymlaen llaw a fyddai ansawdd ei gyfraniad yn teilyngu ei ystyried yn gynnyrch un o 'ysgrifenwyr goreu Cymru'. Gwyddai pawb am y peryglon a oedd ynghlwm wrth y fath fenter. 'Ni raid i mi grybwyll', medd Morris-Jones ymhellach, 'y caiff pob barn ei llafar yn *Y Beirniad*' ond bod disgwyl i bob cyfraniad ddangos 'rhyw radd o deilyngdod llenorol'. Roedd cyhoeddi Y *Beirniad*, felly, yn ddigwyddiad o bwys cyffredinol yn natblygiad y Brifysgol wrth iddi geisio ennill awdurdod academaidd, ac yn gam allweddol yn hanes Morris-Jones ei hun. Dyma gyhoeddi, i ddechrau, fod y cylchgrawn a'r Brifysgol yn cefnu ar y dadlau dienw a disylwedd a oedd yn araf ddod i ben ac a fyddai'n diflannu'n gyfan gwbl o fewn blwyddyn. Roedd bellach gylchgrawn safonol ac ysgolheigaidd at wasanaeth y genhedlaeth newydd a oedd yn awyddus i drafod pob agwedd ar fywyd diwylliannol Cymru, yng ngeiriau'r golygydd i 'oleuo a dyrchafu gwerin Cymru, a meithrin yr iaith Gymraeg', sef cydymffurfio â'i safonau iaith ef ei hun.Yn ychwanegol at hynny, roedd dewis Morris-Jones yn olygydd yn mynd i sicrhau trafodaeth bellach ar safonau'r iaith ac ar yr hyn a ystyrid yn dderbyniol yn sgil yr holl drafod a fu yng nghylchgronau'r cyfnod. O safbwynt Morris-Jones ei hun, gellid synhwyro ei fod yn croesawu sefydlu cylchgrawn yn enw'r Brifysgol. Golygai hynny nad oedd angen iddo deimlo'n ddiymgeledd bellach am fod o'i amgylch nifer o gyd-ddarlithwyr ac ymchwilwyr a fyddai'n dangos yr un parch at brosesau ymchwil cydnabyddedig ac a fyddai'n arddel yr un safonau ysgolheigaidd ag yntau. Hynny yw, roedd cyhoeddi Y *Beirniad* yn creu cyfrwng i'r Ysgol Newydd ddangos meistrolaeth ar amrywiaeth o feysydd ac arddel y safonau orgraffyddol ac ieithyddol a argymhellid gan ysgolheigion y Brifysgol. Roedd yn wir bod croeso i gymwynaswyr digoleg yr iaith gyfrannu i'r cylchgrawn ond, erbyn hyn, safonau ac athroniaeth olygyddol yr Ysgol Newydd oedd yn dylanwadu ar arddull a phwyslais Y *Beirniad*. Y golygydd, yn y pen draw, oedd â'r cyfrifoldeb a'r awdurdod i lywio pob dim yn unol ag athroniaeth y cyfnod newydd. Am flynyddoedd, bu Morris-Jones yn ymladd nifer o frwydrau ar ran ei gyd-fyfyrwyr yn Rhydychen ac ar ran ei gyd-ysgolheigion rai blynyddoedd yn ddiweddarach pan sefydlwyd y Brifysgol. Daethai'r cyfnod hwnnw i ben. Gellir pwysleisio dro ar ôl tro nad oedd Morris-Jones yn un i osgoi gwrthdaro am fod elfen gynhenid o wrthryfel yn ei natur. Yma, er gwaethaf y duedd amlwg honno yn ei bersonoliaeth, rhaid ei fod wedi profi rhyw deimlad o ryddhad fod modd iddo, yn rhinwedd ei swydd fel golygydd Y *Beirniad*, allu gosod ei farc golygyddol ar gylchgrawn y Brifysgol o ran cynnwys ac iaith, a denu cyfraniadau gan gynifer o ysgolheigion galluog, datblygiad a oedd yn arddangos yn eglur fod gan y Brifysgol yr awdurdod a'r awydd i arwain ac i hybu rhaglen a fyddai'n sicrhau gwell safonau o ran iaith a llên. Gallai Y *Beirniad*, felly, gyflwyno

athroniaeth y Brifysgol a ffrwyth ymchwil ei chynrychiolwyr i'r gynull-
eidfa gyfoes fel na fyddai'r cyhoedd bellach yn edliw 'i Brifysgol Cymru
na wnaeth ac na wna hi nemor ddim dros lenyddiaeth Gymraeg'.

Yn y lle cyntaf, felly, gellid cydnabod pwysigrwydd y cylchgrawn fel
un elfen mewn rhaglen gyfansawdd o gamau a fyddai'n sicrhau
adfywiad mewn safonau llenyddol. Yn y cyswllt hwn, mae tuedd
amlwg i gysylltu cyfraniad Morris-Jones ag un O. M. Edwards, ac i
weld cyfres o weithgareddau neu ddatblygiadau yn nhermau un
rhaglen gyfansawdd ac unedig. Ac eto, rhaid pwysleisio fod natur eu
cyfraniadau yn bur wahanol i'w gilydd. Gellid olrhain eu cysylltiad,
fel a nodwyd eisoes, yn ôl i Rydychen, i hanes Cymdeithas Dafydd ap
Gwilym ac i ddylanwad tadol Syr John Rhŷs:

> Ond ffigur llenyddol gwleidyddol eithaf pendant oedd John Rhŷs, yn
> ei ffordd ddiymhongar ei hun – canolbwynt criw o arweinwyr newydd
> a fyddai'n allweddol yn niwylliant Cymraeg ddechrau'r ganrif hon: O.
> M. Edwards, J. Morris-Jones, Edward Anwyl, Llewelyn Williams, D.
> Lleufer Thomas a Puleston Jones.'[5]

Ond wedi gadael Rhydychen, bu Morris-Jones ac O.M., fel y nodwyd
eisoes, yn ffigurau blaenllaw yn hanes yr adfywiad llenyddol, cyfran-
iad a ddiffinnir gan Bobi Jones drwy arfer y term 'gwleidyddiaeth
lenyddol':

> Pan ddown i ystyried pwy oedd prif arloeswyr llenyddol adfywiad y
> ganrif hon, fe welwn nad band un-dyn mohonynt ac nad band dau-
> ddyn chwaith, ond bod yna griw o ddynion ifainc gwlatgar – heb fod i
> gyd wedi'u canoli ar Rydychen chwaith – yn cydsymud i'r un cyfeiriad
> deallol ac esthetaidd yr un pryd. Ac eto, fe fydd dau enw yn dychwelyd
> o hyd i'n sylw . . . sef y ddau gyfaill, John Morris-Jones ac O. M.
> Edwards . . . Nid yn ôl ansawdd eu gwaith y mae mesur pwysigrwydd
> gwaith yr un o'r ddau lenor hyn. Ac os ceisir pennu ym mha faes y
> gwnaethant eu prif gyfraniad, dichon mai'r term priodol i'w
> ddisgrifio fyddai'r term 'gwleidyddiaeth lenyddol' . . . Gwleidyddion
> llenyddol oeddent ill dau yn ceisio ac yn llwyddo o nerth braich ac
> ysgwydd a phopeth arall i newid cywair a chynnwys llenyddiaeth
> Gymraeg o'r brig i'r bôn.[6]

Er bod sôn am gyfraniad cyfoeswyr eraill, megis W. J. Gruffydd, ac
am weledigaeth Emrys ap Iwan ('nid oedd ganddo mo'r gynneddf
sy'n hanfodol i wleidydd o bob math, yr ewyllys benderfynol i ddal ati

yn llygad y cyhoedd ac i wthio'i ddymuniadau'), pwysleisir fel y 'mynnai John Morris-Jones ac O. M. Edwards ennill achos, cynnal ymgyrch, a gweithio'n ddyfal ynddo gan ddefnyddio'r cyfryngau poblogaidd dros gyfnod hir'. Cyfeirir at *Cymru* O. M. Edwards 'a'i lyfrau hanes a'i gyfresi o glasuron', a'r un modd at 'Ramadegau John Morris-Jones, *Cerdd Dafod* a *Taliesin*', yn nhermau 'ergydion aruthr mewn brwydr wleidyddol' a 'dadleuon . . . yn dwyn cwymp-tir etholiadol o dan y gwrthbleidiau mewn modd hollol eithafol'.[7] Erfyn propaganda pellach yn yr ymgyrch oedd sefydlu *Y Beirniad*. Dyma gyfrwng cyhoeddi maniffesto'r Brifysgol, sefydliad a oedd bellach yn cynrychioli llais yr Ysgol Newydd, a chyfle i hybu amcanion yr adfywiad llenyddol a oedd eisoes ar gerdded:

Fe'i defnyddiwyd yn ddeheuig gan y to newydd, – ac erbyn hyn yr oedd John Morris-Jones wedi llythrennol ymwthio i flaen y gad, – i ymosod ar y genhedlaeth gynt, yn ogystal ag i osod i lawr seiliau i lenyddiaeth ac ysgolheictod newydd. Cafodd Ifor Williams, G. J. Williams a W. J. Gruffydd ac eraill, yn ogystal â J. Morris-Jones ei hun, gyfle dihafal i ddatgelu ffolinebau di-Brifysgol a chyn-ddilywaidd eu tadau, heblaw llwyfan priodol i ddatgan cyfrinion a safonau gloywach yr adfywiad ei hun . . . Uchelwrol a hyderus, felly, oedd *Y Beirniad*, un o leisiau mwyaf nodweddiadol y brifysgol, wrth ddweud wrth daeogion a thyddynwyr anhydeiml beth oedd yr unig safonau a'r unig ddulliau a oedd yn bosibl i bawb o hyn ymlaen a fentrai ysgrifennu yn Gymraeg.[8]

Hynny yw, roedd cysylltiad amlwg rhwng maniffesto diwygiadol *Y Beirniad* ac agwedd y 'Pendefigion Prifysgol' a gysylltid flynyddoedd ynghynt â Chymdeithas Dafydd ap Gwilym.

Wrth reswm, mae cyfraniadau Morris-Jones yn bur amlwg yn rhifynnau *Y Beirniad* ac yn arbennig felly yn y cyfrolau cynnar pan fyddai'n awyddus ddigon i osod ei farc personol ar gynnwys a delwedd y cylchgrawn. Dychwelwyd at hanes yr orsedd,[9] a pharhaodd i fanteisio ar bob cyfle i hyrwyddo'r ymgyrch ieithyddol a oedd eisoes ar y gweill trwy gyfrwng ei adolygiadau a'i nodiadau ar iaith. Denwyd cyfraniadau gwerthfawr gan nifer o ysgolheigion disglair, a rhoddwyd cyfle hefyd i lenorion creadigol. Yn yr un modd, bu'r golygydd yn hapus i dderbyn cyfraniadau ar amrywiaeth o bynciau a oedd o ddiddordeb cenedlaethol, a'r canlyniad fu i'r cylchgrawn ddatblygu'n gyfrwng dylanwadol yn ei ddydd. Cyhoeddwyd y rhifyn olaf yn 1920. Ar wahân i'r holl wybodaeth a gyflwynwyd, roedd y cylchgrawn hefyd yn cynnig cyfle arbennig i Morris-Jones genhadu dros y safonau hynny a oedd yn sail nid yn unig i holl amcanion Y *Beirniad* yng nghyddestun iaith a llên ond yn rhan ganolog o gynlluniau cyffredinol yr Athro a'i gyd-ddarlithwyr. Byddai ei statws golygyddol, wrth reswm, yn sicrhau cysondeb mewn unrhyw raglen ddiwygiadol a cheir ganddo nifer o gyfraniadau ac adolygiadau yn y rhifynnau agoriadol sy'n adlewyrchu'r elfennau hynny a oedd eisoes wedi hawlio ei sylw. Yr oedd ei 'Nodiadau Ieithyddol' a'i sylwadau ar 'Yr Orgraff' yn rhan allweddol o'i genadwri olygyddol ac yn gyfle i hybu syniadau ac argymhellion a gysylltid bellach â gwŷr y Brifysgol. Nid oedd y brwydro eto drosodd; cafwyd ymateb chwyrn, er enghraifft, i erthygl Morris-Jones ar 'Derwyddaeth Gorsedd y Beirdd' – nid yn benodol am iddo gorddi'r dyfroedd trwy gynnig tystiolaeth a oedd yn tanseilio hynafiaeth yr Orsedd, ond am iddo, yn sgil ymosodiad ysgolheigaidd ei bwyslais, alw'r sefydliad yn 'anfadwaith dyhirod yn llygru ffynonellau hanes'.[10] Yn y pen draw, byddai cyfraniadau ieithyddol y golygydd yn denu ymateb yr un mor chwyrn, a byddai yntau yn ei dro, wrth fabwysiadu rôl y 'gwleidydd llenyddol', yn talu'r pwyth mewn ieithwedd gyffelyb. Bellach, wrth gwrs, byddai unrhyw gyfraniad o'i eiddo yn cael ei gynnwys yng nghylchgrawn swyddogol y Brifysgol, cylchgrawn a oedd yn rhinwedd ei gyfansoddiad a'i gyfranwyr yn meddu ar elfen gref o statws ac awdurdod. Ni allai neb yn awr ymosod ar wŷr y Brifysgol yn ddidystiolaeth ac yn ddienw; roedd oes y 'Macwyaid' yn tynnu at ei therfyn a rheolau newydd yn disodli'r hen. Ar ben hynny, byddai unrhyw gyfraniad i Y *Beirniad* yn denu sylw golygyddol hynod fanwl, her na fyddai wrth fodd y sawl a fyddai wedi clywed am wersi iaith eisteddfodol y golygydd dros y blynyddoedd.

Roedd i gyfraniadau ieithyddol y golygydd arwyddocâd deublyg. Ar y naill law, gellid cyflwyno gwybodaeth ar wahanol nodweddion ieithyddol a oedd yn creu trafferth i ysgrifenwyr yn gyffredinol – hynny yw, yn ddull o gywiro gwallau cyfarwydd. Yn ychwanegol at hynny, byddai datganiadau o'r fath yn cyhoeddi goruchafiaeth ysgolheictod proffesiynol y Brifysgol ochr yn ochr â chyhoeddiadau anghyson a mympwyol rhai o arbenigwyr digoleg y gorffennol. Er enghraifft, yn y gyfrol gyntaf oll, ceir gan y golygydd, 'Nodiadau Ieithyddol' a chyfraniadau ar 'Yr Orgraff'. Dan y pennawd 'Hydref Ddail' ceir cyflwyniad cyffredinol i gyfres o gyfraniadau ar reolau a phatrymau'r iaith a welir maes o law mewn gwahanol rifynnau o'r cylchgrawn:

Nid orgraff yw'r unig fater gwerth sylwi arno ynglŷn â'r iaith Gymraeg; a thybiais nad anfuddiol nac annerbyniol fyddai ambell dudalen neu ddau weithiau yn Y *Beirniad* ar ffurfiau ac ystyron geiriau, ac ar gystrawen a phynciau o'r fath.[11]

Mae'r ymadrodd 'Hydref Ddail' yn cynnig cyfle i draethu ar yr hen arfer o lunio cyfansoddeiriau, nid yn unig yn y Gymraeg, ond mewn nifer o'r mamieithoedd. Ar ôl dangos bodolaeth yr arfer mewn nifer o'r hen ieithoedd clasurol, ceir disgrifiad o natur y cyfansoddair ei hun mewn termau sy'n dangos yn eglur fod Morris-Jones eisoes wedi datblygu dull effeithiol a chryno o gyflwyno gwybodaeth. Mae ail adran ei gyfraniad yn ymdrin â'r gair 'canghellor', lle y dadleuir dros arfer y ffurf arbennig honno yn hytrach na'r ffurf 'canghellydd' a ystyrir yn 'wrthun o goeg-lenyddol'. Ond yma deuir ar draws thema gyson yng ngwaith y golygydd, sef bod llenorion a oedd wedi colli cysylltiad â chlasuron yr iaith Gymraeg ar y naill law wedi efelychu ffynonellau Saesneg ac, ar y llaw arall, wedi dewis arddel ffurfiau amheus William Owen Pughe:

> Y mae'n dyled ni fel cenedl yn fawr iawn i ohebwyr ac ysgrifenwyr papurau newyddion yng nghanol y ganrif o'r blaen; ac y maent yn haeddu'n parch dyfnaf. Eto rhaid cydnabod na wyddent ryw lawer am hen lenyddiaeth eu gwlad eu hunain; a phan fyddai angen gair i ddynodi rhyw elfen yng ngwareiddiad y Sais, nid oedd ganddynt ond troi'r geiriaduron, neu geisio cyfieithu'r gair Saesneg eu hunain. Ni chofient fod gennym ninnau'n brenhinoedd a'n llysoedd gynt; yr oedd Cymraeg y bwthyn yn helaeth ganddynt, ond ni wyddent fawr am Gymraeg y llys. Nid oes enghraifft well o hyn na'r gair *canghellydd* a arferid ganddynt, am, mae'n debyg, mai dyna'r ffurf fwyaf urddasol a welent am y peth yng Ngeiriadur Pughe.[12]

Hynny yw, ceir arweiniad ieithyddol ar sail y safonau a'r argymhellion hynny a gysylltid â'r ysgolheictod newydd ynghyd â'r ymosodiad cyfarwydd ar iaith y bedwaredd ganrif ar bymtheg. Byddai cyfres o gyfraniadau tebyg yn cynnig cymorth amlwg ac ymarferol i ysgrifenwyr yr iaith; ond ochr yn ochr â swyddogaeth yr athro prifysgol a'i bwyslais ar drosglwyddo'i neges yn y dull mwyaf effeithiol a dealladwy, byddai Morris-Jones byth a hefyd yn mynnu mabwysiadu swyddogaeth y diwygiwr er mwyn lladd ar rai o ffug ysgolheigion y gorffennol.

Fodd bynnag, hyd yn oed pan gynrychiolid holl awdurdod academaidd y Brifysgol gan gylchgrawn safonol fel Y *Beirniad*, codai ambell lais o hyd i herio'r arbenigwyr ac i geisio amau eu hawdurdod. Un felly oedd O. Eilian Owen a gyfrannodd gyfres o erthyglau i Y *Geninen* yn 1912 a 1913. Mae'n ymddangos mai adolygiad Morris-Jones ar gyfrol Owen, *Gomerydd y Plant: sef Llawlyfr ar gyfer Dosbarthiadau Cymraeg* (Lerpwl, 1911),[13] a fu'n gyfrifol am gynhyrfu'r awdur ac am greu'r anniddigrwydd a arweiniodd at yr ymosodiadau diweddarach ynglŷn â materion orgraffyddol ac ieithyddol. Er bod Morris-Jones ar ddechrau'r adolygiad yn cydnabod fod i'r gyfrol ei lle a bod iddi rai cryfderau amlwg, ceir, cyn tewi, feirniadaeth ddeifiol a fyddai'n rhwym o godi gwrychyn unrhyw awdur. O droi at bwnc yr orgraff, cyhuddir yr awdur o 'bechu yn erbyn y goleuni' ac, yn benodol, wrth drafod yr arfer o ddyblu *n* ac *r* yn ôl rheolau cydnabyddedig, egwyddor a ddiystyrwyd gan Owen, dywed y golygydd fod y gyfrol 'megis dafad ddu' ymhlith llyfrau eraill i blant. Yn y man, cyhoeddwyd y gyfres o gyfraniadau i Y *Geninen* ar 'Orgraff yr Ysgol Jonesaidd' (1912–13) a fu'n gyfrwng cythruddo Morris-Jones ac, yn ôl ei arfer, bu'n fwy na pharod i'w hateb. Gellid honni nad yw manylion y dadlau a'r gwrthddadleuon o ryw bwys arbennig yn y pen draw; i Morris-Jones ar y pryd, y nod oedd tawelu'r lleisiau amaturaidd digoleg hynny a oedd yn mynnu torri ar draws y cynlluniau a'r argymhellion a fyddai'n denu ysgrifenwyr yr iaith i arddel y math o arddull ddysgedig a glân a fyddai'n sicrhau safonau llenyddol mwy derbyniol a phriodol. O ganlyniad, cafwyd ateb golygyddol digon chwyrn a phersonol wrth i Morris-Jones dderbyn, unwaith yn rhagor, gyfrifoldeb y diwygiwr di-lol a digyfaddawd. Yn ei nodiadau golygyddol o dan yr is-deitl 'Sartor Resartus', ceir ei ymateb i erthyglau Owen yn Y *Geninen*.[14] Cadarnheir mai ffynhonnell y gwrthdaro oedd adolygiad Morris-Jones yn Y *Beirniad* 'ar lyfryn grôt o waith Mr. O. Eilian Owen'. Er i'r cyfraniadau yn Y *Geninen* ymddangos dan y teitl 'Orgraff yr Ysgol Jonesaidd', pwysleisir mai Syr John Rhŷs a fu'n gyfrifol am lywyddu'r trafodaethau gwreiddiol ar orgraff yr iaith ac mai ef oedd 'awdur ei phrif reolau'. Nid yw Owen, fodd bynnag, yn ei gyfyngu ei hun i faterion orgraffyddol a cheir ganddo ymosodiad chwyrn a phersonol ar hygrededd y genhedlaeth newydd o ysgolheigion. Ac eto, gwyddai o brofiad y deuai ateb yn y man:

Traethaf y sylwadau hyn mewn ofn a dychryn, gan y gwn y bydd i Ysbryd yr Ysgol Jonesaidd deimlo tuag ataf fel y teimlodd y Philistiad hwnw gynt tuag at Dafydd, – 'Ai ci ydwyf fi, gan dy fod yn dyfod attaf fi â ffyn?'[15]

Mae'r golygydd yn ateb y pwyntiau fesul un ac yn olrhain yn fanwl gystrawen 'ei gilydd' a gafodd gryn sylw gan Owen yn ei gyfraniad i *Y Geninen*, pwnc a ddewiswyd 'yn amlwg', ym marn Morris-Jones, 'am ei fod yn tybio ei fod wedi cael cyfle i'm gwanu.'[16] Ar wahân i'r eglurhad ieithyddol gofalus a rhesymegol, ceir, hefyd, ymateb y diwygiwr brwd a fyn amddiffyn ei diriogaeth rhag pob ymosodiad: 'Y mae'n amlwg i bawb, beth bynnag fo'i farn am yr orgraff, mai erledigaeth noeth yw'r erthyglau hyn', meddai, a gresynir fod yr adolygiad gwreiddiol 'wedi ennyn y fath nwydau yng nghalon neb' ac wedi peri iddo 'ymddarostwng i bethau fel hyn'.[17] Parhaodd yr ymgecru am gyfnod hir a gwnaed cyhuddiadau enbyd a niferus yn erbyn 'Yr Ysgol Jonesaidd' ac yn erbyn Morris-Jones yn benodol. 'Dangosasom, mewn tair ysgrif', meddir, 'fod egwyddorion sylfaenol yr Ysgol Jonesaidd yn bydredig',[18] ac ar ben hynny cyhuddir golygydd *Y Beirniad* o guddio y tu ôl i Syr John Rhŷs: 'Tair ergyd fechan o ŵn teiliwr tlawd wnaeth i'r llew o Lanfair ruo a braslamu i lechu'n llechwraidd y tu ol i Syr John Rhys, a chrechwen o'r fan hono.' Unwaith eto, roedd yr her yn un amlwg a rhaid oedd i wŷr y Brifysgol ddal eu tir, nid yn unig trwy gyfrwng eu cyhoeddiadau a'u gwaith ymchwil, ond trwy ddadlau pob achos a fyddai'n debygol o danseilio'r awdurdod ysgolheigaidd hwnnw. 'Na ofaled yr Athraw', meddai Owen ymhellach, 'pa un ai teiliwr ynte crydd, tincer ynte *mathematician*, sydd yn gofyn y cwestiwn: mae'r rhai yna yn fodau rhesymol, gystal ag athrawon colegau.' Ac fel y dywed Owen cyn tewi: 'Mae genym lawer eto i'w draethu'. Gwir bo'r gair, oherwydd ceir nifer o ymosodiadau tebyg yn *Y Geninen* yn 1913, a'r arddull yn gyson ddilornus wrth drafod safbwynt ac argymhellion Morris-Jones a'i gymheiriaid. Er gwaethaf ymosodiadau o'r fath, roedd *Y Beirniad* yn cyflym ennill ei blwyf fel cylchgrawn safonol y Brifysgol ac fel cyfrwng dylanwadol yng nghyd-destun arddel a hybu safonau orgraffyddol yr Ysgol Newydd. Er mor ddefnyddiol oedd y 'Nodiadau Ieithyddol' o safbwynt disgyblion yr iaith, roedd i wahanol ddatganiadau golygyddol arwyddocâd a oedd yr un mor bwysig, yn gymaint â'u bod yn ddull o gynnal egwyddorion y wleidyddiaeth lenyddol honno a drafodwyd gan Bobi Jones ac a gysylltid yn benodol ag enwau Morris-Jones ac O. M. Edwards. Roedd Cymdeithas Dafydd ap Gwilym eisoes wedi gadael ei hôl ac, ar wahân i swyddogaeth amlwg

Y Beirniad, byddai cyfrolau pellach megis *Welsh Grammar*, *Taliesin* a *Cerdd Dafod* yn ychwanegu at y raglen arbennig honno a oedd yn gyfrwng trawsnewid y sefyllfa.

Yn ogystal â chyfres o gyfraniadau pwysig gan y golygydd ei hun, cyhoeddwyd erthyglau ac adolygiadau gan rai o ysgolheigion blaen-llaw'r cyfnod megis Ifor Williams, J. E. Lloyd, Syr Edward Anwyl, W. J. Gruffydd, ac R. T. Jenkins, a gwaith creadigol llenorion megis T. Gwynn Jones, J. J. Williams, R. G. Berry, y Parch R. Dewi Williams, R. Williams Parry a T. H. Parry-Williams. Ar sail cyfraniad y fath oriel o gyfranwyr, yn ysgolheigion a llenorion, ystyrid *Y Beirniad* yn gylchgrawn o gryn sylwedd a dylanwad yn ei ddydd, yn gyfrwng lledaenu arfer dda ymhlith cyfranwyr y cyfnod ac yn ddull o hybu enw a statws y Brifysgol yng ngolwg gwerin gwlad. Yn ystod y cyfnod hwn, bu Morris-Jones yn gohebu â Dr D. Tecwyn Evans, awdur *Yr Iaith Gymraeg: Ei Horgraff a'i Chystrawen*, cyd-ysgolhaig a rannai'r un math o athroniaeth â Morris-Jones ynglŷn â sicrhau gwell safonau o ran glendid iaith. Mewn llythyr at Tecwyn Evans yn 1912, cyfeirir at y ffactorau hynny a fu'n sail i gynifer o'i gyfraniadau i *Y Beirniad* ac i'w athroniaeth olygyddol. Roedd rhaid lledaenu gwybodaeth, a'r dasg honno yn golygu ymdrin â manylion o bob math o ran orgraff ac iaith; roedd rhaid meithrin amynedd hefyd er bod hynny'n her i rywun o dueddiadau cynhenid Morris-Jones; yn olaf, gan fod ymryson yn anochel, bu raid ymdopi â beirniadaeth a sen dilynwyr yr wrthblaid a'u gau-athrawiaeth:

> Y rheswm am amryw o ffurfiau fel *dyddorol* ac *anwyl* (ni wn fy mod wedi gadael llawer o hwn chwaith) yn y *Beirniad* ydyw fy mod yn gadael peth rhyddid i ysgrifenwyr hyd oni bo'r ffurfiau wedi eu trafod yn yr erthyglau ar yr orgraff. Wedi'r ymdrinier a *diddorol* ni thybiaf y gwelwch y llall wedyn. Yr wyf fyth o'r farn mai o gam i gam y daw pethau; ac y mae fy ffydd i'n lled gref y dônt, er fy mod yn disgwyl ers ugain mlynedd a mwy. Ni waeth mo'r llawer am grechwen yr ynfyd – y mae goreuon y genedl gyda ni.'[19]

Hynny yw, gydag amser, argyhoeddir y call, er gwaethaf 'crechwen yr ynfyd'! Yn yr un llythyr, ceir sôn am y cam nesaf yn yr ymgyrch, sef y bwriad o gyhoeddi gramadeg, cyhoeddiad a fyddai'n llwyddo i 'roi trefn ar lawer o'r mân ymrysonau, a hyrwyddo cysondeb ac unffurf-iaeth'.

Er mai agenda lenyddol a diwylliannol a oedd wrth wraidd gwaith golygyddol Morris-Jones yn llywio datblygiad Y *Beirniad* ar ran 'Cymdeithasau Cymreig y Colegau Cenedlaethol', go brin y gallai anwybyddu'n llwyr yr agweddau gwleidyddol ar fywyd cenedl a oedd yn wynebu holl anawsterau a chyffro cyfnod o ryfela a barodd cyhyd ac a fu'n gyfrwng chwalu cynifer o deuluoedd a chymunedau. Nid annisgwyl, ychwaith, yw gweld cyfraniadau i'r cylchgrawn hwnnw yn adlewyrchu barn cymdeithas ar y pryd fod rhyfel yn anochel ac mai dyletswydd gwŷr ifainc y wlad oedd ymroi i ymrestru yn y lluoedd arfog er mwyn cefnogi pob ymgyrch milwrol i wrthsefyll y bygythiad a ddeuai o gyfeiriad yr Almaen. 'Patriotic fervour', medd K. O. Morgan, 'reached heights of hysteria in Wales rarely matched in other parts of the United Kingdom'.[20] Ar ben hynny, roedd i Lloyd George le amlwg iawn yn y datblygiadau: 'From late 1914 onwards, he became identified with an ever more belligerent approach to war, with 'a knock out blow', a 'fight to a finish' and 'the unconditional surrender' of the central powers. When he became Minister of Munitions in May 1915 and then Secretary for War in succession to Kitchener in July 1916, he was all the more securely placed to press on with this belligerent policy.'[21] Fel y gwyddys, roedd Morris-Jones wedi dod i adnabod Lloyd George dros y blynyddoedd ac y mae gwahanol luniau yn tystio i'r cyfeillgarwch rhyngddynt; gwyddom, hefyd, fel y byddai'r gwleidydd enwog o dro i dro yn taro i mewn i weld teulu Morris-Jones yn y Tŷ Coch. Am resymau digon amlwg, felly, ni raid synnu fod safbwynt golygyddol Y *Beirniad* yn bleidiol i'r rhyfel:

> Liberal intellectuals, most active in cultural pursuits during the years of peace, were now most ardent in support of the war. In the *Beirniad*, academics from Sir John Morris-Jones downwards were strongly pro war. In that journal in 1915, Morris-Jones, so seldom moved to political pronouncement, attacked in bellicose terms 'Germany's New Religion', that nationalistic creed of Nietzsche, Treitsche, and Bernhardi which, he claimed, underlay Germany's aggressive foreign policy as the root cause of war.'[22]

Yn hyn o beth, roedd Y *Beirniad* yn cydymffurfio â phwyslais y wasg Gymraeg yn gyffredinol; 'Almost all the Welsh-language newspapers, the *Cymro*, *Herald Cymraeg*, *Genedl*, and so forth, were strongly pro-war.'[23] Yn 1915, felly, dyma Morris-Jones trwy gyfrwng tudalennau Y *Beirniad* yn ymosod yn ffyrnig ar 'Crefydd Newydd yr Almaen'. Ac

eto, cyn trafod y sefyllfa gyfoes, cynigir sylwadau ar athroniaeth nifer
o Almaenwyr blaenllaw a fu'n herio gwerthoedd traddodiadol cym-
deithasau gwâr ac a fu'n pregethu efengyl arswydus o ormesol. 'Gwyn
eu byd y rhai dewrion', meddai Nietzsche, 'canys hwy a wnânt y
ddaear yn orseddfainc iddynt'.[24] Yn sgil trafodaeth fanwl ar syniadau
nifer o'r athronwyr a oedd yn perthyn i garfan Nietzsche, mae
casgliadau Morris-Jones, yn ôl y disgwyl, yn adlewyrchu agwedd ei
gyfnod:

> Nid ynghylch athrawiaeth ychwaith y mae fel rhyfeloedd crefyddol a
> fu, ond ynghylch moesoldeb ei hun; nid credo neu ddaliadau uwch-
> anianol sy mewn dadl, ond egwyddorion cyfiawnder a rhyddid. Y mae
> arweinwyr y gelyn yn gwadu eu bod hwy yn ddarostyngedig i'r
> egwyddorion hyn; egwyddorion crefydd a wrthodant ydynt. Hawl y
> cryf i dreisio'r gwan yw eu hegwyddor hwy, a dadleuant yr hawl ar sail
> datblygiad.'[25]

Ochr yn ochr â'r cyfraniadau ysgolheigaidd arferol ar ran colegau
Cymru, ni allai neb wadu diddordeb y cyhoedd yn yr ymdriniaethau
hyn nac ychwaith arwyddocâd eu neges dan amgylchiadau mor ddyrys.
    Nid yw cywair a phwyslais y cyfraniadau hyn, fodd bynnag, ond yn
adleisio'r hyn a ddywedasai Morris-Jones flwyddyn ynghynt wrth
adolygu dwy gyfrol Friedrich von Bernhardi yn yr un cylchgrawn.
Unwaith eto, mae'r neges yn un frawychus o glir wrth i Morris-Jones
ymosod ar ddatganiadau'r Almaenwr cenedlgarol ac eithafol hwn:

> Y bobl atgasaf o neb yng ngolwg yr ysgrifennydd hwn ydyw carwyr
> heddwch; a'r peth sy'n blino'i ysbryd fwyaf ydyw fod rhywrai hyd yn
> oed yn yr Almaen yn gwrando arnynt . . . Rhaid iddo gyfaddef 'fod yn
> yr Almaen rwgnachwyr a hyd yn oed dangnefeddwyr', ond bod ei gyd-
> wladwyr at ei gilydd 'yn berffaith iach ar y cwestiwn mawr' am fod
> 'pob apêl at rym arfau yn cyfarfod ag atebiad uchel yng nghalonnau
> pawb'.[26]

Ceir gan Morris-Jones grynodeb testunol o bob pennod yn y gyfrol
gyntaf, *Germany and the Next War*, cyn symud at yr ail, *How
Germany Makes War*. Y mae prif fyrdwn casgliadau Morris-Jones yn
amlwg ddigon ac yn adlewyrchu dadleuon y mwyafrif o'i gyd-
wladwyr dros amddiffyn yr hawliau hynny a ystyrid yn ganolog i

oroesiad unrhyw genedl wâr. Dadleuir yma gan Bernhardi, ar y llaw arall, mai 'gorseddu duw rhyfel ar y ddaear am genedlaethau' yw bwriad yr Almaen. 'O chwennych eiddo'i chymydog', medd yr adolygydd, 'hi aeth i ladd, a lladrata, a dwyn cam dystiolaeth'. Rhaid oedd gwrthwynebu'r fath gyfundrefn er mwyn diogelu safonau cymdeithasol cydnabyddedig: 'Y mae rhyfel yn erbyn y gallu hwn heddyw yn rhyfel santaidd, yn rhyfel i amddiffyn rhyddid, yn rhyfel o blaid heddwch.'[27] Yn dilyn adolygiad Morris-Jones, ceir cyfraniad pellach ar yr un pwnc, 'Cyn y Rhyfel', gan Harry R. Reichel (Is-ganghellor Coleg Prifysgol Bangor) a hynny ar gais y golygydd, 'erthygl fer i egluro pa fodd y deuthum, yn ystod y pedair neu bum mlynedd a aeth heibio, i sylweddoli'r perygl Ellmynig nad oedd y rhan fwyaf o'm cydwladwyr, mae'n debyg, yn ei ganfod'.[28] Roedd Reichel ers tro wedi bod yn gwbl effro i'r bygythiad hwn:

> The scales had long fallen from Reichel's eyes. A German ancestry had for many British citizens of the twentieth century been an uneasy inheritance, and, as we have seen, Reichel's roots were unmistakably German – his father was as much at home in German as English – but in the December 1914 number of John Morris-Jones's Y *Beirniad* he wrote of his early disillusion.[29]

Mae'r dystiolaeth, felly, yn dangos pa mor barod y bu'r Cymry yn gyffredinol i dderbyn rhesymau'r llywodraeth dros fynd i ryfel a bod staff Coleg Prifysgol Bangor yn adlewyrchu'r safbwynt hwnnw. Roedd y rhestr o athrawon Bangor a fu'n ceisio annog ieuenctid y wlad, ar wahanol lwyfannau cyhoeddus, i ymuno â'r frwydr, yn cynnwys enwau megis Morris-Jones, W. Lewis Jones, Milner-Barry ac E. V. Arnold.[30] Roedd yn hollol amlwg ar y pryd, felly, fod y mwyafrif llethol o'r trigolion ledled Cymru a Phrydain yn credu yn nilysrwydd y dadleuon a oedd wrth wraidd y penderfyniad i fynd i ryfel. Dadleuid yn gyson fod dyfodol y gwerthoedd hynny a fu'n sail i ryddid cymdeithasol y gorffennol bellach yn cael eu herio a'u bygwth ac, o ganlyniad, fod dadleuon moesol dros amddiffyn y cyfryw werthoedd hyd yn oed pe bai hynny'n golygu ymroi i rym rhyfel. Ceir arolwg o'r sefyllfa ym Mangor yng nghofiant Arwel Vittle i Lewis Valentine, y modd y dylanwadwyd ar y darpar-bregethwr i ymuno â'r fyddin gan frwdfrydedd ei addysgwyr a chan rethreg gwleidyddion amlwg ei ddydd dros y rhyfel. 'Lledodd twymyn y gad', meddai Vittle, 'i Goleg y Brifysgol ym Mangor hefyd, ac anodd oedd cynnal normal-

rwydd academaidd dan yr amgylchiadau'.[31] Yn naturiol ddigon,
cofnodir fod Morris-Jones, fel cynifer o'i gyd-ddarlithwyr, yn
gefnogwyr selog i'r rhyfel ac 'erbyn haf 1918, yr oedd cyfanswm o 554
o ddynion – yn staff ac yn fyfyrwyr – o Goleg Bangor wedi gwasan-
aethu yn y fyddin', a Lewis Valentine yn eu plith.[32] Cyfaddefodd
Valentine yn ddiweddarach iddo gredu'r 'chwedl honno am ryddid
cenhedloedd bach', er mai braidd yn wahanol oedd ymateb Puleston
Jones, hyd yn oed yng nghanol holl gyffro emosiynol y recriwtio. Nid
oedd ef mor barod i dderbyn holl bropaganda Prydeinig y cyfnod
nac ychwaith i bardduo'r Almaen gyda brwdfrydedd parod ei gyd-
wladwyr:

> Yr wyf yn argyhoeddedig nad oedd fodd i ni yn anrhydeddus gadw
> allan o'r rhyfel yn y diwedd eithr gallasem hyd y gwelaf fi, pe buasai
> well llywio, a phe buasai'n gwladweinwyr wedi dangos yr un awydd i
> osgoi rhyfel, a ddangosasant i guro ar ol mynd i ryfel. Nid wyf yn sicr
> hyd yn hyn fod y Politicians wedi deud llawer o gelwydd; ond yr wyf
> yn berffaith sicr na ddywedasant mo'r gwir i gyd. Y mae llawer mwy o
> fai ar ein gwlad ni nag sy'n cael ei gydnabod.[33]

Afraid ychwanegu mai lleiafrif bychan a oedd yn arddel y safbwynt
hwn. Erbyn diwedd y rhyfel, wrth gwrs, roedd mwy o bwyslais ar
ganlyniadau'r brwydro ac ar anawsterau ymarferol y trigolion. Roedd
Harri, brawd Morris-Jones, yn gweithio yn Abertawe ac, mewn
llythyrau adref i Lanfair, gellir sylweddoli pa mor anodd oedd bywyd
yno. 'Roedd shiopa cig, ymenyn, margarine, a phetha o'r fath',
meddai ym mis Ionawr 1918, 'wedi ei cau i gid ddydd Sadwrn yn
gynnar yn y p'nawn, a queues mawr hirion wrth bob un ar hyd y
bore'.[34] Yr awgrym sy'n dilyn yw ei bod 'hi'n dda arnoch chi'n y wlad
yna, i fel y mae hi'n y trefydd yma'. Yr un yw'r neges ym mis
Chwefror, 'fod hi'n waeth arnom ni yn y trefydd yma, nag ydi hi
arnoch chi yn y wlad yna – ond drwy drugaredd rwyf wedi managio
yn o lew hyd yn hyn.'[35] Erbyn mis Mawrth, er gwaetha'r holl
drafferthion a'r prinder bwyd, gwêl Harri fod yna obaith y deuai'r
rhyfel i ben cyn hir, 'mae exhaustio ei hun mae Fritz' ac ond i'r milwyr
ddal ati 'mi fydd wedi darfod arno'.[36]

Ymddengys, felly, fod llais golygyddol Y Beirniad ynghyd â naws
cyfraniadau amrywiol eraill ar y rhyfel, yn adlewyrchu safbwynt y
gymdeithas gyfoes a oedd, at ei gilydd, yn gefnogol iawn i'r syniad fod
rhyfel yn anochel. Yn ychwanegol at y cyfraniadau hyn i Y Beirniad,
bu'r Athro coleg a'i gyd-weithwyr yr un mor gyson eu neges ar

lwyfannau recriwtio'r cyfnod. Ac eto, rhaid nodi fod yna leisiau eraill i'w clywed o bryd i'w gilydd, lleisiau anghydffurfiol, ac yn eu plith lais John Puleston Jones, ei hen gyfaill o gyfnod Rhydychen:

> Jingo fever led to some distasteful episodes far removed from the liberal, humane standards which Welsh national spokesmen claimed to uphold. There was persecution by his congregation in Pwllheli of the anti-war radical, the blind Methodist minister, Puleston Jones . . . Nonconformist ministers appeared to be preaching the creed of 'praise the Lord and kill the Germans'. It was hard to reconcile the spectacle of the Revd John Williams of Brynsiencyn, 'Lloyd George's Chaplain' as he was called, preaching in the pulpit in full military uniform, with the gentle message of the Prince of Peace.[37]

Wedi nodi fod yna rai yn ddigon dewr i nofio yn erbyn y llif trwy gyfeirio'n gyhoeddus at rinweddau heddychiaeth, ymddengys mai llais cefnogwyr y rhyfel oedd i'w glywed amlaf. Dyna safbwynt Morris-Jones, yr areithiwr cyhoeddus, a neges golygydd Y *Beirniad* yn ogystal.

Yng nghyd-destun y rhyfel, felly, y mae'n rhaid gosod rhai o gyhoeddiadau Morris-Jones sy'n perthyn i'r cyfnod hwn. Ceir, er enghraifft, ei gyfraniad i Y *Brython* (17 Medi 1914) dan y teitl 'At y Cymry: mynnwn Germani ar ei gliniau', sy'n cynnwys apêl at Gymry ieuainc i ymuno â'r fyddin.[38] Bu Morris-Jones, hefyd, yn gyfrifol am gyfieithu un o areithiau recriwtio Lloyd George a draddodwyd ym mis Tachwedd 1914.[39] Yn ystod 1915, bu Morris-Jones a W. Lewis Jones (Athro Saesneg Bangor) yn gyfrifol am olygu dwy gyfrol ar gais Pwyllgor Cronfa Genedlaethol Y Milwyr Cymreig, y naill yn gasgliad o ryddiaith a barddoniaeth Gymraeg, *Gwlad fy Nhadau: rhodd Cymru i'w byddin*, a'r llall yn ddetholiad o gyfieithiadau i'r Saesneg, *The land of my fathers: a Welsh gift book*. Mae'n briodol nodi fod y casgliad Cymraeg yn cynnwys cyfieithiad Morris-Jones o ddarn o un o areithiau recriwtio Lloyd George dan y teitl 'Dyled y byd i Genhedloedd Bychain'. Mae'r thema, yn ôl y disgwyl, yn gyffredin i gymaint o'r traethu a fu o blaid y rhyfel a'r rhethreg yn nodweddiadol o arddull areithio Lloyd George:

> Rhaid i Gymru barhau i wneuthur ei dyletswydd. Mi hoffwn weled byddin Gymreig ar y maes. Mi hoffwn weled y genedl a wynebodd y Normaniaid am gannoedd o flynyddoedd yn ei hymdrech am ryddid, y genedl a gynorthwyodd i ennill brwydr Cresi, y genedl a ymladdodd

am genhedlaeth dan Owain Glyndŵr yn erbyn y capten mwyaf yn Ewrop, – mi hoffwn weled y genedl honno'n rhoi eithaf blas o'i theithi yn yr ymdrech hon yn Ewrob; a hynny a wna.[40]

Yn rhagymadrodd Morris-Jones ei hun i'r gyfrol, gwelir yntau nid yn unig yn egluro'r cefndir i'r cyhoeddi – sef i'r gyfrol gael ei chynllunio 'ar gais Mrs Lloyd George a Phwyllgor Cronfa Genedlaethol y Milwyr Cymreig' – ond yn ymroi i'r un math o rethreg gwleidyddol ag a gysylltir ag areithiau Lloyd George. 'Y mae Prydain drwyddi'n fwy Celtaidd nag y tybid gynt', meddai, 'a heddyw'n ymladd brwydr y Celt dros ryddid a gwareiddiad yn erbyn traha milwrol ac anwariaeth y Teuton'.[41] Gwelir, felly, pa mor awyddus y bu staff Coleg Prifysgol Bangor, a Morris-Jones yn ffigwr amlwg yn eu plith, i gefnogi'r rhyfel mewn egwyddor trwy gyfrwng cyfres o ddatganiadau cyhoeddus, ac yn ymarferol trwy gyfrannu at gronfa genedlaethol er budd y milwyr. Yn achos Morris-Jones, roedd ganddo *Y Beirniad* at ei wasanaeth yn ogystal, ac fel y dangoswyd, bu'r cylchgrawn hwnnw yn ategu llais cymdeithas a oedd i raddau helaeth iawn o blaid y rhyfel. Ni ellid disgwyl i Morris-Jones, er gwaethaf ei dawedogrwydd arferol yn y cyd-destun hwn ('so seldom moved to political pronouncement'),[42] anwybyddu'r byd y tu allan ar y pryd, o gydnabod holl gyffro'r recriwtio yn ei gynefin ei hun a goblygiadau arbennig yr argyfwng hwn yn hanes ei fro a'i goleg.

Er i Y *Beirniad* ymddangos am y tro cyntaf yn 1911, roedd rhaid aros eto am gyfnod cyn gweld argraffu'r gramadeg safonol a fyddai'n gymar i'r cylchgrawn hwnnw yn yr ymgyrch i sicrhau canllawiau pendant ar gyfer cenhedlaeth newydd o fyfyrwyr a chefnogwyr yr iaith. Ym mis Ionawr 1912, roedd peth ansicrwydd yn parhau ynglŷn â dyddiad cyhoeddi'r gramadeg hirddisgwyliedig. Roedd rhan sylweddol o'r llawysgrif eisoes ym meddiant yr argraffwyr yn Rhydychen, 'ond hyd yma', medd Morris-Jones mewn llythyr at Tecwyn Evans, dyddiedig 25 Ionawr 1912, 'ni ddaeth gair swyddogol, felly gwell peidio â sôn am y peth yn gyhoeddus am ychydig amser'.[43] Erbyn mis Mai yr oedd y newyddion yn llawer mwy calonogol bendant:

Y mae'r Clarendon Press wedi dechrau ar y llyfr ac yr wyf yn awr yn brysur gyda'r proflenni. Tipyn yn araf y maent yn mynd ymlaen, ac ofnaf na orffennant am fisoedd. Ond y mae'r diwedd yn y golwg yn awr – y llawysgrif *wedi* ei gorffen.[44]

Gellid yn hawdd ddeall yr elfen o ryddhad a adlewyrchir yn y geiriau hyn, gyda'r pwyslais arbennig ar y gair 'wedi'. Ceir rhywfaint o hanes paratoi'r gyfrol yn y rhagair, cyfnod o baratoi a brofodd yn fwy cymhleth na'r disgwyl fel bod Morris-Jones yn cynnig i'r darllenydd 'a brief account of the facts by way of explanation and apology'.[45] Sonnir am y deunydd a baratowyd ar gyfer ei 'sketch of Welsh Grammar' a gyhoeddwyd yn Y *Gwyddoniadur* yn y nawdegau ac a fu'n sail i gwrs o ddarlithiau a draddodwyd gerbron gwahanol ddosbarthiadau o fyfyrwyr ym Mangor wedi sefydlu Prifysgol Cymru. Yn naturiol ddigon, ystyriwyd y posibilrwydd o gyhoeddi ffrwyth y darlithiau'n gyfrol ar ramadeg yr iaith flynyddoedd cyn cyhoeddi'r *Welsh Grammar*, 'but I was unable at the time to carry out the investigation which seemed to me necessary before such a book could be properly written'. Dylid nodi fod diddordeb yr awdur yn hanes a chyflwr yr iaith eisoes wedi ymestyn dros nifer o flynyddoedd. Ymddangosasai ei 'Awgrymiadau i Ysgrifenwyr Cymraeg' yn Y *Geninen* mor gynnar ag 1887, a dilynwyd y cyfraniad hwnnw gan ei drafodaeth fanwl ar gyflwr yr iaith dan y teitl 'Cymraeg Rhydychen' yn yr un cylchgrawn, yn 1890. Wrth gyfeirio at yr erthygl a gyhoeddwyd ganddo yn 1891, 'Ystoria Brenhinedd y Brytanieit', ceir bod Geraint Bowen yn dangos pa mor feirniadol oedd yr awdur o waith llenorion y bedwaredd ganrif ar bymtheg a pha mor awyddus ydoedd i feithrin safonau sicrach drwy roi sylw priodol ar y naill law i lenyddiaeth glasurol yr iaith ac, ar y llaw arall, i batrymau a rheolau safonol y Gymraeg:

> Ni ddaw gwybodaeth o'r iaith Gymraeg i neb mewn dull goruwchnaturiol, rhaid ei hastudio, fel rhyw iaith arall. Ac nid oes gan neb hawl i draethu yn ei chylch cyn talu yn gyntaf ryw gymaint o sylw i'w hen lenyddiaeth, yn gystal ag i ieithegwyr yr oes hon.[46]

Yma eto, sonnir am gyfuno swyddogaeth y gramadegydd a'r athro â brwdfrydedd yr ymgyrchwr diflino am fod amodau'r sefyllfa yn gofyn am gymaint yn fwy na dadansoddiad manwl o wendidau ieithyddol, sef yr 'ymwybyddiaeth o genhadaeth' ac, ar ben hynny, yr 'athrylith i amgyffred a meistroli'r dulliau a'r moddion, heb sôn am yr ymroad a'r egni i'w chyflawni.'[47] Unwaith yn rhagor, dyma diriogaeth y gwleidydd llenyddol. Mewn arolwg o weithgarwch Morris-Jones yn y maes hwn, ceir bod Henry Lewis yn ymdrin ag arwyddocâd y rhestr o gyhoeddiadau a fu'n gyfrwng ymbaratoi ar gyfer y gramadeg a fyddai'n ymddangos maes o law ac a fyddai'n ddull o grynhoi'r wybodaeth ar gynifer o bynciau:

He had already in 1891 (in the second edition of Y *Gwyddoniadur Cymreig*, vol. III) published a comprehensive article on Welsh language and literature which proved his masterly grasp of the subject and his great power of lucid expression. In his introduction to Y *Bardd Cwsc*, the part which he devotes to Ellis Wynne's language is invaluable, both on account of the knowledge which is given and of the clear way in which the knowledge is expressed. It is a model edition in more ways than one, and Welsh studies are still suffering from the lack of such books as this.[48]

Bu'r awdur, felly, yn gyfrifol am gyfres o erthyglau dros y blynyddoedd ar amrywiaeth o bynciau ieithyddol ymhell cyn cyhoeddi ei *Welsh Grammar* yn 1913. Bu gwahanol frwydrau cylchgronol yn ddylanwad pellach ynghyd â'r profiad beunyddiol o gyflwyno prif argymhellion yr agenda orgraffyddol ac ieithyddol newydd i lu o ddosbarthiadau prifysgol. Ym mhob cyd-destun, rhoddid y pwyslais pennaf ar wybodaeth drwyadl ac ar wahaniaethu'n ofalus rhwng y derbyniol a'r annerbyniol, rhwng y gwir a'r gau. Fel y pwysleisiwyd mewn llythyr at O. M. Edwards yn 1892, 'A heddyw os oes ar y Cymry eisiau rhywbeth, eisiau disgyblaeth elfennol mewn rheolau sydd arnynt. Nid rhoi iddynt reolau arbitrary, ond dysgu iddynt reolau naturiol iaith a miwsig a rheswm a phopeth.'[49] Dyna'r elfen yn ei bersonoliaeth a'i athroniaeth sy'n cael cymaint o sylw gan gynifer o'i gydnabod a'i gyd-ysgolheigion. 'He has impressed upon us', medd Henry Lewis ymhellach, 'the solemnity of demonstrable truth and the wretchedness of fraud and deceit.'[50] Dylid gosod yr ymddiheuriad a welir yn y 'Preface', mewn cyd-destun priodol. Mae'n wir fod cryn sôn am y gyfrol ymhell cyn iddi ymddangos, ond cynigir eglurhad manwl gan yr awdur yn gymaint ag y bu raid ailwampio rhannau helaeth o'r gwaith ar ôl ystyried y dystiolaeth a gyflwynwyd mewn gwahanol gyhoeddiadau newydd ac ar sail ei anfodlonrwydd â chynllun y gwaith; bu raid ymgodymu, hefyd, â chyfres o addasiadau sylfaenol i'r rhan agoriadol yn ymdrin â ffurfiant wrth i'r gwaith symud yn ei flaen i'r ail adran ar gystrawen. Ond ar wahân i ystyriaethau ysgolheigaidd o'r fath, roedd bywyd coleg hefyd yn galw, a chyfrifoldebau tymhorol yr athro yn golygu na ellid ymroi yn gyfan gwbl i waith ymchwil. Nid oedd cyfnodau ymchwil Sabothol yn rhan o batrwm prifysgolion y cyfnod, a bu raid i Morris-Jones ymdopi â chyfres o weithgareddau academaidd, gweinyddol ac allgyrsiol a fyddai, ar brydiau, yn dreth ar ei frwdfrydedd a'i iechyd.

Ymddengys iddo gychwyn ar y *Welsh Grammar* yn 1899, ond iddo ailddechrau flwyddyn neu ddwy yn ddiweddarach am nad oedd y cynnig cyntaf yn ei fodloni. 'The progress of the second draft', meddai ymhellach, 'was much hindered by examination work which took up the greater part of my long vacation for some years.'[51] Rhaid cofio ei fod, ar ben ei waith coleg, yn cyfrannu at amrywiaeth o weithgareddau yn ei gymdogaeth ei hun a'i fod wedi derbyn gwahoddiad i feirniadu yn yr Eisteddfod Genedlaethol yn weddol o gyson dros y blynyddoedd. Er gwaethaf hyn oll, ychydig o gyd-ymdeimlad a ddangoswyd gan Owen Eilian Owen, a hwyrach ei fod yn lleisio barn y garfan ymrysongar honno a oedd yn manteisio ar bob cyfle i ddilorni Morris-Jones a gwŷr y Brifysgol:

> Un o'r pethau digrifaf mewn oes yw clywed yr Athraw yn cwyno fod ysgrif addewais heb ymddangos am ddau fis, a'r gramadeg addawyd yn ei enw ef heb weled goleu dydd ar ol tair neu bedair blynedd ar ddeg o Yfory Shon y Crydd.[52]

Yr eironi, wrth gwrs, oedd bod Owen, fel Morien gynt yng nghyd-destun yr Orsedd, wedi denu Morris-Jones i ymateb yn gyhoeddus i gyfres o ddamcaniaethau di-sail, gan ychwanegu at y gorchwylion atodol hynny a fyddai wedi torri ar draws cyfnodau ymchwil digon prin. Wrth gwrs, roedd Owen yn llygad ei le wrth gyfeirio at yr hir aros. 'This book', meddai Morris-Jones ei hun ar ddechrau'r rhag-ymadrodd, gan ddyfynnu geiriau V. Henry am ei *Breton Lexique*, 'has the misfortune to have a history'. Roedd hi'n drawiadol wir, oherwydd mor gynnar â mis Mawrth 1905 derbyniodd Morris-Jones lythyr gan C. E. Doble ar ran gwasg Clarendon yn Rhydychen, yn dangos diddordeb mewn cyhoeddi gramadeg safonol o'r iaith Gymraeg. Syr John Rhŷs a fu'n gyfrifol am gynnig enw Morris-Jones, am fod ei gynfyfyriwr eisoes yn paratoi 'a Welsh Grammar on a really scientific basis, which would be worth putting in the hands of a philologist'.[53] Yn sgil hynny, ceir gosodiad sy'n ymddangos erbyn hyn yn dra optimistaidd ei naws wrth i Doble awgrymu fod yr argraffwyr yn deall 'that you expect to be ready with a substantial portion of the book about the end of September next'. O ganlyniad i'r ohebiaeth, dangosodd Morris-Jones ddiddordeb pendant yn y gwahoddiad, gymaint felly fel bod Doble yn datgan pa mor fodlon yr oedd y wasg 'that you are considering the suggestion that your forthcoming Welsh Grammar should be published by this Press'.[54] Ymhell cyn cyhoeddi ei *Welsh Grammar* yn 1913, deuir ar draws cyfres o ymholiadau mewn gwahanol lythyrau ynglŷn â hynt y gyfrol. Ystyriaeth amlwg yn ystod cyfnod a nodweddid gan gymaint o ymgecru cyhoeddus ac ansicrwydd ynglŷn â chywirdeb orgraff ac iaith fyddai cyhoeddi gramadeg ffurfiol a safonol a fyddai'n ddull o hyrwyddo rhyw elfen o unffurfiaeth a allai arwain at gadoediad ieithyddol. Dro ar ôl tro, synhwyrir cymaint o alw a oedd ar y pryd am ganllawiau pendant ac ymarferol ar gyfer y sawl a fynnai ysgrifennu'n ffurfiol yn yr iaith Gymraeg. Nid annisgwyl, felly, oedd clywed apêl daer gan nifer o ohebwyr am i'r gramadeg y bu gwasg Clarendon yn dangos diddordeb ynddo yn 1905 weld golau dydd. Roedd sylwadau Elphin (R. A. Griffith) adeg cythrwfl 'Ffordd Deiniol/Ffordd Ddeiniol' yn 1906, er enghraifft, yn nodweddiadol o agwedd cynifer o'i gyfoeswyr a oedd yn dyheu am arweiniad:

> Ond yn wir, y mae arnom eisieu cael ein dysgyblu, er mai anodd yw ymostwng i'r driniaeth pan fo ein Hollwybodolrwydd ein hunain yn y glorian. Brysiwch efo'r gramadeg. 'While the grass is growing the steed is starving'.[55]

Digon tebyg yw apêl ei gyfaill O. M. Edwards ato. 'Paham na chyhoedda yr athraw o Fangor ei ramadeg', meddai yntau yn 1906, ond bod ei gyfaill yn gweld mantais atodol sef 'er arbed ei hun y boen ingol o flingo ei gyfeillion yn fyw *wedi* iddynt camgymeryd'.[56] Gwyddai O.M. yn iawn o brofiad pa mor ymosodol a phersonol y gallai Morris-Jones fod yng nghyd-destun dadleuon ieithyddol a llenyddol am i'r ddau anghytuno ar arwyddocâd y gynghanedd, er enghraifft, ac ar y perygl o orddeddfu wrth drafod ffurfiau'r iaith. Y flwyddyn ddilynol, wele Gwili yn gofyn 'pa bryd y daw'r Gramadeg y cefais ryw gip arno yn 1901?', cyn troi ei sylw at adolygiad Morris-Jones ar waith Loth ar y gynghanedd gan ofyn 'ai byw'r truan?'[57] Yn 1913 yr ymddangosodd y *Welsh Grammar* yn y pen draw, wedi blynyddoedd o waith ymchwil a chyfnod maith o ailasesu a diwygio.

Cysylltir enw Morris-Jones â thuedd i osod y pwys mwyaf ar reolau a deddfau ac i ladd ar y sawl na fynnai ufuddhau i'r cyfryw gyfundrefn neu a fynnai ddilyn rhyw drywydd mympwyol. Yn hyn o beth, dylid gwahaniaethu'n ofalus rhwng arfer cyfres o ddeddfau a dderbyniwyd ar sail canlyniadau ymchwil gyfrifol a datganiadau anwiriadwy gau ysgolheictod y gorffennol a fyddai'n debygol o adlewyrchu damcaniaethau personol ac anghyson. I'r ail ddosbarth hwn y perthynai William Owen Pughe, un a fu'n gyff gwawd hynod gyson pan fyddai Morris-Jones yn dewis traethu ar ffolinebau gau ysgolheigion y gorffennol. Canmolir gwaith Dr John Davies yn y rhagair i *Welsh Grammar*, am iddo lunio gramadeg yn 1621 a oedd yn cynnwys 'a careful study of the works of the bards' a dadansoddiad pwysig o'r iaith lenyddol a gyflwynir ganddo. Nid felly William Owen Pughe:

> The grammar of William Owen (later W. O. Pughe) prefixed to his Dictionary, 1803, stands at the opposite pole. It is written on the same principle as the dictionary, and represents the language not as it is, or ever was, but as it might be if any suffix could be attached mechanic-ally to any stem . . . Examples are quoted of such forms as are genuine; and the impression is conveyed by the suggestio falsi of 'seldom', 'as often', and the like, that the others also occur. To the author truth meant conformity with his theory; facts, perverse enough to disagree, were glossed over to save their character.[58]

Ar y llaw arall, roedd Morris-Jones yn gyson awyddus i ddarbwyllo'i gyd-Gymry o bwysigrwydd ymgyfarwyddo â deddfau naturiol a sylfaenol yr iaith, deddfau y byddai ymchwilwyr proffesiynol yn gyf-rifol am eu darganfod, eu gwirio'n ofalus a'u cyflwyno i gynulleidfa gyfoes.

Y bwriad gwreiddiol, meddai drachefn, oedd creu 'a descriptive grammar of Modern Welsh with special reference to the earlier period',[59] ac erbyn 1907, roedd yr adran ar ffurfiant yn orffenedig a thros hanner yr un ar gystrawen wedi'i gwblhau. Fodd bynnag, wrth lunio'r ail adran, am fod rhaid dibynnu i gymaint graddau ar ddarnau enghreifftiol o ryddiaith yr Oesoedd Canol, bu raid ail-lunio'r rhan gyntaf yn gyfan gwbl. Esgorodd y penderfyniad hwnnw ar ddatblyg-iad pellach:

> In re-casting the first portion I thought it would be well to bring together the laws by which Welsh sounds are derived from Keltic and Primitive Aryan, so that by reference to them any formation or word might be compared with its cognates, and traced to its origin. Thus from a descriptive grammar of Modern Welsh the book grew into a Welsh Grammar Historical and comparative.[60]

Roedd arbenigwyr eraill yn gweithio yn yr un maes ar y pryd, ac mae'n bosibl fod cyhoeddi dwy gyfrol o bwys wedi bod o leiaf yn rhannol gyfrifol am y newid cyfeiriad hwn. Yn 1908, cyhoeddwyd cyfrol gyntaf Pedersen, *Vergleichende Grammatik der keltischen Sprachen*, ac yn 1909 gramadeg Hen Wyddeleg Thurneysen. Fodd bynnag, hyd yn oed ar ôl proses o ailystyried ac ailwampio, nid oedd y gyfrol wrth fodd pob arbenigwr a oedd yn ymddiddori yn y maes, yn benodol am fod yr adran ar ffurfiant a gramadeg, sy'n adlewyrchu meistrolaeth y mathemategydd ar drefn a manylder, yn cael ei hystyried yn llawer mwy llwyddiannus na'r ymgais i drafod seiniau yn y rhan agoriadol. Byddai dadansoddiad o'r fath yn gyson â'r farn gyffredinol mai fel gramadegydd y llwyddodd Morris-Jones i ennill parch ei gyd-ysgolheigion ac nid fel ieithegydd. Wrth reswm, ni raid synnu fod ieithegwyr diweddarach, o gofio fod amrywiaeth helaethach o ffynonellau a chyhoeddiadau safonol at eu gwasanaeth, wedi gallu gwrthbrofi rhai o'r esboniadau a'r damcaniaethau a gynigiwyd yn wreiddiol gan Morris-Jones. Hynny yw, mae gwahaniaeth cyson a phendant yn ymateb yr arbenigwyr i'r ddwy elfen o fewn y gyfrol. Ceir fod sylwadau A. O. H. Jarman, er enghraifft, yn cynrychioli'r ymateb deublyg hwnnw ac yn tynnu sylw at ansawdd anwastad y gyfrol:

> Y mae dwy elfen yn gymysg â'i gilydd yn y gwaith hwn, sef y rhannau sy'n disgrifio ffurfiant a gramadeg yr iaith, a'r rhannau sy'n ymdrin â'i seiniau a'i tharddiad o'r Frythoneg a'r Gelteg. Beirniadwyd tipyn ar y rhannau ieithegol hyn pan ymddangosodd y llyfr, a gellir dweud fod gwyddor yr ieithegwyr bellach wedi ymbellhau fwyfwy oddi wrth esboniadau John Morris-Jones ar lawer o faterion. Ond erys y rhan ramadegol yn waith diogel a safadwy hyd heddiw. Dyma'n wir y disgrifiad safonol o'r Gymraeg fel iaith lenyddol ddiwylliedig o'r Oesoedd Canol hyd yr ugeinfed ganrif, ac yn yr ymdriniaeth fe welir holl rym meddwl Syr John Morris-Jones fel ysgolhaig, ei fanylrwydd, ei drwyadledd, ei adnabyddiaeth sicr o idiom y Gymraeg, ac yn arbennig ei ddawn anghymarol i ddosbarthu'n drefnus ac i ddiffinio rheol yn eglur a chryno.[61]

Er gwaethaf pob gwendid, felly, roedd yna werth amlwg i'r gyfrol. Pe bai'r awdur wedi troi at ryddiaith ei gyfnod ei hun ar gyfer ei ddeunydd enghreifftiol, byddai wedi darganfod arddull a oedd yn amddifad o'r glendid ieithwedd a'r cyfoeth priod-ddull a oedd wedi nodweddu cynnyrch llenyddol cyfnodau cyfoethocach yn hanes yr iaith. O ganlyniad, roedd troi at lenyddiaeth y gorffennol yn atyniad amlwg a dealladwy fel bod y ramadeg yn cynnig arolwg dadlennol o hanes yr iaith fel cyfrwng llenyddol o'r Oesoedd Canol i'r ugeinfed ganrif, arolwg sy'n dangos gwybodaeth fanwl o gynifer o ffynonellau gwreiddiol. O ddilyn trywydd o'r fath, ni raid synnu mai'r safonau ieithyddol a fabwysiadwyd ganddo oedd safonau'r Mabinogion a thestunau canoloesol eraill. Am yr un rheswm, trowyd at waith cywyddwyr y bedwaredd ganrif ar ddeg a'r bymthegfed ganrif, lle y ceid y math o gynsail a allai gynnig patrwm cymeradwy ar gyfer llenorion cyfoes. Ac eto, er bod y gyfrol yn cynnwys detholiad enghreifftiol hynod werthfawr o gwpledi cywyddwyr yr Oesoedd Canol, roedd pwyslais mor amlwg ar ddeunydd o'r fath yn golygu mabwysiadu safonau oes a fu. Wrth anwybyddu, am resymau digon dilys a dealladwy, gynnyrch llenyddol ei gyfnod ei hun, y canlyniad fu iddo arddel safonau oes bellennig, tuedd a fyddai'n codi cwestiynau ac amheuon amlwg wrth ystyried gwerth ymarferol y gramadeg mewn cyd-destun cyfoes. Ar un llaw, gellid dadlau fod y gramadeg yn cynnwys cryn wybodaeth sydd wedi goroesi ac wedi dangos ei gwerth a'i pherthnasedd i genedlaethau o fyfyrwyr a llenorion. Mae enw Morris-Jones fel gramadegydd, felly, yn hollol ddiogel. Ar y llaw arall, trwy fabwysiadu'r cyfryw safonau a thrwy fod ar brydiau yn gyndyn o gydnabod datblygiadau diweddarach yn hanes yr iaith, amharwyd ar werth y ramadeg fel cyfeirlyfr ymarferol ar gyfer y sawl a ddymunai ysgrifennu'r iaith. Ei duedd fel gramadegydd oedd diffinio safon yn hytrach na disgrifio'r iaith lafar yn union fel yr oedd. Hynny yw, credai Morris-Jones yn gryf mewn puro'r iaith o bob 'aflendid', a bod hynny'n golygu adfer ffurfiau traddodiadol a hyd yn oed rhai hynafol a ddiflanasai o'r iaith lafar ers tro; ysywaeth, roedd dilyn llwybr o'r fath yn golygu derbyn safonau a allai brofi'n llawer rhy statig ac anhyblyg ar gyfer rhyddiaith. Ac eto, roedd cyhoeddi *Welsh Grammar* yn 1913 yn gam arall mewn ymgyrch i greu trefn lle bu anhrefn ac i gyhoeddi'r neges gyfarwydd honno a gysylltir mor aml â'i enw, sef fod gwella safonau llenyddol yn galw, yn y lle cyntaf, am wybodaeth drylwyr o reolau sylfaenol yr iaith. Roedd y pwyslais a roed ar y ddisgyblaeth honno yn elfen hollol ganolog yn yr ymgyrch i wella safonau llenyddol yr oes. Byddai'r ramadeg, wrth reswm, yn fodd i hybu'r fath ddisgyblaeth.

Nid peth annisgwyl yw bod adolygiadau'n adlewyrchu arbenigedd neu ogwydd personol yr awdur. Ar ben hynny, mewn gramadeg a oedd yn cynnwys ymdriniaeth â chynifer o wahanol agweddau ar yr iaith, ac i raddau helaeth yn arloesol ei natur yn y cyfnod modern, go brin y gellid disgwyl ymateb beirniadol a fyddai'n gyson gadarnhaol wrth ystyried y gwahanol is-adrannau. Ac felly y bu. Soniwyd eisoes fod yr adran ar ieitheg wedi denu cryn feirniadaeth, a naturiol o ganlyniad oedd i Thurneysen, arbenigwr amlwg yn y maes hwnnw, ddangos fod Morris-Jones wedi anwybyddu llawer o'r ffurfiau cytras a welir yn yr ieithoedd Celtaidd eraill. Bu eraill yn feirniadol o natur yr iaith a dderbyniodd Morris-Jones yn sail i'w astudiaeth, sef Cymraeg y Mabinogi, gweithiau'r cyfnod canol a chywyddau'r bedwaredd ganrif ar ddeg a'r bymthegfed. Daw'n amlwg fod safbwynt Syr Edward Anwyl yn bur wahanol ac, er cymaint ei barch tuag at ei gyd-ysgolhaig, rhoddai ef lawer mwy o bwyslais ar ffurfiau'r iaith lafar ac ar ymadroddion tafodieithol. Adlewyrchir y duedd honno yn ei adolygiad:

> Da gennym weled, ar dud. 439, fod yr awdur yn cydnabod yr hyn a eilw yn 'present linguistic consciousness', oblegid, er cymaint a edmygwn ar yr iaith yn yr amser a fu, ac er maint ein hawydd i ddarganfod ei hen ffurfiau clasurol, rhaid i ni heddyw, fel llenorion ac fel gramadeg-wyr, geisio tynnu llinell derfyn rhwng y ffurfiau sydd yn arferadwy ar hyn o bryd mewn gwahanol fathau ar lenyddiaeth. Nid yr un yw gramadeg rhyddiaith a gramadeg barddoniaeth, ac nid yr un yw gramadeg yr awdl a gramadeg y gân neu'r delyneg. Gellir defnyddio llawer ffurf mewn awdl sydd yn rhy ansathredig i'w defnyddio mewn cân neu draethawd.[62]

Ceir ymdriniaeth fanwl gan yr Athro Brynley F. Roberts â'r gwahan-iaeth sylfaenol rhwng safbwynt y ddau ramadegydd wrth iddynt ddethol eu deunydd crai. Yr oedd Morris-Jones 'yn ramadegydd â dawn gyfundrefnol esboniadol gyfoethog', ac ychwanegir fod 'ei ymdriniaethau yn ganllawiau sicrach na llyfrau Anwyl'. Ond cymeradwyir Anwyl am iddo roi pwyslais priodol ar yr iaith fyw; a dyfynnu geiriau Anwyl, 'rhaid iddi fod yn iaith ei hoes o ran ei nodweddion cyffredinol'. 'Ond yn eu hagwedd at natur iaith', meddai Brynley Roberts ymhellach, 'ac at ystyr yr ansoddair, "safonol", ni ellir llai na theimlo fod Edward Anwyl yn nes ati ac yn iachach: eithr syniadau Syr John a orfu ac ef a adawodd ei ôl ar hanes gramadeg Cymraeg'.[63] Mae'n ddiddorol, o ganlyniad, gweld fod Peter Wynn Thomas yn y rhagair i *Gramadeg y Gymraeg* (1996), yn dewis pwysleisio mai 'disgrifio gramadeg Cymraeg safonol cyfoes yw nod y llyfr hwn'.[64] Ac eto, er ei fod yn mynnu arddel athroniaeth ramadegol sy'n bur wahanol i un Morris-Jones, ni olyga hynny na all werthfawrogi cyfraniad arbennig ei gyd-ramadegydd: 'Nid oes amheuaeth nad John Morris-Jones oedd ffigwr mwyaf dylanwadol traddodiad gramadegau'r Gymraeg yn yr ugeinfed ganrif'.[65] Bu raid iddo waredu'r iaith rhag effeithiau ffug ysgolheictod y gorffennol a dileu tueddiadau ei gyfnod i efelychu patrymau a phriod-ddulliau'r iaith Saesneg. Dan amodau felly, gellir deall penderfyniad Morris-Jones i droi tua'r gorffennol er mwyn canfod ffurfiau awdurdodol yr iaith. Y canlyniad fu iddo ddatblygu'n ramadegydd deddfwriaethol a fyddai'n amharod iawn i ystyried arferion ieithyddol ei gyfnod ei hun ped ystyrid eu bod yn gwahaniaethu oddi wrth y safonau hynny a ganfu yng ngwaith beirdd yr Oesoedd Canol. Y duedd honno a fu'n gyfrifol am 'ennyn gwg' Edward Anwyl, 'a gyhuddodd Syr John nid yn unig o gyflwyno arferion y gorffennol fel pe baent yn gyfredol, ond hefyd o gynnig safon o 'Gymraeg clasurol' ysgrifenedig yr oedd bron yn amhosibl i unrhyw un ei llwyr feistroli'.[66]

Derbynnir, felly, fod yna agweddau ar *Welsh Grammar* a ystyrir yn wendidau amlwg. Ac eto, yr hyn sy'n arwyddocaol yw'r modd y dewisodd cyfoeswyr Morris-Jones ymdrin â'r pwnc mewn gwahanol erthyglau diweddarach. Rhoddwyd cryn bwyslais ar ragoriaethau'r gyfrol a gwelir tuedd amlwg i faddau'r gwahanol wendidau a ddatgelwyd gan wahanol arbenigwyr o ystyried statws eiconaidd yr awdur yn ei ddydd. Dro ar ôl tro, canolbwyntir ar gyfres o ystyriaethau cadarnhaol yn y fath fodd fel bod maddeuant parod i'w gael am bob diffyg a bai. 'Nid yw'n ddim athrod ar ysgolhaig,' medd Thomas Parry,

> fod rhywun, gyda defnydd newydd wrth law neu gyda dehongliad newydd ar ddefnydd cyfarwydd, yn gwrthbrofi rhyw osodiad o'i eiddo' . . . [ac o ganlyniad] fod rhan gyntaf y Gramadeg mawr, lle mae'n trafod tarddiad seiniau'r iaith Gymraeg a llawer o'i geiriau, erbyn hyn yn annibynadwy.[67]

Yn yr un modd, er iddo dderbyn safonau iaith yr Oesoedd Canol 'o safbwynt ysgolheictod nid oedd dim o'i le yn hyn, wrth reswm'. Ac eto, gan ystyried gwerth ymarferol y gyfrol, roedd rhaid gosod y duedd anffodus hon mewn cyd-destun priodol:

> Ond efallai y gellir beirniadu Morris-Jones am ei bolisi, nid fel ysgolhaig, ond fel dysgawdwr ac athro. Un peth yw cymryd iaith y

cywyddwyr yn destun dadansoddiad gramadegol; peth arall yw cymhwyso safonau'r iaith honno at Gymraeg heddiw. I Morris-Jones, llygriadau oedd bron y cwbl o'r cyfnewidiadau a ddigwyddodd yn yr iaith ddiweddar, er bod yn fynych bob cyfiawnhad dros y cyfnewidiadau hynny. Aeth ef ati i 'gywiro' gwallau trwy adfer hen ffurfiau ac anwybyddu llawer o gyfnewidiadau cwbl gyfreithlon oedd wedi digwydd yn yr iaith ers canrifoedd.

Mae'r gair 'efallai' yn hynod arwyddocaol yma; gellid synhwyro y byddai grym y bersonoliaeth yn dueddol o fod yn her i awdur unrhyw ddatganiad beirniadol hollol ddiamod, a'r 'efallai' lliniarol o ganlyniad yn arwydd o barch at y gramadegydd. Ymateb tebyg a geir gan yr ysgolhaig amlwg Henry Lewis:

> We may differ from him in his interpretation of what purity in language is. He was decidedly conservative in this respect, too conservative indeed. But it is to be remembered that had he not lived and laboured, our language would have been infinitely poorer and unworthy of the rich life which continues to be treasured in it.[68]

Gellir troi yn yr un modd at dystiolaeth W. J. Gruffydd, ysgolhaig a ddangosai yr un duedd â Morris-Jones i fynegi'r gwir plaen hyd yn oed pe bai hynny'n golygu creu gwrthdaro cyhoeddus. Unwaith yn rhagor, er gwaethaf y gwendidau a nodwyd gan wahanol adolygwyr yn eu tro, ymddengys fod yr ysgolhaig hwn a wyddai am raglen gyflawn yr Athro, ac a allai gydymdeimlo â chyfrifoldebau'r ymgyrchwr diflino, yn mynnu sicrhau na fyddai unrhyw un elfen feirniadol mewn un cyd-destun penodol yn tanseilio'i enw da o flaen cynulleidfa genedlaethol. Dyletswydd ei gyd-ysgolheigion oedd sicrhau fod ei ramadeg yn derbyn y croeso a'r ganmoliaeth haeddiannol er gwaethaf unrhyw ystyriaethau negyddol:

> Beyond the mere philology, which may be the debating ground of pundits and pedants, this work professes to give the very life of the language. It is not merely a dissection, it is a picture, – an artistic representation of the inner soul of the Welsh language.[69]

Roedd neges W. J. Gruffydd a'i gyd-ysgolheigion yn eglur ddigon. Hyd yn oed os bydd ambell 'pundit' neu 'pedant' yn dewis herio manylion penodol, peidied neb â gwadu arwyddocâd y gyfrol.

Ymddengys fod yna ddwy elfen yn yr ymdriniaeth â'r Gramadeg sy'n haeddu sylw arbennig. Ar y naill law, rhaid ystyried y gyfrol fel un elfen mewn rhaglen iaith eang ei chysylltiadau a fu'n genhadaeth oes i Morris-Jones. Dyna'r her, i wasanaethu Cymru a'i hiaith, a fu'n destun trafod i Morris-Jones ac O. M. Edwards flynyddoedd ynghynt yn ystod dyddiau coleg, ac a gafodd gymaint o ddylanwad ar bwyslais a phatrwm eu gyrfâu byth wedyn. Ar y llaw arall, dengys nifer o'r adolygiadau ar y *Welsh Grammar* pa mor deyrngar y dewisodd ei gyd-ysgolheigion fod i Morris-Jones, hyd yn oed yn wyneb gwendidau'r gyfrol. Enillasai'r gramadegydd enw iddo'i hun, nid yn unig fel ysgol-haig, ond fel un a oedd yn bennaf gyfrifol am greu'r amodau a fyddai'n sicrhau parch at reolau'r iaith ac yn hwyluso'r ffordd ar gyfer dadeni llenyddol. Barn lywodraethol ei gyd-ysgolheigion, felly, oedd y gellid yn wyneb y fath gyfraniad unigryw faddau llithriadau achlysurol.

11 ❧ 1918–1925 *Taliesin, Ffrainc ac America*

Taliesin

ERBYN diwedd 1918, byddai'r rhyfel byd cyntaf wedi dirwyn i ben ac, er na olygai hynny unrhyw newid sylfaenol ym mhatrwm gwaith yr athro prifysgol ym Mangor, gwelir iddo fanteisio ar y rhyddid i deithio unwaith yn rhagor, un o fanteision atodol y cadoediad. O ganlyniad, mae hanes y cyfnod wedi'r rhyfel yn gyfuniad o barhad agenda hollol gyfarwydd a fu'n sail i'w weithgarwch academaidd, ynghyd â gwahanol seibiau a fu'n gyfrwng dianc dros dro rhag gofynion amserlen ddigon caeth a phrysur. 'Rhyw bwyllgorau diddiwedd sydd o hyd', meddai mewn llythyr at D. Tecwyn Evans ym mis Tachwedd 1918, 'ac y maent yn debyg o barhau'.[1] Mae'n drueni na fyddai Morris-Jones wedi rhannu athroniaeth T. Gwynn Jones yn hyn o beth, o ystyried y pwysau gweinyddol a'i poenai o bryd i'w gilydd. Mewn llythyr yn trafod ethol yr Athro Ifor Williams yn aelod o'r Bwrdd Gwybodau Celtaidd, penodiad a fyddai'n golygu ymweliadau cyson â Llundain, ceir cyffes T. Gwynn Jones 'nad wyf i'n ddyn pwyllgor o gwbl'. 'Am hynny', meddai, 'yr wyf yn fodlon fel yr wyf, ac yr wyf yn meddwl mai goreu i mi hefyd roi fy lle ar y Pwyllgor Iaith a Llenyddiaeth i rywun na wypo Gelteg ac a garo deithio yn y trên'.[2] Afraid ychwanegu na ddewisodd Morris-Jones ddilyn ei esiampl. Ac eto, er gwaetha'r prysurdeb amlwg hwn, ac er gwaetha'r gwaith paratoi ar gyfer cyhoeddi *An Elementary Welsh Grammar* a *Yr Efengyl yn ôl Marc* yn 1921, manteisiwyd ar gyfle i ymweld â Ffrainc yn 1919 ac America yn 1920, er bod amodau a chyd-destun y naill daith a'r llall yn bur wahanol. Yn 1918, wrth gwrs, y gwelwyd cyhoeddi *Taliesin* yn *Y Cymmrodor* (1918), ffrwyth ymchwil Morris-Jones ar y canu cynnar, blwyddyn a gychwynnodd hefyd gyda chryn gyffro wrth i'r teulu dderbyn newyddion tra arbennig am y gŵr a'r tad adeg y Calan.

'Diolch yn fawr i chwi am y llythyr caredig a dderbyniais oddiwrthych o Gaergybi drannoeth wedi'r Calan', meddai Morris-Jones wrth gydnabod trwy lythyr, dyddiedig 12 Ionawr 1918, gyfarchion a llongyfarchiadau ei gyfaill Tecwyn Evans. Cyhoeddasid bellach fod Morris-Jones am droi'n 'Syr' a'r teitl newydd, mae'n ymddangos, wedi cael sylw yn y llythyr gwreiddiol ac wedi denu ymateb gan 'Syr John':

Pa raid i chwi arswydo fy nghyfarch? Y mae hynny'n haws nag y bu erioed: cewch fy nghyfarch wrth fy enw bedydd yn awr, ac y mae 'Sir John' yn ysgafnach a llithricach ar y tafod na 'Professor' y dydd a fynnoch. Ac am a wn i nad hwylustod pennaf y peth yw y gall pawb byw bedyddiol gyfarch dyn yr un fath a'i gilydd. Gwir iawn y dywedwch mai'r un ydwyf ac a fyddaf; beth amgen a allaf fod?[3]

Bu'r ddau gyfaill yn trafod yr union bwnc ryw ddwy flynedd ynghynt, a Morris-Jones yn ymddangos yn ddigon anghyfforddus ynglŷn â derbyn y fath anrhydedd:

Peidiwch â sôn am urdd marchog i mi. Nid oes eisiau symud yn y mater. Gwn mai symud y bydd rhai, ac ni bûm heb geisiadau i siarad dros rai; ond amdanaf fy hun dywedais wrth Lloyd George nad oedd arnaf ei eisiau; ac nid gwrawnwin sur yw hynny chwaith, er y gwn yn burion na chawn mono petai arnaf ei eisiau.[4]

Mae'n briodol nodi fod sôn yn yr un llythyr am ddwy swydd a fyddai'n debygol o godi yn Rhydychen, y ddwy swydd yn gysylltiedig ag enw Syr John Rhŷs a fu farw yn 1915, flwyddyn ynghynt:

Gyda golwg ar Gadair Rhydychen nid ymddengys eu bod am ethol tan ar ol y rhyfel. Nid yw hyn yn hollol sicr eto; ond credaf ei fod cystal a bod wedi ei benderfynu. Ni wn ddim am brifathrawiaeth Coleg yr Iesu. Tebyg mai gohirio'r penodiad hwnnw hefyd a wnânt; y mae'r Coleg wedi cael digon o brofiad o fod heb ben cyn ethol Rhys, ac fe ffynnodd yn rhyfedd yn y cyfnod hwnnw. Ond pa bryd bynnag y daw, nid wyf yn tybied bod gennyf y siawns leiaf am y lle. Nid wyf yn disgwyl dim o'r fath beth, a'r neb ni ddisgwyl ni siomir.[5]

Mae'r hyn a ddywedir wrth ei gyfaill yn awgrymu fod ganddo ar y pryd lawer mwy o ddiddordeb yn y swyddi hyn nag yn y posibilrwydd o gael ei urddo'n farchog. Ac eto, ni chlywir unrhyw sôn am y sefyllfa yn Rhydychen wedi hyn. Bid a fo am unrhyw siom a deimlid yn sgil y distawrwydd hwnnw o safbwynt swyddi Rhydychen, gellid synhwyro, er gwaethaf difaterwch y llythyr cynharach, fod clywed am yr anrhydedd erbyn hyn yn fwy derbyniol ganddo: 'Yr oeddwn wedi ymgolli tua'r Nadolig yn hanes Taliesin, ac nid oeddwn yn meddwl mwy am Restr Anrhydedd y Calan nag am Li Hung Chang.'⁶ Wedi'r sylw ysgafn hwnnw, mae'n eglur fod pwyslais y llythyr yn newid, yr ysgolhaig a fu'n frwydrwr cyson mewn cynifer o gyd-destunau academaidd yn cael ei blesio'n fawr gan y gydnabyddiaeth swyddogol a chan yr holl negeseuon o ewyllys da tuag ato a dderbyniwyd yn sgil y newyddion:

Wel, yr wyf yn meddwl erbyn hyn y bydd i mi ddygymod yn burion a'r peth; fe ddug i mi un peth sy'n llawer mwy gwerthfawr yn fy ngolwg, un, sef lliaws mawr o lythyrau a phob arwyddion o gymeradwyaeth fy nghydwladwyr ac o'u hewyllys da tuag ataf. Ni freuddwydiais am y fath garedigrwydd. Yr wyf wedi llafurio o hoffter at y gwaith, ac nid gan ddisgwyl cydnabyddiaeth; ac y mae honno wedi dyfod, a'm dal yn amharod, nes fy llethu bron, a'm synnu'n fawr iawn.'⁷

Ni cheisir awgrymu, fodd bynnag, fod derbyn yr anrhydedd yn arwain at unrhyw drobwynt ym mywyd Morris-Jones. Rhaid derbyn fod ymdriniaeth gofiannol yn gwahodd ymgais ar ran y croniclwr i geisio gosod rhyw gyfres o gerrig milltir arwyddocaol yn eu lle, ac eto mae'r gwahanol elfennau yn aml iawn yn gorgyffwrdd ac yn profi'n bur gyndyn o gydymffurfio'n daclus ag unrhyw gynllun sy'n gronolegol neu'n thematig gyfleus. O ystyried y cyfnod ar ôl 1918, ni ellir osgoi'r casgliad fod yma adleisiau amlwg o hen themâu a dadleuon cyfarwydd. Mae'r casgliad o lythyrau a anfonwyd at Tecwyn Evans, er enghraifft, yn dangos hynny'n eglur ac felly hefyd ddadansoddiad o'r erthyglau a ymddangosodd yn *Y Beirniad* rhwng 1918 a 1920, pan ymddangosodd y cylchgrawn am y tro olaf. Erbyn 1918, roedd *Y Beirniad* wedi hen ennill ei blwyf yn gylchgrawn cenedlaethol a dylanwadol ac wedi llwyddo i egluro a lledaenu'r safonau hynny y disgwylid i gyfranwyr eu parchu ac a gysylltid yn benodol ag enw'r golygydd. Er i gyfraniadau Morris-Jones brinhau ym mlynyddoedd olaf y cylchgrawn, roedd dylanwad ei athroniaeth olygyddol yr un mor amlwg a chadarn. Y man cychwyn yn ôl yn 1911 oedd ymgyrchu dros y safonau a gysylltid ag enw'r Brifysgol, gan geisio argyhoeddi pawb a fynnai gyhoeddi yn yr iaith Gymraeg fod ysgrifennu'n gywir yn golygu proses o ddysgu rheolau iaith ac orgraff ac o ymgyfarwyddo â phriod-ddull naturiol yr iaith. Ar ôl ennill y frwydr honno ac ennill i Y *Beirniad* gydnabyddiaeth gan gynulleidfa genedlaethol, roedd modd denu cyfres o erthyglau safonol ar wahanol feysydd ymchwil ynghyd â gwaith creadigol gan lenorion blaenllaw'r dydd. Ni raid pwysleisio pa mor allweddol oedd cyfraniad golygyddol Morris-Jones.

Yn y rhifyn o Y *Beirniad* a gyhoeddwyd yn 1919, ymhlith cyfres o gyfraniadau amrywiol ar bynciau llenyddol, hanesyddol a diwinyddol, ceir dwy erthygl gan Griffith J. Williams sy'n dangos fod Morris-Jones erbyn hyn wedi llwyddo i drosglwyddo'r gwaith ymchwil ar Iolo Morganwg i un o'r genhedlaeth newydd o ysgolheigion. Yma, ceir cyfraniadau ar 'Cywyddau Cynnar Iolo Morganwg' (75–91) a 'Cywyddau'r Ychwanegiad at Waith Dafydd ap Gwilym' (151–170); yn 1926 y cyhoeddwyd y gyfrol a oedd yn cynnwys ffrwyth yr ymchwil hon, sef *Iolo Morganwg a Chywyddau'r Ychwanegiad*, ynghyd â rhagair gan Morris-Jones ei hun. Hynny yw, roedd colegau Prifysgol Cymru yn dechrau cynhyrchu eu hymchwilwyr eu hunain, fel bod modd i'r cylch bychan hwnnw o ddarlithwyr a oedd yn cynrychioli ysgolheictod Cymraeg yn ei holl agweddau yn y dyddiau cynnar ychwanegu at ei rengoedd trwy drosglwyddo gwahanol feysydd i ofal y genhedlaeth nesaf o ymchwilwyr. Griffith J. Williams a ddewiswyd i astudio llawysgrifau Iolo Morganwg, tra fod Ifor Williams eisoes wedi dechrau ar y gwaith mawr o lunio testunau safonol a fydd-ai'n caniatáu astudiaeth bellach o'r Canu Cynnar. Ceir ganddo, er enghraifft, adolygiad ar waith Gwenogvryn Evans, *Facsimile and Text of the Book of Taliesin* yn Y *Beirniad* (VI, 1916), adolygiad a ddilyn-wyd gan ymateb hirfaith Morris-Jones yn Y *Cymmrodor* yn 1918, cyfrol sy'n gwahodd sylw manwl yn y man.

Soniwyd eisoes fod llythyrau Morris-Jones at Tecwyn Evans yn tynnu sylw at nifer o bynciau digon amrywiol eu natur, tystiolaeth sydd wrth reswm yn gwahodd ystyriaeth o gyfuniad o agweddau academaidd a phersonol. Mor gynnar â 1912 yr oedd Morris-Jones yn ffyddiog y byddai'r sefyllfa ieithyddol yn gwella ac y byddai i Y *Beirniad* ei ran yn yr ymgyrch. Gwerth arbennig llythyrau o'r fath yw eu bod yn taflu goleuni ar agweddau personol a theuluol nad oes sôn amdanynt mewn unrhyw ddogfennau cyhoeddus. Er enghraifft, mewn llythyr o'i eiddo a yrrwyd at ei gyfaill yn 1917, ceir cyfeiriad penodol at brysurdeb ei fywyd colegol ynghyd â'r defnydd a wnaed o bob 'awr wag':

Yr wyf wedi bod yn brysur fel arfer – rhyw bwyllgorau diddiwedd a phroflenni, a helbul gydag argraffwyr. Pob awr wag a gefais yng ngoleu dydd yr wyf wedi bod yn palu'r ardd, troi'r holl le glas o flaen y tŷ yn ardd lysiau.[8]

Nid yw'r prysurdeb hwn yn ffenomen newydd; bu raid i Gwenogvryn Evans, er enghraifft, dderbyn holl rym ei ddicter a hynny mewn arddull ddigon plaen flynyddoedd cyn hynny pan oedd amryfal gyfrifoldebau bywyd unwaith eto'n gwasgu. Daw'n amlwg fod Morris-Jones wedi bod wrthi am ryw chwe noson yn darllen rhyw becyn neu'i gilydd o broflenni ar ran Gwenogvryn ac wedi sôn wrth ei gyfaill am yr ymdrech a olygai hynny yng nghanol amserlen golegol ddigon prysur. Ni chafwyd rhyw lawer o gydymdeimlad; 'six evenings', meddai Gwenogvryn mewn ateb a ddyfynnir drachefn gan Morris-Jones yn ei ddicter, 'is not very much that you shd. throw it in my teeth'. Ar wahân i naws ymosodol y traethu, tuedd hollol nodweddiadol o'r ohebiaeth a fu rhyngddynt dros y blynyddoedd, mae eglurhad Morris-Jones yn dangos yn glir pa mor brysur yr oedd bywyd coleg ar adegau:

I do not grudge the time; I am not ungrateful or selfish in that sense. I meant it as an apology: if I had more time I could do it better, and despatch the sheets with less delay. The greater part of what I send today was done in the examination room; I have 80 papers to mark by Monday and a meeting tomorrow night; but I will send you your sheets all the same – so there – no more of that.[9]

Nid oes unrhyw arwydd fod y math hwnnw o batrwm colegol wedi newid dros y blynyddoedd a go brin bod galwadau atodol y tu allan i'r coleg wedi prinhau ychwaith, yn enwedig wrth iddo ennill statws cenedlaethol. Pan ddeuir i ystyried y cyfnod ar ôl 1918, felly, rhaid derbyn fod patrymau penodol wedi hen sefydlu ym mywyd Morris-Jones a bod i fywyd athro prifysgol gyfrifoldebau sylfaenol o fewn amserlen dymhorol. Camgymeriad, felly, fyddai canolbwyntio'n ormodol ar gyhoeddiadau unigol fel pe bai hynny'n cynrychioli pob dim o bwys a fyddai'n digwydd o flwyddyn i flwyddyn.

Er mor bwysig oedd cyhoeddi gweithiau megis *Taliesin* a *Cerdd Dafod*, rhaid cofio fod Morris-Jones hefyd yn ddyn teulu. Erbyn 1918, roedd Rhiannon yn rhyw ugain oed, Angharad a Gwenllian yr efeilliaid yn ddwy ar bymtheg ym mis Mehefin, a Nêst yn unarddeg yn y mis Medi. 'Un hoff iawn o'i gartref oedd fy nhad', oedd geiriau agoriadol Rhiannon Morris-Jones mewn rhaglen radio a ddarlledwyd 25 Hydref 1949, ac adlewyrchir y pwyslais hwnnw ar ddedwyddwch yr uned deuluol drwy gydol y sgwrs. Yr oedd, yn ôl tystiolaeth Rhiannon, yn bur hoff o'r tŷ a gynlluniwyd ganddo:

> yno yr oedd yn ddedwydd ac yn hapus – a meddyliai mai fy mam oedd y wraig orau yn y byd. Cwynai bob amser pan fyddai raid iddo fyned oddi cartref i ddarlithio neu i bwyllgor, a byddai yn falch dros ben o gyrraedd yn ôl i'w gynefin – mor falch nes y rhedai y rhan olaf o'r ffordd o'r giat i'r tŷ bron hyd at ddiwedd ei oes.[10]

Nid annisgwyl yw ei chlywed yn datgan gymaint yr ymhyfrydai'r tad yn ei waith; 'ugeiniau o weithiau y clywais fy mam yn cwyno wrtho am iddo adael i'r tân ddiffodd wrth iddo anghofio rhoi glo arno ar ddiwrnod oer yn y gaeaf.' Ni olygai hynny, fodd bynnag, na fyddai wrth law i gynnig cefnogaeth i'r plant yn ôl y galw:

> Yr oedd yn gwmni difyr a diddan ac yr oedd yn dad caredig ac amyneddgar i ni'r plant. Ni byddai byth yn rhy brysur i ddangos i ni sut i wneud 'sum' neu i ddadansoddi problem mewn algebra a gwnaethai hynny mewn ychydig funudau. Teimlwn i, beth bynnag, fy mod yn dysgu mwy gydag ef mewn pum munud nac a wnaethwn yn yr ysgol trwy'r dydd.

Mae'n amlwg hefyd na ddiflannodd yr hiwmor hwnnw y cyfeiriwyd ato ar fwy nag un achlysur gan ei gyfeillion agosaf. 'Yr oedd yn llawn direidi, hefyd,', meddai Rhiannon ymhellach, 'a phryfociai lawer arnom. I'n difyrru ar ddiwrnod gwlyb, byddai'n hoff o adrodd caneuon Ceiriog wrthym yn arbennig y rhai digrifaf ohonynt megis "Pastai Eisteddfod Fawr Llangollen"'. Yr un pryd, gallai'r plant elwa ar ei wybodaeth o farddoniaeth Gymraeg a Saesneg a rhannu'r mwynhad amlwg a gâi ef ei hun wrth ddyfynnu ei hoff gerddi yn y ddwy iaith:

> Pan oeddwn yn hŷn ac yn deall Saesneg adroddai lawer wrthym o waith y beirdd digrif Saesneg megis C. S. Calverly, W. S. Gilbert, Edward Lear, Lewis Carroll a Thomas Love Peacock, a chofiaf yn dda fel y byddai ef yn eu mwynhau yn ogystal â ninnau. Yn wir gallaf ddweud ein bod wedi ein magu ar farddoniaeth, canys dyfynnai fy nhad o waith y beirdd Cymreig bron i gyd yn eu tro a'r beirdd Saesneg hefyd o ran hynny o Shakespeare i lawr . . . Ond mae'n rhaid i mi

gyfaddef mai'r llinellau digrif sydd yn aros yn fyw yn fy nghof, a
llawer o'r rhai mwy difrifol a sylweddol wedi myned ar ddifancoll.

Er bod yma ddarlun diddorol o fywyd teuluol ar yr aelwyd yn y Tŷ
Coch, gwyddai'r plant a'r fam yn iawn mai'r llyfrgell neu'r 'study fel y
galwai ef hi' oedd gwir ganolbwynt y tŷ iddo. Llyfrau oedd ei fyd;
'Bron na fedrai ddod o hyd i unrhyw un ohonynt yn y tywyllwch, pe
bai angen', meddai Rhiannon ymhellach, 'a gwae i'r neb a symudai
ryw un ohonynt o'r lle priodol ei hun.' Yr un mor berthnasol yng
nghyd-destun y teulu yw'r sylw fod Morris-Jones yr ymchwilydd yn
mynnu rhannu pob darganfyddiad newydd o'i eiddo â gweddill y
teulu fel y byddai modd iddynt hwythau rannu'r pleser a gâi yntau
wrth ei waith yn y llyfrgell:

Fel y gŵyr y rhan fwyaf ohonom, olrhain hanes a gwreiddiau geiriau
oedd y rhan helaethaf o'i waith a'i bleser hefyd. Yr oedd swyn a
chyfaredd iddo mewn geiriau. Cofiaf yn dda gymaint o hyfrydwch a
gawsai pan ddarganfyddai wraidd rhyw air o'r newydd. Fel y deuai i
lawr y grisiau o'r study i ddywedyd wrth fy mam am y darganfyddiad
er na ddeallasai hi fawr o'r Sanskrit na'r Groeg na'r Lladin oedd mor
gyfarwydd iddo ef. Er hynny nid wyf yn meddwl iddo ysgrifennu
llinell o farddoniaeth na brawddeg o ryddiaith heb ei hadrodd wrth fy
mam, a gofyn ei barn arni.

Darlun teuluol o ddedwyddwch pur a gyflwynir gan Rhiannon ac, er
ei bod yn cyfaddef iddi am resymau hollol ddealladwy ddelfrydu'r
gorffennol, ni ellir osgoi'r casgliad fod y dystiolaeth bersonol hon yn
adleisio'n ffyddlon yr hyn a gofnodwyd gan gynifer o gyfeillion y
teulu a fu'n westeion ar yr aelwyd yn y Tŷ Coch:

Cartref hapus a difyr felly oedd y Tŷ Coch yn nyddiau fy ieuenctid,
neu o leiaf felly yr ymddengys i mi wrth edrych yn ôl drwy'r blyn-
yddoedd. Ond feallai fy mod wedi colli fy ngolwg ar bopeth ond
dedwyddyd y dyddiau hynny a fy mod yn edrych arnynt drwy 'Rose
coloured spectacles' chwedl y Sais. Mae'n chwith meddwl fod fy nhad
yn ei fedd ers dros ugain mlynedd; ond fel dyn cymharol ieuanc y
meddyliaf i amdano o hyd canys parhaodd yn ieuanc ei ysbryd at
ddiwedd ei oes. I ni fel plant ar Aelwyd y Tŷ Coch un ohonom ni ein
hunain ydoedd, a charai fyw yn syml a naturiol.

Ceir argraff bendant, felly, fod bywyd ar yr aelwyd yn Llanfair-pwll wrth fodd Morris-Jones a'r gydnabyddiaeth gyhoeddus a dderbyniasai ddydd Calan 1918 yn ffynhonnell cryn fwynhad iddo. Ac eto, yn yr un llythyr at Tecwyn Evans sy'n sôn am ei urddo'n farchog, ceir cyfeiriad digon cryno at y gwaith academaidd a oedd ganddo ar y gweill. 'Yr oeddwn wedi ymgolli tua'r Nadolig yn hanes Taliesin',[11] meddai, heb fod yma unrhyw arwydd o'r ymgecru cyhoeddus ac annymunol o gas a oedd ar fin cychwyn. Er mai dyddio gwaith Taliesin oedd y bwriad cychwynnol, mae i'r cyhoeddiadau a berthyn i'r hanes, y dadlau a'r gwrthddadlau, adrannau sy'n brin o'r gwrthrychedd ysgolheigaidd hwnnw sydd fel arfer yn nodweddu astudiaethau academaidd o'r fath. Oherwydd, ochr yn ochr â'r damcaniaethu sy'n deillio o'r gwaith ymchwil cychwynnol, ceir ar yr un pryd ymosodiadau personol a hynod gas sy'n awgrymu fod yma elfen o dalu hen gyfrifon. Asgwrn y gynnen oedd cyhoeddi cyfrol Gwenogvryn Evans ar Taliesin, y copïwr llawysgrifau a enillasai glod arbennig dros y blynyddoedd am ei waith manwl a graenus yn y maes hwnnw, yn mentro i fyd ysgolheictod ac yn mynnu cynnig ei ddamcaniaeth ei hun ynglŷn â dyddio'r Canu Cynnar. Paratoasai Gwenogvryn ddwy gyfrol o farddoniaeth gynnar, *Facsimile and Text of the Book of Taliesin* (1910) a *Poems from the Book of Taliesin, Edited, Amended and Translated* (1915), a gyhoeddwyd gyda'i gilydd yn 1916. Ysywaeth, nid oedd gan y paleograffydd dawnus y math o gefndir ac arbenigedd academaidd na'r sgiliau ymchwil penodol ar gyfer y math hwn o waith a bu'r ymgais yn fethiant llwyr. Gofynnodd E. Vincent Evans, golygydd *Y Cymmrodor*, i Morris-Jones baratoi adolygiad a gyhoeddwyd yn y pen draw dan y teitl 'Taliesin' yn 1918.[12] Roedd Morris-Jones eisoes wedi gwahodd Ifor Williams i gyfrannu adolygiad ar waith Gwenogvryn a gyhoeddwyd yn *Y Beirniad*, VI (1916). O ystyried yr adolygiad hwnnw, gallai Gwenogvryn fod wedi rhagweld yn ddigon clir pa fath o dderbyniad a gâi'r gyfrol gan ysgolheigion y cyfnod. Canmolir gwaith y paleograffydd mewn termau digon caredig a gwerthfawrogol: 'Y mae yn hyfrydwch digymysg i'r llygaid a'r llaw, a chyn belled ag y mae'r testun yn mynd, rhydd i ni well mantais i astudio Llyfr Taliesin na phe bai'r llawysgrif ei hun yn ein dwylaw.'[13] Fodd bynnag, pan ddeuir at y dehongli a'r damcaniaethau a gynhwysir yn y rhagymadrodd a'r nodiadau, mae naws yr adolygiad yn newid yn llwyr. Try'r ganmoliaeth yn feirniadaeth lem:

Yn anffodus yn y rhan hon o'i orchwyl syrthiodd i afael amryfusedd cadarn, a chollodd bob cydbwysedd barn. Ni bu erioed fwy o bendantrwydd mewn rhagymadrodd, na chasgliadau mwy chwyldroadol, nac ysywaeth resymau mwy sigledig i'w hategu . . . Os gwrthdery'r llaw-ysgrif yn erbyn ei honiadau, newidia'r darlleniad heb eiriach nac arbed.

Er bod traddodiad yn awgrymu i Taliesin flodeuo yn y chweched ganrif, arall oedd barn Gwenogvryn a byrdwn ei ddadl oedd ei fod yn perthyn i gyfnod llawer yn ddiweddarach ac yn fardd i Owain Gwynedd yn y ddeuddegfed ganrif, rhwng 1105 a 1175. Gwrthodir damcaniaeth Gwenogvryn yn y dull mwyaf pendant. 'Y mae ei fyw-graffiad o Daliesin', meddai Ifor Williams, 'yn hollol anghredadwy, gan ei fod wedi ei seilio i raddau pell ar gamgyfieithu a gŵyr-droi'r llawysgrif i ateb i'w ddamcaniaeth.'[14] Ond roedd gwaeth i ddod. Nid peth hollol annisgwyl nac anghyffredin chwaith yw gweld adolygwyr yn manteisio ar gyfle i ychwanegu tystiolaeth neu i hybu rhyw hoff ddamcaniaeth o'u heiddo. Ac eto, a derbyn fod Vincent Evans yn olygydd hyblyg, a bod yr adolygydd yn ôl ei arfer yn hynod drwyadl wrth ymdrin â'i ddeunydd, rhaid ystyried fod adolygiad diweddarach Morris-Jones, sy'n ymestyn i 259 tudalen (290 yn cynnwys atodiadau a mynegai i enwau priod) braidd yn eithafol ac yn bur eithriadol. Roedd Gwenogvryn, er gwaethaf ei gyfraniad arbennig yn ei briod faes, wedi mentro i fyd anghyfarwydd gan arddangos, yn y modd mwyaf dramatig, hyd a lled ei anwybodaeth a'i ddiffyg profiad. Cyfaill neu beidio, roedd rhaid ei herio a'i gywiro er mwyn gosod trefn ar y dystiolaeth a oedd ar gael.

Gellid tybied, erbyn hyn, fod cyfnod yr ymgecru cyhoeddus wedi darfod; roedd llais awdurdodol Morris-Jones ar ran y Brifysgol wedi herio Owen Eilian Owen ar bynciau ieithyddol ac orgraffyddol a Morien ar hynafiaeth yr Orsedd. Yn sgil hynny, bu *Y Beirniad* yn gyfrwng lledaenu safonau academaidd y cyfnod newydd dan nawdd y Brifysgol. Ond yma, wele un o gyfeillion Morris-Jones yn troseddu yn y modd mwyaf arswydus drwy anwybyddu'r dulliau ymchwil diogelach hynny a hyrwyddid ers tro bellach gan wŷr y Brifysgol. Nid annisgwyl oedd gweld Morris-Jones ei hun yn dewis ymateb a hynny er gwaethaf adolygiad cadarn Ifor Williams a oedd erbyn hyn yn arbenigo yn y maes. Yn y lle cyntaf, gellir deall paham y byddai Morris-Jones yr ysgolhaig yn teimlo rhyw reidrwydd i ymateb i'r fath ddamcaniaethau di-sail mewn maes a oedd mor allweddol wrth geisio olrhain y traddodiad barddol yng Nghymru. Ac eto, gellid awgrymu y gallai'r ysgolhaig fod wedi dewis cywiro'r fath honiadau cyfeiliornus heb arddel drachefn nodweddion ymosodol y math o rethreg Morris-Jonesaidd a arferid wrth ladd ar 'arbenigwyr' lleyg y gorffennol. Ond ymddengys fod yma gyfuniad o'r academaidd a'r personol, teimlad o ddyletswydd ar ran yr ysgolhaig i ymateb, a'r teimladau mwy cymhleth a greddfol hynny a benderfynodd beth fyddai union bwyslais a naws y cyfryw ymateb. Mae'n wir na fu Morris-Jones erioed yn un i osgoi siarad plaen ac mor berthnasol yw sylw Caerwyn Williams y '[g]ellid ysgrifennu pennod ddiddorol am berthynas Gwenogvryn Evans a J. Morris Jones' yn gymaint â'u bod yn llwyddo i 'ysgrifennu pethau cas at ei gilydd a pharhau'n rhyw fath o ffrindiau, ac yn wir fe barhasant yn ffrindiau nes i'r ddau gyhoeddi eu llyfrau ar waith Taliesin'.[15] Hynny yw, ochr yn ochr â'r holl dystiolaeth werthfawr a ddaeth i'r golwg yn sgil datganiadau Gwenogvryn, datgelir cryn dipyn am natur y berthynas a ddatblygasai dros y blynyddoedd rhwng Gwenogvryn a Morris-Jones. Ymddengys yma, er enghraifft, nad oedd Morris-Jones, er gwaethaf cefnogaeth ddigon caredig Gwenogvryn ar lawer achlysur, yn teimlo unrhyw elfen o deyrngarwch personol tuag ato. Roedd yr achlysur, a chyfrifoldeb academaidd yr ysgolhaig, yn drech nag unrhyw ymdeimlad o deyrngarwch i gyfaill. Rydym bellach ar dir cyfarwydd, yr ysgolhaig yn amddiffyn tiriogaeth yr academig ac yn gwneud hynny mewn dull sy'n nodweddiadol o'i gyfraniadau cynnar i'r wasg:

> As a decipherer of Welsh manuscripts he has never been approached . . . Unhappily, for himself and for us, he is not satisfied with this. Why should he be a mere transcriber, a mere machine? Why should not he, too, have his say on matters of textual criticism and literary history? . . . He issues his revelation in the tone and manner of a challenge to the world. A reply is due not so much for the sake of demolishing the theory, for that has little chance of acceptance, but because in the process some constructive work can perhaps be done.[16]

A derbyn mai'r symbyliad gwreiddiol oedd cywiro damcaniaethau di-sail, bu'n gyfrwng procio Morris-Jones i roi trefn ar ffrwyth ei waith ymchwil i'r Canu Cynnar dros nifer o flynyddoedd wrth baratoi cyfresi o ddarlithiau. Roedd yr adolygiad yn cynnwys dadansoddiad manwl o gerddi i Urien Rheged ac Owain ab Urien yn Llyfr Taliesin, y cynnig cyntaf o bwys i agor maes a oedd tan hynny wedi'i anwybyddu i raddau helaeth. Ni ellid, felly, adael i syniadau cyfeiliornus Gwenogvryn gynrychioli safbwynt ysgolheictod Prifysgol Cymru ac fe'i hosgogwyd, o'r herwydd, i gyhoeddi ei gasgliadau ef ei hun ar sail astudiaeth fanwl o'r wybodaeth a oedd ar gael iddo ar y pryd. Y nod amlwg oedd gosod y Canu Cynnar yn ei briod gyd-destun yn y chweched ganrif, yn groes i honiadau gwyllt Gwenogvryn. Roedd ysgolheigion eraill, yn y man, yn mynd i etifeddu'r maes ymchwil arbennig hwn, yn enwedig Ifor Williams, yr arbenigwr ar y Canu Cynnar maes o law, yr oedd ei waith cyhoeddedig *Canu Taliesin* (1960) yn mynd i ddisodli gwaith arloesol ei gyn athro. Bu dull trwyadl a threfnus Morris-Jones o drafod y dystiolaeth, fodd bynnag, yn ysbrydoliaeth i eraill ac yn gyfrwng dangos iddynt pa mor allweddol oedd mabwysiadu dull rhesymegol a manwl o ymdrin â'r deunydd a gesglid ganddynt.

Mae *Taliesin* Morris-Jones, bid siŵr, o ddiddordeb i'r hanesydd llên ac yn enghraifft bellach a thrawiadol o'r hyn a eilw Bobi Jones yn 'gwleidyddiaeth lenyddol':

> Yr oedd ffwdanu ynghylch dyblu n neu amseru Taliesin yn y chweched ganrif neu ddiorseddu'r Orsedd bob un yn ei ffordd ei hun ychydig yn amherthnasol i fudd llenyddiaeth. Eto, yr oeddent yn rhan o batrwm: yr oeddent bob un yn gyfraniad tuag at symudiad awdurdodol a oedd yn ei hanfod yn Gorseddu math hollol newydd o lenyddiaeth. Heb ganfod y cyfunwaith llawn hwnnw ond megis drwy reddf, efallai, yr oedd yr orgraffwr a'r gwrth-orseddigion yn dirgel adeiladu oes lenyddol chwyldroadol.[17]

Gellid cyfeirio at amrywiaeth o ddadleuon gwahanol, dadleuon sy'n amrywio'n fawr o ran eu cyd-destun ieithyddol neu lenyddol, ond sydd eto'n rhan o'r un ymgyrch. 'O gyfeiriad y chweched ganrif ac o Goleg yr Iesu', meddai Bobi Jones ymhellach, 'clywid stormydd yn cyniwair nad oedd llieiniau gwawn y Bardd Newydd ddim yn hanner digon diriaethol i gyfarfod â'u min.' Ac eto, hyd yn oed yng nghyd-destun ymgyrch mor stormus ei naws, ystyrid fod i hanes cyhoeddi 'Taliesin' arwyddocâd tra arbennig:

> Ac eto, fe ddichon, yn yr ysgarmes honno (rhy fawrfrydig fyddai ei hystyried yn ddadl) rhwng Gwenogvryn Evans a J. Morris-Jones ynghylch amseriad Taliesin yr ymglywir orau â naws y difrifwch a'r taerineb a'r dull o chwyldroi a gafwyd tua dechrau'r ganrif hon, yn ogystal â'r math o wrthwynebiad yr oedd yn rhaid ei garthu er mwyn cywirdeb.

Wele awdur *Taliesin*, unwaith yn rhagor, yng nghanol helynt cyhoeddus a digon diurddas ei natur, a ystyrid ganddo'n gam anochel yn y frwydr dros sicrhau safonau llenyddol mwy goleuedig. Er mor fanwl academaidd yw craidd adolygiad hirfaith Morris-Jones, brithir y testun â chyfeiriadau digon pigog at Gwenogvryn ei hun:

> I have now dealt with the more important northern names occurring in the Book of Taliesin, and with Dr. Gwenogvryn Evans's attempt to prove that they denote places on the Welsh border. His argument is a tissue of false reasoning which betrays a mind that has never properly understood what 'evidence' or 'proof' means.[18]

Nid oes mwy o lwyddiant i'w ddarganfod pan ymdrinnir â thyst-iolaeth seinyddol. 'To the ordinary reader', meddai Morris-Jones ymhellach, 'phonological arguments are apt to be somewhat mysterious; they cannot be more incomprehensible than Dr. Evans's phonological pronouncements are to the phonologist.'[19] Y trueni yw y byddai'r math hwn o feirniadaeth wedi tueddu i danseilio'r gwaith llwyddiannus a wnaethai Gwenogvryn dros gynifer o flynyddoedd wrth iddo baratoi testunau manwl o nifer o lawysgrifau pwysig, ac yn ffynhonnell gofid a diflastod, bid siŵr, i ŵr a oedd erbyn hyn yn agosáu at ei ddeg a thrigain. Fodd bynnag, nid oedd henaint wedi dileu'r nodwedd ymladdgar a'r dycnwch cynhenid a oedd yn rhan amlwg o'i bersonol-iaeth yntau, oherwydd ymhen pedair blynedd, ac yntau bellach wedi cyrraedd oed yr addewid, ymddangosodd 'Taliesin, or The Critic Criticised', ei ymateb i gyhoeddiad Morris-Jones, ymateb sy'n ymestyn i 123 tudalen.[20] Nid yw'r ail gynnig yn fwy llwyddiannus na'r un gwreiddiol a cheir, yn yr ymateb, ymgais wan ac anysgolheigaidd ar ran Gwenogvryn i arbed ei enw da yn wyneb ymdriniaeth dreidd-gar ac ymosodiad digyfaddawd un a fu'n gyfaill oes iddo. Roedd Gwenogvryn, hefyd, wrth ddilyn llwybr o'r fath, yn herio arbenigedd ymchwilwyr mwyaf blaenllaw'r Brifysgol. Mae'r ateb, a gyhoeddwyd yn *Y Cymmrodor*, yn cynnwys sylwadau digon anysgolheigaidd eu naws wrth i Gwenogvryn geisio parddu ei adolygydd yn y dull mwyaf dialgar ac amhroffesiynol:

> Having preached Tradition for a quarter of a century he cannot very well admit that he has been wrong all that time without appearing to be something of a muff to his pupils and the public. As the high priest of toothless old wives' tales he must fight to save his face . . . Sir John has repeated his fanciful lectures about sixth century literature for

nigh upon thirty years, so that by this time it is incredible to him that
he can be mistaken. He cannot even imagine such a thing. The idea
that he does not know everything, or ever was wrong, has never
crossed his mind – it is unthinkable to him . . . Now, his friends think
well of Sir John Morris-Jones, and his critics think well of him, in
short, we all think well of him, but not all of us together think as well
of him as he thinks of himself. His outstanding characteristic is
egotism. Indeed he has no peer since the Kaiser went into exile.[21]

Gellir gweld yn eglur ddigon nad oedd unrhyw arlliw o ymresymu
ysgolheigaidd yn perthyn i'r fath ymateb ac mai dull hollol wahanol a
ddewisir gan 'y beirniad a feirniadwyd' i amddiffyn ei safle. Yn yr
adrannau personol ac ymosodol hyn, mae yna adleisiau o arddull
ddychanol gas yr 'Acid Drop', T. Marchant Williams, golygydd *The
Nationalist*, a'r llefarydd answyddogol dros yr Orsedd a fu'n dadlau'n
gyhoeddus â Morris-Jones yn nhudalennau'r cylchgrawn hwnnw.
Fodd bynnag, yn ôl ei gyfaddefiad ei hun, bu Gwenogvryn yn treulio'i
amser yng nghwmni dynion mewn oed a wyddai fwy nag yntau am y
mwyafrif o bynciau. Nid felly ei wrthwynebydd o feirniad: 'On the
contrary, Sir John has been associated all his days with youths from
the rural districts', meddai, 'who know less than he does on every
subject, and in this way he has got honestly to believe that there is no
one like himself.'[22]

Ni ellir amau fod gwir wreiddiau'r ymryson i'w darganfod ymhell
yn y gorffennol. Er iddynt barhau'n ffrindiau, gallent ar brydiau fod
yn hynod bigog a phersonol yn ei hymwneud â'i gilydd fel y tystia
rhai llythyrau penodol. Mor gynnar â 1896 bu cryn ddadl rhyngddynt
ynglŷn â hanes pecyn o broflenni, y naill yn gweld bai ar y llall.
Ymddengys i Morris-Jones gael ei gythruddo'n arw gan gyhuddiadau
Gwenogvryn:

> If I were infallible, what would be the use of consulting you? The
> failure is yours, & you shd. abuse yourself, not me. You sometimes
> refer to Anglesey manners, I suppose this is a specimen of Cardigan-
> shire manners . . . Look you here, Evan Jones; I will stand any amount
> of your banter, I will allow you to make any remarks you like upon my
> person or my habits, but when it comes to calling me a hypocrite and a
> liar, I will not stand it from you or anybody else.[23]

Canfyddir, felly, gyfuniad rhyfedd o gydnabod cryfderau ei gilydd,
ochr yn ochr â rhyw ysfa annisgybledig ym mhersonoliaeth y ddau i

arddel cywair iaith yn eu llythyrau at ei gilydd a fyddai'n rhwym o greu gwrthdaro a chenfigen. Efallai mai mewn llythyr a anfonodd Gwenogvryn at Mary, gwraig Morris-Jones y deuir agosaf at ddeall natur enigmatig y berthynas gymhleth hon. Ac eto, er gwaethaf naws annerbyniol y gohebu personol o bigog a fu rhyngddynt, deuir ar draws ambell arwydd o barch dealledig sy'n gyferbyniad annisgwyl i'r holl gweryla cyson:

> Fe fydda i n meddwl yn amal iawn am John fel mae'r hen air bendigedig yn deud am i well o – pe lladdei mi etto mi a ymddiriedwn ynddo. A hefyd, ar brydia ereill buaswn yn chwennych i ladd o mi hun, a gwneuthur mince meat ne sausage o hono yr un funud! ai rostio fo y funud nesa ar y tan poeth. Tebyg iawn y buaswn yn wylo wedyn ag yn ymddiheu for one more glorious fight. Ma John a llawer iawn o Jones yntho, yn enwedig pan fo i wallt cyd a gwallt yr anfarwol arch-dderwydd Hwfa Mon 1. Ac etto mae o'n glefer tu hwnt i neb Jones fu erioed ag mai o rai prydia yn conscious of merit fel un o garacters Dickens. Ar y cyfan ma'i waeth o i gael.[24]

Mae'n gyffes ddadlennol o onest gan un a fu'n gyfaill i Morris-Jones ac yn gymwynaswr parod ond hynod o gecrus dros gynifer o flynyddoedd. Dylid prysuro i ychwanegu fod Morris-Jones, yng nghyd-destun yr ohebiaeth hon, yn ymddangos yr un mor gecrus. Fodd bynnag, mae'r cyngor a roddir i Mary, cyn cloi, yn adlewyrchu profiad y blynyddoedd: 'Rhowch ddigon ar y blat o wylie'r Nadolig, a digon o dobacco yn i bîb o, a digon o gushions yn i gader o, a pidwch galw arno godi yn rhy fore na cheiso gantho symud llaw na throed allan o'r tŷ.' Beth amser yn ddiweddarach, ceir neges gan yr un llythyrwr, yn llongyfarch y teulu ar enedigaeth Nêst ym mis Awst 1907, er bod rhyw elfen led bryfoclyd yn y sylw sy'n cloi'r cyfarchion, sef ei fod nid yn unig yn dymuno pob hapusrwydd i'r fam a'r ferch 'but trust that the daughter features the mother rather than the father!'[25]

Gellid amlhau enghreifftiau o'r llythyrau sy'n dilyn yr un trywydd, lle bu'r naill yn llai na charedig tuag at y llall. Yr hyn sy'n hollol amlwg yw naws ymosodol y gohebu ynghyd â thuedd Morris-Jones i atgoffa Gwenogvryn mai paleograffeg yw ei briod faes ac na ddylai fod yn rhy barod i gamu y tu allan i'r maes hwnnw heb ystyried yr holl oblygiadau. Y neges gyson yw y dylai Gwenogvryn sicrhau ei fod yn ymchwilio i gynifer o agweddau ar unrhyw faes anghyfarwydd iddo cyn ymroi i ddethol ffurfiau neu ddiwygio testunau ac, yn bennaf oll, cyn mentro i ddamcaniaethu ar sail y dystiolaeth a gopïwyd ganddo. Gellid dadlau mai anwybyddu'r cyngor diogel hwnnw a arweiniodd at y gyfres o ddatganiadau hollol ddi-sail y mynnodd Gwenogvryn eu cynnwys yn ei ddamcaniaeth ar y cefndir i ganu Taliesin.

Er mor anffodus a di-chwaeth oedd natur y ffrwgwd rhwng y ddau gyfaill o ysgolhaig, mae'n briodol cofio nad Morris-Jones oedd yr unig ysgolhaig i gael ei gythruddo gan ddamcaniaeth ac agwedd Gwenogvryn. Cyfeiriwyd eisoes at adolygiad Ifor Williams. Un arall a fynnodd amddiffyn enw da'r Brifysgol oedd T. Gwynn Jones, a hynny trwy gyfrwng adolygiad ar *Taliesin* Morris-Jones yn *Y Beirniad* yn 1919. Yr un yw'r cywair a'r un yw natur yr ymosodiad ar ddulliau ymchwil Gwenogvryn. Gwelir fod byrdwn y sylwadau yma yn gyson â'r dadleuon a gyflwynir gan Morris-Jones ac Ifor Williams:

> Dadl y Dr. Evans yw nad oes dim o gynnwys Llyfr Taliesin wedi ei ysgrifennu cyn y ddeuddegfed ganrif, ac mai yn y ganrif honno yr oedd Taliesin ei hun yn byw. Ateb y Marchog yw fod y Dr. yn analluog i ddefnyddio ffeithiau'r llawysgrifau, ac nad oes ganddo syniad am werth unrhyw dystiolaeth, – mewn gair, mai ei gasgliad bob amser yw'r hyn y bo ei ddamcaniaeth ef ei hun yn ei ofyn, ac nid yr hyn y bo'r ffeithiau yn ei ddangos. Y mae anghynefindra diamheuol Dr. Evans â gramadeg hanesyddol y Gymraeg, ei anallu i ysgrifennu'r iaith hyd yn oed yn weddol gywir, a'i ddull anfanwl o drin a dyfynnu ei awdurdodau, yn gynwysedig yn y cyhuddiadau uchod.[26]

Ni raid synnu, felly, fod amddiffyniad Gwenogvryn yn canolbwyntio ar syniadau a pherson Morris-Jones, ond ei fod yn cyfeirio'n benodol at y ddau ysgolhaig gelyniaethus arall o'r triawd a rannai'r un ddamcaniaeth ac a fu'n bur feirniadol o'i waith. 'Professor Gwynn Jones', meddai, 'aims at the gaudy pageantry of the grandiloquent, and attains the flatulent style, as if sound and thunder were more valuable than light.'[27] Am Ifor Williams, dywedir ei fod yn ysgrifennu ar frys 'helter-skelter as if the world could not go on if he stopped writing', er bod nodyn ar odre'r dudalen yn awgrymu ei fod ar adegau eraill yn wahanol: '[he] is capable of clothing his ideas with decency and in good order'. Mae'n amlwg fod T. Gwynn Jones yn ystyried ymateb trist Gwenogvryn yn ddigon annerbyniol a di-chwaeth i godi'r mater mewn llythyr at E. Morgan Humphreys:

Gwelsoch ateb bawaidd y Llyffant Gwyrdd i Syr John Morris Jones, y mae'n ddiau. Ni ddylasai'r Cymmrodorion brintio'r fath beth. Gan eu bod wedi gwneud, dylid agor llygaid pobl. A gyhoeddwch chwi'r amgayedig, a theitl go amlwg iddo, o'ch dyfais eich hun? Os gwnewch, byddaf ddiolchgar, ond cedwch f'enw i yn gyfrinach – nid oes arnaf eisiau ymhel a'r cranc . . . Credaf na bydd gan un papur ddim mor ddiddorol ar y ddadl a'r dyfyniadau hyn, a dangosant i bobl faint o bwys i'w roi ar sothach y creadur.[28]

Er mor hanfodol bwysig oedd creu hinsawdd fwy addas ar gyfer hybu gweithgarwch llenyddol, roedd i'r ymgyrch hwnnw, wrth reswm, wedd hollol ddiriaethol ac agweddau ymarferol a thactegol. Fodd bynnag, yn ystod y broses o geisio sicrhau'r fath ddadeni fesul cam, byddai ymgyrchwyr unigol yn rhwym o ddenu sylw personol o ganlyniad i'w hymlyniad cyhoeddus wrth y safonau newydd hyn, ac oherwydd eu hymosodiadau cyhoeddus ar arweinwyr y blaid draddodiadol a digoleg. Yma, roedd Gwenogvryn yn ysglyfaeth i aelodau'r gyfundrefn newydd, y gyfundrefn golegol honno a fynnai hybu gweithgarwch llenyddol ar sail gwybodaeth o reolau'r iaith ac ar safonau ysgolheigaidd cydnabyddedig. Derbyniodd rhai y cyfrifoldeb am egluro a lledaenu nodweddion yr agenda newydd ac am ddod ag unrhyw dramgwyddwr o lenor neu ymchwilydd i gyfrif am beidio â pharchu argymhellion y cyfryw agenda. Yn naturiol ddigon, roedd agweddau ar y fath agenda eisoes wedi'u penderfynu drosto yn gymaint â bod rhaid i'r athro ddehongli prif nodweddion y traddodiad barddol Cymraeg i genhedlaeth newydd o fyfyrwyr coleg a chyflwyno hanfodion ei raglen iaith i gynulleidfa eang o'i gyd-wladwyr. Ar ben hynny, roedd arno awydd gweld y genhedlaeth newydd yn ymgyfarwyddo â chyfoeth llenyddol yr iaith ac yn dechrau deall fod astudio'r Gymraeg a'i llên yn golygu ymgydnabod â dulliau academaidd a diogel yr ymchwilydd proffesiynol. Gellir, o ganlyniad, ddeall paham y tueddai Morris-Jones, yr ymgyrchwr, i ymateb gyda'r fath ddicter personol pan gyfarfu â'r sawl a fynnai fod yn ddi-hid drwy anwybyddu'r canllawiau ieithyddol a llenyddol a baratoasid gyda chryn ofal ac ymdrech ar eu cyfer. O gydnabod hyn oll, gellid yn hawdd ddeall natur ymateb gwŷr y Brifysgol i ddamcaniaeth gyfeiliornus Gwenogvryn ar y Canu Cynnar; wele gyd-ysgolhaig ar gyfeiliorn am iddo ddewis ymwrthod â'r canllawiau hynny a ystyrid bellach yn rhan o arfogaeth unrhyw ymchwilydd cydwybodol a chyfrifol.

Bu Morris-Jones yng nghanol cyfres o frwydrau llenyddol dros y blynyddoedd wrth iddo fynnu sefydlu'r amodau a fyddai'n sicrhau adfywiad llenyddol. 'He standardised Welsh usage', meddai R. Gerallt Jones,

> brought the Welsh language into a new and more disciplined contact with its past, and cudgelled and cajoled the Welsh nation, from Eisteddfod platform, college lecture-room and the meeting-places of local literary groups, to accept standards and precepts of his own making.[29]

Roedd angen argyhoeddiad hynod gryf a dycnwch personol anghyffredin i gynnal y fath ymgyrch dros gynifer o flynyddoedd ond, hyd yn oed yn 1918, ar ôl blynyddoedd o lafurio cyson, dangoswyd yr un parodrwydd a'r un egni i ymosod ar unrhyw dduedd neu ddatganiad a fyddai'n mentro herio'r gwerthoedd penodol yr oedd Morris-Jones mor awyddus i'w hamddiffyn. Un ffordd o edrych ar yr holl genhadu cyhoeddus, fel y gwelsom, oedd mewn cyd-destun o 'wleidydda llenyddol'. Mae gan W. J. Gruffydd, fodd bynnag, ddull gwahanol o egluro'r duedd amlwg hon yn hanes gyrfa Morris-Jones. 'Y gymysgedd anfad honno yn Llyfr Taliesin' yw'r man cychwyn ond, yn sgil hynny, cyffredinolir ar sail ymateb Morris-Jones i waith Gwenogvryn:

> Nid gormod yw dywedyd na ellid ei gynhyrfu'n hollol sicr at ddim ond trwy ddangos iddo rywun arall yn bwnglera. Yr oedd saer celfydd iawn yn byw yn Llanddeiniolen dro'n ôl, ond ni ellid ei gael at ei waith dros ei grogi. Er hynny, yr oedd un ffordd anffaeledig i'w drin, myned ag ef at y gwaith i weled dyn arall yn ceisio ei wneuthur yn aflêr ac yn garbwl . . . Felly gyda Syr John, y mae bron ei holl waith yn gywiriad ar aflerwch ac anwybodaeth pobl eraill, o'i erthyglau ar yr Orsedd yn y *Cymru* yn 1896 hyd at ei Daliesin.[30]

Mae'n sylw digon diddorol a pherthnasol yn enwedig o gofio fod Morris-Jones, ar wahanol adegau wrth ymdrin â gwahanol ddadleuon penodol, yn personoli'r ddadl. Ymosod ar Morien a wneir wrth drafod hanes yr Orsedd, Owen Eilian Owen wrth geisio cyflwyno elfennau'r agenda ieithyddol, a Gwenogvryn yma wrth gywiro honiadau di-sail am hanes Taliesin. Hynny yw, er mai cyflwyno hanfodion maniffesto ieithyddol a llenyddol yw'r prif nod, gellir gweld o'r cychwyn cyntaf nad oedd ynddo unrhyw awydd i osgoi pyliau o ymgecru personol o bryd i'w gilydd ped ystyrid y rhain yn dactegol fanteisiol. Iddo ef, glynu wrth yr hyn a brofid yn ffeithiol gywir oedd dyletswydd pob ysgolhaig ac roedd hynny'n gofyn am elfen gref o ymddisgyblu ac o ymgyfarwyddo â dulliau'r ymchwilydd proffesiynol. Ers tro bellach, roedd y genhedlaeth honno a oedd yn cynrychioli safonau'r Brifysgol wedi cyhoeddi yn ddigon eglur trwy gyfrwng y wasg, trwy gyfrwng cyfres o gyhoeddiadau ysgolheigaidd, ac ar wahanol lwyfannau cyhoeddus, fod cyfnod ysgolheictod lleyg a digoleg wedi dirwyn i ben.

Ffrainc

Byddai Morris-Jones a David Lloyd George yn cyfarfod â'i gilydd yn achlysurol dros nifer o flynyddoedd, y gwleidydd yn ymweld â'r teulu yn y Tŷ Coch, a'r ddau yn mwynhau cwmni ei gilydd mewn ambell seremoni neu gyfarfod cyhoeddus. Fodd bynnag, amodau unigryw a benderfynodd union amseriad a lleoliad y sgwrs a fu rhyngddynt ar dir estron yn y flwyddyn 1919. Roedd y ddau ymhell o'u cynefin ac yn aelodau o wahanol ddirprwyaethau ar y pryd, a natur eu rhaglen yn bur wahanol o ran pwyslais ac arwyddocâd eu cenadwri. Roedd Lloyd George yno tan fis Gorffennaf am fod trafodaethau Cytundeb Versailles ar y gweill, a Morris-Jones yn aelod o ddirprwyaeth o ysgolheigion a oedd yno ar wahoddiad llywodraeth Ffrainc.[31] 'Nid oedd Lloyd George i mewn pan elwais', meddai Morris-Jones mewn llythyr at ei wraig o Baris ym mis Mehefin 1919, 'ond mi adewais nodyn iddo, ac yn yr hwyr fe alwodd ei Secretary, Mr Davies, arnaf ar y telephone, a chefais wâdd i frecwast bore heddyw'.[32] Mae'r modd y mae Morris-Jones yn adrodd yr hanes yn dangos pa mor naturiol oedd natur eu perthynas, a'r Prif Weinidog, er gwaethaf yr holl bwysau a gysylltid â chynllunio a dadlau dros amodau Cytundeb Versailles, yn sicrhau fod lle yn ei amserlen ar gyfer yr ymweliad hwnnw gan un o'i hen gyfeillion:

> Mi euthum bore heddyw am frecwast at y bychan; trwy ryw lwc mi gefais daxi, ond ni wyddai'r driver y ffordd i'r stryd, ac yr oedd yn rhaid i mi ddangos iddo. Yr oeddwn yno mewn pryd, a bûm yn disgwyl am ryw bum munud cyn i Lloyd George ymddangos. Nid oedd neb arall yn y brecwast ond ei ddau sgrifennydd – Kerr, a'r ferch honno, nid wyf yn cofio'i henw. Cafwyd tipyn o ymgom ddigon difyr, yn enwedig ar ôl i'r lleill fynd, ond prysur iawn ydyw'r Prif Weinidog.[33]

Ar wahân i'r cyfle hwn i gael gweld 'y bychan' ar adeg ddigon tyngedfennol yn ystod ei yrfa, ceir adroddiad pellach sy'n sôn am un arall o enwogion y cyfnod a hynny dan amodau hollol annisgwyl. Am fod Morris-Jones yn aelod o ddirprwyaeth o ysgolheigion hynod amlwg, trefnwyd gwahanol wleddoedd swyddogol ar eu cyfer ac un arbennig yn y Sorbonne. 'Yr wyf yn meddwl', meddai Morris-Jones mewn llythyr dyddiedig 1 Mehefin 1919, 'mai'r lle y derbyniwyd ac y croesawwyd ni yno oedd y lle crandia welais i erioed; nid yw Buckingham Palace ddim ynddi'. Ond yr hyn a oedd yn fwy cofiadwy byth oedd natur y cwmni, a'r gwestai yn cael blas amlwg wrth rannu'r hanes â Mary:

A phwy ddyliech chwi oedd yn eistedd wrth fy ochr ar y llaw chwith yn y lunch? Neb amgen na Madame Curie, darganfyddes radium. Hen greadures bach ddiolwg iawn i edrych arni – rhywbeth yn fy adgoffa o Miss Bishop yn ei hwyneb, ond yn fechan o gorff, fel Miss Roberts y wniadwraig – petaech yn ceisio amgyffred rhyw gymysg o'r ddwy fe gaech syniad go lew amdani.

Yr hyn sy'n nodweddu'r llythyrau yw dawn disgrifiadol y llythyrwr, ei allu i amgyffred prif nodweddion y gwahanol olygfeydd, ei ddiddordeb mewn cynifer o fân bynciau a gallu'r croniclwr llwyddiannus i gyfleu darluniau manwl a byw o'r hyn a welwyd ar hyd y daith. Mae'n amlwg, hefyd, fod y cyfrwng personol hwn yn cynnig iddo drwydded i arddel ieithwedd na fyddid fel arfer yn ei chysylltu â'i enw, i arfer amrywiaeth o ymadroddion llafar ac i gynnwys termau Saesneg yn ôl y galw. Yn ogystal, mae amryw o gyfeillion agos iddo wedi cyfeirio'n benodol at ei ddawn fel storïwr, un a fyddai wrth ei fodd yn diddanu cwmni o ffrindiau dros ginio ar ei aelwyd ei hun. Yma, teimlir ar brydiau fod rhyw adlais o'r ddawn storïol honno i'w ganfod yn y gwahanol lythyrau, wrth i Morris-Jones rannu â'i wraig gyfres o olygfeydd sydd wedi'u darlunio'n fanwl ddifyr mewn dull sy'n datgelu awydd y croniclwr greddfol i ddifyrru ei gynulleidfa. Dangosir, o'r herwydd, barch at fanylion o bob math a'r ymroddiad i greu adroddiad hynod gyflawn sy'n caniatáu i'w wraig hithau gael blas ar rai o uchafbwyntiau'r daith. Gwnaeth ardal St Emilion, er enghraifft, gryn argraff ar y teithiwr selog:

Yr oedd hi'n hyfryd dros ben mynd drwy'r gwinllannoedd – nid oes gloddiau o boptu'r ffordd, ond coed bob rhyw ddegllath yn ffurfio avenue, ond heb guddio dim ar y wlad oddiamgylch . . . Yna ymlaen i

St Emilion. Tref ryfeddol iawn ydyw hon; nid oes modd ei disgrifio – rhaid i mi gadw'r hanes nes dyfod adref. Ond yr wyf yn meddwl na welais erioed dref fechan mor picturesque, ac a chymaint o olion adeiladu hynafol ynddi.[34]

Gwahanol iawn, fodd bynnag oedd ei ymateb i Toulouse y cyfeirir ati fel 'tref o frics' er bod natur y bensaernïaeth o ddiddordeb amlwg i rywun a gynlluniodd ei dŷ ei hun ac a feddai ar gynifer o sgiliau ymarferol ag yntau. 'Y mae'n debyg', meddai ymhellach, 'nad oes fawr o gerrig bildio i'w cael yn y gymdogaeth, ond y mae'r dressings (ciliau'r ffenestri a'r drysau) yn garreg nadd yn yr adeiladau pwysicaf'. Ceir disgrifiadau manwl o'r gwahanol westai, o nodweddion y gwahanol ystafelloedd ac o ansawdd y bwyd. Y noson y cyrhaeddwyd Paris, 'yr oedd hi'n rhy hwyr am y table d'hote dinner erbyn ymolchi a dressio' ac, o ganlyniad, rhaid oedd troi at y fwydlen arferol: 'Ac mi gefais i soup (da), turbot (da hefyd), a steak (ceffyl yr wyf yn siŵr, ac ni fedrwn wneud fawr ohono).'[35] Cyflwynir adroddiadau tebyg yn y gwahanol lythyrau ynghyd ag ambell sylw beirniadol ynglŷn â natur y trefniadau ac ambell gyffyrddiad ysgafnach: 'Y mae pawb wedi blino fwy na heb ar y gwledda parhaus a'r teithio; pawb yn "fed up" – yn llythrennol felly.'[36]

Gwelir, felly, fod y gyfres o lythyrau yn cynrychioli dyddlyfr taith hynod ddifyr ac yn cynnwys ymateb y darlithydd alltud i amrywiaeth o brofiadau amrywiol ac anacademaidd. Er bod ambell gyfeiriad at 'proofs y Beirniad', ymddengys fod y daith yn ddull o ddianc am gyfnod rhag pob dyletswydd beunyddiol fel bod modd iddo ddatgan 'na chefais innau ddim cymaint a phum munud o gur yn fy mhen, heb sôn am ddim gwaeth er pàn wyf yn Ffrainc'.[37] Byddai cyflwr iechyd Morris-Jones yn un o'r pynciau a fyddai'n denu sylw o bryd i'w gilydd ar hyd ei yrfa, ond yn benodol felly yn y dauddegau cynnar. Yma, nid yw'n destun pryder er bod y cyfeiriad ei hun yn awgrymu nad yw felly bob amser. Mae'n amlwg hefyd ei fod yn awyddus i wybod am hynt a helynt ei gar: 'A ydyw Tommy wedi gorffen paentio'r car, tybed? A Willie Jones wedi gwneud yr hood? (Y mae'r pin i ddal un ochr, ym mhoced fy nghôt fawr yma!)'. Wrth i'w feddyliau droi i gyfeiriad y Tŷ Coch, nodweddiadol ohono yw'r sôn am ddedwyddwch y cartref ac 'er mor ddifyr', meddai, 'ydyw teithio trwy Ffrainc ar gost y llywodraeth . . . y cartref ydyw'r lle wedi'r cwbl'.[38] Byddai'n briodol ychwanegu fod amlder ei lythyrau'n adlewyrchu didwylledd y teimlad hwnnw, o nodi iddo ysgrifennu wyth o lythyrau at Mary mewn cyfnod o lai na phythefnos. 'Ni waeth i mi adrodd yr hanes o'i gwr', meddai yn ei lythyr cyntaf o Baris, dyddiedig 29 Mai 1919. Mae'r duedd honno yn nodweddiadol o agwedd y llythyrwr fel bod hanes y daith, o ganlyniad, yn un hynod gyflawn.

Yn ystod y flwyddyn 1920, daeth cyfnod *Y Beirniad* i ben ac mae ambell awgrym neu arwydd fod cyflwr iechyd Morris-Jones yn un o'r rhesymau a arweiniodd at y penderfyniad hwnnw. 'Yn y ddwy flynedd rhwng gwanwyn 1920 pan roddodd heibio'r golygu a gwanwyn 1922', medd T. Robin Chapman, 'yr oedd iechyd Syr John wedi dirywio i'r fath raddau fel na ellid dim ganddo.'[39] Ymddengys fod rhyw fath o dostrwydd yn ei flino drachefn yn 1923. Wele W. J. Gruffydd yn nodi mewn llythyr at ei gyfaill ym mis Mawrth y flwyddyn honno:

Diolch am eich llythyr: y mae popeth yn iawn, wrth gwrs, ac yr wyf yn deall yn iawn sut y bu. Ond gobeithiaf gael rhywbeth gennych yn fuan. Onid oes gennych rywbeth i'w ddywedyd ar 'Ddiwygio'r Orsedd'? Byddant yn gwneuthur putsch yn o fuan, chwi gewch weled.[40]

Ategir y dybiaeth ynglŷn â chyflwr bregus iechyd Morris-Jones y flwyddyn honno gan yr hyn a ddywed Vincent Evans mewn llythyr – nid ato ef ei hun, ond at 'Lady Morris Jones' a oedd ar y pryd, mae'n ymddangos, yn ymdrin â'i ohebiaeth drosto:

'Ddybies i ddim fod y gwr gan dosted. Drwg iawn gennyf; a gobeithio'n arw y mendith o'n fuan fuan. Wel ie, 'does dim disgwyl iddo ddod i Lundain cyn y Pasg ond fe hoffwn yn fawr ei gael dyweder o hyn i ddiwedd Mai ond rwy'n ofni ei flino wrth ddal i ofyn fel y wraig weddw honno yn y Bibl (os gweddw oedd hi).[41]

Ni ellir bod yn hollol sicr beth oedd hyd a lled y broblem ac eto, er na allai ymateb i geisiadau gan W. J. Gruffydd a Vincent Evans oherwydd cyflwr ei iechyd ar y pryd, parhaodd ei gysylltiad â'r Eisteddfod Genedlaethol fel beirniad ac mae nifer o gyhoeddiadau a chyfran-iadau i'r wasg yn rhwng 1920 a 1923 yn dangos ei fod o hyd yn hynod weithgar a chynhyrchiol mewn gwahanol feysydd academaidd.

America

I'r un cyfnod hwn y perthyn gwahanol gyfeiriadau at ymweliad Morris-Jones ag America. John Lasarus Williams sy'n adrodd yr hanes yma ac yn egluro'r cefndir i'r daith, sef cysylltiad ffrind iddo â thalaith Texas:

> Yr oedd gan gyfaill iddo, Jac Elwyn Morris, o gwmni cyfanwerthwyr bwyd Morris and Jones, Lerpwl, chwaer yn byw yn Texas a chynlluniai ef i fynd i edrych amdani hi. Awgrymodd hi iddo ofyn i Syr John ddod yr un pryd. Roedd Mr Morris yn bendant na fyddai'n mynd drosodd ond cafodd ei chwaer berswâd arno i ofyn iddo beth bynnag. Pan ddaeth y gwahoddiad bu trafodaeth a phwysodd y Fonesig arno i fynd: 'Ewch wir John, mi wneith lawar o les i chi.' A dyna'r gwir. Cyfarfod â llawer o bobol, cael sgyrsiau difyr a'i fwynhau ei hun yn anghyffredin.[42]

A derbyn y dystiolaeth sydd gennym am iechyd Syr John yn y cyfnod hwn, mae'n naturiol fod rhywun yn tynnu sylw at yr hyn a ddywed Mary am arwyddocâd y daith, y cyfle amlwg iddo fwrw'i flinder, yn enwedig os ydoedd ar y pryd, fel yr awgryma'r dystiolaeth, wedi'i lethu gan bwysau gwaith coleg ac amrywiaeth o alwadau atodol. Ym mis Awst 1920, ysgrifennodd lythyr at ei gyfaill Tecwyn Evans, llythyr sy'n adlewyrchu'n glir pa mor brysur oedd bywyd ar y pryd ac yn sôn hefyd am y daith arfaethedig i America:

> Daeth eich llythyr i'm llaw yn brydlon ddydd Gwener; ond lluddiwyd fi gan liaws gorchwylion i ateb ynghynt. Yr wyf ar gychwyn ar daith i'r America gyda Mr. J. E. Morris; bydd y llong yn hwylio o Lerpwl ddydd Sadwrn nesaf, ac y mae rhyw gant o bethau'n gofyn sylw cyn mynd. Byddwn i ffwrdd am ryw ddeufis; yr wyf yn mawr hyderu y byddaf yn ol cyn diwedd Hydref.[43]

Er bod y daith i America ar fin cychwyn, mae'n arwyddocaol ei fod, yn yr un llythyr, eisoes yn sôn am amrywiaeth o gynlluniau, ei fod 'yn awyddus iawn am orffen y cyf[ieithiad] newydd o Farc cyn diwedd y flwyddyn', ac yn trafod dyddiadau cyfleus iddo ddarlithio yng Nghoedpoeth a Wrecsam.

Ar sail y ddwy ffynhonnell uchod, sef adroddiad John Lasarus Williams a llythyr Morris-Jones ei hun, gellid cofnodi yn groniclaidd gryno iddo fynd ar ei daith i America a dychwelyd o fewn deufis i ailgydio yn ei ddyletswyddau academaidd. Fodd bynnag, erbyn hyn daeth tystiolaeth bellach i law a gwahanol gyfresi o lythyrau a anfonwyd gan Morris-Jones, ar wahanol adegau yn ystod ei fywyd, adref at

Mary. Yn eu plith, ceir cyfres o lythyrau a anfonwyd adref o America, llythyrau sy'n ein galluogi i olrhain yr amserlen a gynlluniwyd ac i rannu profiadau'r teithwyr.[44] Wrth reswm, mae llythyrau personol o'r fath nid yn unig yn groniclaidd ddifyr ond yn datgelu hefyd agweddau ar bersonoliaeth a diddordebau'r llythyrwr. Dyddiad y llythyr cyntaf yw 1 Medi 1920, wedi'i ysgrifennu ar fwrdd y llong *R.M.S. Kaiserin Auguste Victoria*, ac oherwydd i'r swyddogion fod braidd yn hwyr 'yn gorffen cael y mails a'r luggage i mewn' roedd yn rhy hwyr i'r llong hwylio allan 'dros y bar' fel bod rhaid aros yn yr afon rhwng Lerpwl a Phenbedw i'r llanw godi.[45] Mae'r arddull yn sgyrsiol ddifyr a'r gŵr yn dangos cryn ddawn i greu cyfres o ddarluniau byw a difyr er mwyn i'w wraig, unwaith yn rhagor, rannu holl gyffro'r gwahanol brofiadau newydd. Oherwydd yr hir oedi 'yr oedd yn dipyn o siomedigaeth i Jack a minnau' na allai'r ddau hwylio heibio i lannau Cymru yng ngolau dydd ac yn dipyn o her, yn ddiweddarach, ar ôl noswylio, iddo ymdopi â 'throb, throb yr hen bropellers'. Yna daw gosodiad sy'n cysylltu cyflwr iechyd Morris-Jones ar y pryd â'r penderfyniad i gefnu, am y tro, ar ei ddyletswyddau beunyddiol: 'Nid wyf eto wedi cael llwyr wared â'r hen aflwydd hwnnw', meddai drachefn, 'ond yr wyf eisoes yn teimlo'n well o lawer'. Cyn tewi, daw llais y tad i'r amlwg a neges at Nêst 'fod yna dair o gennod bach llai na hi, â'u gwallt wedi bobbio yn eistedd yn agos i ni yn y dining saloon'. Ar ben hynny, clywir llais yr ymchwilydd chwilfrydig sydd wedi holi faint o deithwyr sydd ar fwrdd y llong, sef fod '80 o berths yn weigion' a bod cyfanswm, yn ôl 'yr U.S. Consul', o '1600 souls on board'.

Mae'r llythyrau yn haeddu sylw penodol, nid yn unig o ran eu cynnwys fel cofnod hynod ddifyr o hanes y daith ar ei hyd, ond o ran ansawdd yr iaith, Morris-Jones allan o afael pob gelyn o feirniad yn rhoi'r pwyslais ar naturioldeb y traethu, er mai'r 'chi' ffurfiol a ddefnyddir yn ôl ei arfer, ac yn fodlon arddel amrywiaeth o eiriau Saesneg yn ôl y galw: 'Yr oedd yna goncert yn y dining-room neithiwr, a playlet gan ryw actor ac actress'; 'Y mae'r hen bropellers yma yn ysgwyd yr hen smoke-room yn ofnadwy'.[46] Gadawyd Lerpwl, felly, ar ddechrau Medi, ac erbyn nos Fercher yr 8fed mae'r llong yn 'nesu at New York, ac yn ol pob tebyg byddwn yno tua hanner nos'. Bu'r daith yn weddol gysurus ar wahân i 'storm o wynt a glaw' ar y bore Mawrth, er bod yr 'hen long yn ei weddro hi'n iawn.'[47] Mae'n briodol nodi, fodd bynnag, fod awdur y llythyrau'n cyfeirio drachefn at ei gyflwr personol: 'Mi gefais madael â'r hen helynt hwnnw cyn diwedd yr wythnos; ac y mae'r annwyd wedi mynd yn llwyr.' Ar yr un pryd, y mae eisoes yn sôn am drefniadau'r daith adref sef, yn ôl pob tebyg, 'mai efo'r *Carmania* i Lerpwl y down ni'n ol, startio ar y 23ain, ac nid efo'r *Mauretania* i Southampton startio ar yr 28ain'. Mewn llythyr diweddarach o Washington, gwelir ei fod yn awyddus i ddarbwyllo Mary fod pob dim yn iawn, fod 'ein dau yn hollol iach, ac yn derbyn lles, mi gredaf, o'n crwydriadau'.[48] Cyrhaeddwyd tref Sherman, Texas, o fewn rhai diwrnodau, ac mewn llythyr dydd-iedig 18 Medi o'r fan honno y ceir yr awgrym mwyaf amlwg nad problemau corfforol yn unig a oedd wrth wraidd yr ymgais i gefnu ar y byd academaidd am gyfnod. Gellid derbyn fod y defnydd o'r gair 'nerves' yn y fan hon yn bur arwyddocaol, a bod ei gyflwr meddyliol cyn gadael am America wedi peri rhywfaint o ofid yn gymaint â'i fod yn ymddangos fel pe bai'n gorymateb i broblemau beunyddiol (megis hynt a helynt 'y luggage'), a oedd yn y bôn yn rhai digon dibwys a diarwyddocâd:

> Wedi cael tipyn o siesta ar y sofa gyffyrddus honno. Ni bûm i erioed am gyhyd o amser heb feddwl am ddim math o waith – mi wneuthum ryw bennod neu dipyn rhagor o Farc wrth fy mhwys ar y llong, ond wedi hynny dim oll. I ddangos gymaint o les i'm nerves a gefais, nid oes eisiau ond dywedyd nad wyf wedi poeni ond y nesaf peth i ddim ynghylch y luggage.

O ddilyn yr un trywydd, mae'n briodol sylwi ar yr hyn a ddywedir yn y llythyr olaf un o America, llythyr dyddiedig 18 Hydref 1920, a hynny yn y paragraff cloi: 'Yr wyf yn meddwl fy mod wedi mendio llawer', meddai, 'ond cewch chwi farnu'n bur fuan.'

O droi at gynnwys y gwahanol lythyrau, ceir gwybodaeth benodol i ddechrau am natur y daith – hynny yw, y llefydd, yn westai a chartrefi, y buwyd yn lletya ynddynt, ynghyd â rhestr o'r cymeriadau, brodorol ac alltud, a fu'n gweithredu fel tywyswyr brwd a chym-wynasgar. Ar ôl cyrraedd Efrog Newydd, aed i Washington cyn cyrraedd Sherman, Texas, a chartref Gwen, chwaer Jack Morris, a'i gŵr Mr Johnson. O'r fan honno i Chicago, Toronto, Montreal ac Utica, cyn dychwelyd drachefn i Efrog Newydd ar gyfer y daith adref gan fanteisio ar gyfle i ymweld â Boston oddi yno am ddiwrnod neu ddau. Ac eto, os oedd Jack a Morris-Jones wedi cytuno ar ryw fraslun o amserlen ymlaen llaw, adolygwyd y cyfryw gynlluniau yn y modd mwyaf dramatig ar ôl i'r ddau gyfaill gyrraedd Montreal. Y bwriad oedd i'r ddau gyd-deithio o'r fan honno i Utica, lle y bwriadai Morris-

Jones roi darlith i ryw gymdeithas arbennig, ond nid felly y bu. Yn ystod eu cyfnod yn Montreal, roedd Jack wedi trefnu i'r ddau fynd 'i'r Victoria Hospital i weld rhyw nurse – geneth o'r Rhyl a adwaenai Jack', a bu'n ddigon parod i dywys y ddau ymwelydd ar hyd y dref. Rhwng y 10fed a'r 14eg o Hydref, sef dyddiad y llythyr canlynol, roedd y sefyllfa wedi newid yn llwyr, a Morris-Jones yn ysgrifennu o Utica ei fod yno ar ei ben ei hun 'a Jack wedi aros efo'i ddyweddi ym Montreal'![49] Mae sefyllfa felly braidd yn eironig, yr ysgolhaig a'r gramadegydd a fynnai baratoi pob dim yn y modd mwyaf trwyadl, yn teithio i ben draw'r byd heb sylweddoli o gwbl fod yna ail agenda bersonol ynghudd gan ei gyd-deithiwr na wyddai ddim oll amdani. Hyd yn oed pan awgrymodd ei gyfaill mai da o beth fyddai mynd i'r ysbyty i weld 'rhyw nurse' a'u bod yn sgil hynny wedi mynd 'i'r hospital i de at Miss Williams (nid nurse, ond dispenser, ydi hi)', nid oedd Morris-Jones fymryn yn agosach at ddeall arwyddocâd yr ymweliadau. Yn y llythyr canlynol, felly, roedd rhaid cyfaddef wrth Mary iddo fod 'mor ddall i arwyddion amlwg', cyn cynnig ei fersiwn ef o'r hanes:

Ond ni wyddwn i pa faint o gydnabyddiaeth oedd rhyngddo â'r eneth, ac yr oeddwn wedi'ch clywed chwi lawer gwaith yn dywedyd mor attentive ydyw Jack etc., fel yr oeddwn i'n tybied mai moesgarwch ac awydd bod yn glên â hen gydnabod oedd y tretio a'r hebrwng adref. Beth bynnag, ni ddywedodd air wrthyf nes bod y peth wedi ei setlo ddoe; ac wedi hynny nid oedd disgwyl iddo'i gadael a dyfod efo mi yma i Utica. Felly mi ddeuthum fy hun.[50]

Ar wahân i'r bennod annisgwyl a dramatig honno, ceir cronicl hynod ddiddorol sy'n llwyddo i gyfleu naws y croeso a dderbynnid ym mhob man, ynghyd â gwybodaeth am nodweddion cymdeithasol y cyfnod. Mae'n amlwg, er enghraifft, fod ansawdd y cyfleusterau a oedd ar gael i fyfyrwyr Prifysgol Toronto mewn canolfan o'r enw 'Hart House' wedi gadael cryn argraff:

Aeth y ddau a ni drwy ryw sefydliad o'r enw Hart House, newydd ei agor; lle i'r students – common rooms, swimming baths, theatre, a phob cyfryw beth; ac nid i'r students yn unig, gan fod yno hall fawr i gael bwyd, ac ystafelloedd i'r staff, etc.; ni welais le mor ddymunol erioed. Ond yr oedd o wedi costio tair miliwn o ddoleri i ryw filionaire.[51]

Ar ôl cyrraedd Montreal, fodd bynnag, yr oedd pwnc arall wedi denu sylw'r llythyrwr ac yntau bellach yn cael anhawster sicrhau llety yn y ddinas gan amlder ei chynadleddau. Ymddengys fod Montreal yn denu mwy na'i siâr o 'conventions' ar y pryd, a'r rheswm am hynny, erbyn hyn, yn rhan o chwedloniaeth y cyfnod. 'Mae'n ymddangos', meddai Morris-Jones wrth egluro natur y sefyllfa i Mary, 'fod Montreal yn lle poblogaidd i gyrchu iddo am fod diod i'w chael yma – y mae Toronto, er enghraifft, yn sych.' Er mai ag America yn hytrach na Chanada y cysylltir holl gyffro hanes y Gwahardd, pwnc a fu'n sail i gynifer o ffilmiau, ymddengys fod yma wahaniaethu rhwng deddfwr-iaeth gwahanol daleithiau yng Nghanada, hefyd, a bod hynny ar y pryd o fantais i economi Montreal ac yn bygwth gadael Morris-Jones yn ddilety. Mae'n amlwg, hefyd, fod cyfle i ymgyfarwyddo â natur y gwahanol ddiwydiannau Americanaidd o ddiddordeb arbennig i Morris-Jones ac yntau erioed wedi ymddiddori mewn gweithgar-eddau ymarferol a phob math o ddatblygiadau technegol. Yn ystod eu harhosiad yn Sherman, er enghraifft, llwyddwyd i ymweld ag 'un o oil-fields Texas' ond roedd y daith yno yn gymaint o her fel mai'r agwedd honno sy'n derbyn yr holl sylw yn ei adroddiad:

Cychwyn tua hanner awr wedi wyth y bore, cael lunch mewn tref ar y ffordd, ac erbyn cyrraedd yr oil-field yr oedd hi'n tynnu at 3 o'r gloch y p'nawn, a'r speedometer yn dangos ein bod wedi rhedeg tua 90 milltir, a hynny trwy'r ffyrdd mwyaf ofnadwy a welais i erioed. Mae yna shock-absorbers anferth ar y car; ond nid oes na springs nac absorbers wedi eu creu a all byth beri i gar fynd yn esmwyth dros y fath ffyrdd. Buasai arnaf ofn cychwyn pe gwybuaswn y pellter (cymaint ag o Lanfair i Aberystwyth) a chyflwr y ffyrdd.[52]

Cafwyd gwell hwyl a llai o deithio yn Chicago yn ystod ymweliad â'r 'stock-yards' a 'swyddfeydd a phlants Swift & Co, a Libby McNeil a Libby'. Roedd cyfle i weld y gwahanol brosesau yn ffatri 'Swift & Co' cyn troi i gyfeiriad Libby, lle 'gwelsom sut yr oeddynt yn canio cornd beef etc. etc.'. Cawsom groeso mawr gan benaethiaid y firms', meddai, 'a dŷn [sic] i fynd a ni trwodd yn special – nid mynd efo'r crowd a'r official guide. Cawsom ymgom a phrif ddyn Libby – Mr Burrows, a briododd ferch y Libby cyntaf.'[53]

Thema amlwg sy'n nodweddu llawer o'r llythyrau yw'r croeso a gaed gan gynifer o'r brodorion, ac yn naturiol ddigon, gan Gymry alltud ym mhob man. Dro ar ôl tro, sonnir fod rhywun neu'i gilydd wedi mynd â'r ddau ymwelydd 'am ddrive' neu 'am ride' i weld rhyw gyrchfan o bwys neu o amgylch y dref neu'r ddinas, ac eithriad oedd i'r ddau orfod talu am eu bwyd a'u diod. Yn Washington, bu gwahanol gysylltiadau o'u plaid. Ar y naill law, manteisiwyd ar gynnwys 'llythyr at rywun yn y British Embassy yma yn dywedyd ein bod yn gyfeillion i'r Prif Weinidog, ac am i hwnnw roi popeth yn ein ffordd' ac, ar y llaw arall, ar gymwynasgarwch David Roberts (Dafydd Bach), a fu'n dywysydd parod yn ystod eu hymweliad â'r 'Congressional Library' enwog.[54] O ran y cymdeithasu cyffredinol, mae'n rhaid bod y statws a gysylltir â theitl yn gwneud y Cymro alltud hyd yn oed yn fwy o darged i ymgomwyr cydwybodol yn Sherman:

> Yr oedd y parti yn un difyr iawn; mae rhywbeth yn agored a hearty yn y bobl yma; yr ydych yn dyfod yn rhydd yn eu cwmni yn fuan. Peth digri yw sylwi arnynt wedi drillio eu hunain i ddywedyd 'Sir John'; er bod yr Yanks yn ymwrthod a phob oferedd o'r fath eu hunain, eto nid oes neb mewn gwirionedd yn hoffi cymaint dyfod i gysylltiad ag o.[55]

Nid oedd pall ar gynhesrwydd y croeso a'r haelioni pa mor amrywiol bynnag fyddai natur y gwahanol weithgareddau; gellid cyfeirio at y partïon, yr amryfal deithiau ynghyd â'r ymweliadau cyson â'r theatr a gwahanol fannau o ddiddordeb. Yn naturiol ddigon, cafodd Morris-Jones, yr areithiwr, dderbyniad gwresog yn Utica a'r un modd pan fu'n annerch cynulleidfa yn Chicago.

Ac eto, yng nghanol holl gyffro'r gwahanol weithgareddau, byddai'r Tŷ Coch a'r teulu o hyd yn derbyn sylw yn ei lythyrau a'r aelwyd yn ddylanwad amlwg ar ei ymateb i bob dim. Soniai byth a hefyd am ddychwelyd adref, ei fod yn hiraethu am gymdeithas glòs ei deulu, a'i fod yn gresynu na allai Mary rannu'r gwahanol brofiadau a ddeuai yn feunyddiol i'w ran. Roedd pawb yn hynod garedig tuag at y ddau gyfaill, ond byddai cael rhannu mwynhad y croeso â Mary gymaint yn ddedwyddach yn ei olwg: 'Yr unig biti ydy na bai Lady Morris-Jones yma; mae hynny o hyd yn hanner, a mwy na hanner difetha hynny o ddigrifwch fydda i'n ei gael.'[56] 'Y drwg yw nad ydych chwi ddim yma i'w fwynhau', meddai drachefn mewn llythyr arall (18 Medi 1920) ac, er cymaint y mwynhad a brofid, y neges at Mary yw ei fod yn 'gwybod gymaint mwy y buasech chwi yn ei fwynhau nag y gallaf fi'. Mae'n wir iddo annerch ambell gynulleidfa ar gais gwahanol gyfeillion ac iddo draddodi darlith yn Utica a gafodd dderbyniad pur wresog,[57] ond nid oedd natur y gwahanol weithgareddau yn creu'r math o bwysau neu densiwn a nodweddai amserlen gyfarwydd yr athro prifysgol gartref yn Llanfair. Caiff y gwahanol 'lunches' gryn sylw ganddo ac mae'r termau 'am ride' ac 'am drive' yn britho hanes ei ymweliad â phob tref neu ddinas. Yn yr un modd, dengys ei fod wedi ildio i wahanol gonfensiynau cymdeithasol na fyddai'n debygol o fod wedi torri ar draws gwahanol ddyletswyddau'r academydd yn Llanfair. Disgwylid, er enghraifft, i Jack ac yntau fynychu 'party yn y Golf club' pan oedd yn Sherman, er iddo osgoi'r dawnsio a'r gwres drwy 'eistedd allan gryn dipyn ar y balcony, am ei bod yn fwy *cool* yn siarad â'r dynion, ac yn smocio cigars'.[58] Roedd modd iddo ymlacio'n llwyr dan amodau o'r fath, yn arbennig o wybod nad oedd unrhyw berygl i Gwenogvryn, erlidiwr pob ysmygwr, fod yn llygad-dyst i'r fath gylch o droseddwyr. Wrth gwrs, roedd yna ben draw i'r fath ymblesera am fod Morris-Jones yn cwyno wrth Mary fod 'ar bawb yma eisiau rhoi rhyw barties a rhyw lol felly i ni, mi debygwn'.[59] Ymddengys, hefyd, fod Morris-Jones yn bur awyddus i sicrhau fod ganddo bob amser gyflenwad o goleri glân at ei ddefnydd. 'Nid oedd gennyf goler lân i'w rhoi heddyw', meddai ar un achlysur yn Sherman, ac er iddo sylwi nad oedd tueddi fod mor ffurfiol o ran gwisg yno, 'neb yma'n gwisgo gwasgod', a 'llawer o ddynion pwysicaf y lle yn mynd o gwmpas yn eu crysau', ni fynnai ef ddilyn y ffasiwn Americanaidd honno. Gallwn, felly, synhwyro ei fod yn teimlo elfen o ryddhad wrth allu adrodd wrth Mary o Sherman fod 'y luggage wedi cyrraedd . . . a chawsom goleri a dillad glân i roi amdanom erbyn yr hwyr'.[60] Deuai profiadau newydd i ran y ddau gyfaill yn ddyddiol bron, ac ymateb y llythyrwr weithiau'n annisgwyl ac yn blwyfol o ddifyr. Bu'n treulio un prynhawn yng nghwmni dyn o'r enw Wyn Williams a'i wraig ac yn ymweld â 'Coney Island – lle bydd 'Arry ac 'Arriet New York yn mwynhau eu horiau hamdden; rhyw ffair Borth ar scale anferth'.[61] Cyn gadael, byddai disgwyl i'r ddau ymwelydd hel anrhegion ar gyfer aelodau'r teulu a gofynnwyd i berthynas i Jack o'r enw Mrs Lindman gynnig cymorth ymarferol i'r ddau drwy ymuno â hwy ar daith i Marshal Field, 'i helpu i ni shopio'. Ymddengys nad oedd siopa yn un o gryfderau Morris-Jones a bod gwir angen cymorth. 'Nid yw J.[ack] mwy na minnau', meddai, 'ond diymadferth yn y gwaith hwnnw heb expert advice.'[62] Ac eto, er gwaetha'r holl ymdrech a'r cyngor, a sicrhau 'dwy wish i'r twins bach', nid oes sicrwydd 'a wnân nhw blesio'. Erbyn dechrau Hydref, mae'n amlwg fod Morris-Jones yn dechrau edrych o ddifrif tuag adref. Hyd yn oed mor gynnar â'r 22ain o Fedi, roedd Morris-Jones wedi datgan yn eglur ei bod yn 'rhywyr glas gennyf weld y daith yn dyfod i ben' ac, er gwaethaf newyddion annisgwyl Jack, roedd byrdwn y llythyr olaf yn y gyfres at Mary (14 Hydref 1920) yn hollol ddiamwys ynglŷn â bwriadau ei gŵr: 'Ni wn i beth a wnaiff o; ond yr wyf fi'n dyfod adref ar y *Carmania*'.

Er bod Morris-Jones wedi manteisio ar wahanol gyfleoedd i deithio yn 1919 a 1920, ni olygai hynny fod gwaith yr ymchwilydd yn cael ei adael dros dro. Roedd gramadeg elfennol wedi bod ar y gweill ers rhai blynyddoedd ond 'wedi ei roi heibio er ddechreu'r rhyfel'.[63] Y cynllun hwnnw a fyddai'n derbyn sylw ar ôl cyhoeddi *Taliesin*,[64] sef ei ymateb i waith Gwenogvryn ar y canu cynnar. 'Nid crynhodeb o'r gramadeg mawr' a fwriedid, meddai ymhellach, 'ond fe geir llawer o bethau ynddo na cheir monynt yn y mawr, yn enwedig ar fân bynciau sydd o bwys *ymarferol*'. Gallai adrodd wrth Tecwyn Evans fod y testun wedi'i gyflwyno i'r wasg ym mis Awst 1920 cyn iddo adael am America, 'ac yr wyf yn disgwyl y bydd iddynt ei gysodi oll, neu agos oll, cyn i mi ddyfod yn ol'.[65] Nid annisgwyl, felly, yw canfod croeso cynnes i'r gramadeg gan ei hen gyfaill a fu'n ymwybodol o hanes y paratoi ac o fwriadau'r awdur:

> Diau ichwi weled yr hyn a draethais yn y *Cymro* am eich Gramadeg 'bach'. Ni fynegwyd mo'r hanner, ond ceir cyfle eto i sylwi arno, o bryd i bryd. Credaf y gwna fwy o les cyffredinol, a hynny'n *fuan*, hyd yn oed na'r Gramadeg mawr, am ei fod yn fwy yng nghyrraedd pawb o ran pris a defnydd.[66]

Yn ystod yr un flwyddyn, ymddangosodd *Yr Efengyl yn ôl Marc: cyfieithiad newydd* (Rhydychen, 1921). Bu sôn am y gyfrol cyn i Morris-Jones adael am America wrth iddo ddatgan ym mis Awst 1920 ei fod 'yn awyddus iawn am orffen y cyf[ieithiad] newydd o Farc cyn diwedd y flwyddyn'.[67] Morris-Jones oedd cadeirydd y pwyllgor ac ar sail gwahanol lythyrau o'i eiddo gwelir yn eglur pa mor sylweddol oedd ei gyfraniad personol ef i'r fenter. Mae'n wir iddo gael cyfle gwych i hamddena yn ystod ei ymweliad ag America, ond hyd yn oed wedyn ni lwyddwyd i ddianc yn gyfan gwbl rhag yr agenda a fyddai'n ei aros wedi dychwelyd am iddo droi at ei gyfieithiad o Efengyl Marc yn ystod y fordaith.[68] Roedd y gwaith cyfieithu ei hun yn gryn her ac ambell lythyr yn taflu goleuni ar hanes y paratoi ac yn benodol ar y manion iaith y byddai'r Athro yn eu hystyried cyn penderfynu ar y fersiwn derfynol. Mae'n amlwg ei fod yn bur awyddus i'w gyfaill Tecwyn Evans ddeall pa mor drylwyr fu'r broses:

> Nid gan ddisgwyl i chwi sylwi arnynt yr wyf yn crybwyll y pethau hyn . . . Ond ysgrifennu'r wyf rhag ofn i chwi feddwl mai heb ystyried yr arferwyd y ffurfiau, ac i minnau fod dan orfod i egluro, ac i'r dienwaededig gael boddhad.[69]

Yr un mor amlwg yng nghyd-destun y cyfrol hon yw parch Morris-Jones at ddiwyg y gwaith a'i ddiddordeb yn y modd y cynllunnir pob dim. 'Yr oedd ar y Press awydd am i'r llyfr fod yn brydferth', ac anfonwyd ato awgrymiadau 'am dariannau o arfbeisiau' heb fod yr un yn hollol addas. 'Bûm wrth ben y mater ddydd Gwener y Groglith', meddai, a pharatowyd cynllun arfbais a oedd yn llawn arwyddocâd: 'Y llew o'r Efengylydd; arfau'r brifysgol o waith Urdd y Graddedigion yn awgrymu ac yna'n nawddogi'r cyfieithiad; arfau Bangor o'r pwyllgor a'i gwnaeth, ac arfau Rhydychen o'r wasg a'i cyhoeddodd.'[70] Ni raid synnu fod 'y Press yn falch iawn o'r *design*'. Yn ôl tystiolaeth Morris-Jones ei hun, cafodd y cyfieithiad newydd groeso mawr, 'y llyfr yn gwerthu fel tân gwyllt' a'r 'pentyrrau'n diflannu dan ddwylo'r llyfrwerthwyr ym Mangor fel dŵr mewn gogor'.[71]

Yn 1922, ar ben amserlen o ddyletswyddau cyfarwydd, bu Morris-Jones yn un o'r rhai a fu'n gyfrifol am drefnu dathliadau i goffáu Ellis Wynne o'r Lasynys, awdur *Gweledigaetheu y Bardd Cwsc* (1703). Mae John Lasarus Williams yn dyfynnu tystiolaeth Lewis Valentine a fu'n cofnodi hanes y pasiant:

> Gwahoddasai [Morris-Jones] rai o'i fyfyrwyr, ynghyd â Mrs Wynn Wheldon (yn delynores), i actio Y Bardd Cwsg, a gyfansoddwyd ganddo, ac ef ei hun yn actio'r 'dyn bydol', wedi ei wisgo fel gŵr bonheddig o'r ddeunawfed ganrif, gyda'i berwig a'i gleddyf, oedd yn gweddu iddo i'r dim, ac yr oedd yn fwy wrth ei fodd na neb ohonom.[72]

'Rhaid i chwi ddyfod i weled actio Elis Wyn', meddai Morris-Jones mewn llythyr at Tecwyn Evans ym mis Gorffennaf 1922.[73] Trwy wahodd tanysgrifiadau, y bwriad oedd gosod carreg er cof am y llenor hwnnw yn y Lasynys gan ddefnyddio'r arian a fyddai'n weddill at wobr yn dwyn ei enw yn y coleg ym Mangor. Wele gyfle i wahodd ei gyfaill Lloyd George i ychwanegu at statws yr achlysur, a'r gwleidydd yn cadarnhau y byddai'n ymuno yn y dathliadau. 'Ar ol cael eich llythyr chwi derbyniais lythyr oddi wrth Mrs Jones Harlech yn dweud mae 6.30 y cymer y dadorchuddio le yn y Lasynys'.[74]

Mae'n siŵr fod Morris-Jones erbyn y cyfnod hwn yn rhoi trefn ar y defnyddiau hynny a fyddai'n sail i'w gyfrol safonol ar gelfyddyd y beirdd a gyhoeddwyd yn 1925 dan y teitl *Cerdd Dafod*. Byddai'r cyhoeddiad hwnnw yn ffrwyth ymchwil y blynyddoedd, ac yn perthyn i'r cyfnod olaf yn hanes ei weithgarwch dros yr iaith Gymraeg a'i llên. Mae Ifor Williams, fel un a fu'n cydweithio â Morris-Jones, yn datgan o brofiad mai ei brif bleser oedd 'gweithio'n bwyllog ar ei bwnc ei hun' ac yn cofio un achlysur a fu'n achos cryn ddifyrrwch o fewn yr adran. Bu gadael am Lydaw ar wyliau teuluol yn ffynhonnell anesmwythyd amlwg i Morris-Jones a oedd â'i fryd ar weithio'n dawel ar ei aelwyd ei hun. Ond bu gwaredigaeth. Yn Llydaw, roedd 'hangle o dŷ braf ar ei ben ei hun, a gardd braf wedi ei chau i mewn'. Yn yr ardd y bu Morris-Jones trwy gydol y gwyliau heb symud 'led ei droed o'r ardd honno . . . dim ond eistedd mewn cadair gynfas, a gweithio'n hamddenol ar ei Gerdd Dafod'. Yn naturiol ddigon, daeth ymateb Morris-Jones i'r gwyliau â gwen i wyneb ei gyd-ddarlithydd wrth i'w bennaeth sôn 'am y gwyliau godidog a gawsai'.[75] Y tro hwn, wrth gwrs, gallai Morris-Jones fwynhau cyfnod o wyliau yng nghwmni aelodau'r teulu mewn gwlad, neu a bod yn fanwl gywir, mewn gardd dramor, ac mae'n amlwg mai'r hyn a oedd yn ei wir blesio oedd cael gweithio wrth ei bwysau ar yr ymchwil a oedd ganddo ar y gweill, gan ddilyn yr un math o amserlen waith yn union â phe bai gartref yn y Tŷ Coch. Roedd y 'gwyliau godidog a gawsai' yn Llydaw yn adlewyrchu i'r dim naws y bywyd teuluol dedwydd hwnnw gartref yn Llanfair, y bu cynifer o gyfeillion Morris-Jones yn ei goffáu a'i ganmol. Ymhen dwy flynedd, byddai *Cerdd Dafod*, y llyfr a gafodd gymaint o sylw yn Llydaw, a'r ail gyfrol safonol a gysylltir ag enw Morris-Jones, yn gweld golau dydd.

12 ∽ 1925–1929 *Cerdd Dafod a'r 'Sant'*: *Diwedd Cyfnod*

CERDD *Dafod* oedd cyfraniad olaf John Morris-Jones ym maes barddoniaeth a'i gyfraniad helaethaf a phwysicaf ar y pwnc. Fel y ceisiwyd dangos, bu am flynyddoedd yn hyrwyddo rhaglen ieithyddol ei phwyslais ac, eto, mae'n briodol nodi ei fod mor frwd dros sicrhau astudiaeth fanwl o'r traddodiad barddol Cymraeg am y byddai'r cam arbennig hwnnw yr un mor allweddol wrth baratoi'r ffordd ar gyfer dadeni llenyddol ar ddechrau'r ugeinfed ganrif. Roedd ei *Welsh Grammar* yn ymgais i ymateb i'r galw am lyfr safonol ar reolau a theithi'r iaith; *Cerdd Dafod*, ar y llaw arall, fyddai'n cyflwyno i bob darpar fardd ganllawiau pendant ym maes mydryddiaeth a gwybodaeth fanwl am y mesurau cynganeddol, er bod y gyfrol yn trafod amrywiaeth o bynciau atodol gan gynnwys sylwadau personol yr awdur ar natur iaith farddonol ac ar union diriogaeth destunol y bardd. Bu cryn drafod ar natur y gyfrol a hynny mewn mwy nag un cyd-destun. Fel y gellid disgwyl, trafodwyd pwysigrwydd y gyfrol mewn adolygiadau manwl ar y pryd ond, ar ben hynny, denwyd cyfres o ysgolheigion amlwg dros y blynyddoedd i fynegi barn arni ac i 'ailymweld' â'i chynnwys a'i harwyddocâd wrth ymdrin yn benodol â chanu caeth yr ugeinfed ganrif ac yn gyffredinol wrth drafod agweddau eraill ar gynnyrch barddonol y ganrif honno.[1]

O gofio'r ymgecru dramatig a welwyd yn sgil cyhoeddi gwaith Gwenogvryn Evans ar ganu Taliesin, braf nodi na fu cyhoeddi *Cerdd Dafod* yn gyfrwng creu'r un math o gythrwfl. Mae'n wir i rai agweddau ar ymdriniaeth Morris-Jones â'i bwnc ddenu beirniadaeth, ond y tro hwn dadleuwyd yn academaidd gyfrifol ar sail gwybodaeth amlwg o'r pwnc. Er mai ym mlynyddoedd olaf gyrfa Morris-Jones yr ymddangosodd y gyfrol, mae digon o dystiolaeth sy'n dangos yn eglur fod y pwnc ei hun, neu o leiaf agweddau penodol ar y pwnc, wedi denu sylw a diddordeb yr athro prifysgol er y dyddiau cynnar, yntau'n grwt ryw bymtheng mlwydd oed ac o hyd yn byw yn Llanfair. 'Though there were one or two others in this village', meddai, 'who dabbled in Welsh poetry besides John Owen & myself in 1880, I never learnt anything from them, & never had an athro barddonïaidd, which is supposed to be a sine qua non.'² Yna eir ati i roi sylw penodol i'r gynghanedd:

> I learnt the cynghanedd by ear from the poetry I read, and discovered for myself the rule of accentuation. I observed that owing to the change in pronunciation some of the older rules are now often misapplied; and was confirmed in this when I came to study the subject in J. D. Rhys and Simwnt Fychan. I never paid much attention to the late textbooks which profess to teach the rules; my teachers are the two writers I have named and my exemplars Tudur Aled and William Lleyn.

Ceir pwyslais tebyg yn yr adroddiad hunangofiannol a baratowyd ganddo ar gais Syr Vincent Evans ac a anfonwyd ato ar 9 Mehefin 1921.³ Y pwynt allweddol yw fod Morris-Jones fel pe bai wedi osgoi dylanwadau negyddol a hesb ei gyfnod ei hun:

> A chofio'r llenyddiaeth a gyhyrchid yng Nghymru ar y pryd, y rhyfeddod ydyw fod y bachgen hwn wedi cael dim i gyflymu curiad ei galon, ond fel y gwelodd yr Athro Henry Lewis, trwy ryw wyrth cafodd ymgydnabod â rhai o gynhyrchion oes aur y traddodiad barddol ar y naill law a rhai o gynhyrchion gorau'r canu telynegol ar y llaw arall, a chadwyd ac arbedwyd ef rhag cynhyrchion y cyfnod a fu agos â lladd y Gymraeg fel cyfrwng artistig.⁴

Gwêl yr Athro Lewis pa mor ffodus yr oedd y llanc ifanc o fod wedi osgoi dylanwadau cyfoes trwy droi at weithiau'r gorffennol megis y rhai a gofnodwyd yn *Gorchestion Beirdd Cymru*, lle cafodd ei gyflwyno 'to some of the products of the golden age, when the poetic tradition was vigorous and when that tradition was understood'.⁵ Arwyddocâd y bennod hon ym mywyd cynnar Morris-Jones oedd creu ynddo'r cariad at lenyddiaeth Cymru, ac yn enwedig at ei barddoniaeth a oedd yn mynd i ddylanwadu mewn dull mor sylfaenol ar natur ei ddewis yrfa.

Arweiniodd y diddordeb hwn at astudiaeth o'r gynghanedd ac at ymgais i osod y defnydd a wnaed ohoni mewn cyd-destun hanesyddol, gan ddadansoddi arddull rhai o brif ffigurau amlwg y traddodiad barddol. Mor gynnar â 1892, y gynghanedd oedd pwnc un o'i lythyrau at O. M. Edwards:

Ond, at y cwbl, y mae miwsig mewn cynghanedd – prydferthwch sain, prydferthwch sydd ynddo'i hun yn werthfawr . . . I gael miwsig rhaid cael rheolau a deddfau . . . ac y mae gwerth offeryn cerdd yn dibynnu'n hollol ar gywirdeb y gwneuthuriad . . . Gwybydd di, Owen, nad oes neb erioed wedi gweled holl degwch Dafydd na Gronwy cyn deall cynghanedd. Y mae gwybodaeth o gynghanedd yn werth ei chadw'n fyw petae dim ond am hynny. Da 'chdi, paid a lladd fyth a hefyd ar reolau a rheolau . . . A heddyw os oes ar y Cymry eisiau rhywbeth, eisiau disgyblaeth elfennol mewn rheolau sydd arnynt. Nid rhoi iddynt reolau arbitrary, ond dysgu iddynt reolau naturiol iaith a miwsig a rheswm a phopeth.[6]

Daw'n amlwg nad oedd O.M. yn tueddu i ddangos yr un brwdfrydedd tuag at y pwnc ac, yn ôl ei arfer, teimlai Morris-Jones fod rhaid ymateb, a'r ymateb yn nodweddiadol ddiamwys:

Am gynghanedd – nid cyfnod mân reolach ydyw cyfnod deffroad – ar ba sail y dywedi hyn? Yr wyt yn mynd o dy faes dy hun, beth bynnag, oblegid yn y deffroad Cymreig cyntaf y daeth cynghanedd yn beth rheolaidd mewn barddoniaeth, yn yr ail (oes D. ab G.) y perffeithiwyd hi . . . Yr wyf yn credu mai yn fyrbwyll, ac heb ond gymeryd golwg hollol arwynebol ar y pwnc y lleferaist.

Ac eto, nid oedd dicter yr ysgolhaig wedi rhwystro'r cyfaill o fardd rhag cyfansoddi cywydd i O.M. yn cofnodi hanes y ddadl gynganeddol hon, cywydd anorffenedig sy'n dechrau gyda'r cwpled:

> Nid da y traethaist Owen,
> Gabledd am gynghanedd hen.

Mae'r llinellau olaf a ddyfynnir yn cynnwys awgrym ar gyfer bedd-argraff i Morris-Jones ei hun:

> Ond gorchan o gynghanedd,
> O chaf i mi, uwch fy medd.
> Gwr oedd hwn, garodd heniaith,
> Carodd bereidd-der ei iaith;
> Hoffodd gan a chynghanedd
> Ac alaw fwyn – gwêl ei fedd.

Ni ellir amau, felly, fod Morris-Jones yn gweld pwysigrwydd arbennig y gynghanedd a'i fod yn hollol argyhoeddedig fod astudiaeth ohoni yn ganolog i unrhyw ymgais i olrhain hanes y traddodiad barddol yng Nghymru. Pwysleisir mewn llythyrau eraill o'i eiddo mor bwysig yw gwybodaeth o'r gynghanedd wrth lunio testunau dibynadwy o'r canu caeth traddodiadol, a bod y fath beth ag arddull gynganeddol sy'n perthyn i wahanol gyfnodau ac yn amrywio o fardd i fardd. Er mor greiddiol oedd gwaith Gwenogvryn y copïydd, wele Morris-Jones, ryw ddwy flynedd ar ôl amddiffyn y gynghanedd rhag agwedd lugoer O.M., yn rhybuddio'r paleograffydd pa mor ofalus y mae'n rhaid iddo fod wrth baratoi testunau o waith y cywyddwyr a pha mor hanfodol yw ymgydnabod â ffasiynau cynganeddol yr Oesoedd Canol:

A man if he is to have any chance of guessing what Dafydd [ap Gwilym] wrote must know the cynghanedd of Dafydd's times and of all subsequent periods. And I beg leave to say that this is a thing even E.J. could not pick up just for the occasion. It is a knowledge that must have grown with a man and become an instinct of his nature. And to say you wld. learn cynghanedd in order to edit Dafydd critically is about equivalent to saying you wld. learn Persian in order to edit Hafiz critically. Each period has its different laws; Dafydd's cynghanedd is different from Tudur Aled's, Tudur Aled's from Goronwy Owen's, Goronwy Owen's from Dewi Wyn's. Besides each writer has his own style of cynghanedd, as well as of writing.[7]

Byrdwn y cyngor a gynigir i Gwenogvryn yw bod ymdrin yn llwyddiannus â gwaith y cywyddwyr yn golygu cymaint yn fwy na meistrolaeth ar reolau mecanyddol y gynghanedd:

Now to master the mechanical rules is easy; but to have that subtle knowledge of the kinds of combinations in vogue at a particular time or more natural to a particular writer is a thing learnt in many years and those the most receptive of a man's life. That is the knowledge you must have to restore anyone's work; and I make bold to say it is not what E.J. or anyone else could pick up in a week or two. However as you do not intend to restore, this is not written now by way of a homily but simply as a personal explanation.[8]

Nid yw'r rhybudd i'r paleograffydd yn unigryw o bell ffordd; gellid nodi mwy nag un enghraifft lle y ceir Morris-Jones yn atgoffa Gwenogvryn y copïydd fod camu i fyd ysgolheictod yn golygu ymgyfarwyddo â chyfres o sgiliau hollol wahanol. O gofio bod Gwenogvryn gryn dipyn yn hŷn na Morris-Jones, hollol fwriadol, bid siŵr, yw'r cyfeiriad penodol at y blynyddoedd hynny pan fydd rhywun yn ei flodau, 'and those the most receptive [years] of a man's life'. Mewn llythyr pellach at Gwenogvryn, dyddiedig 17 Ionawr 1896, trafodir y gynghanedd unwaith yn rhagor, y tro hwn yng nghyd-destun yr Orsedd. Yr hyn sydd o ddiddordeb arbennig yw bod yma gyfeiriad penodol at y posibilrwydd o gyhoeddi llyfr ar dechneg barddoniaeth yr Oesoedd Canol, llyfr na fyddai aelodau'r Orsedd, fodd bynnag, yn debygol o'i arddel. O fewn rhai misoedd, roedd Morris-Jones wrthi'n cyhoeddi ei erthyglau gwrth-Orseddol, a hawdd deall felly paham ei fod mor ffyddiog na fyddai unrhyw ddatganiad o'i eiddo ar dechneg y beirdd yn derbyn sêl bendith y gorseddogion:

> It is not to my interest to cudgel the bards; I share their interest in the cynghanedd & technique of Welsh poetry, and many of them are very good fellows whom I like immensely. It wld. have been far easier for me to go with the tide and be dubbed a bard yn ol braint a defawd, to get the gorsedd to adopt my orthography, and a rearrangement of the metres & cynghanedd which I have in my head, & to write a booklet on the principles of cynghanedd as practised by the best bards, & have that adopted as the gorsedd textbook for candidates for bardic honours. I have no doubt but that I could do this, if I were the fellow you make me out to be, and had no regard for the truth. As it is I shall probably write a book on the technique of medieval Welsh poetry, but you may swear that it will never be adopted by the Gorsedd.[9]

Gellir bod yn weddol sicr fod sylfaen y ddamcaniaeth a oedd ar fin herio'r gyfundrefn orseddol eisoes yn ei lle, a bod Morris-Jones yn gwybod yn iawn beth fyddai natur yr ymateb swyddogol i'r fath ddatguddiadau annisgwyl o'r maen llog.

Morris-Jones oedd y cyntaf i ddadansoddi'r gwahanol fathau o gynghanedd yn ddigon manwl i ganiatáu eu dosbarthu, nid yn unig yn bedwar prif ddosbarth, darganfyddiad a wnaed eisoes, ond yn gyfres o is-deipiau yn ôl safle'r acen o fewn y llinell. Yn 1903, adolygodd Morris-Jones waith yr Athro Loth, 'Les Metriques Galloises', yn y cylchgrawn Almaeneg dylanwadol *Zeitschrift Fur Celtische Philologie*, gan fanteisio ar y cyfle i gyflwyno ei ddarganfyddiadau ei hun ynglŷn â rheolau'r gynghanedd. Ym marn J. Lloyd Jones, 'braidd yn rhy lawdrwm efallai y bu ar Loth, oherwydd rhaid addef i'r olaf lafurio'n ddyfal a dygn i gasglu ei enghreifftiau er bod ei ddamcaniaethau a'i ddosbarthiadau yn wallus.'[10] Afraid ychwanegu fod Morris-Jones yn ystyried mai dyletswydd yr adolygydd bob amser oedd mynegi'r gwir plaen, er mor anghyfforddus y gallai'r awdur deimlo yn wyneb y fath feirniadaeth gyhoeddus. Dilynwyd yr adolygiad hwn gan ddadansoddiad manwl o grefft gynganeddol Tudur Aled, un o gywyddwyr enwocaf y traddodiad clasurol a edmygid yn fawr gan Morris-Jones.[11] Wrth reswm, roedd paratoi darlithiau coleg yn golygu fod yr Athro o flwyddyn i flwyddyn yn ychwanegu at ei wybodaeth a'i stôr o nodiadau yn y maes arbennig hwn, a bod y deunydd crai ar gyfer *Cerdd Dafod* wedi'i gasglu fesul tipyn dros nifer helaeth o flynyddoedd. 'There is no man now alive', meddai Gwenogvryn mor gynnar â'r flwyddyn 1896, 'who knows so much about Welsh metres as Professor Morris Jones.'[12] Gallai ddatgan y fath farn gyda chryn hyder ar sail yr wybodaeth a gyflwynid iddo yn rheolaidd yn y gwahanol lythyrau a anfonid ato gan Morris-Jones, rhai yn cynnwys nodiadau hynod fanwl ar nodweddion orgraffyddol, odlau penodol, acenion a sangiadau'r canu caeth. Mae llythyr a anfonwyd ym mis Mawrth 1894, er enghraifft, yn cynnwys atodiad, dan y teitl 'Notes', o ryw bymtheg tudalen yn ysgrifen fân a thaclus Morris-Jones. Cyn cyflwyno ffrwyth ei ymchwiliadau, sonnir ym mha fodd y bu'n casglu ac yn dethol y deunydd enghreifftiol:

I have lately read some hundreds of cywyddau of Bards from D ap G to William Lleyn (c 1550), chiefly with a view to ascertaining the forms of words used by the bards; and I have come to the conclusion that it is wrong to suppose that the bards as a general thing manufacture forms and accommodate the spelling of words to the rhyme. I place here, by themselves, a few general notes on forms occurring in this cywydd which you seem to suppose to be mis-spellings or cranks of the bards'.[13]

Yn dilyn, ceir ei nodiadau manwl ar gywydd Dafydd ap Gwilym dan y teitl 'I'r Ceffylog', gan gynnwys ei fersiwn ef o'r testun ar y diwedd. Manteisir ar y cyfle i atgoffa Gwenogvryn unwaith yn rhagor pa mor angenrheidiol oedd gwybodaeth o arddull gynganeddol yr Oesoedd Canol er mwyn sicrhau testun dibynadwy. 'But you will not be angry with me', meddai,

if I say that this cywydd convinces me that the editing of Dafydd from the available MSS requires a *special* knowledge of medieval cynghanedd, and that you can never do it alone successfully – even eisteddfodic bards will see howlers in your work. No palaeographer *as* palaeographer, and no *scholar as scholar* can do it; he must have substantial help from an expert in medieval cynghanedd.'[14]

O ystyried cynnwys a strwythur y gyfrol, gellir honni fod Morris-Jones yn rhagori yn yr adrannau hynny lle y gallai arddangos ei ddawn arbennig i drefnu a dosbarthu'r deunydd yn fathemategol fanwl. Yn yr un modd ag yr oedd y gramadegydd ynddo yn drech na'r ieithegydd, felly hefyd yn y gyfrol hon roedd ei ymdriniaeth â'r mesurau traddodiadol yn llawer cadarnach na'r adran sy'n cynnwys ei ddamcaniaeth ynglŷn â natur barddoniaeth. Yn wir, derbynnir yn gyffredinol fod yr adrannau sy'n delio â'r gwahanol fathau o gynghanedd a'r mesurau traddodiadol, ynghyd â'i syniadau ynglŷn â'r modd y bu iddynt ddatblygu dros y blynyddoedd, yn un o brif gyfraniadau Morris-Jones i ysgolheictod Cymraeg. Roedd ganddo wybodaeth eithriadol am gynifer o'r llawysgrifau pwysicaf a oedd yn ymwneud â cherdd dafod a'r un mor berthnasol oedd ei allu i roi trefn ar y deunydd a gesglid. Ac eto, ar ben hyn oll, roedd ganddo'r ddawn i gyfleu syniadau digon cymhleth mewn modd sy'n hollol eglur a dealladwy. Y tebyg yw ei fod eisoes wedi cael cyfle i brosesu a dosbarthu'r deunydd dros y blynyddoedd, naill ai mewn llythyrau unigol at Gwenogvryn, neu wrth baratoi darlithiau ar gyfer ei fyfyrwyr ei hun ym Mangor ac ar gyfer amrywiaeth o gynulleidfaoedd allanol. Byddai ganddo hefyd gyfres hir o'i feirniadaethau eisteddfodol y gellid troi atynt. Mewn adolygiad manwl a gwerthfawrogol, ceir bod W. J. Gruffydd, a fyddai bob amser yn hynod o deyrngar i'w gyd-ysgolhaig, ar y naill law yn tynnu sylw at arwyddocâd y gyfrol, gan gynnwys ei gwendidau, ond ar y llaw arall yn rhybuddio unrhyw ddarpar adolygwr a fyddai'n cael ei demtio i ymosod ar y gwaith am ymarfer 'ychydig o wyleidd-dra'.[15] Roedd W. J. Gruffydd, fel Morris-Jones ei hun, yn dueddol o ffafrio siarad plaen yn ôl y galw, a gwyddai yn iawn fod yna garfan o hyd, sef y rhai 'a fydd yn traethu ar iaith a chynghanedd yn y papurau a'r wythnosolion', a fyddai wrth eu bodd yn gweld cyfle i godi llais yn erbyn Morris-Jones. Pwysleisir eto nad deunydd hollol newydd a gyflwynir 'wrth fod y genedl eisoes wedi derbyn llawer o ffrwyth ei ymchwil yn anuniongyrchol drwy'r darlithiau'. Yna ychwanegir sylw sy'n adlewyrchu teyrngarwch yr adolygydd i'r awdur . Roedd Morris-Jones dros y blynyddoedd 'wedi cyfrannu ei ddysg i'r genhedlaeth newydd yn dameidiau drwy ddarlithiau ac ysgrifau' ac, o ganlyniad, 'wrth farnu'r rhan honno o'r llyfr sy'n ymdrin â ffeithiau'r gynghanedd a mydr, safonau Syr John sydd yn mesur gwaith Syr John ei hunan'. Am y bobl hynny sy'n 'traethu ar iaith a chynghanedd', dywed yr adolygydd ymhellach fod modd iddynt 'wneuthur gwasanaeth i'r iaith drwy boblogeiddio gwaith yr

ysgolheigion, ond dylent gofio mai disgyblion a gweision anfuddiol
iawn ydynt i *gyd* ar ddau bwnc arbennig, y Gynghanedd a Gramadeg
Cymraeg'. Mae'n amlwg nad oedd cyfnod y 'gwleidydda llenyddol'
wedi diflannu'n llwyr.

Gwelir fod W. J. Gruffydd yn canmol yr adran sy'n olrhain
datblygiad y gwahanol gynganeddion a'r mesurau, er na fyddid yn
cytuno mwyach â'r gosodiad na allai 'neb bellach ychwanegu dim
llawer o bwys at y traethawd ar y gynghanedd oherwydd fe gynnwys
hwnnw nid yn unig y dosbarth a'r eglurhad cadarn a chlir hwnnw a
wnaeth enw yr awdur yn enwog, ond hefyd gynnyrch ei astudiaeth o'r
manion yn y blynyddoedd diwethaf'.[16] Gellir derbyn, felly, er mor
barod yr oedd ysgolheigion y cyfnod i herio datganiadau dadleuol
Morris-Jones ynglŷn â hanfod barddoniaeth, nad oedd unrhyw
amheuaeth ynglŷn â phwysigrwydd y gwaith arloesol a safonol a
wnaed ganddo ar y gynghanedd a'r mesurau traddodiadol. Ar ben
hynny, prysurwyd i gydnabod arwyddocâd y gwaith mewn cyd-destun
ehangach a'i weld yn 'garreg filltir, gan ei fod yn dangos pa mor bell y
cerddodd gwybodaeth feirniadol Cymru erbyn 1925' ac yn gyfraniad
na 'all neb bellach farnu na chroniclo hanes ein llenyddiaeth ar wahan
iddo'. Roedd T. Gwynn Jones yr un mor hael ei ganmoliaeth fod yma
'the results of wide scholarship and sound judgement'. 'On every
page', meddai, 'we see the author's especial gift for the selection of
illustrative quotations, not only for the elucidation of a point in metre
or Cynghanedd, but also for their literary value'.[17] Cydnabu Morris-
Jones yn gynnar yn ei yrfa fod ystyriaeth o'r gynghanedd yn ganolog i
unrhyw gronicl safonol o hanes y traddodiad barddol, ond bu raid
aros tan 1925 i weld pen draw'r holl gasglu a'r dosbarthu ym maes
cerdd dafod, a fu'n faes ymchwil oes i Morris-Jones yr athro prifysgol
a'r beirniad eisteddfodol. Fel yn achos cynifer o'r pynciau ieithyddol a
llenyddol a fu'n denu ei sylw dros y blynyddoedd, gellir ystyried
Cerdd Dafod fel un elfen mewn maniffesto llenyddol eang iawn ei
gyd-destunau, ond bod i bob agwedd ei ffocws a'i harwyddocâd
unigol ei hun. Hynny yw, roedd i bob brwydr a chyhoeddiad le
arbennig o fewn strategaeth benodol i hybu gweithgarwch llenyddol y
cyfnod.

Ond roedd agwedd arall ar y cynnwys yn hawlio sylw. Ni
dderbyniwyd pob adran o'r llyfr gyda'r un math o frwdfrydedd ac, er
mor deyrngar y bu ei gyd-ysgolheigion i Morris-Jones, roedd hyd yn
oed ei gefnogwyr selocaf (megis T. Gwynn Jones a W. J. Gruffydd)
yn teimlo rheidrwydd i herio rhai o'i osodiadau ar bynciau digon

sylfaenol. Wrth reswm, byddai unrhyw ymgais i ddadansoddi'r gwahaniaeth rhwng rhyddiaith a barddoniaeth ac i drafod hanfod barddoniaeth, dau bwnc a fyddai'n caniatáu elfen amlwg o ddamcaniaethu personol, yn llawer mwy agored i feirniadaeth na'r dadansoddiad o dechnegau arbennig y beirdd. Yn un peth, ystyrid fod diffiniad Morris-Jones o farddoniaeth yn llawer rhy gyfyng, ei fod yn addas ar gyfer barddoniaeth draddodiadol Gymraeg ond yn rhy bendant ei eiriad ac anhyblyg ei ffiniau i gwmpasu barddoniaeth gwledydd a chyfnodau gwahanol. Dywed W. J. Gruffydd, er enghraifft, fod yr awdur

> wedi rhoddi deffiniad llawer rhy bendant o brydyddiaeth drwy gymryd yr hen syniad clasurol Cymreig a'i gyfleu at brydyddiaeth yn gyffredinol, gan anghofio mai un math arbennig o brydyddiaeth oedd yr hen farddoniaeth, a bod cenhedloedd eraill wedi datblygu mathau eraill o brydyddiaeth nas gellir eu cynnwys o gwbl o dan ddeffiniadau y bennod hon.[18]

Ceir bod T. Gwynn Jones yn fwy gofalus byth: 'In modern verse, at least in cultivated languages, there are many devices and characteristics not recognised at all by the older writers on the theory of poetry.'[19] Yn yr un modd, derbynnir i awdur *Cerdd Dafod* osod llawer gormod o bwyslais ar un o'i hoff themâu, sef na ddylai'r bardd ymdrin â'r 'haniaethol' ond â'r 'diriaethol', ac mai braidd yn anffodus oedd iddo ddewis arddel syniadau beirniadol Watts-Dunton a Gummere.[20] Mae syniadau Morris-Jones ar eirfa farddonol wedi denu yr un math o ymateb negyddol. Y broblem amlwg oedd bod tuedd i wahaniaethu rhwng y derbyniol a'r annerbyniol ar sail rhyw feini prawf a ymddangosai'n fympwyol ac anghyson yn y cyd-destun arbennig hwn, fel pe bai dysg y gramadegydd wedi amharu ar reddf y bardd a'r beirniad llenyddol. Y canlyniad fu iddo dderbyn safonau a ymddangosai'n rhy ffurfiol ac anhyblyg, a'r ensyniad anffodus oedd mai mater o ymgyfarwyddo â rheolau a chorff o wybodaeth oedd cyfrinach y bardd a'r beirniad llenyddol fel ei gilydd. Wrth drafod syniadau Morris-Jones ar natur barddoniaeth, o ran geirfa a thema, dyry W. J. Gruffydd bwyslais arbennig ar esiamplau 'o'r ysgolhaig ieithyddol yn gormesu ar y beirniad llenyddol',[21] a phriodol yw nodi sylw Thomas Parry yntau mai 'fel ysgolhaig, yn hytrach nag fel beirniad llenyddol, yr oedd Morris-Jones yn astudio crefft y beirdd'.[22] O ganlyniad, bu cryn bwyslais ar eiriau ac ymadroddion hynafol.

'Aeth ef ati', medd Thomas Parry ymellach, 'i "gywiro" gwallau trwy adfer hen ffurfiau ac anwybyddu llawer o gyfnewidiadau cwbl gyfreithlon oedd wedi digwydd yn yr iaith ers canrifoedd'. Ceir ganddo, hefyd, ymgais i ddeddfu ynglŷn â'r geiriau 'barddonol' hynny yr oedd yn iawn i'w derbyn a'r rhai 'anfarddonol' y dylai pob bardd cydwybodol eu hepgor. Unwaith yn rhagor, mae T. Gwynn Jones yn profi'n foneddigaidd graff:

> It would be interesting to have in greater detail the author's own analysis of the subject of poetical vocabulary, for while there can be no doubt, as he shows, that many words are, for some reason or other, unpoetical, it would seem that most objections are really not based upon any ascertainable law . . . But, as the author himself wisely says, "There is no law but instinct in such matters.".[23]

Er gwaethaf y gwendidau a nodwyd gan y gwahanol adolygwyr, nid oedd neb yn dewis amau pwysigrwydd y gyfrol *Cerdd Dafod*; yn wir, y duedd gyffredinol oedd ystyried mai hon oedd ei gyfrol fwyaf. Sonia Thomas Parry, er enghraifft, am 'y campwaith meistrolgar o ddadansoddi a dosbarthu a geir yn ail ran y gyfrol *Cerdd Dafod*'.[24] Nodwedd arall oedd arwyddocâd arloesol y gyfrol yn gymaint â bod gan Morris-Jones ganllawiau i'w dilyn wrth baratoi *Welsh Grammar*, er nad oedd unrhyw ymdriniaeth yn cynnig iddo fframwaith yn achos *Cerdd Dafod*. Erys un agwedd sy'n mynnu sylw. Roedd cyhoeddi *Cerdd Dafod* yn garreg filltir lawn arwyddocâd am reswm hollol wahanol, sef fod y gyfrol yn brawf pendant fod y Gymraeg yn gyfrwng naturiol a hollol addas ar gyfer trafod a chyhoeddi deunydd ysgolheigaidd. Er bod gofyn trafod amrywiaeth o bynciau pur dechnegol – megis pob agwedd ar fydryddiaeth draddodiadol, cynnwys ac iaith barddoniaeth, y gynghanedd a'r mesurau cynganeddol – llwyddir i gyflawni hyn oll mewn dull naturiol a didrafferth fel bod y cyflwyniad yn hynod eglur a dealladwy. Wele batrwm, felly, ar gyfer nifer gynyddol o gyhoeddiadau cyfrwng-Cymraeg mewn amrywiaeth o wahanol feysydd academaidd. Roedd T. Gwynn Jones, yn amlwg, yn croesawu'r fath ddatblygiad cyffrous:

> It is significant that the fullest and most scientific study of the subject should be in Welsh. This, taken with other recently published works of research, seems to mean the abandonment of the notion of culture that has prevailed in Wales for about four hundred years, namely that Welsh scholarship, could be no matter of interest to Welsh speakers

generally, and that the language could not be used for the purpose of scholarship.[25]

Tebyg oedd pwyslais Geraint Bowen yn ei ymdriniaeth yntau â gweithiau a dylanwad Morris-Jones yng nghyd-destun rhyddiaith yr ugeinfed ganrif. Yn ei farn ef, *Cerdd Dafod* yw 'ei waith Cymraeg pwysicaf' ond, ar yr un pryd, dyry bwyslais arbennig ar y cyfrwng ac ar yr esiampl a osodwyd gan yr awdur ar gyfer astudiaethau mewn amryfal feysydd:

> Llyfr technegol yw Cerdd Dafod ac mae'r ystwythder a'r tryloywder y mae'n trafod holl agweddau cerdd dafod, mater, iaith, ffurf a'r gynghanedd a'r mesurau yn ymddangos mor ddiymhongar, y cyfan yn rhoi hyfrydwch i'r darllenydd. Buaswn yn barod i ddweud bod Cerdd Dafod yn un o weithiau rhyddiaith mawr y ganrif, ac ystyriaf arddull y llyfr yn batrwm o safbwynt iaith i lyfrau technegol ar ieithyddiaeth, beirniadaeth lenyddol, hanes, hanes llenyddiaeth, ysgolheictod o bob math, ie, gwyddoniaeth yn ei holl agweddau. Dyma arddull ddigymar i gyfleu gwybodaeth a barn.[26]

Hynny yw, yn ychwanegol at ei gwerth fel patrwm cymwys ar gyfer astudiaethau mewn cynifer o wahanol ddisgyblaethau, mynnodd rhai fod i'r gyfrol werth parhaol fel darn o ryddiaith a'i bod yn llawn haeddu ei lle mewn detholiad o weithiau rhyddiaith nodedig yr ugeinfed ganrif. Pa mor llugoer bynnag oedd agwedd y Brifysgol tuag at ddefnyddio'r Gymraeg fel cyfrwng dysgu, ar y pryd, roedd cyhoeddi *Cerdd Dafod* yn dileu unrhyw amheuon posibl ynglŷn â doethineb neu briodoldeb defnyddio'r iaith Gymraeg ar gyfer gwaith ymchwil mewn amrywiaeth o feysydd o hyn ymlaen.

Cyhoeddwyd *Cerdd Dafod*, felly, yn 1925, yr ail o'r ddau lyfr safonol a gysylltir ag enw Morris-Jones ac, o ganlyniad, wrth droi at flynyddoedd olaf ei yrfa a'i fywyd, yr argraff a geir yw ei fod o hyd yn dilyn amserlen gyfarwydd a fu'n sail i weithgarwch oes o lafur ac sy'n adlewyrchu'r diddordebau academaidd hynny a gysylltir â'i enw. Er gwaethaf ei salwch cynharach, ni cheir unrhyw awgrym fod natur bywyd yn newid nac ychwaith fod yna unrhyw arwydd o gyfaddawdu trwy gefnu ar ddyletswyddau mewnol ym Mangor na thrwy osgoi galwadau atodol ac allgyrsiol. Bu'n beirniadu cystadleuaeth y Gadair, er enghraifft, tan 1928 yn Nhreorci, ryw chwe mis cyn ei farw yn Ebrill 1929. Yr hyn sy'n arwyddocaol, felly, yw bod natur ei weithgarwch yn y cyfnod hwn yn dilyn yr un math o batrwm ac yn arddangos yr un math o frwdfrydedd a sicrwydd safbwynt ag a welir drwy gydol ei yrfa. Ac eto, roedd yna un newid sylfaenol yn gymaint â bod sefydlu gwahanol adrannau Cymraeg o fewn Prifysgol Cymru wedi llwyddo i gynhyrchu carfan ddethol o ysgolheigion a allai etifeddu rhai o'r meysydd ymchwil hynny y bu Morris-Jones flynyddoedd ynghynt mor awyddus i'w cydnabod a'u datblygu.

Yn Eisteddfod Genedlaethol Pwllheli yn 1925, bu trafodaeth fanwl ar gyflwr a dyfodol yr iaith Gymraeg. 'Ond os oedd hyder yn elfen amlwg ym Mhrifwyl Pwllheli,' meddai Alan Llwyd, 'pryder ynghylch parhad y Gymraeg a nodweddai ddau gyfarfod Cymdeithas y Cymmrodorion'.[27] Morris-Jones a agorodd y drafodaeth yn yr ail gyfarfod a gynhaliwyd fore Mercher. Priodol nodi fod Morris-Jones yn un o garfan gref o siaradwyr; nid oedd bellach ar ei ben ei hun fel y bu yn achos nifer o frwydrau cynnar yn y wasg wrth amddiffyn rheolau newydd yr orgraff ac argymhellion agenda 'Cymraeg Rhydychen'. O dan y pennawd 'Cadwraeth yr Iaith (Anerchiadau ac Ysgrifau)', ceir yn *Trafodion y Cymmrodorion (1924–5)* gyfraniadau gan bedwar ar ddeg o ddynion adnabyddus y cyfnod, yn cynnwys cynrychiolwyr y Brifysgol, yr Eisteddfod a'r Eglwys. Mae'r cyfraniadau, wrth reswm, yn amrywio'n fawr, nid yn unig o ran cefndir a diddordebau'r gwahanol siaradwyr ond o ran gweledigaeth benodol yr areithiwr. O gofio arfer Morris-Jones o ddarlithio trwy gyfrwng y Saesneg, diddorol yw'r pwyslais arbennig sy'n trwytho'i gyflwyniad ar gydnabod yr iaith honno, a ystyrid yn gyfrwng a ddilynodd Lladin yn iaith dysg, yn ogystal â'r Gymraeg; 'ac yn awr rhaid i ni wynebu'r broblem o gadw'r iaith Gymraeg yn fyw ochr yn ochr â'r iaith Saesneg'.[28] Ar ôl traethu ar y cefndir hanesyddol, cyfraniad yr hen uchelwyr a deffroad llenyddol y ddeunawfed ganrif, troir at y bedwaredd ganrif ar bymtheg a gweld fod 'y bendefigaeth wedi gollwng yr hen ddiwylliant Cymraeg i golli, a throi i bob pwrpas yn Saeson'.[29] Wrth sôn am y parch arbennig a ddangosid tuag at yr iaith Saesneg gan Gymry oes Fictoria, gellid darganfod yn agwedd Morris-Jones ddylanwad y blynyddoedd y bu'n fyfyriwr yn Rhydychen, dylanwad athroniaeth Matthew Arnold ac ansicrwydd amlwg Syr John Rhŷs ynglŷn â dyfodol yr iaith Gymraeg. Go brin bod effeithiau'r agenda Brydeinig honno wedi llwyr ddiflannu:

> Canlyniad y cwbl yw bod gwybodaeth o'r Saesneg yn mynd ar gynnydd mawr ymysg y Cymry Cymreig; nid yw hynny'n beth i ofidio o'i herwydd, yn hytrach peth i'w groesawu, am ei fod yn dyrchafu'r

genedl mewn diwylliant – y mae medru dwy iaith yn addysg uchel ynddo'i hun.[30]

Er tegwch i Morris-Jones a'r sylw a roir i'r iaith Saesneg wrth bledio achos dwyieithrwydd, pwysleisir ar yr un pryd fod y fath nod yn golygu 'ymegnïo i gadw'r Gymraeg yn fyw'. Ceir cyfeiriad, er enghraifft, at y cynllun addysg y bu Mr T. J. Williams, y diweddar Athro W. Lewis Jones, ac yntau yn gyfrifol amdano ryw ugain mlynedd ynghynt ar gyfer ysgolion Môn ac Arfon. Y nod oedd ceisio sefydlu patrwm o ddefnyddio'r Gymraeg yn yr ysgolion elfennol, ond gan fod yr athrawon wedi ymgyfarwyddo â threfn wahanol, ymddengys mai methiant fu'r strategaeth. 'Nid oedd yn hawdd', meddir, i'r athrawon 'weithio allan drefn na chawsant fawr o gyfarwyddyd ynddi'. Nodir hyn oll er mwyn gosod safbwynt Morris-Jones mewn cyd-destun priodol:

> Y mae gennyf lawer o gydymdeimlad â'r athrawon; o dan yr hen oruchwyliaeth y'm ganed innau, ac yr wyf wedi arfer cyfrannu gwybodaeth am yr iaith a'i hanes a'i tharddiad trwy gyfrwng y Saesneg. Ond yn y Coleg y mae pawb yn hollol gartrefol yn y *ddwy* iaith, ac nid wyf yn meddwl bod arfer y ddwy yn amharu dim ar yr addysg a rof yn y Gymraeg; yn hytrach mi gredaf y dysg fy nisgyblion rywbeth am y ddwy.[31]

Wele dystiolaeth glir na lwyddodd Morris-Jones erioed i weld pwysigrwydd hanfodol yr arfer o gyflwyno gwybodaeth yn Gymraeg, hyd yn oed o fewn ei adran ei hun, er iddo fod mor gefnogol gadarn ei safbwynt o ystyried cynifer o agweddau eraill ar gyflwr a dyfodol yr iaith.

Os derbynnir fod Morris-Jones, felly, yn gynnyrch safonau ysgolheictod Rhydychen, i gyfeiriad arall y mae'n rhaid troi am agwedd fwy radical genedlaethol. Rhai o ddarlithwyr y genhedlaeth iau, megis Ifor Williams o fewn ei adran ef ei hun, a fu'n gyfrifol am herio'r hen gyfundrefn o gam i gam, trwy ddewis cyflwyno gwybodaeth yn y Gymraeg yn ogystal â'r Saesneg. O droi at sylwadau Lewis Valentine, y teimlad a geir yw bod Morris-Jones yn arddel safbwynt hynod debyg i un Syr John Rhŷs, sef nad oedd unrhyw ddyfodol i'r iaith Gymraeg fel iaith fyw:

> Nid wyf yn credu bod gan Syr John Morris-Jones hyder y byddai'r Gymraeg fyw yn hir, ac y goresgynnai hi'r gelynion oedd yn cau

amdani, ac erbyn hyn aeth y gelynion yn niferusach, ac yn fwy digywilydd. Yr argraff sydd gennyf yw nad oedd ei wybodaeth o'r Gymru oedd ohoni yn ei ddydd yn fanwl iawn, a'i fod yn bur ddieithr i'r ynysoedd Cymraeg oedd yn y Deheudir diwydiannol.[32]

Fodd bynnag, er gwaethaf yr hyn a ystyrid yn wendid amlwg yn null yr athro prifysgol o gyfathrebu â myfyrwyr y tu mewn a'r tu allan i'r dosbarth, ceir atodiad sy'n fwy calonogol a chadarnhaol ei naws: 'Ni leihaodd hyn ddim', meddai Valentine, 'ar ein parch at Syr John' am ei fod bob amser yn cyfarch ei fyfyrwyr mewn dull 'bonheddig' ac yn ymddiried yn llwyr ynddynt. Yr un yw byrdwn sylwadau Arwel Vittle yn ei gofiant i Lewis Valentine; y diffyg ffydd yn nyfodol yr iaith, y Saesneg yn gyfrwng y dysgu, ond, er gwaethaf hyn oll, y ddawn gynhenid i ysbrydoli myfyrwyr:

> Barnai Syr John nad oedd gan yr iaith ond ychydig ddegawdau ar ôl fel iaith hyfyw, ac fe roddai'r pwyslais yn hytrach ar ei hastudio fel iaith glasurol megis Lladin neu Hebraeg. Er hynny, cafodd Valentine flas aruthrol ar ei ddarlithoedd, yn enwedig ym maes ieitheg, yr hengerdd a'r cywyddwyr. Felly, er na welai'r Athro ei hun ddyfodol byw i'r Gymraeg, fe gafodd effaith gadarnhaol iawn ar agwedd ei fyfyrwyr tuag at eu hiaith a'u treftadaeth, gan godi eu hymwybyddiaeth a'u balchder ynddi.[33]

Yn rhagluniaethol, nid llais Morris-Jones yn unig oedd i'w glywed. Glynai ef wrth hanfodion yr hen ddogma Fictoraidd, y gyfundrefn honno a fynnai dderbyn mai Saesneg bellach a ystyrid yn gyfrwng priodol ar gyfer gweithgarwch ysgolheigaidd ac felly hefyd ar gyfer yr ystafell ddarlithio. Roedd cyfraniad Morris-Jones i'r sesiynau trafod yn Eisteddfod Genedlaethol Pwllheli yn arddangos pwyslais penodol ar ddwyieithrwydd ym myd addysg, athroniaeth sydd o hyd yn ddigon cyfarwydd mewn amryw o gyd-destunau addysgol. Er bod yr egwyddor yn ymddangos yn ddeniadol, mae'n strategaeth y bydd cefnogwyr y Gymraeg o hyd yn ddrwgdybus ohoni oni bai bod ymroddiad cadarn o du'r gwahanol sefydliadau addysgol i weithredu ar sail y damcaniaethu a rhoi i'r iaith yn feunyddiol ymarferol ei phriod statws fel pwnc ac fel cyfrwng dysgu. Hynny yw, gweddw pob strategaeth oni ellir cysoni egwyddor â gweithred. Bid a fo am yr elfen glaear yn sylwadau Morris-Jones wrth iddo ategu'r pwyslais Fictoraidd ar bwysigrwydd yr iaith Saesneg, erbyn hyn roedd yna leisiau eraill i'w clywed, lleisiau a oedd yn llawer llai gwasaidd eu naws a'u neges. Un o'r areithiau hwyaf a mwyaf radical oedd eiddo Henry Lewis, siaradwr a fynnodd bwysleisio pa mor allweddol oedd agwedd y cyhoedd tuag at yr iaith Gymraeg ei hun yng nghyd-destun y drafodaeth. Gosodir yr her o'r cychwyn cyntaf:

> Mae iaith yn sefydliad cymdeithasol. Perthyn i'r genedl Gymreig y mae'r iaith Gymraeg. Felly y mae'r pwnc 'Cadwraeth yr Iaith' yn golygu holi a ydyw'n werth i'r genedl Gymreig gadw'r sefydliad hwn o'r eiddi ai peidio. Gall sefydliad cymdeithasol fynd yn ddirym, a phan ddigwyddo felly y duedd gyffredin a naturiol yw ei roi o'r neilltu, a chael rhywbeth amgenach a mwy buddiol yn ei le.[34]

Yr hyn sy'n arbennig o ddiddorol yng nghyd-destun fforwm Eisteddfod Pwllheli yw'r sylwadau o eiddo Henry Lewis sy'n dilyn, neges benodol i unrhyw siaradwr neu wrandawr na fynnai gredu fod dyfodol i'r iaith Gymraeg fel iaith fyw, ac mai testun ymchwil a fyddai fel arall i garfan ddethol o ysgolheigion. Mae ail ddewis amgueddfaol yn hanes pob sefydliad, felly, i'r rhai sigledig eu ffydd:

> Neu gellir ei gadw a'i arfer yn achlysurol ar ryw adegau arbennig, o barch i'r hyn a fu, neu er mwyn rhyw dipyn o rwysg ac arddangosfa . . . Mewn gair, tipyn o'r naws hynafiaethol yn unig sydd wrth wraidd peth felly, tebig i gasglu darnau o hen grochanau pridd y 'prif oesoedd', neu flaenau saethau cerrig brwydrau a helfeydd cyfnod y wawr.

A derbyn yr hyn a wyddom am agwedd Syr John Rhŷs at yr iaith ac am ei bwyslais ar greiriau a chwedlau'r byd Celtaidd, go brin na fyddai amryw o'r gynulleidfa wedi deall arwyddocâd y gwahanol ergydion 'hynafiaethol'. A dyfynnu geiriau T. Marchant Williams:

> Sir John [Rhŷs] spends so much of his time on his hands and knees grubbing after Celtic roots and tracing the footsteps of extinct little Welsh fairies, that he is literally dazed, and bursts into incoherent speech, whenever he lifts up his head and finds himself at one of the great meetings of the National Eisteddfod, where Music and Poetry and The Higher Things of Human Life hold sway.[35]

Ac eto, nid oedd ganddo unrhyw ffydd yn nyfodol yr iaith. Yma, ryw ddegawd ar ôl ei farw yn 1915, gellid derbyn yma neges i'w gynfyfyriwr Morris-Jones ac i unrhyw Ddidymus arall yn y gynulleidfa a fyddai'n digwydd rhannu athroniaeth Rhŷs yn hyn o beth. Ni dderbyniai'r Athro Henry Lewis yr athroniaeth honno. Roedd tinc llawer mwy gobeithiol i'w sylwadau ac awgrymiadau ar gyfer targedu gwahanol sefydliadau. Gresynir yn fawr nad oedd yr ysgolion yn dewis arddel yr iaith frodorol, 'yr ysgariad melltithiol hwn rhwng y bywyd beunyddiol a'r gwrtaith meddyliol, diolch eto i'r ysgolion'.[36] Yn ychwanegol at hynny, ni wnaed rhyw lawer o ddefnydd o'r Gymraeg yn y gwahanol golegau a'r Brifysgol, sylw sydd yr un mor berthnasol bron ganrif yn ddiweddarach yn wyneb targedau cyllidol sy'n fygythiad i adrannu iaith yn gyffredinol, ond a oedd yn ymylu ar fod yn osodiad chwyldroadol ar y pryd:

Ac am y Brifysgol a'r Colegau, digon prin y mae bodolaeth yr iaith Gymraeg yn hysbys iddynt. Wrth gwrs fe ddysgir Cymraeg ynddynt – drwy'r Gymraeg gan mwyaf. Ond troer o'r dosbarthiadau Cymraeg, ac nid oes sôn am yr iaith. Gellid meddwl nad afresymol fyddai traethu hanes Cymru i fyfyrwyr Cymraeg yn yr iaith Gymraeg. Ond ni chododd neb yn y Colegau eto i'r tir rhesymol hwn. Gellid tybied hefyd y byddai gwybodaeth weddol fanwl o lenyddiaeth Gymraeg yn hanfodol i ddeall hanes Cymru, yn arbennig o'r bedwaredd ganrif a'r [*sic*] ddeg ymlaen. Nid ymddengys bod Colegau Cymru o'r farn hon . . . A pha bryd y deuir i weld mai tegwch i fyfyriwr o Gymro fydd ceisio trosglwyddo iddo trwy gyfrwng ei iaith ei hun oludoedd llên cenhedloedd eraill? Wrth gwrs dylai ddarllen y rheini yn eu hieithoedd priod i'w canfod yn llwyr, ond gellir ei dywys atynt yn ei iaith ei hun.[37]

Ni raid pwysleisio pa mor berthnasol o gyfoes yw'r dadleuon a gyflwynir gan Henry Lewis yn wyneb y cynnydd cadarnhaol mewn ysgolion Cymraeg eu cyfrwng.

Mae sylwadau E. Morgan Humphreys yr un mor gadarnhaol. Nid creu pwyllgorau yw'r ateb eithr 'dysgu pobl anwybodus – a difater am eu bod yn anwybodus – am brydferthwch a gwerth y trysor sydd ar lithro o'u dwylaw'.[38] Ar wahân i hyn, ceir ei fod yn adleisio rhai o syniadau O. M. Edwards, y dylid darparu llenyddiaeth addas ar gyfer plant a'r gynulleidfa ehangach posibl ac na ddylai'r enwadau 'eu cyfyngu eu hunain gymaint i esboniadau a chofiantau a llyfrau mwy neu lai defosiynol'.[39] Dangosir, felly, ar y naill law fod yna garfan lawer mwy niferus o Gymry dysgedig a oedd ar gael i gymryd rhan yn y fath fforwm ac, ar y llaw arall, fod yna elfen fwy optimistaidd yn nodweddu'r anerchiadau ac agwedd at yr iaith a oedd yn llawer iachach a chadarnach ei seiliau wrth i'r genhedlaeth newydd ymbellhau oddi wrth negyddiaeth yr athroniaeth Fictoraidd ynglŷn â dyfodol yr iaith a gynrychiolid gan Syr John Rhŷs ac a etifeddwyd i raddau gan Morris-Jones. Gwelir felly fod Morris-Jones yn gynnyrch oes gynharach a phrifysgol yr oedd iddi ei safonau a'i thraddodiadau academaidd hollol Seisnig eu pwyslais a'u naws. Mae'n amlwg na chredai Morris-Jones y gellid neu y dylid hyd yn oed addasu nod-weddion y fath gyfundrefn neilltuol ar gyfer y cyd-destun gwahanol a fodolai o fewn Prifysgol Cymru, yn enwedig o ystyried safle a dyfodol yr iaith Gymraeg. Yr eironi, wrth gwrs, yw bod Morris-Jones, er gwaethaf unrhyw amheuon ynglŷn â dyfodol yr iaith fyw, wedi llafurio'n gyson trwy gydol ei yrfa er mwyn sicrhau'r safonau gorau posibl ar gyfer pob gweithgarwch llenyddol trwy gyfrwng y Gymraeg, ymgyrch a fyddai'n sicrhau statws hanfodol i'r iaith ym myd addysg uwch ac ysgolheictod. Gellid adnabod, yma, duedd gynhenid yn ei bersonoliaeth i ymwrthod ag unrhyw awydd neu wahoddiad i newid safbwynt neu i gyfaddawdu. Ar adegau, profodd y fath nodwedd yn fantais amlwg wrth i'r ysgolhaig ymgyrchu'n ddygn dros wella'r hinsawdd lenyddol. Dro arall, byddai'n deffro'r elfen amlwg o styfnig-rwydd a oedd yn rhan o'i bersonoliaeth ac a allai greu cyfnod o gynnen yn hollol ddieisiau. Mae tystiolaeth yr anerchiad a draddod-wyd o flaen cynulleidfa o'i gyd-Gymmrodorion yn 1925 yn dangos yn eglur nad oedd am newid cyfrwng ei ddysgu am mai 'o dan yr hen oruchwyliaeth y'm ganed innau'. Yn debyg i gynifer o athrawon ysgol ei gyfnod, Saesneg oedd a Saesneg fyddai cyfrwng ei ddysgu, a hynny er gwaethaf esiampl wahanol Ifor Williams o fewn yr un adran a neges amserol a diamwys cyd-ysgolheigion, megis Henry Lewis, a fynnai fwy o gydnabyddiaeth i'r iaith a defnydd helaethach ohoni mewn coleg a phrifysgol. Perthynai Morris-Jones, yn ddi-os, i'r 'hen oruchwyliaeth'. Y fantais fawr erbyn 1925 oedd bod cymwynaswyr yr iaith yn gallu adeiladu ar y sylfeini hynny a gysylltir â'i enw, a chreu agenda newydd o fewn gwahanol golegau'r brifysgol a fyddai, maes o law, yn newid y modd y byddid yn ymdrin â'r Gymraeg a'i llên.

Cyn troi at fyd yr Eisteddfod Genedlaethol yn ail hanner y dau-ddegau, mae hanes prifathrawiaeth Coleg Prifysgol Bangor yn mynnu sylw. Pan ddaeth cyfnod y Prifathro Syr Harry Reichel i ben yn 1927, penderfynodd Morris-Jones gynnig am ei swydd. Er bod tuedd i rai darlithwyr, yr adeg honno, barhau i weithio tan iddynt gyrraedd eu deg a thrigain, mae'n amlwg y byddai oedran Morris-Jones, ac yntau bellach dros ei drigain, yn ystyriaeth a fyddai'n effeithio ar gryfder ei gais. Roedd y Cyngor, hefyd, o'r farn y byddai pwysau'r gwaith gweinyddol yn profi'n 'uncongenial to any whose time had for so many years been almost wholly devoted to scholarship and literary studies'.[40] Roedd trydydd rheswm y Cyngor am wrthod y cais yn ddiplomataidd deyrngar ac yn ddull o gydnabod ei wasanaeth unigryw i'r Coleg ac i ysgolheictod Cymraeg, neu 'Celtic Scholarship' yn ôl priod-ddull y cyfnod, dros gynifer o flynyddoedd:

> That it would be a national loss to Wales if Sir John Morris-Jones' time were to be diverted to such work from the field of labour in Celtic Scholarship and literature in which his genius had achieved such unique results during the last thirty years, and in which he was virtually irre-placeable.[41]

Cynhaliwyd y cyfarfod ddydd Mercher, 15 Rhagfyr 1926, ond bu sefyllfa Morris-Jones o fewn yr adran yn destun trafodaeth bellach yn un o gyfarfodydd y Cyngor. Ym mis Ebrill 1927, penderfynwyd ei wahodd i ymestyn tymor ei gytundeb 'for five years from the end of his ordinary period of service which, under the Universities' Super-annuation Scheme will expire in September, 1930.'[42] Ar un olwg, gellid tybied y byddai'r newyddion am yr estyniad yn bur dderbyniol. Arall, fodd bynnag, oedd ymateb a phwyslais Morris-Jones. Mewn copi drafft o lythyr at y Prifathro Reichel (10 Mai 1927), ymddengys fod Morris-Jones wedi gobeithio derbyn cydnabyddiaeth ariannol fwy ffurfiol a'i fod yn gresynu o'r herwydd 'that the College cannot afford to advance my salary'.[43] Gellir synhwyro pa mor ddig y teimlai Morris-Jones fod y Coleg yn gwrthod ei gais am gynnydd yn ei gyflog a pha mor rwystredig, hefyd, o weld methiant ei gais am y brif-athrawiaeth. Bu raid i Reichel dderbyn cyfran helaeth o'r bai ac, er i Morris-Jones gydnabod mai da o beth oedd i'r Coleg gytuno i'r estyniad yn ei gytundeb, mae'r dicter a'r anobaith a deimlid ganddo yn bur amlwg:

> But I do not think you realize what the refusal of present recognition means to us. It means that I must go on doing much drudgery that eats into the necessarily limited time which is now left to me to do my own work. It means that my wife must go on slaving in order to keep our heads above water. I will not attempt to describe to you the effect of your letter upon *her*.

Mae naws yr holl lythyr yn hynod ymosodol a gellir casglu, er mor siomedig oedd peidio â derbyn gwell telerau ariannol, mai gweld

methiant ei gais i fod yn olynydd i Reichel a'i brifai fwyaf, methiant a
fyddai wedi bod yn un hynod gyhoeddus:

> All Wales expected me to be promoted to the principalship, and it is
> you who prevented that. I do not doubt that you acted in what you
> honestly believed to be the best interests of the College, though men
> who can claim to be as wise as you thought otherwise.

O fewn ei adran ei hun, felly, y treuliodd weddill ei yrfa.

Wrth olrhain hanes yr Eisteddfod Genedlaethol rhwng 1919 ac
1929, dyfarniad Alan Llwyd oedd i'r flwyddyn 1926 brofi'n 'flwyddyn
hynod o gecrus a ffraegar'.[44] Cyfrannodd Henry Lewis erthygl i'r
Llenor yr haf hwnnw a fyddai wrth fodd Morris-Jones, am iddo
ddewis ymosod ar hyfdra a gweithgareddau'r Orsedd, sef adlais o
wahanol byliau o ymgecru a fu rhwng y Brifysgol a'r sefydliad
eisteddfodol dros y blynyddoedd. Ar y naill law, gresynir fod rhai o
ddilynwyr yr Orsedd yn glynu o hyd 'wrth yr hen ofergoeliaeth yn
hynafiaeth yr Orsedd'[45] er gwaethaf cyhoeddiadau ysgolheigaidd
fanwl G. J. Williams; ar y llaw arall, cyhuddir aelodau'r Orsedd o
ychwanegu'n ddirfawr at gostau'r pwyllgorau lleol adeg y cyhoeddi ac
yn ystod yr Eisteddfod ei hun. Cyhuddiad atodol oedd bod aelodau'r
Orsedd yn ymyrryd â gwaith y pwyllgorau lleol pan fyddent yn dewis
testunau ar gyfer cystadlaethau'r Gadair a'r Goron am mai swyddog-
ion yr Orsedd fyddai'n gyfrifol, yn y pen draw, am lunio'r rhestr
testunau. Ond yr oedd i 1926 arwyddocâd arbennig am reswm hollol
wahanol yn ogystal, datblygiad pellach a fyddai'n rhwym o blesio
Morris-Jones. O'r diwedd, wele gyhoeddi cyfrol G. J. Williams, *Iolo
Morganwg a Chywyddau'r Ychwanegiad*, y gyfrol sy'n cyflwyno'r
wybodaeth a ymddangosodd am y tro cyntaf yn y traethawd a
wobrwywyd yn Eisteddfod Genedlaethol Caernarfon yn 1921. Ni ellid
disgwyl i Morris-Jones, yn ei ragymadrodd, guddio'r pleser amlwg a
gâi wrth allu cyhoeddi fod 'y twyllwr' Iolo Morganwg 'wedi ei ddal'.
Yn sgil ei ymosodiadau ar hynafiaeth yr Orsedd, bu raid i Morris-
Jones ar fwy nag un achlysur orfod derbyn beirniadaeth lem a sarhad
y gorseddogion hynny a fynnai amddiffyn hygrededd yr Orsedd.
Daethai tro ar fyd ac wele ateb i'r rhai a fu mor gyndyn dros y
blynyddoedd o dderbyn ffrwyth ymchwil y gwahanol ysgolheigion.
Cyfeirir at waith Ifor Williams a'i gyfrol *Cywyddau Dafydd ap
Gwilym a'i Gyfoeswyr*, cyn troi at gyfraniad G. J. Williams ei hun.
Bellach, disgwylir gweld seilio pob damcaniaeth ar ffeithiau, ar

ffrwyth ymchwil yr ysgolhaig fel bod modd i Morris-Jones lawenhau
wrth ddatgan mewn dull sydd mor nodweddiadol o'i arddull ddi-
amwys: 'Os yw'r ddedfryd yn anghyson â'r syniad oedd gennych chwi
am y cyhuddedig, eich syniad chwi oedd yn gyfeiliornus'.[46] Mae'n wir
fod yma ddadlau cyfarwydd ar hen themâu; yr hyn sy'n arwyddocaol
yw mai dadleuwyr newydd sydd wrthi bellach yn cynnal yr hen
ddadleuon. Wele Henry Lewis yn herio statws ac ymddygiad 'parasit-
aidd' y gorseddogion, a G. J. Williams yr ysgolhaig yn arbenigwr
amlwg mewn maes ymchwil a fu unwaith yn gysylltiedig ag enw
Morris-Jones. 'Nid oes ond ychydig dros ddeng mlynedd ar hugain er
pan sefydlwyd y Brifysgol yng Nghymru', meddai Morris-Jones
ymhellach, 'a dyna'r pryd y *dechreuodd* astudiaeth y Gymraeg a'i llên
gael ei thraed dani'.

Yn y gyfrol *Gwŷr Enwog Gynt: Yr Ail Gyfres* (1953), ceir gan
E. Morgan Humphreys asesiad hynod gadarnhaol a chraff o gyfraniad
Morris-Jones mewn cynifer o wahanol feysydd, asesiad a seiliwyd ar
wybodaeth fanwl o'i waith ac ar brofiad personol o fod yn ei gwmni o
bryd i'w gilydd. Gwyddom, hefyd, i Morris-Jones dderbyn sylw yn yr
ohebiaeth a fu rhwng Humphreys a T. Gwynn Jones.[47] Diddorol,
er enghraifft, yw sylwadau Humphreys ynglŷn â phwysigrwydd y
llwyfan eisteddfodol yn hanes Morris-Jones:

> Yr hyn a wnaeth John Morris-Jones yn rym ym mywyd Cymru oedd
> ei feirniadaethau eisteddfodol. Nid wyf yn tybio fod amheuaeth am
> hynny. Wrth gwrs, bu ei ddylanwad ar ei efrydwyr ym Mangor yn fawr,
> ond bu aml athro coleg yn gymaint dylanwad ag yntau heb i'r wlad
> yn gyffredinol wybod hyd yn oed am ei enw. Rhydd yr Eisteddfod
> Genedlaethol gyhoeddusrwydd heb ei fath i'r sawl a ddaw yn amlwg
> ynddi . . . A phan ddechreuodd yntau feirniadu'r awdlau yn yr
> Eisteddfod y daeth Morris-Jones yn adnabyddus led-led Cymru.[48]

I'r sawl a fyn olrhain yr agwedd arbennig honno ar weithgarwch
Morris-Jones, gellid troi at waith manwl Llion Pryderi Roberts, y
cyfeiriwyd ato eisoes. Ceir ganddo ddadansoddiad o holl feirniad-
aethau eisteddfodol Morris-Jones o ran 'Iaith', 'Cynghanedd' a
'Testunoldeb ac Arddull', a disgrifiad o ddylanwad y ddawn lafar
unigryw honno a fyddai'n cyfareddu'r dorf a fyddai'n ymgynnull
yn benodol i'w glywed yn traethu oddi ar lwyfan yr Eisteddfod
Genedlaethol. Cyfareddid y dorf yn flynyddol, medd Thomas Hughes
yntau, gan ei berfformiadau mewn pafiliwn a fyddai dan ei sang yn
disgwyl y dyfarniad a'r perfformiad dramatig:

To listen to Morris-Jones, in sonorous smoothly flowing sentences of faultless Welsh, without a scrap of notes, delivering his adjudication, the vast audience hanging on his words, was to me a liberal education. I see him now; towering in stature (as in intellect) above his fellows; leonine head of raven-black hair (a lock always awry on his massive forehead), features mobile but stern in repose; a veritable 'black Knight'.[49]

Yn yr un cyd-destun, ceir ymdriniaeth ddadlennol awdurdodol Alan Llwyd â'r gwahanol eisteddfodau cenedlaethol a gynhaliwyd rhwng 1919 ac 1936, o ran hanes a llwyddiannau'r gwahanol wyliau a nodweddion yr awdlau a'r pryddestau a fu'n ymgiprys am y prif wobrau. Wrth reswm, mae'r agwedd honno yn teilyngu ymdriniaeth arbenigol fesul blwyddyn; yma, ni ellir ond cydnabod pwysigrwydd y wedd arbennig honno a nodi fod Morris-Jones wedi parhau i feirniadu'r awdl tan y flwyddyn 1928, ychydig fisoedd cyn iddo farw yn Ebrill 1929.

Nid oedd atal y gadair yn ddigwyddiad unigryw yn hanes yr Eisteddfod Genedlaethol; dyna fu hanes cystadleuaeth yr awdl, er enghraifft, yng Nghaergybi yn 1927, flwyddyn cyn holl gyffro cyhoeddus Treorci y flwyddyn ganlynol. Yno, bu'r penderfyniad i atal y gadair yn gyfrwng sbarduno pob math o ddadlau ar bynciau a oedd yn mynd at wraidd y broses o lenydda ac at yr hyn a ystyrid yn farddonol briodol neu'n amhriodol. Nid am y tro cyntaf yn ystod ei yrfa, wele Morris-Jones yng nghanol dadl gyhoeddus, y tro hwn ynglŷn â natur barddoniaeth a gwir swyddogaeth y bardd. O droi at ei feirniadaeth swyddogol ef ei hun a draddodwyd o lwyfan yr Eisteddfod, mae un peth yn hollol amlwg, sef nad oedd amser wedi mennu dim ar finiogrwydd ei draethu. Ceir yma enghraifft bellach o'r duedd gynhenid a oedd ynddo i fynegi'r gwir plaen: 'Y mae gwaith *Glyn Dwr* ar lun awdl; ond y mae ei chynghanedd yn fratiog, a'i hiaith yn waeth; prin y gellid canfod gwreichionen o synnwyr mewn un pennill ohoni.'[50] Yn yr un modd, ni ddiflanasai'r hiwmor chwareus sy'n nodwedd gyfarwydd yn ei feirniadaethau: 'Y sant a ddewiswyd i ganu arno gan Y *Pibydd* yw Dewi – dewisiad hapus iawn; gresyn i'r hap ddarfod gyda dewis y testun.'[51] Yn y pen draw, deuir at waith Gwenallt, sef yr awdl a achosodd yr holl ddadlau ac a sbardunodd ymgais i ystyried o'r newydd briod faes barddoniaeth a swyddogaeth y bardd. Nid unrhyw sylwadau ar ffurf yr awdl nac ar nodweddion cynganeddol a ddenodd y sylw pennaf ond y modd y dewisodd Gwenallt ymdrin â'i bwnc. Y disgrifiad o'r cyfnod cyn tröedigaeth 'Y

Sant' sy'n cythruddo'r beiniaid oll, ond bod ymdriniaeth ymosodol Morris-Jones yn rhwym o ddenu'r ymateb ffyrnicaf. 'Fe gymer fwy na hanner ei awdl,' meddai Morris-Jones, 'o roi yng ngenau ei arwr ddisgrifiad nerthol o'i fywyd anifeilaidd ym mlodau ei ddyddiau.'[52] O ganlyniad, y cyhuddiad yn erbyn yr arwr sy'n adrodd ei hanes yw ei fod 'yn ymhelaethu drwy dudalen ar ôl tudalen ar ei hanes yn porthi ei chwantau, ac yn ymdrybaeddu mewn trythyllwch, yn y wlad ac yn y dref'. Wedi cryn bwyslais ar bechodau'r gwrthrych, deuir at y dröedigaeth ond, o gofio'r teitl 'Y Sant', dyfarniad Morris-Jones yw bod yr ymdriniaeth 'yn dangos o leiaf ddiffyg syniad am gyfartaledd yn yr awdur'. Ceir fod geiriad y diweddglo yn llawer mwy ymosodol ei naws: 'A phan geir testun fel "Y Sant", y mae anfon i'r gystad-leuaeth bentwr o aflendid yn rhywbeth gwaeth na diffyg barn, y mae'n haerllugrwydd a digywilydd-dra.' Er bod y ddau feirniad arall, sef y Parchedig J. J. Williams ac Elfed, yn cytuno â'r dyfarniad, afraid ychwanegu mai ag enw Morris-Jones y cysylltir ffrwgwd Treorci ac mai ef, yn ôl yr arfer, a ddenodd gyfran helaeth o'r feirniadaeth a ymddangosodd yn sgil y dyfarniad. Ymunodd Saunders Lewis, yntau, yn y drafodaeth trwy gyfrwng ysgrif i'r *Llenor*:

> Ffyrnigodd rhai yn erbyn digywilydd-dra'r 'gwaed ifanc' yn llên Cymru. Gwylltiodd eraill yn erbyn henferchedeiddiwch hen feirniaid. Dewiswyd beirniadaeth Syr John Morris-Jones yn ganolbwynt y frwydr. Dywedwyd geiriau teg a llym amdano, rhai geiriau annheg a llym hefyd. Ni bu hyd yn oed ei feirniad craffaf a sicraf, – Mr. Prosser Rhys sydd yn fy meddwl – yn llwyr gyfiawn tuag ato. Credwyd yn orhyderus mai am iddo weld yn yr awdl 'bentwr o aflendid', ac am hynny'n unig y condemniodd Syr John hi. Nid yw'n wir. Beiodd ar rai gwendidau celfyddyd; beiodd yn fwy ar gynllun ac eneideg y gân. Nid wyf yn sicr a ydyw ei feirniadaeth ar y pynciau hynny yn ddiogel. Rhaid aros am gyhoeddi'r awdl cyn rhoi barn.'[53]

Ceir ymdriniaeth lawn â'r holl hanes gan Alan Llwyd; rhoddir yr awdl yng nghyd-destun athroniaeth cenhedlaeth newydd a oedd yn mynnu herio ceidwadaeth brydyddol yr Eisteddfod a chroniclir hanes y dadlau cyhoeddus a ddaeth yn sgil y penderfyniad. Gwelid yma, yn naturiol ddigon o ystyried anfodlonrwydd y garfan a fynnai ymwrthod â'r penderfyniad swyddogol, y math o ymrannu cynhennus sy'n esgor ar ohebu bywiog a dadlennol. 'Ym 1928', meddir, 'y daeth Moderniaeth i fyd yr awdl am y tro cyntaf.'[54] Yn y drafodaeth sy'n dilyn, ceir sôn am yr holl wendidau a godwyd gan y tri beirniad, nid yn unig y gwrthwynebiad i'r ymdriniaeth destunol ond o ran crefft a defnydd o'r gynghanedd. Cydnabyddir fod yn yr awdl elfennau 'sy'n rhagbaratoad ar gyfer cerddi eraill gan Gwenallt',[55] a dangosir fod yma ddylanwad llyfr Saunders Lewis ar Williams Pantycelyn, a gyhoeddwyd adeg paratoi'r awdl. Yn benodol, rhoddir cryn sylw i'r syniad o 'bechod' mewn llenyddiaeth, yr agwedd honno ar awdl Gwenallt a fu'n gymaint o her i barchusrwydd anghydffurfiol y beirniaid. Bu'r dadlau yn cwmpasu pob math o ffactorau amrywiol eu pwyslais megis safonau'r pulpud, Pabyddiaeth a thuedd Biwritanaidd y sefydliad eisteddfodol i ymwrthod ag unrhyw gerdd a fyddai'n torri tir newydd drwy herio ffiniau traddodiadol parchusrwydd prydyddol. Yng ngeiriau Huw Menai:

> To be obliged to compete under a preacher or parson is really an unfair handicap for a poet who would sing his mind out . . . A familiarity with modern psychology naturally coloured Gwenallt's perspective; he is modern, and the dead hand of the past refused to unsheathe the sword at Treorcy for this very reason.[56]

Ar y llaw arall, nid oedd Morris-Jones heb ei gefnogwyr. Ceir adolygiad Thomas Parry, er enghraifft, a fynnai mai 'rhoi sioc anghysurus i grefyddwyr sych-dduwiol' oedd nod Gwenallt,[57] a bu Iorwerth Peate yntau yn bur feirniadol o naws y traethu a geir yn yr awdl.[58] Gwêl y ddau wendidau amlwg, hefyd, yng nghrefft yr awdl. Ac eto, roedd yr hinsawdd lenyddol yn newid ac, yn bwysicach o lawer na'r ymgecru personol, 'roedd yr awdl hefyd yn faes brwydr amlwg yn y rhyfel rhwng Moderniaeth a thraddodiadaeth'.[59] Daethai cyfnod i ben mewn ystyr hollol wahanol, hefyd, am mai dyma oedd eisteddfod olaf Morris-Jones. Gellid honni, wrth reswm, mai 'cynnyrch ei chyfnod, a chynnyrch yr holl groes-densiynau, oedd awdl "Y Sant"'. Ac eto, rhaid gosod y penderfyniad yng nghyd-destun moesoldeb a ffasiynau llenyddol cyfnod a oedd yn dirwyn i ben, cyfnod a fu'n gefndir i weithgarwch y gwahanol feirniaid ac a fu'n gyfrifol am ddiffinio'r safonau beirniadol a fu'n sail i'w penderfyniad. Roedd lleisiau newydd i'w clywed erbyn hyn a fynnai herio cyfundrefn a ystyrid yn annerbyniol o gyfyng drwy ymestyn ffiniau llenyddol y gorffennol yn enw Moderniaeth.

Unwaith yn rhagor, bu raid i Morris-Jones dderbyn ei feirniadu'n gyhoeddus ac ar sail yr hyn a ddywed mewn llythyr at Tecwyn Evans

ryw fis ar ôl yr Eisteddfod, ymddengys fod yr egni a'r gwytnwch
personol a fu'n nodweddu pob ymgyrch o'i eiddo mewn gwahanol
gyd-destunau, mor amlwg ag erioed:

> Nid rhaid diolch i mi am a wneuthum ym mater y Gadair yn Nhre-
> orci. Ni allwn amgen; y mae'r peth yn wrthuni annioddefol. Y drwg
> yw, mae'n eglur, mai beirnia[i]d y Goron sy wedi bod yn rhy lac o
> lawer, yn gwobrwyo yn erbyn eu greddf naturiol eu hunain, bethau na
> ddylesid erioed eu gwobrwyo. Yr wyf yn deall bod y Faner wedi bod yn
> ymosod yn chwerw arnom; ond ni welais yr un gair o'r druth. Y mae'r
> awdur, mi glywais, yn bygwth cyhoeddi ei awdl. Wel, gwnaed! Fe gaiff
> glywed pethau plaenach na dim a ddywedais i eto os gwna. Eithr
> efallai na bydd dim yn angenrheidiol; fe wel y wlad ar unwaith ei
> wrthuni heb i mi ddangos ei wendidau.[60]

Ac eto, yn yr un modd ag yr ymunodd Henry Lewis a G. J. Williams
yn y ddadl orseddol, ceir Thomas Parry, yn ei adolygiad ef (*Y Llenor*,
1929) yn dangos yr un parodrwydd i sicrhau na fyddai unrhyw gyd-
ysgolhaig yn cael ei orfodi i dderbyn beirniadaeth y cyhoedd yn
ddiamddiffyn. Er i weithgareddau Eisteddfod Treorci ddirwyn i ben,
parhaodd y dadlau ynglŷn â'r awdl wrthodedig a bu'n gyfrwng
ailennyn diddordeb anghyffredin yn y broses o lenydda a sbarduno
gohebiaeth fywiog yng ngholofnau prif gylchgronau'r dydd. Fel y
dywed Alan Llwyd yn ei ymdriniaeth fanwl â'r awdl ac yn benodol â'r
rhesymau am ei gwrthod, '[g]ellir dehongli holl bechadurusrwydd y
Sant fel absenoldeb daioni'.[61] Mae'n briodol nodi fod y gadair ei hun,
sydd bellach i'w gweld yn Amgueddfa Werin Cymru yn Sain Ffagan,
yn rhodd gan Gymdeithas Dewi Sant Blackstone, Queensland, ac arni
neges sy'n ymddangos yn hynod eironig o gofio helynt y gystad-
leuaeth. Wedi'u cerfio'n ofalus mewn lle amlwg, y mae geiriau y
byddai'r beirniaid eu hunain wedi bod yn hapus iawn i'w harddel, sef
'Llawenyched y Saint Mewn Daioni'. Nid oedd Gwenallt yn cytuno.

Hon, felly, oedd eisteddfod a beirniadaeth olaf Morris-Jones. Bu
mynych ymgais i asesu natur ei ddylanwad unigryw fel beirniad ac
mae'n briodol hwyrach ei fod yn gadael y byd hwnnw yn sŵn yr
un math o ddadlau bywiog a chyhoeddus ag a fu'n gefndir i'w
ymddangosiad cyntaf fel beirniad yn Eisteddfod Llandudno yn 1896,
pan fu gweld yr eiconoclast gorseddol yn y gynulleidfa a oedd yn
disgwyl gorymdaith y gorseddogion yn ormod o her i barchusrwydd
arferol yr Archdderwydd, Hwfa Môn. Bellach, roedd yr athro prif-
ysgol yn cychwyn ar ei flwyddyn academaidd olaf ym Mangor ar ôl

oes o gyflwyno gwybodaeth, nid yn unig o fewn yr ystafell ddarlithio ond oddi ar gynifer o wahanol lwyfannau lleol a chenedlaethol. Bu cyfresi o wahanol arbenigwyr amlwg yn pwyso a mesur ei gyfraniad i'r holl feysydd y bu'n ymwneud â hwy ac, wrth reswm, gyda threigl amser, yn dangos ym mha fodd y gwrthbrofwyd rhai o'r damcan- iaethau hynny y bu Morris-Jones ar un adeg yn eu cyflwyno i wahanol gynulleidfaoedd academaidd ar lafar a thrwy gyfrwng cyfres helaeth o gyhoeddiadau. Fel y dangosodd helynt Eisteddfod Treorci, roedd yna garfan lafar a oedd yn ymwrthod ag agweddau ar ei feirniadaeth lenyddol a ystyrid, erbyn hyn, yn anghydnaws ag athron- iaeth brydyddol y genhedlaeth iau. Ond o gyrraedd y bennod olaf hon yn hanes ei fywyd, tuedd naturiol yw ystyried ei berthynas â'r rhai a fu'n gymheiriaid iddo, yn gyfeillion ac yn gyd-ysgolheigion. Ar y naill law, bu rhai'n weithredol gymwynasgar, yn gynhaliaeth iddo yn ystod ei ddyddiau cynnar ac yn ystod ei yrfa, tra bu eraill, trwy gyfrwng ysgrif bersonol neu gyfraniad ac adolygiad academaidd, yn taflu goleuni ar agweddau gwahanol ar ei bersonoliaeth a'i waith. Fel y profodd achos ffrwgwd Treorci, a hynny er gwaethaf pob ymosodiad ffyrnig, yr oedd elfen gref o deyrngarwch i'w chanfod i un a fu, ar un adeg, yr un mor selog dros herio safonau eisteddfodol y dydd.

Ymdriniwyd eisoes â'r gwahanol gyfnodau ym mywyd Morris- Jones fel na fwriedir ailymweld â'r prif gamau yn gronolegol gryno eithr nodi rhai o'r agweddau hynny sy'n gwahodd ymdriniaeth fanylach, boed honno ar brydiau yn ddamcaniaeth o eglurhad ai peidio. O droi at gyfnod Rhydychen, gellid dadlau fod teyrnged Morris-Jones i Syr John Rhŷs yn arddangos cywair iaith sy'n awgrymu dyled enfawr i'w diwtor nid yn unig mewn cyd-destun academaidd ond ar lefel hollol bersonol pan oedd y myfyriwr ifanc yn teimlo i'r byw wahanol ysgytwadau bywyd:

Wedi fy ngadael yn amddifad o dad yn fachgen lled ieuanc, yn nesaf at fy mam weddw, a fu farw hithau yng nghanol ei dyddiau, i'r diweddar Esgob Llwyd a John Rhys y mae i mi ddiolch yn bennaf am fy hyfforddi ym mhen fy ffordd. A phan ddarllenais ar nos Sadwrn o Ragfyr farw'r olaf ohonynt, ni allwn ysgwyd ymaith ryw faich o ymddifedi, rhyw oer ias o ymdeimlad anaele nad oedd neb bellach rhyngof innau a'r dibyn.[62]

Mae didwylledd emosiynol y fath gyffes yn hollol amlwg. Rhaid cofio, hefyd, fod yma arfer ieithwedd o fath arbennig gan un na fyddai

fel arfer yn ymroi i ddatganiadau emosiynol eu natur. A derbyn maint
y ddyled hon i Syr John Rhŷs, gellir dirnad paham y byddai Morris-
Jones o hynny ymlaen yn dewis llwybrau a fyddai'n adlewyrchu'r
gwerthoedd hynny a'r gyfundrefn academaidd a gysylltid ag enw ei
gymwynaswr hael. Yn un o lythyrau Morris-Jones at Tecwyn Evans a
anfonwyd yn 1912, ceir syniad o bwysigrwydd y cyfle a gynigiwyd i'r
myfyriwr ifanc dan ddylanwad Rhŷs yn Rhydychen. Yn gyffredin i
lawer un o'i gyfoedion, pur anodd oedd sicrhau unrhyw swydd a
fyddai'n sicrhau cyflog ymarferol hyd yn oed ar ôl derbyn addysg
coleg neu brifysgol, a cheir mynegiant eglur o'r rhwystredigaeth a
deimlai ar y pryd:

> Yr oedd fy mam yn weddw, ac ar ei goreu'n ceisio cadw'r cartref; ac ni
> welwn yn unman ddrws yn agor i mi ond drws yr Eglwys. Dyna un
> canlyniad o fod gwaddol cenedl wedi ei gyfyngu i un sect. Ni bu fath
> yn y byd o gymhelliad swyddogol arnaf; ond nid oedd gennyf fodd na
> nemor o awydd i feddwl am fynd yn feddyg nac yn gyfreithiwr;
> a dangosai fy nghyfeillion imi mai 'llan llwgu' oedd bod yn athro cyn-
> orthwyol yn un o'r hen ysgolion gramadegol – nid oedd ysgolion
> canolradd y pryd hynny – ac nad oedd imi ond gwneuthur fel hwythau.[63]

Mae ei ymateb i'r sefyllfa yn nodweddiadol o'r styfnigrwydd gwrol a
fu'n elfen mor amlwg yn hanes ei yrfa:

> Gwelais fod yn rhaid i mi benderfynu ar unwaith beth a wnawn; ac
> wedi iddi felly fynd i'r pen mi benderfynais yn gadarn, ac, fel y mae'n
> rhyfedd dywedyd, yn weddol ddi-drafferth, na werthwn mo'm henaid
> er hen waddol; ac yr awn adref at fy mam i siopio onid agorai drws
> arall. Penderfynais hefyd y paentiwn ar *sign* y siop 'J. M. Jones, M.A.'
> fel math o brotest yn erbyn y stad honno ar gymdeithas na roddai
> orchwyl i ŵr graddol heb iddo aberthu ei gydwybod.

Afraid ychwanegu fod ei berthynas â Rhŷs wedi agor y 'drws arall'
hwnnw ar ei gyfer, y cyfle rhagluniaethol a benderfynodd gyfeiriad ei
fywyd academaidd ar ôl gadael Rhydychen.

Sôn am brinder 'drysau' o'r fath a wna W. J. Gruffydd yntau yn ei
gyfrol *Hen Atgofion* wrth gyfeirio at fethiant arferol unrhyw 'fachgen
tlawd yn Arfon i gael addysg ganolraddol nac uwchraddol':

> Yn wir dau ddrws yn unig a oedd yn bosibl iddo, naill ai cael ei
> dderbyn i bregethu a dibynnu ar ei Suliau i dalu am ei addysg yn ysgol

Clynnog neu 'ysgol Cynffig' ym Mhorthaethwy, neu ennill y *North Wales Scholarship* i fyned i ysgol y Friars ym Mangor.[64]

Yn debyg i'r pwyslais a rydd Morris-Jones yn ei lythyr yntau, byd crefydd oedd yr unig lwybr posibl i gynifer o'r genhedlaeth ifanc a fynnai dderbyn rhywfaint o addysg:

> Yr oedd amryw eraill, fel Silyn [Roberts], wedi dewis y weinidogaeth, er mwyn cael rhan ym mywyd meddyliol a llenyddol Cymru yn hytrach nag o unrhyw argyhoeddiad crefyddol dwfn, ond bu'n rhaid i'r rhan fwyaf ohonynt aros yn bregethwyr er mawr niwed iddynt eu hunain, ac efallai er peth niwed i'w cynulleidfaoedd.[65]

Problem genedlaethol oedd hon yn ystod y cyfnod dan sylw, a dyry'r Athro T. J. Morgan ddarlun clir o'r sefyllfa a oedd yn cyfyngu ar gyfleoedd addysgol y genhedlaeth honno, ymdriniaeth sy'n dangos yn eglur pa mor anodd oedd hi i aelodau o'r werin dderbyn y math o addysg a fyddai, o ystyried natur eu doniau cynhenid, yn addas ar eu cyfer:

> Er bod drysau'r galwedigaethau breiniol ynghau a bod y bechgyn dawnus o blith y werin heb allweddi i'w hagor, yr oedd un alwedigaeth yn agored a allai roi cyfle iddynt i ddod i'r amlwg a bod yn swydd o urddas, sef bod yn bregethwr ac yn weinidog.[66]

Hynny yw, pwysleisir bwysiced oedd y llwybr arbennig hwn 'yn y proses o roi addysg coleg a phrifysgol i gannoedd ar gannoedd o fechgyn a oedd wedi dechrau mewn pwll a chwarel ac a fyddai wedi aros yn weithwyr cyffredin' oni bai bod y weinidogaeth wedi hwyluso'r ffordd iddynt dderbyn addysg a 'swydd o barch ac o urddas'. Mae'n amlwg fod Morris-Jones yn ymwybodol o bosibiliadau'r fath lwybr ond, yn rhagluniaethol, roedd ynddo atgasedd at y gyfundrefn a welodd yr eglwys 'yn offeryn anferth i lwgrwobrwyo a llygru blodau ieuenctid Cymru',[67] a chanddo diwtor parod ei gymwynas a fu'n gyfrwng cynnig iddo ddewis arall a oedd yn llawer mwy derbyniol yn ei olwg ac yn gweddu'n well i'w ddoniau a'i ddyheadau. Yn Rhydychen, cafodd gefnogaeth ffigwr a fu megis tad iddo ac a fu'n gyfrwng ei ryddhau rhag gyrfa eglwysig nad oedd ganddo 'un math o ddyhewyd amdano'.[68]

Tuedd ddigon cyffredin yw cyplysu enw Morris-Jones ag un O. M. Edwards, a'u hystyried yn gymeriadau allweddol wrth drafod y dadeni a welwyd yng Nghymru ar ddiwedd y bedwaredd ganrif ar bymtheg. Roedd yr ysbrydoliaeth a ddaeth o gyfeiriad Rhydychen yn ffactor hynod bwysig yn yr hanes a chyfeirir yn benodol at ddylanwad y rhai a fu mor weithgar dan faner Cymdeithas Dafydd ap Gwilym. O ystyried gyrfa alltud O.M., roedd ei gyfraniad ef yn rhwym o fod yn wahanol am nad oedd ganddo'r dosbarthiadau byw a allai elwa ar ffrwyth ei ymchwiliadau a'i frwdfrydedd a gweithredu fel cenhadon yn rhannu'r genadwri â'u cyd-wladwyr. Fel golygydd ac awdur, felly, y byddai rhaid iddo ef hybu amcanion y dadeni a oedd ar gerdded ac, yn y modd hwnnw, rannu â'i gyd-Gymry ei freuddwydion ynghylch dyfodol y genedl. Ar y llaw arall, bu raid i Morris-Jones frwydro'n galed ar wahanol adegau er mwyn sicrhau cysondeb orgraffyddol ac wrth genhadu dros 'Gymraeg Rhydychen' a bu nifer o'i gyd-ysgolheigion a'i gyfeillion yn ymwybodol iawn o'r amser a'r egni a olygai hynny iddo.

Er gwaethaf unrhyw wendidau personol ac yn arbennig ei hoffter o'r math o siarad plaen a fyddai'n cythruddo gwahanol garfanau yn ddigon rheolaidd, roedd ynddo'r gallu i ennyn parch a theyrngarwch ei fyfyrwyr a'i gyd-ysgolheigion. Felly, er na ellir osgoi pwyslais penodol ar y feirniadaeth a ddeuai yn gyson i'w ran dros y blynyddoedd, yr un mor briodol yw nodi fod yna lawer un a fynnai gydnabod gwerth unigryw ei gyfraniad mewn cyd-destun cenedlaethol. I'r garfan deyrngar honno y perthynai W. J. Gruffydd, a bu ei ddatganiadau ar fwy nag un achlysur yn ddull o amddiffyn safbwynt Morris-Jones yn erbyn ei erlidwyr. Roedd eu cyfeillgarwch yn ymestyn yn ôl dros y blynyddoedd, a phan dderbyniodd W. J. Gruffydd swydd dysgu ym Miwmares yn 1904, roedd Llyfrgell Coleg Bangor o fewn cyrraedd a chyfle i ymweld â'r 'Tŷ Coch, Llanfairpwll, cartref John Morris-Jones, taith hanner awr ar gefn beic bob prynhawn Sul'. Yn ôl tystiolaeth W. J. Gruffydd ei hun, bu dylanwad Morris-Jones yn fawr ar y 'disgybl' answyddogol:

> Er na bûm erioed yn nosbarth John Morris-Jones yng ngholeg Bangor ei ddisgybl ef ydwyf ac ar wahân i ddarlithoedd achlysurol John Rhŷs yn Rhydychen, efo a ddysgodd imi y cwbl a oedd yn rhaid imi ei wybod pan apwyntiwyd fi'n athro Cymraeg yng Nghaerdydd.[69]

Hawdd deall, felly, iddo gael ei gythruddo'n arw gan adolygiad cïaidd T. Marchant Williams ar *Caniadau* (1907) ac iddo anfon llythyr at Morris-Jones , y cyfeiriwyd ato eisoes, yn cyhoeddi ei fod 'yn berffaith barod i roi chwip ar gefn Marchant yn llythrennol ond imi gael y gair'.[70] Yn naturiol ddigon, bu'n un o'r beirdd a enwyd yn ystod y ffrwgwd cyhoeddus ynglŷn â gwaith 'The New School of Poets' a ddilornwyd ar dudalennau *The Nationalist* yn 1910 ar ran y sefydliad Eisteddfodol ac a amddiffynnwyd, gyda'r un math o argyhoeddiad, gan gefnogwyr y Macwyaid, neu 'ceiliogod y colegau' fel y'u gelwid, yng ngholofnau'r wasg. Gellid awgrymu fod yr union elfen i'w chanfod ym mhersonoliaeth Morris-Jones am na fyddai yntau byth yn cael ei ddenu i gyfaddawdu na distewi yn wyneb beirniadaeth gyhoeddus. Bu ymosodiad pellach ar waith Morris-Jones gan Timothy Lewis ar ddiwedd gyrfa Morris-Jones yn y flwyddyn 1928, a bu W. J. Gruffydd yr un mor barod i'w amddiffyn drachefn:

> Yn yr un modd ag yr oedd wedi talu'r pwyth yn ôl i Marchant Williams ugain mlynedd a rhagor ynghynt am ei ymosodiad yntau ar *Caniadau* John Morris-Jones, gwyliodd Gruffydd ei gyfle i wneud yr un peth yn achos Timothy Lewis.[71]

Yn sgil cyhoeddi cyfrol Timothy Lewis, *Mabinogion Cymru* (1931), manteisiwyd ar gyfle i ymosod yn ffyrnig ar yr awdur ac ar ei ddamcaniaethau, a chyhoeddodd Gruffydd 'ond odid yr erthygl fwyaf crafog o'i eiddo a fu erioed yn *Y Llenor*'. Ac eto, roedd ochr lawer mwy cadarnhaol i sylwadau'r cyfaill a'r cyd-ysgolhaig. Yn nodiadau golygyddol *Y Llenor* yn rhifyn yr haf, 1929, ceir teyrnged hynod gynnes ac arbennig sy'n sôn am Morris-Jones fel 'crëwr y cyfnod sydd yn awr wedi dyfod i ben'. Nid annisgwyl, felly, oedd dewis W. J. Gruffydd i ddadorchuddio'r cerflun o Morris-Jones yn ei hen goleg ym Mangor ac iddo ddatgan yn ei anerchiad ar yr achlysur nad ar sail unrhyw ystyriaethau academaidd neu lenyddol y'i dewiswyd ond ar sail cyfeillgarwch oes:

> Ac fe ganiateir imi, heb i neb dybio tra hyfdra na chysêt, hawlio un arbenigrwydd o leiaf – nid oedd neb drwy'r byd yn llwyrach edmygydd ohono pan oedd yn ein plith, na heddiw yn teimlo mwy o'i eisiau a mwy o hiraeth ar ei ôl.[72]

Yn Eisteddfod Genedlaethol Llandudno yn 1896 y cyfarfu Morris-Jones â T. Gwynn Jones am y tro cyntaf, ac yntau eisoes yn ohebydd profiadol. Daethant yn gyfeillion, er mai yn Aberystwyth ymhen rhai blynyddoedd y derbyniodd T. Gwynn Jones swydd darlithydd ar ôl gweithio yn y Llyfrgell Genedlaethol am gyfnod. Ceir ganddo yntau ddarlun clir o gryfderau amlwg Morris-Jones yn y gyfrol *Cymeriadau* (1933), nid yn unig fel cyfaill ond fel academydd a barchai iaith ei genedl fel y perchid Groeg a Lladin gynt gan ysgolheigion clasurol. Fodd bynnag, roedd yr amodau'n bur wahanol pan gyfarfu'r ddau ym mis Ionawr 1929. Ceir cofnod o'r ymgyfarfod yn un o lythyrau T. Gwynn Jones at E. Morgan Humphreys ac ymddengys, erbyn hyn, fod iechyd Morris-Jones yn dechrau torri; y llythyrwr wedi'i weld 'yn yr Amwythig ychydig cyn y Nadolig, a thybio'r oeddwn ei fod yn edrych yn flinedig, wedi heneiddio mwy nag oedd raid, a rhyw olwg dyn wedi cael ysgytiad neu fraw arno.'[73] Yna ceir asesiad o bersonoliaeth Morris-Jones sy'n bersonol gytbwys ac sy'n wahanol iawn ei gywair o'i gymharu â'r math o deyrngedau cyhoeddus a luniwyd yn y man yn dilyn ei farwolaeth: 'Mi fyddaf yn ddigon hoff o'r hen greadur', meddai ymhellach,

er anghytuno yn ddigon aml â'i bendantrwydd mawr, ac er gwaethaf ei anallu i chwerthin am ben ffyliaid! Efô, ond odid, yw'r olaf o'r hen ysgolheigion traddodiadol, o ddosbarth Dr Dafis gynt, ac y *mae* ganddo reddf at briod-ddull a gramadeg – y drwg yw na dderbyn ef mo egwyddor ieitheg ddiweddar, sef mai'r peth y sydd y sydd iawn, hynny yw, mai'r bobl fo'n llefaru iaith, beth bynnag a ddywedo'r Pureiniaid (chwedl Emrys ap Iwan) am eu dull o'i llefaru, yw unig awdurdodau ei seiniau a'i gramadeg hi yn y pen draw!

Wele adlais pendant o agwedd Syr Edward Anwyl at Morris-Jones y gramadegydd, cyd-ysgolhaig a fu'n herio ei safbwynt digyfaddawd yn ystod ffrwgwd 'Ffordd Ddeiniol' ac wrth adolygu *Welsh Grammar*.

Erbyn Ionawr 1929, felly, roedd salwch Morris-Jones yn destun gofid i'r teulu ac o'r hyn a ddywed T. Gwynn Jones ymhellach yn ei lythyr, roedd hyn yn dilyn rhyw ysgytwad penodol o ryw fath er bod mab yng nghyfraith Morris-Jones wedi awgrymu 'y gall ef ddyfod tros yr ergyd eto gyda gofal rhesymol'.[74] Erbyn cyfnod y Pasg, mae'n amlwg fod cyflwr ei iechyd wedi dirywio'n fawr. Yr adeg honno, roedd Thomas Parry yn darlithio yng Nghaerdydd ac ar fin gorffen ei draethawd MA. Am ei fod adre dros y Pasg, roedd yn awyddus i drafod ei waith â Morris-Jones ac ysgrifennodd i ofyn a oedd modd iddo ei weld yn Llanfair. Cafwyd ymateb yn pennu diwrnod. 'Ond ymhen deuddydd', meddai Thomas Parry ymhellach, 'dyma imi lythyr oddi wrth Rhiannon, ei ferch, yn dweud fod ei thad yn wael, yn rhy wael i mi ei weld.'[75] Bu farw Morris-Jones o fewn mis, ar 16 Ebrill 1929. Cynhaliwyd gwasanaeth coffa 'yn Eglwys Llanfair Pwll Gwyngyll' ar y dydd Sadwrn canlynol, 20 Ebrill 1929, am ddau o'r gloch, a'i gladdu ar lannau'r Fenai.[76] Yn Y Brython yr wythnos ganlynol, cyhoeddwyd llu o deyrngedau iddo gan rai o wŷr blaenllaw'r dydd yn gydysgolheigion, yn weinidogion a chyfeillion mewn adran o'r papur a neilltuwyd yn benodol ar gyfer ei goffáu dan y pennawd 'Syr John Morris-Jones: Cwmwl Tystion i athrylith a gwasanaeth Gamaliel y Gymraeg'. Tynnir sylw penodol at ei gyfraniad unigryw i ysgolheictod y Gymraeg, at nodweddion ei bersonoliaeth ac at ei ddycnwch cynhenid yn wyneb pob math o feirniadaeth. Ac eto, a derbyn fod yr achlysur yn her i wrthrychedd y fath ddatganiadau, ceir gan T. Gwynn Jones mewn llythyr at E. Morgan Humphreys ddadansoddiad personol mewn cywair na fyddai'n atebol i nodweddion y deyrnged gyhoeddus. Mae'r hyn a ddywed T. Gwynn Jones, fodd bynnag, yn adlewyrchu prif thema'r 'cwmwl tystion', sef dathlu dylanwad difesur ac ymroddiad disgybledig Morris-Jones mewn cyfnod a welodd wawrio dadeni llenyddol ym mywyd y genedl:

Oedd, yr oedd yn yr hen greadur lawer o fân wendidau, ond rhai digon diniwed oeddynt, plentynnaidd bron yn wir, ac fel y dywedwch, yr oedd yn sefyll dros rywbeth prin iawn yng Nghymru – disgyblaeth a manylder a gonestrwydd gwaith, nid yr hwylustod didrafferth a chwbl ddiddisgyblaeth a feithrinodd O.M.E. mor rhwydd ar hyd ei oes. A phan ddoech i adnabod Syr John yr oedd, fel y dywedwch, rywbeth yn hoffus ynddo er gwaethaf popeth. Gallwn ysgrifennu llawer amdano na ellid ei gyhoeddi yng Nghymru yn awr heb i bobl ei gwbl gamddeall, wrth gwrs.[77]

Roedd y llythyrwr yn bur ymwybodol o natur y gynulleidfa arbennig a fyddai'n darllen ac yn dadansoddi'r gwahanol deyrngedau yng Nghymru ac, o ganlyniad, yn wyliadwrus ei agwedd. Gwyddai o brofiad y byddai'n rhaid osgoi pob gosodiad a allai fod yn fêl ar fysedd y garfan elyniaethus honno a fyddai'n gwrthwynebu, o ran egwyddor, bob gair a ddeuai o enau'r genhedlaeth newydd o ysgolheigion y Brifysgol. Gwyddai, hefyd, nad oedd Morris-Jones yn ffefryn gan bawb. Yn ei ohebiaeth, wrth gwrs, gallai fod yn wrthrychol agored.

Mewn ymdriniaeth hynod ddiddorol a phryfoclyd ar natur cofiannau cyfoes, mae T. Robin Chapman yn awgrymu ein bod yn genedl 'sy'n meddwl am ei llenorion – ac yn gyfiawn felly – fel cymwynaswyr'.[78] I'r gwrthwyneb, awgrymir fod 'y byd Saesneg ei iaith – hyd yn oed yn ei gilfachau llenyddol – yn fyd ehangach, mwy amhersonol, llai parhaol rywsut'. Mae yma her i bob cofiannydd o Gymro, yn enwedig pan sonnir am 'y meddylfryd – neu'r angenrheidrwydd – unwaith-ac-am-byth', sef bod disgwyl i bob cofiant 'fod yn gofiant safonol, neu *y* cofiant safonol, diffiniol, terfynol'.[79] Yn achos Morris-Jones, y mae yna elfen o gysur i'w chanfod yn gymaint â bod cynifer o arbenigwyr dros y blynyddoedd wedi dewis trafod amrywiaeth o agweddau ar weithgarwch Morris-Jones, ei gyfraniad i'r Eisteddfod Genedlaethol ac i fyd cerdd dafod, i ddadeni llenyddol ei ddydd ac i fyd ysgol-heictod. O ystyried y gyfres o deyrngedau a luniwyd adeg ei farw yn 1929, gwelir pa mor eang oedd cylch ei ddiddordebau a'i ddylanwad ac ymhen blynyddoedd bu gwahanol feirniaid yn sicrhau iddo ei briod le yn hanes y ganrif. Ac eto, mewn oes sy'n mynnu labelu a chategor-eiddio pob dim, nid hawdd o beth yw cynnig unrhyw ddiffiniad parod neu derfynol o natur ei bersonoliaeth a'i gyfraniad, a'r modd y bu i'r naill ddylanwadu ar ansawdd y llall wrth ymateb i amodau'r cyfnod. Ym marn Morgan Humphreys, ymddangosai 'fel Indiad Coch a oedd wedi ffeirio ei blu a'i baent am siwt wareiddiedig'.[80] 'Gellid gwneud llun arall ohono', meddai John Lasarus Williams, 'a rhoi het gantel llydan am ei ben i'w wneud i edrych yn debyg i John Wayne'.[81] Gellid awgrymu fod y math hwn o amrywiaeth ymateb i'w ymddangosiad yn symbol sy'n adlewyrchu, hefyd, ymateb cynifer o'i gyd-Gymry tuag ato mewn cynifer o gyd-destunau ar hyd y blynyddoedd. Roedd y siarad plaen a fyddai wrth fodd rhai yn cythruddo eraill fel bod y feirniadaeth lem a ddeuai o ambell gyfeiriad yn cydfodoli â'r edmygedd teyrngar a ddangosid gan gynifer o'i gyd-ysgolheigion. Wrth drafod cyfraniad Morris-Jones, fodd bynnag, ceir fod Bobi Jones yn dewis arddel y darlun cyntaf ohono fel Indiad coch yn erlid

> cowbois fel T. Marchant Williams, Gwenogvryn Evans, cynghorwyr gwallgof Dinas Bangor a fynnai enwi Ffordd Ddeiniol yn Ffordd Deiniol, yr Athro Loth, Pughe, Iolo Morganwg, pleidwyr gwirion y gair 'iachawdwriaeth', yr Orsedd, a llu o rai gorffwyll eraill.[82]

Ac eto, ni ellir diystyru'r wedd enigmatig ar ei gymeriad a'i gyfraniad, y ddau ddarlun ohono sy'n gwrthdaro â'i gilydd ac sy'n awgrymu cymhlethdod ei bersonoliaeth. O droi at natur ei weithgarwch mewn amryw feysydd, wele'r cymhlethdod hwn yn ei amlygu ei hun. Bu'n un o gefnogwyr ffyddlon y Brifwyl ac yn elyn i swyddogion yr Eisteddfod ac i'r Orsedd; bu'n ymgyrchwr diflino dros yr iaith Gymraeg er mai trwy gyfrwng y Saesneg y darlithiai; bu'n frwd dros ddiffinio a lledaenu safonau ieithyddol sicrach er iddo fynnu gwneud gelynion yn ddieisiau o'r rhai a allai fod wedi ei gefnogi; ac ar ben hynny, bu croesi Pont Menai gyda'r hwyr yn gyfrwng ffeirio ffurfioldeb ac iaith y ddarlithfa am gynhesrwydd cyfeillgar yr aelwyd yn Llanfair. Bu cyfraniadau Morris-Jones i'r wasg yn gyfrifol am greu delwedd benodol o gymeriad digon blin ac ymosodol a fynnai sicrhau ymlyniad pawb wrth agenda benodol. Fodd bynnag, fel y dangoswyd eisoes, mae yna ail ddarlun ohono hefyd. Ar sail tystiolaeth y rhai a'i hadnabu orau, crëir darlun o un a oedd wrth ei fodd ar ei aelwyd ei hun, yn gweithio'n dawel wrth ei bwysau ac yn ymgomiwr diddan mewn cylch bychan o ffrindiau agos. Ategir hyn gan atgofion Rhiannon sy'n ail-greu'r un math o ddarlun o ddedwyddwch teuluol a chan lythyrau Morris-Jones at Mary sy'n dangos yn ogystal pa mor hapus oedd natur eu bywyd priodasol.

Wrth drafod y gwahanol agweddau ar weithgarwch Morris-Jones ar hyd ei yrfa, gellid dadlau fod i waith yr ysgolhaig gyd-destun a oedd yn ymestyn ymhell y tu hwnt i ffiniau'r ystafell ddarlithio. Roedd llwyddiant yr ymgyrch a gysylltir â'i enw yn golygu fod rhaid iddo fanteisio ar amrywiaeth o lwyfannau cyhoeddus a fyddai'n hyrwyddo amcanion ei agenda ddiwygiadol. Hynny yw, er gwaethaf ei gryfderau ysgolheigaidd personol, gellid dadlau mai amgylchiadau'r cyfnod a benderfynodd i raddau helaeth gyfeiriad ei gynlluniau a'i gyhoeddiadau. Cyn iddo adael Rhydychen, gwyddai fod gwir angen ailystyried safonau llenyddol yr oes yng Nghymru. Yn rhagluniaethol, roedd ganddo'r cymwysterau at y gwaith. Roedd ganddo barch y gwir ysgolhaig at drefn a phatrwm, y gallu i gyfathrebu'n effeithiol, hygrededd y gwleidydd llenyddol, a'r ymroddiad diflino a'i galluogodd i ymgyrchu'n ddygn dros burdeb yr iaith a cheinder ei llên. Yng ngolwg W. J. Gruffydd, fodd bynnag, er mai ei eni yn 1864 a fu'n gyfrifol am ddiffinio natur ei gyfraniad, yn y pen draw 'ei athrylith oedd cariad anghyffredin, gwyrthiol bron, at y ceinder hwnnw a gyfyd o drefn a chywirdeb'.[83] Gellid cyfeirio at lu o deyrngedau sy'n tystio i ddoniau a dylanwad tra arbennig Morris-Jones. Y thema lywodraethol oedd i'w ddylanwad ymestyn dros Gymru gyfan a sicrhau'r amodau a fyddai'n arwain at ddadeni llenyddol ar ddechrau'r ugeinfed ganrif. 'Gafaelodd megis yng ngwar y genedl', meddai Thomas Richards amdano, er mwyn arwain ei thrigolion ar hyd 'llwybrau rhamantus byd newydd'.[84] Y nod oedd meithrin parch tuag at yr iaith Gymraeg ei hun, her a oedd yn golygu argyhoeddi aelodau'r genhedlaeth newydd fod angen ennill gwybodaeth drwy ymgyfarwyddo â rheolau a phriod-ddull yr iaith a thrwy gydnabod o'r newydd holl gyfoeth y traddodiad barddol a phrif glasuron yr iaith. Mae'r cofnod syml a welir ar garreg ei fedd yn adlewyrchu i'r dim y pwyslais cyson a roddai ar ddilysu a rhannu gwybodaeth wrth iddo annerch cenedlaethau o fyfyrwyr ym Mangor a chynulleidfaoedd lawer o'i gyd-Gymry oddi ar amrywiaeth o lwyfannau ledled ei wlad:

JOHN MORRIS-JONES
(1864–1929)
ATHRO CYMRAEG

Nodiadau

Pennod 1, Rhan 1

[1] E. Vincent Evans, 'Sir John Morris-Jones, M.A., LL.D., Professor of Welsh at the University College of North Wales, Bangor', *Transactions of the Honourable Society of Cymmrodorion (THSC)* (1919–20), 153. 'Llanfair' oedd y ffurf a ddefnyddiai John Morris-Jones ei hun yn ei lythyrau, a phenderfynwyd arddel yr un dull ag yntau.

[2] Llythyr at Gwenogvryn Evans, 1 Gorffennaf (? 1896), Casgliad Mr Timothy Lewis, Llyfrgell Genedlaethol Cymru. Defnyddiwyd peth o'r deunydd yn sail i erthygl a luniodd Gwenogvryn ac a ymddangosodd yn *Wales* 111 (Gorffennaf, 1896), 322–5, dan y teitl chwareus 'Jottings by John Jones-Jones, J.P., of Jones Hall, 1. Professor John Morris Jones, M.A. (not related within the ninth degree)'. Ceir copi o'r llythyr mewn atodiad i drafodaeth fanwl yr Athro J. E. Caerwyn Williams ar fagwraeth ac addysg gynnar JM-J, 'Y Cefndir a'r Cyfnod Cynnar' a ymddangosodd yn y ddwy erthygl a gyhoeddwyd yn nhrafodion y Cymmrodorion. Gw. *THSC* (1965, rhan I), 167–206, a (1966, rhan II), 16–72 (atodiad 68–72). Oherwydd y mynych gyfeirio at ddwy erthygl safonol Caerwyn Williams, cyfeirir atynt fel *THSC* (1965) a *THSC* (1966).

[3] Ibid.

[4] *THSC* (1919–20), 153.

[5] *THSC* (1966), 69.

[6] *THSC* (1965), 170.

[7] O. Madoc Roberts, 'Syr John Morris-Jones', *Yr Eurgrawn*, 121 (1929), 187.

[8] *THSC* (1966), 69.

[9] *THSC* (1966), 70. Gw. hefyd y llythyr a anfonwyd gan D. Lewis Lloyd, ei brifathro, pan oedd JMJ yn cynnig am swydd darlithydd ym Mangor ddiwedd 1888: 'I thought him quite a Mathematical genius at one time, but an attack of illness prostrated him for a long time and prevented him from pursuing his Mathematical studies continuously. I may say that when he was of 14 to 16 I never knew any one of that age who possessed such power in the solution of original Mathematical problems.' *Application and Testimonials of John Morris Jones B.A., late scholar of Jesus College, Oxford*, dim argraffnod, d.d. [1888], i, 15 tt. Ceir copi yn LlPCB.

[10] Ibid., 69–70.

[11] Ibid., 69.

[12] Ibid., 71.

[13] *THSC* (1965), 188.

[14] Ibid., 190.

[15] *THSC* (1919–20), 153.

[16] O. M. Edwards, *Clych Atgof* (Wrecsam, 1921), t. 15.

[17] John Lasarus Williams, *Syr John Morris-Jones 1864–1929* (Llangefni, 2000), t. 25.

[18] *THSC* (1965), 191.

[19] Ibid.

[20] Ibid., 192.

[21] *THSC* (1966), 69.

[22] *THSC* (1965), 196 (nodyn 71). Ceir y cyfeiriad mewn llythyr dyddiedig 'Oct 20, 1879' a anfonwyd gan W. G. Williams, y prifathro newydd, at y llywodraethwyr.

[23] *THSC* (1966), 71.

[24] J. H. Roberts, op. cit., 147.

[25] *THSC* (1966), 71.

[26] *THSC* (1965), 198.

[27] Ibid., 201.

[28] John Morris-Jones, *Yr Iaith Gymraeg yn yr ysgolion canolraddol: llythyr agored at lywodraethwyr ysgolion a rhieni plant* (Caernarfon: Swyddfa'r Genedl, 1906), 5–6. Gw. *THSC* (1965), 201 (nodyn 87).

[29] *THSC* (1965), 202 a nodyn 88.

[30] *THSC* (1966), 71.

[31] R. T. Jenkins, *Edrych Yn Ôl* (Dinbych, 1971), t. 81.

[32] *THSC* (1966), 71. Gw. hefyd *THSC* (1965), 206.

[33] John Morris-Jones, 'Er cof: O. M. Edwards', *Cymru*, 60 (1921), 7.

Pennod 1, Rhan 2

[1] *THSC* (1919–20), 154.

[2] LlPCB, Bangor Llsgr. 3245; 'Brecon, Dydd Gwener' yn unig sydd ar ben y llythyr, ond gallwn dderbyn mai yn nhymor y gwanwyn 1881 yr anfonwyd ef.

[3] LlPCB, Bangor Llsgr. 19253, sef Papurau David Thomas (1880–1967), Bangor. Yr hyn a geir yn y casgliad hwn yw copïau teipysgrif o lythyrau John Morris-Jones o Goleg Crist, Aberhonddu, a Choleg Iesu, Rhydychen, at John Owen, Tanymynydd, Llanfairpwll (a chyfeillion eraill, o bosib), d.d. (ond rhwng 1879 a 1887). Copïwyd testun y deipysgrif fel y mae; ni ellir penderfynu, wrth reswm, a yw'r gwahanol anghysonderau yn perthyn i'r gwreiddiol yntau i'r deipysgrif. Ceir ar ben y llythyr 'Dydd Sul' a'r cyfarchiad 'Anwyl gyfaill'; nodir hyn bob tro gan na cheir cyfeiriad at y dyddiad.

[4] LlPCB, Bangor Llsgr. 19253 ('Dydd Mawrth'; 'Anwyl Gyfaill').

[5] Ibid.

[6] Ibid. ('Tach 1'; 'Hoffus gar').

[7] Ibid. ('Dydd Llun'; 'Anwyl Ffrynd').

[8] Ibid.

[9] Ibid. ('Dydd Sul'; 'Anwyl John').

[10] Ibid. ('Dydd Llun'; 'Anwyl Ffrynd').

[11] Ibid. ('Dydd Llun'; 'Anwyl ffrynd').

[12] Ibid. ('Dydd Llun'; 'Anwyl Ffrynd').

[13] Ibid. ('Dydd Sadwrn'; 'Anwyl Gyfaill').

[14] Ibid.

[15] Ibid. ('Dydd Mawrth'; 'Anwyl Gyfaill').

[16] Ibid.

[17] *THSC* (1966), 71.

[18] John Morris Jones, *Application and Testimonials of John Morris Jones B.A., late scholar of Jesus College, Oxford*, dim argraffnod, d.d., [1888] i, 15 tt. Ceir copi yn LlPCB. Gw. hefyd *THSC* (1965), 204.

[19] *THSC* (1966), 71.

[20] Ibid.

[21] Rhiannon Morris-Jones, 'Tŷ Ni: Atgofion: Canmlwyddiant fy Nhad', *Y Cymro*, 5 Mawrth 1964.

[22] Ibid.

[23] *THSC* (1966), 16. Dyfynnir yn helaeth o'r llythyrau at ei ewythr William Jones, a oedd ar y pryd 'ym meddiant Miss Luned a Miss Gwladys Owen'.

[24] Ibid.

[25] Ibid., 16–17.

[26] Ibid., 17.

[27] Ibid., 17–18. Mae ansawdd y Gymraeg yn denu sylw am fod yn y llythyrau nifer o eiriau benthyg ac anghysonderau orgraffyddol. Gellid yn hawdd ddeall y rhesymau am hyn, gan na fyddai'r disgybl ysgol yn ôl patrwm y cyfnod wedi derbyn unrhyw hyfforddiant yn y Gymraeg o fewn muriau'r ysgol.

[28] Ibid., 18.

[29] LlPCB, Bangor Llsgr. 19253 ('Dydd Sul'; adeg cynnig am ysgoloriaeth yn Rhydychen, Tymor yr Haf 1883).

[30] LlPCB, Bangor Llsgr. 19253 ('Gwener'; 'Hoff Gyfaill'; yr olaf yn y gyfres o Aberhonddu).

[31] *THSC* (1966), 19.

[32] LlPCB, Bangor Llsgr. 19253 ('Gwener'; 'Hoff gyfaill').

[33] W. J. Gruffydd, 'Nation loses a leader', *Western Mail*, 17 Ebrill 1929. Gwelir copi o'r erthygl (yno dan y teitl 'A Great Welsh Leader') yng nghasgliad J. Seymour Rees, LlGC, Llsgr. 18648B, 8–17.

[34] *THSC* (1965), 203.

[35] John Lasarus Williams, op. cit., t. 32.

[36] LlPCB, Llythyrau John Morris-Jones at ei ewythr W. R. Jones, brawd ei dad. Dyddiad y llythyr cyntaf hwn yw 17 Mawrth 1883.

[37] LlPCB, ibid., llythyr dyddiedig 20 Medi 1883.
[38] LlPCB, ibid., llythyr dyddiedig 22 Medi 1883.
[39] Ibid.

Pennod 2

[1] K. O. Morgan, *Rebirth of a Nation: Wales 1880–1980* (Oxford, 1981), t. 100.
[2] LlPCB, Bangor Llsgr. 19253 ('Dydd Sul').
[3] *THSC* (1966), 70.
[4] Ibid., 71–2.
[5] *THSC* (1919–20), 154.
[6] Gw. yn benodol, Yr Athro J. E. Caerwyn Williams, 'Cymdeithas Dafydd ap Gwilym: Mai 1886–Mehefin 1888', yn *Cofio'r Dafydd* (tt. 21–68), goln. D. Ellis Evans ac R. Brinley Jones (Abertawe, 1987). Cyhoeddwyd gyntaf yn *Astudiaethau Amrywiol a gyflwynir i Syr Thomas Parry-Williams gan staff Adran Gymraeg Coleg Prifysgol Cymru*, Aberystwyth, gol. Thomas Jones (Caerdydd, 1968) tt. 137–81. Gweler hefyd J. E. Caerwyn Williams, 'Cyfraniad Cymdeithas Dafydd ap Gwilym: y blynyddoedd cynnar', *Y Traethodydd*, 88 (1983), 184–98.
[7] *THSC* (1966), 24; gw. hefyd *Cofio'r Dafydd*, tt. 25–6.
[8] O. M. Edwards, *Cymru*, 26 (1904), 88; gw. hefyd *Cofio'r Dafydd*, tt. 26–8.
[9] LlPCB, copi teipiedig o lythyr yn ymwneud â sefydlu Cymdeithas Dafydd ap Gwilym ynghyd â gwahanol bynciau eraill yn perthyn i'r un cyfnod.
[10] LlBCP, Bangor Llsgr. 3246, llythyr 87.
[11] John Puleston Jones, 'Yn yr Athrofeydd', *Cymru*, 60 (Ionawr 1921), 62.
[12] K. O. Morgan, op. cit., t. 100.
[13] W. J. Gruffydd, *Owen Morgan Edwards: Cofiant* (cyfrol 1, 1858–1883) (Aberystwyth, 1937), t. 234.
[14] John Puleston Jones, art. cit., 60.
[15] Ibid., 61.
[16] John Morris Jones, 'Er Cof', *Cymru*, 60 (Ionawr 1921), 7.
[17] Ibid. Dylid nodi fod JMJ ar yr un pryd yn cyfaddef iddo gael benthyg copi o gyfrol o waith Dafydd ap Gwilym 'gan un o'r meistriaid', sef J. C. Evans, a ddaeth wedi hynny yn brifathro 'Ysgol Ramadegol y Bala' (nodyn ar odre tudalen 7 o'r un erthygl).
[18] *THSC* (1966), 23.
[19] Yr Athro Brynley Roberts, 'Syr Edward Anwyl (1866–1914)', *THSC* (1968, rhan II, 1969), 216.
[20] Ibid., 217.
[21] W. Llewelyn Williams, 'Atgof am Archdderwydd', *Cymru*, 60 (Ionawr 1921), 26.

[22] Yr Athro J. E. Caerwyn Williams, 'Cymdeithas Dafydd ap Gwilym: Mai 1886–Mehefin 1888', yn *Cofio'r Dafydd*, tt. 23–4.

[23] Ibid., tt. 28–9.

[24] W. Llewelyn Williams, art. cit., 26.

[25] *THSC* (1966), 29–30.

[26] Ibid., 32.

[27] Ibid., 33.

[28] Ibid., 34–5.

[29] Ibid., 33.

[30] J. Gwenogvryn Evans, 'Jottings by John Jones-Jones, J.P., of Jones Hall, 1. Professor John Morris Jones, M.A. (not related within the ninth degree)', *Wales*, 111 (July 1896), 323.

[31] K. O. Morgan, op. cit., tt. 112–13.

[32] Ibid., 118.

[33] Gw. Brynley Roberts, op. cit., 211–12.

Pennod 3

[1] *THSC* (1966), 48 a 52.

[2] Ibid., 49

[3] J. Gwenogvryn Evans, 'Adgofion am Syr Owen M. Edwards', *Cymru*, 60 (Ionawr, 1921), 1.

[4] *THSC* (1919–20), 154.

[5] LlPCB, Bangor Llsgr. 19253 (llythyr a ysgrifennwyd ar drothwy ei arholiadau terfynol).

[6] LlPCB, Bangor Llsgr. 19253 (llythyr dyddiedig Mai 16 [1887]).

[7] LlPCB, Bangor Llsgr. 19253 ('Nos Fawrth'; llythyr heb ddyddiad).

[8] *THSC* (1966), 71–2 (llythyr at Gwenogvryn).

[9] Ibid., 39.

[10] John Morris Jones, 'Awgrymiadau i Ysgrifenwyr Cymraeg', *Y Geninen*, 5 (1887), 177–82.

[11] *THSC* (1966), 40.

[12] LlPCB, Bangor Llsgr. 19253 (llythyr diddyddiad; 'Dydd Mercher' a geir ar ben y llythyr).

[13] *THSC* 1914–15 (Llundain, 1916), 204–5.

[14] *THSC* (1966), 40.

[15] *THSC* 1914–15 (Llundain, 1916), 209–10.

[16] *THSC* (1966), 41.

[17] Ibid. Ychwanegir mewn nodyn (86) ar odre'r dudalen: 'Spoken North Welsh', *Transactions of the Philological Society*, 1882–4, 409–84. Dywed yn y *DNB* mai Henry Sweet (1845–1902) a ddysgodd wyddor Seineg i Ewrop.

[18] *The Elucidarium and other tracts in Welsh from Llyvyr Agkyr Llandewivrevi A.D. 1346* (Jesus College MS. 119), goln J. Morris Jones a John

Rhŷs (Oxford, 1984). Gwelir y sylwadau yn y 'Preface' a luniwyd gan John Rhŷs.

[19] *THSC* (1966), 43.

[20] John Morris Jones, 'Awgrymiadau i Ysgrifenwyr Cymraeg', *Y Geninen*, 5 (1887), 177–82.

[21] John Morris Jones, 'Er Cof', *Cymru*, 60 (1921), 8. Gw. hefyd *Cofio'r Dafydd* (1987), t. 35.

[22] *Cofio'r Dafydd* (1987), t. 38

[23] Ibid., t. 39.

[24] Ibid., tt. 39–40.

[25] Ibid., tt. 43–4.

[26] Ibid., tt. 46 a 43. Dywedir ymhellach 'fod W. Llewelyn Williams a J. Morris Jones yn llawiau garw' (t. 56).

[27] Ibid., t. 47. Mae'r llyfr i'w weld yn Llyfrgell Genedlaethol Cymru, Llsgr. 15550A.

[28] Ibid., tt. 47–8.

[29] Ibid., tt. 54–5.

[30] LlPCB, Bangor Llsgr. 19253.

[31] Ibid.

[32] Ibid.

[33] *THSC* (1966), 21

[34] Ibid., 46. Gw. hefyd *Cofio'r Dafydd*, t. 57.

[35] *Cofio'r Dafydd*, tt. 57–8.

[36] Ibid., tt. 59–60.

[37] Ibid., t. 60.

[38] *THSC* 1914–15 (Llundain, 1916), 208–9.

[39] *Y Goleuad*, 17 Mai 1888. Gw. hefyd *THSC* (1966), 47–8.

[40] *Cymru Fydd*, Gorffennaf 1888, 434.

[41] John Morris Jones, 'Er cof', *Cymru*, 60 (1921), 10a.

[42] Ibid.

[43] LlPCB, Bangor Llsgr. 19253.

[44] Ibid.

[45] Ibid.

[46] Ibid.

Pennod 4

[1] T. J. Morgan, 'Safonau Ysgrifennu Rhyddiaith', *Y Traddodiad Rhydd-iaith yn yr Ugeinfed Ganrif*, gol. Geraint Bowen (Llandysul, 1976), t. 354.

[2] John Lasarus Williams, op. cit., t. 24.

[3] Bedwyr Lewis Jones, 'Syr John Morris-Jones' yn Bedwyr Lewis Jones (gol.), *Gwŷr Môn* (Y Bala, 1979), t. 133. Gw. hefyd John Lasarus Williams, op. cit., t. 56.

[4] LlPCB, Bangor Llsgr. 3247 (2). Gw. hefyd *THSC* (1966), 55–6.

[5] *Baner ac Amserau Cymru*, 5 Rhagfyr 1888. Gw. hefyd *THSC* (1966), 56.

[6] LlPCB, Bangor Llsgr. 3246 (2).

[7] Ibid., 3246 (87).

[8] Ibid., 3246 (87).

[9] Ibid., 3246 (4).

[10] Ibid., 3250 (15).

[11] Ibid., 3245 (15).

[12] Gw. *THSC* (1966), 59. Dywed Caerwyn Williams: 'Cyhyd ag nad oedd y Gymraeg yn bwnc gradd, ni allai J. Morris Jones gael llawer o fyfyrwyr, ac, yn ôl pob tebyg, cyhyd ag nad oedd ganddo fyfyrwyr i'w hyfforddi at radd, bychan oedd ei siawns o gael cadair.'

[13] *THSC* (1919–20), 154.

[14] J. Gwenogvryn Evans, 'Welsh Colleges and Professors of Welsh', *Cymru Fydd* (1890), 751–2. Gw. hefyd *THSC* (1966), 59.

[15] Ibid., 752–3.

[16] LlPCB, Bangor Llsgr. 3247 (8).

[17] J. Gwenogvryn Evans, 'Jottings by John Jones-Jones', *Wales*, 111 (July 1896), 323.

[18] J. Gwenogvryn Evans, 'Adgofion am Syr Owen M. Edwards, *Cymru*, 60 (Ionawr, 1921), 1.

[19] LlPCB, Bangor Llsgr. 3247 (8).

[20] Ibid.

[21] Llsgr. Ll.G. C. Ellis 1130. Gw. *THSC* (1966), 61.

[22] LlPCB, Bangor (Siglan) (20). Ceir yn yr Archifdy gasgliad o ddeugain o lythyrau (1–40), 'Gohebiaeth rhwng John Morris-Jones a Mary Hughes' (15 Hydref 1890 yw dyddiad y cyntaf, a 2 Gorffennaf 1925 yw'r olaf o'r gyfres). Detholwyd y llythyrau hyn gan Annes Wyn yn 2006, a cheir disgrifiad cryno o'r gwahanol lythyrau: 'Wedi chwilota ymysg casgliadau di-rif Adran Archifau Prifysgol Bangor', dywed yn y rhagair iddi ddod o hyd 'i gasgliad o lythyrau caru rhwng Syr John Morris-Jones (1864–1929) a'i gariad, Mary Hughes, Siglan, Llanfair Pwllgwyngyll (Lady Mary Morris-Jones wedi iddynt briodi yn 1897).' Medd ymhellach nad oes 'cofnod swyddogol o pryd derbyniodd Archifdy Prifysgol Bangor yr eitemau – credir mai aelod o deulu Syr John Morris-Jones a'u cyfrannodd'. Cyfeirir at y detholiad fel Bangor (Siglan) ynghyd â rhif y llythyr.

[23] Ibid. (32).

[24] LlPCB, Llsgr. 3246 (21)

[25] Gwilym Rees Hughes, 'Syr John Morris-Jones fel Arolygwr Ysgolion?', *Llên Cymru*, 9 (1966–7), 236. Gw. hefyd *THSC* (1966), 62, a nodyn 124 ar odre'r dudalen. Am ateb T. E. Ellis, 17.1.93, gw. Llsgr. Bangor 3245 (98); ceir llythyr cynt, 14.1.93, yn Llsgr. Bangor 3245 (97).

[26] Ibid., 237.

[27] LlPCB, Llsgr. 3247 (8).

[28] Gw. Huw Walters, *John Morris-Jones 1864–1929, Llyfryddiaeth Anodiadol* (Aberystwyth1986), tt. 9–12 ('Erthyglau, Ysgrifau, Llythyrau a

Rhagymadroddion mewn Llyfrau, Cyfnodolion a Newyddiaduron', cyfraniadau 38–56).

[29] John Morris-Jones, 'Orgraff – gwlaw a gwlith', Y *Goleuad*, 12 (26 Gorffennaf; 23 Awst; 4 Hydref 1888).

[30] *Cymru Fydd*, 1 (1888), 432–5.

[31] Y *Geninen*, 8 (1890), 214–23.

[32] Huw Walters, op. cit., t. 11 (rhif 48).

[33] John Morris-Jones, 'Y Deffroad Olaf', Y *Geninen*, 10 (1892), 47–53.

[34] *THSC* (1966), 61.

[35] LlPCB, Llsgr. Bangor (Siglan) (1).

[36] Ibid. (3).

[37] Ibid.

[38] Ibid. (5).

[39] Ibid. (8). Yr un oedd byrdwn y gohebu ym mis Gorffennaf 1892: 'Choeliech chi ddim mor dda oedd gen i glywed eich bod yn mendio; daliwch ati hi i fynd allan gymaint ag a fedrwch; ac i ymdrochi bob cyfle; mi wnaiff hynny les anrhaethol i chwi os bydd y tywydd yn braf.' (LlPCB, Llsgr. Bangor (Siglan) (11)). Mae'n ddiddorol nodi mai'r cywair ffurfiol a arferir yn y llythyrau at Mary. 'Chi' a ddefnyddir bob tro.

[40] Ibid. (17).

[41] LlPCB, Llsgr. Bangor. Nid yw'r llythyr hwn yn rhan o ddetholiad Annes Wyn; ceir rhai ychwanegol at y deugain a restrir sydd yn yr un casgliad.

[42] LlPCB, Llsgr. Bangor (Siglan) (13).

[43] Ibid. (11).

[44] LlPCB, Llsgr. Bangor. Llythyr ychwanegol i'r casgliad o ddeugain.

[45] LlPCB, Llsgr. Bangor (Siglan) (20).

[46] Ibid. (29).

[47] Ibid. (6).

[48] LlPCB, Llsgr. Bangor 503, 2–11.

[49] Gw. Gerwyn James, 'Llanfair Pwllgwyngyll: Astudiaeth o Gymuned Wledig ym Môn *c*.1700–*c*.1939' (traethawd M.Phil. Prifysgol Cymru [Bangor] 1997), 11–16. Ceir yn y traethawd wybodaeth fanwl am hanes gwahanol gymdeithasau yn y gymuned ac am y trigolion hynny a fu'n eu cynnal. Gw. yn benodol bennod 4 'Oes y Gwrthdaro Gwleidyddol' (107–39), a phennod 5 'Diwylliant a Bywyd Cymdeithasol' (140–71).

[50] J. E. Caerwyn Williams, 'Rhyddiaith Ysgolheigion a Haneswyr', Y *Traddodiad Rhyddiaith yn yr Ugeinfed Ganrif*, gol. Geraint Bowen (Llandysul, 1976), t. 308.

[51] John Morris-Jones, 'Cymraeg Rhydychen', Y *Geninen*, 8 (1890), 214–23. Dyfynnir yn helaeth o'r erthygl ac felly hepgorir nodi pob cyfeiriad unigol.

[52] T. J. Morgan, 'Safonau Ysgrifennu Rhyddiaith', Y *Traddodiad Rhydd-iaith yn yr Ugeinfed Ganrif*, gol. Geraint Bowen (Llandysul, 1976), t. 349.

[53] Ibid., t. 351.

[54] Ibid., t. 354.

[55] J. E. Caerwyn Williams, art. cit., 307.

Pennod 5

[1] John Morris-Jones, 'John Morris-Jones', *THSC* (1919–20), 154.
[2] J. E. Caerwyn Williams, *THSC* (1966), 63.
[3] Ibid.
[4] J. Gwynn Williams, *The University College of North Wales: Foundations 1884–1927* (Cardiff, 1895), 91.
[5] John Morris-Jones, art. cit., 154–5.
[6] J. Lasarus Williams, op. cit., t. 35. Cafwyd yr wybodaeth gan J. O. Jones (Porthaethwy) a glywodd yr hanes gan ei fam. Ychwanegir: 'O'r un ffynhonnell y daeth y sylw bod gwynt y dwyrain yn chwythu aur ar fodrwy merch Siglan ar ddydd ei phriodas. Y dywediad cyffredin yw bod haul ar fodrwy yn argoel dda. Bu'r dyn ifanc yn ffodus beth bynnag oherwydd nid oes amheuaeth na chafodd ef drysor; fel y dywedir ar lafar, 'll'gada brown, hen hogan iawn'. Dechreuwyd magu teulu yn ddi-oed. Yn ystod y flwyddyn ganlynol ganed Rhiannon (6 Mehefin 1898) a'r efeilliaid Angharad a Gwenllian Galan Mai 1901. Ganed Nêst, yr ifancaf, 4 Awst 1907. Roedd gan JM-J, yntau, frawd a chwaer a oedd yn efeilliaid, sef Henry (Harri) Parry a Lydia Jane a aned 1 Hydref 1874. Roedd brawd arall, sef William, ryw ddwy flynedd yn hŷn na JM-J. Ganed 26 Gorffennaf 1866.
[7] LlPCB, Bangor (Siglan) (34 iii)
[8] Ibid. (35, 36 a 37).
[9] Rhiannon Morris-Jones, 'Syr John Morris-Jones' (sgript radio o sgwrs a ddarlledwyd gan ei ferch 25 Hydref 1949), LlPCB, Bangor Llsgr. 14379. Ceir copi pellach ymhlith casgliad o sgriptiau'r BBC yn Llyfrgell Genedlaethol Cymru. Gw. hefyd LlGC 18648B (Papurau J. Seymour Rees), 11–26 (copi llawysgrif gyferbyn â'r prif destun).
[10] J. H. Roberts, 'Syr John Morris-Jones: atgofion cynnar', *Yr Eurgrawn*, cyf. 142 (1950), 148. Mae Huw Walters yn y *Llyfryddiaeth Anodiadol* (t. 86 (584)) yn tynnu sylw at dalfyriad yn *Y Crynhoad*, 6 (Hydref 1950), 53–6.
[11] Thomas Parry, *John Morris-Jones 1864–1929* (Caerdydd, 1958), tt. 16–18.
[12] Ifor Williams, 'Syr John Morris-Jones', *Y Traethodydd*, 17 (1929), 145.
[13] J. Griffith Williams, *Omar* (Dinbych, 1981), tt. 110–11. Dyma a ddywed yr awdur (t. 107): 'Y mae ambell ddolen-gydiol â'i berson (h.y. John Morris-Jones) o hyd ar gael, sy'n cysylltu'n dynn â'r Athro ei hun . . . Wrth ymdrafod am y pethau hyn ryw ddiwrnod addawodd Valentine y buasai'n anfon ychydig atgofion personol am ei hen Athro imi, ac yn fuan wedyn fe wnaeth yn union felly.' Dyfynnir yn helaeth yn y gyfrol o lythyr a dderbyniwyd gan Lewis Valentine, dyddiedig 12 Hydref 1979.
[14] Rhiannon Morris-Jones, op. cit. Gw. hefyd Thomas Parry, op. cit., tt. 7–8, a J. Lasarus Wiliams, op. cit., t. 17.
[15] J. Griffith Williams, op. cit., 111 (llythyr Lewis Valentine).
[16] Ifor Williams, art. cit., 147.

17 Thomas Parry, op. cit., t. 8.
18 J. Lasarus Williams, op. cit., t. 15.
19 Rhiannon Morris-Jones, op. cit.
20 Hazel Walford Davies (gol.), *Llythyrau Syr O. M. Edwards ac Elin Edwards 1887–1920* (Llandysul, 1991), t. 166 (llythyr dyddiedig 20 Mawrth 1891 a anfonwyd o 'Lincoln College, Oxford').
21 J. Lasarus Williams, op. cit., t. 19.
22 Ibid., tt. 19–20.
23 Ibid., t. 20.
24 Ifor Williams, art.cit., 146.
25 David Jenkins, 'The Gregynog "Omar Khayyâm" ', *Cylchgrawn Llyfrgell Genedlaethol Cymru*, 17 (1971–2), 51.
26 Ibid., 55 (llythyr dyddiedig '10 June 1927').
27 Ibid., 59 (llythyr dyddiedig '17 June 1928').
28 Ibid., 83 (llythyr dyddiedig '15 November 1928').
29 Ibid., 84 (llythyr dyddiedig '28 November 1928').
30 Ibid., 52.
31 Ifor Williams, art. cit., 144.
32 Kate Roberts, 'Atgofion am Syr John Morris-Jones', *Barn*, 22 (Awst 1964), 279 (col. 3).
33 J. Gwynn Williams, op. cit., 462. ('Appendix V', rhif 9).
34 John Morris-Jones, 'Sir John Rhŷs' (The Sir John Rhŷs Memorial Lecture: Inaugural Lecture) (Oxford: British Academy, 1926), 12.
35 John Morris-Jones, 'The late Right Hon. Sir John Rhŷs, P.C., D.Litt., LL.D.: Appreciations by Some of his Friends and Fellow Workers', *THSC 1914–15* (Llundain, 1916), 208 (am gyfraniad John Morris-Jones, gw. adran III, 204–16)
36 Hywel Teifi Edwards, 'John Rhŷs yn achos trafferth', *Y Traethodydd*, 161/168 (Gorffennaf 2006), 166.
37 Emyr Humphreys, *The Taliesin Tradition* (Bridgend, 2000), t. 181.
38 Geraint H. Jenkins, *'Doc Tom': Thomas Richards* (Caerdydd, 1999), t. 31.
39 Ibid., t. 32.
40 J. Griffith Williams, op. cit., 108.
41 J. Gwynn Williams, op. cit., 300.
42 Kate Roberts, art. cit., 279 (col. 1).
43 Ibid., 279 (col. 2).
44 J. Griffith Williams, op. cit., 108.
45 Thomas Richards, *Atgofion Cardi* (Aberystwyth, 1960), tt. 107–8.
46 Geraint H. Jenkins, op. cit., t. 36.
47 Ibid., t. 35. Mae yntau'n dyfynnu geiriau Thomas Richards yn *Y Brython* (25 Ebrill 1929).
48 Thomas Richards, op. cit., t. 109.
49 Ifor Williams, art. cit., 142. Nodir yn fanwl ddyddiadau coleg Ifor Williams a J. Lloyd-Jones. Daethant 'o dan ddylanwad Syr John yr un adeg, ac yn yr un lle, sef ar ddechrau tymor Hydref 1902 yng Ngholeg y

Gogledd, ac inni eistedd', medd Ifor Williams, 'gyda'n gilydd yn ei ddar-
lithiau hyd haf 1906'.

[50] J. Gwynn Williams, op. cit., 300.

[51] J. Griffith Williams, op. cit., 108.

[52] Ifor Williams, art. cit., 142.

[53] T. Gwynn Jones, *Cymeriadau* (Wrecsam, 1933), tt. 94–5.

[54] J. Lloyd Jones, 'Syr John Morris-Jones', *Y Traethodydd* (1929), 136.

[55] Gwen E. Davies, 'Atgofion am Syr John Morris-Jones', *Y Genhinen*,
12/11 (Gwanwyn 1962), 75.

[56] Kate Roberts, art. cit., 279 (col. 2).

[57] J. T. Jones, 'Syr John Morris-Jones', *Y Genhinen*, 15 (1964–5), 302–3.

[58] Ifor Williams, art. cit., 143.

[59] J. Griffith Williams, op. cit., 109.

[60] T. Gwynn Jones, op. cit., tt. 98–9.

[61] Kate Roberts, art. cit., 279 (col. 2).

[62] T. Gwynn Jones, op. cit., tt. 97–8.

[63] John Morris-Jones, 'Awgrymiadau i Ysgrifenwyr Cymraeg', *Y Geninen*,
5 (1887), 182.

[64] *Gweledigaetheu y Bardd Cwsc, Ellis Wynne* (1703), gol. John Morris-
Jones (Bangor, 1898), 'Rhagymadrodd', t. xxxvii.

[65] Ibid., t. xlxix.

[66] LlPCB, Bangor Llsgr. 3245, 71 (llythyr dyddiedig 1 Mai 1906).

[67] LlPCB, Bangor Llsgr. 3258 (copi llawysgrif o lythyr a baratowyd gan
JM-J ar gyfer ei anfon at olygydd *The Chronicle*).

[68] John Morris-Jones, *Ffordd Ddeiniol* (Caernarfon, 1906). Gw. hefyd
Huw Walters, *John Morris-Jones 1864–1929: Llyfryddiaeth Anodiadol*
(Aberystwyth, 1986), t. 4 (cofnod 14).

[69] LlPCB, Bangor Llsgr. 3258.

[70] T. Gwynn Jones, op. cit., t. 101.

[71] LlCPB, Bangor Llsgr. 3245, 33 (llythyr dyddiedig 7 Mai 1906).

[72] LlCPB, Bangor Llsgr. 3245, 37 (llythyr dyddiedig 30 Mai 1906).

[73] LlCPB, Bangor Llsgr. 3245, 34 (llythyr dyddiedig 27 Mai 1906).

[74] LlCPB, Bangor Llsgr. 3245, 37.

[75] LlCPB, Bangor Llsgr. 3246, 115 (llythyr dyddiedig 11 Ebrill 1906).

[76] LlCPB, Bangor Llsgr. 3250, 88 (llythyr dyddiedig 7Mai 1906).

[77] T. Gwynn Jones, op. cit., tt. 99–100.

[78] Ibid., tt. 100–101.

[79] J. Lloyd Jones, art. cit., 136.

[80] LlCPB, Bangor Llsgr., 3245, 105 (llythyr dyddiedig 30 Ebrill 1906).

[81] J. Lasarus Williams, op. cit. Gwelir y llun ar y dudalen yn wynebu'r
ddalen gynnwys.

[82] *THSC* (1966), 69 (atodiad: llythyr at Gwenogvryn).

[83] Sir John Morris-Jones. Sgwrs radio gan Rhiannon Morris-Jones am ei
thad yn y gyfres 'O Boptu'r Tân' a ddarlledwyd 25 Hydref 1949. LlGC:
Archifau BBC (Cymru), Sgriptiau, cyfrol 11, bocs 29; LlPCB, Llsgr. Bangor
14379. Gwelir copi llawysgrif o'r sgript ymhlith papurau J. Seymour

Rees, LlGC Llsgr. 18648B, 11–26 (ochr yn ochr â chopïau teipiedig o erthyglau ar fywyd a gwaith John Morris-Jones).

[84] J. H. Roberts, 'Syr John Morris-Jones: Atgofion Cynnar', *Yr Eurgrawn*, 142 (1950), 147.

[85] Ibid., 148

[86] Ibid., 149.

[87] *THSC* (1966), 70 (atodiad: llythyr at Gwenogvryn).

[88] J. H. Roberts, art. cit., 148.

Pennod 6

[1] Geraint H. Jenkins, 'On the Trail of a 'Rattleskull Genius': Introduction', yn Geraint H. Jenkins (gol.), *A Rattleskull Genius: The Many Faces of Iolo Morganwg* (Caerdydd, 2005), t. 3.

[2] John Morris-Jones, 'Gorsedd Beirdd Ynys Prydain', *Cymru* [OME], 10, rhifynnau 54 (21–9), 55 (133–40), 56 (153–60), 57 (197–204) a 59 (293–9), 1896 (erthyglau I i V).

[3] John Morris-Jones, ibid., 23 (erthygl 1).

[4] Ibid., 28.

[5] Ibid., 21. Gw. hefyd Marion Löffler, *The Literary And Historical Legacy of Iolo Morganwg, 1826–1926* (Cardiff, 2007), tt. 206–7. Yn naturiol ddigon, denodd sylwadau JMJ ymateb ffyrnig gan nifer o gefnogwyr yr Orsedd, er bod ambell gyfraniad i'r ddadl yn fwy creadigol na'i gilydd. Mewn atodiad i gyfrol Marion Löffler ceir erthygl gan Elphin (Robert Arthur Griffith) sy'n darlunio JMJ fel draig, Uthr Ben Dragon, sy'n teithio'r wlad er mwyn dileu pob arwydd o dderwyddiaeth: 'He confronts the intimidating Archdruid Hwfa Môn (Rowland Williams), swallows him whole, and resumes his depredations until he has devoured every accredited bard' (t. 206).

[6] Ibid., 22.

[7] Ibid., 28.

[8] Ibid., 29.

[9] Ibid., 295–9 (erthygl V)

[10] Alan Llwyd, *Prifysgol y Werin: Hanes Eisteddfod Genedlaethol Cymru 1900–1918* (Llandybïe, 2008), tt. 18–19.

[11] Ibid., tt. 20–1.

[12] Ibid., t. 25.

[13] Ibid., t. 21.

[14] Ibid., t. 29.

[15] K. O. Morgan, *Rebirth of a Nation: Wales 1880–1980* (Oxford, 1981), t. 97.

[16] Ibid., t. 21.

[17] J. Gwenogvryn Evans, 'Jottings by John Jones-Jones, J.P., of Jones Hall, 1. Professor John Morris Jones (not relaed within the ninth degree), *Wales*, 3 (July 1896), 324.

[18]   Alan Llwyd, op. cit., t. 13.

[19]   'Our Point of View' (sylwadau golygyddol T. Marchant Williams), *The Nationalist*, 36 (1911), 3–4.

[20]   Ibid., 5.

[21]   Ibid., 6.

[22]   Ibid., 8.

[23]   Cathryn Charnell-White, *Barbarism and Bardism: North Wales versus South Wales in the Bardic Vision of Iolo Morganwg* (Aberystwyth, 2004), tt. 9–10. (Canolfan Uwchefrydiau Cymreig a Cheltaidd Prifysgol Cymru: Papurau Ymchwil, Rhif 22.)

[24]   Ibid., 15

[25]   Ibid., 24.

[26]   John Morris-Jones, 'Gorsedd Beirdd Ynys Prydain', *Cymru* [OME], 10 (1896), 28 (erthygl 1).

[27]   T. Marchant Williams, 'The Conspiracy against the Gorsedd', *The Nationalist*, 4/36 (1911), 36–7 (dan y ffugenw 'Llafar Bid Lafar').

[28]   'Our Point of View' (sylwadau golygyddol T. Marchant Williams), *The Nationalist*, 4/36 (1911), 7.

[29]   Ibid., 6.

[30]   Saunders Lewis, 'Llenorion a Lleygwyr', yn Gwynn ap Gwilym (gol.), *Meistri a'u Crefft* (Caerdydd, 1981), t. 164.

[31]   Ibid., t. 165.

[32]   T. Marchant Williams, art. cit., 34–5.

[33]   Saunders Lewis, op. cit., t. 165.

[34]   Geraint H. Jenkins, op. cit., t. xiii.

[35]   John Morris-Jones, 'Gorsedd Beirdd Ynys Prydain', *Cymru* [OME], 10 (1896), 155 (erthygl 3).

[36]   Ibid., 299 (erthygl 5).

Pennod 7

[1]   Geraint a Zonia Bowen, *Hanes Gorsedd y Beirdd* (Abertawe, 1991), t. 262. Er bod John Morris-Jones yn dadlau mai camddarllen hen law-ysgrif oedd yn gyfrifol am gysylltu Taliesin â Glan Geirionydd, roedd Gwilym Cowlyd yn parhau i amddiffyn 'dilysrwydd' ei Orsedd ef ac i wrthwynebu'r pwyslais a roddid yn yr Eisteddfod Genedlaethol ar y mesurau rhydd ac ar y defnydd helaeth a wnaed o'r iaith Saesneg (gw. tt. 187–8).

[2]   LlCPB Llsgr. Bangor 3245, 48 (llythyr oddi wrth R. Bryan, dyddiedig 6 Mehefin 1896).

[3]   T. Gwynn Jones, *Cymeriadau* (Wrecsam, 1933), tt. 89–90.

[4]   Gwyn Thomas, *Syr John Morris-Jones* (Prifysgol Cymru, 1994), 12–13 (darlith Eisteddfodol y Brifysgol, Eisteddfod Genedlaethol Cymru Nedd a'r Cyffiniau 1994).

[5]   'Teitl', *Y Geninen* IV (1896), 252. Gw. hefyd Geraint a Zonia Bowen, op. cit., t. 263.

6 'John Morris-Jones', *THSC* (1919–20), 155 (braslun o'i hanes yn ei eiriau ei hun). Gw. hefyd Huw Walters, *John Morris-Jones 1864–1929: Llyfryddiaeth Anodiadol* (Aberystwyth, 1986), t. 22, cofnod 113.

7 LlGC, Llsgr. 17345C. Gw. hefyd Geraint a Zonia Bowen, op. cit., t. 259. Am gyfraniad Arlunydd Penygarn i'r Eisteddfod Genedlaethol, gw. Allan James, 'Thomas Henry Thomas (Arlunydd Penygarn)', yn Tegwyn Jones a Huw Walters (goln), *Cawr i'w Genedl: Cyfrol i Gyfarch yr Athro Hywel Teifi Edwards* (Llandysul, 2008), tt. 175–97.

8 Dienw, 'The National Eisteddfod of Wales', *Wales* (1912), 513.

9 W. J. Gruffydd, 'The National Eisteddfod in Relationship to Welsh Literature', *Wales* (1912), 616.

10 Cynan (Albert Evans-Jones), 'O Berthynas i'r Eisteddfod', yn Aneirin Talfan Davies (gol.), *Llafar 1951 (Detholiad o Sgyrsiau, Storïau a Barddoniaeth Radio)* (Aberystwyth, 1952), t. 133.

11 John Morris-Jones, 'Cystadleuaeth y Gadair: Beirniadaeth yr Athro John Morris Jones', yn E. Vincent Evans (gol.), *Cofnodion a Chyfansoddiadau Eisteddfod Lerpwl, 1900* (Lerpwl, 1901), 1.

12 Ibid., 2.

13 John Morris-Jones, 'Cystadleuaeth y Gadair: Beirniadaeth yr Athro John Morris Jones', yn E. Vincent Evans (gol.), *Cofnodion a Chyfansoddiadau Eisteddfod Bangor 1902* (Lerpwl, 1903), 2.

14 Ibid., 3.

15 Ibid., 1.

16 Bobi Jones, 'Ail-Ymweld â Llenyddiaeth 1902–36 (1) Y Teiliwr a'r Beirniad', *Barn*, 177 (Hydref 1977), 327.

17 Ibid., 328.

18 Henry Lewis, 'Sir John Morris-Jones', *The Welsh Outlook*, 16 (1929), 136.

19 John Morris-Jones, 'Cystadleuaeth y Gadair: Beirniadaeth Yr Athro Syr John Morris-Jones', yn E. Vincent Evans (gol.), *Cofnodion a Chyfansoddiadau Eisteddfod Genedlaethol 1922 (Rhydaman)* (d.ll.: [1922]), 2.

20 E. Morgan Humphreys, 'Syr John Morris-Jones, 1864–1929', yn *Gwŷr Enwog Gynt: argraffiadau ac atgofion personol ('yr ail gyfres')* (Aberystwyth, 1953), tt. 52–3.

21 Ibid., t. 53.

22 E. Morgan Humphreys, op. cit., t. 55.

23 Llion Pryderi Roberts, 'Yr Athro yn ei Elfen: beirniadaeth Eisteddfodol Berfformiadol John Morris-Jones', *Taliesin* 105–6 (1999), 133. Seiliwyd y drafodaeth ar gynnwys gwaith ymchwil Roberts, 'Agenda Ddeallusol a Pherfformiad ym Meirniadaethau John Morris-Jones' (Traethawd M.Phil. Cymru [Caerdydd], 2002). Gw. hefyd Llion Pryderi Roberts, '"Dwyn ei genedl dan ganu": Llefaredd a Pherfformiad ym Meirniadaethau Eisteddfodol John Morris-Jones', yn Owen Thomas (gol.), *Llenyddiaeth Mewn Theori* (Cardydd, 2006). Mae'r traethawd a'r erthyglau diweddarach yn cynnwys dadansoddiad manwl o arddull y gwahanol feirniadaethau ynghyd ag ymdriniaeth dreiddgar â rhinweddau perfformiadol JMJ.

24 John Morris-Jones, 'Cystadleuaeth y Gadair: Beirniadaeth Yr Athro John Morris Jones', yn E. Vincent Evans (gol.), *Cofnodion a Chyfansoddiadau Eisteddfod Genedlaethol 1904 (Y Rhyl)* (d.ll.: [1904]), 3.

25 John Morris-Jones, 'Cystadleuaeth y Gadair: Beirniadaeth Yr Athro John Morris Jones', yn E. Vincent Evans (gol.), *Cofnodion a Chyfansoddiadau Eisteddfod Genedlaethol 1909 (Llundain)* (d.ll.: [1909]), 7.

26 John Morris-Jones, 'Cystadleuaeth y Gadair: Beirniadaeth yr Athro Syr John Morris-Jones', yn E. Vincent Evans (gol.), *Cofnodion a Chyfansoddiadau Eisteddfod Genedlaethol 1921 (Caernarfon)* (d.ll.: [1921]), 6.

27 John Morris-Jones, 'Cystadleuaeth y Gadair: Beirniadaeth Yr Athro John Morris Jones' yn E. Vincent Evans (gol.), *Cofnodion a Chyfansoddiadau Eisteddfod Genedlaethol Bangor 1902* (Lerpwl, 1903), 5–6.

28 Ibid., 2.

29 T. Gwynn Jones, op. cit., t. 100.

30 Ibid., t. 99.

31 Llion Pryderi Roberts, '"Dwyn ei genedl dan ganu": Llefaredd a Pherfformiad ym Meirniadaethau Eisteddfodol John Morris-Jones', yn Owen Thomas (gol.), *Llenyddiaeth Mewn Theori* (Caerdydd, 2006), t. 130.

32 J. E. Caerwyn Williams, *THSC* (1966), 67.

33 J. E. Lloyd, 'Sir John Morris-Jones', *The Welsh Outlook*, 16 (1929), 134.

34 Henry Lewis, art. cit., 137.

35 W. J. Gruffydd, art. cit., 617.

36 Ibid., 618.

37 Alan Llwyd, *Prifysgol y Werin: Hanes Eisteddfod Genedlaethol Cymru 1900–1918* (Llandybïe, 2008), tt. 64–5. Yn ei adolygiad ar y gyfrol hon gan Alan Llwyd, er fod yr Athro Hywel Teifi Edwards yn canmol JMJ am waredu'r 'cynghanedd a'r canu caeth rhag anrhaith bwnglerwyr oes Victoria', nid yw mor barod i gydnabod ei gyfraniad mewn meysydd eraill. Fe'i cofir, meddai ar y naill law, 'fel mathemategydd o ysgolhaig Cymraeg tra disglair' ond, ar y llaw arall, 'fel Prydeinwr o Athro'r Gymraeg a ddysgai ei fyfyrwyr yn ddi-lol yn iaith y Sais, ac fel bardd a beirniad llên mor adweithiol ei ddaliadau parthed priodoldeb iaith a chwaeth nes ymgaregu ohono'n faen tramgwydd ar lwybr datblygiad llenyddiaeth Gymraeg fodern' (Hywel Teifi Edwards, 'Rhan o stori'r Eisteddfod' (sef adolygiad ar gyfrol Alan Llwyd), *Barn*, 555, Ebrill 2009).

38 Alan Llwyd, *Blynyddoedd y Locustiaid: Hanes Eisteddfod Genedlaethol Cymru 1919–1936* (Llandybïe, 2007), t. 251. Mae cyfrolau Alan Llwyd yn olrhain yn dreiddgar fanwl ddylanwad JM-J ar ganu eisteddfodol ei gyfnod.

Pennod 8

1 John Morris-Jones, *Caniadau* (Rhydychen, 1907).

2 Gw. Huw Walters, *John Morris-Jones 1864–1929: Llyfryddiaeth Anodiadol* (Aberystwyth, 1986), rhan 1 (Llyfryddiaeth Gwaith John Morris-Jones), adran 5, 'Cerddi, cyfieithiadau a chaneuon', tt. 43–66. Gw. hefyd Gwilym R. Tilsley, 'Beirdd ein canrif. 1, Syr John Morris-Jones', *Yr Eurgrawn*, 149 (1957), 227–32.

3 John Morris-Jones, *Cerdd Dafod* (Rhydychen 1925), 'Y Mater', tt. 4–17.

4 Ibid., t. 16

5 Ibid., t. 15.

6 Hywel Teifi Edwards, 'The Oxford Book of Welsh Verse', *Barn* (Tachwedd, 1968), 24. Gw. hefyd Alun Llywelyn-Williams, *Y Nos, Y Niwl, A'r Ynys* (Caerdydd, 1960), tt. 25–8, 58–78.

7 Alun Llywelyn Williams, *Y Nos, Y Niwl, A'r Ynys*, t. 27.

8 John Morris Jones, 'Cathlau Heine', *Cymru Fydd*, 3/10 (Hydref, 1890), 481. Gw. hefyd 'Caneuon Serch', *Cymru Fydd*, 3/11 (Tachwedd, 1890), 662–7.

9 Alun Llywelyn-Williams, op. cit., t. 63. Gw. hefyd t. 177 (nodiadau 5 a 6).

10 Hywel Teifi Edwards, 'The Oxford Book of Welsh Verse', *Barn* (Medi, 1968), 305.

11 Ibid.

12 Saunders Lewis, *An Introduction to Contemporary Welsh Literature* (Wrexham, 1926), tt. 5–6. Ceir y sylwadau mewn adran yn dwyn y teitl 'Oxford and Sir John Morris-Jones'.

13 Alun Llywelyn-Williams, op. cit., t. 65.

14 John Morris-Jones, *Caniadau*, t. 13.

15 Ibid., t. 14. Ceir ymdriniaeth â'r gerdd arbennig hon gan John Gwilym Jones, sy'n tynnu sylw at ei phrif ddiffyg: 'A'r mathemategydd ynddo a benderfynodd bensaernïaeth geometrig ei gyffelybiaethau. Ei adeiladwaith nodweddiadol yw un y trionglau cyfath (congruent triangles) . . . Yn y ddau bennill cyntaf ceir gosodiad gwyddonol yn union fel pe bae Seryddwr y Frenhines yn datgan ffaith mewn mydr ac odl ond fod Syr John yn clasurol adleisio ffurf awdl gywydd ei draddodiad ei hun gyda'i odl gyrch. Yn y pennill olaf fe addasir y cwbl ddelwedd am ddelwedd a syniad am syniad i'w brofiad ei hun.' John Gwilym Jones, 'Syr John Morris-Jones, Y Bardd', *Barn*, Ionawr, 1965, 70 (parhad ar dudalen 80).

16 Bobi Jones, 'Ail-Ymweld â Llenyddiaeth 1902–36 (1): Y Teiliwr a'r Beirniad', *Barn*, 177 (Hydref 1977), 327. Gw. hefyd R. M. Jones, *Llenyddiaeth Gymraeg 1902–1936* (Llandybïe, 1987), tt. 15–21.

17 Hywel Teifi Edwards, 'The Oxford Book of Welsh Verse', *Barn* (Tachwedd 1968), 25.

18 John Morris-Jones, op. cit., 6.

19 Hywel Teifi Edwards, art. cit., 25.

20 John Lasarus Williams, op. cit., tt. 68–9.

21 John Morris-Jones, op. cit., 8.

22 J. G. Williams, *Omar* (Dinbych, 1981), tt. 15–16.

23 Ibid., t. 16.

24 Gwilym R. Tilsley, op. cit., 229.

25 John Morris-Jones, 'Caneuon Serch', *Cymru Fydd*, 3/11 (Tachwedd 1890), 662.

26 Ifor Williams, 'Syr John Morris-Jones', *Y Traethodydd* (1929), 148.

27 Bobi Jones, 'Ail-Ymweld â Llenyddiaeth 1902–36 [4]', *Barn*, 180 (Ionawr 1978), 17.

28 *THSC* (1966), 70 (llythyr Gwenogvryn Evans).

29 John Morris-Jones, op. cit., t. 189.

30 Hywel Teifi Edwards, 'The Oxford Book of Welsh Verse', *Barn* (Hydref 1968), 332.

31 J. G. Williams, op. cit., 15. Dywed yr awdur mai yn y *Faner* yn 1929 y gwelir geiriau R. Williams Parry. Mae lle i amau hynny. Gw. gyfeiriad Caerwyn Williams *THSC* (1966), 66 (nodyn 131) at 'Y Brython, 2 Mai, 1929, 4d'.

32 John Morris-Jones, op. cit., 167.

33 T. H. Parry-Williams, *Cerddi* (Llandysul, 1931), 57.

34 Bobi Jones, art. cit, 17.

35 Ibid.

36 John Morris-Jones, op. cit. (nodiadau rhagarweiniol 'At y Darllenydd', vii–viii).

37 J. G. Williams, op. cit., t. 119. Yno dyfynnir yn helaeth o ragymadrodd JMJ i argraffiad Gregynog o *Penillion Omar Khayyâm*. Adroddir hanesyn atodol gan J. Lasarus Williams, hanesyn 'a glywodd Mr Derwyn Jones gan yr Athro Thomas Parry' sy'n dangos pa mor awyddus yr oedd JMJ i argyhoeddi pawb mai o'r Perseg yn hytrach nag o'r Saesneg y cyfieithwyd ei 'Omar' ef: 'Y stori ydyw bod rhywun, ar blatfform gorsaf Aberystwyth, wedi gofyn iddo ai o fersiwn Saesneg Fitzgerald yr oedd o wedi trosi penillion Omar Khayyâm. Yr oedd Syr John yn sefyll yn nrws y trên ac atebodd yn chwyrn: 'No, no. I did it from the Persian', yn amlwg wedi'i gythruddo, a'r trên erbyn hynny wedi cychwyn allan' (John Lasarus Williams, op. cit., t. 54).

38 Gw. Bobi Jones, art. cit., 16.

39 Alun Llywelyn-Williams, op. cit., 59.

40 John Morris-Jones, op. cit., 58. Am yr awdl 'Cymru Fu: Cymru Fydd' gw. tt. 55–70.

41 Alun Llywelyn-Williams, op. cit., 59.

42 W. J. Gruffydd, 'Snechian tu ol i'r Gwrych', *Y Brython* (20 Hydref 1910).

43 Hywel Teifi Edwards, 'Oxford Book of Welsh Verse', *Barn* (Medi 1968), 306.

44 Alun Llywelyn-Williams, op. cit., 60.

45 Hywel Teifi Edwards, art. cit., 306.

[46] William Hughes Jones, *At the Foot of Eryri* (Bangor, 1912), t. 60.

[47] Alun Llywelyn-Williams, op. cit., 58.

[48] John Morris-Jones, op. cit., 85. Am yr awdl 'Salm i Famon', gw. tt. 71–92.

[49] Hywel Teifi Edwards, art. cit., 306.

[50] Saunders Lewis, *Meistri'r Canrifoedd* (Caerdydd, 1973), tt. 387–8.

[51] Alun Llywelyn-Williams, op. cit., 62.

[52] Ibid.

[53] Bobi Jones, 'Ail-ymweld â Llenyddiaeth 1902–36 [2]', *Barn*, 178 (Tachwedd 1977), 366–7.

[54] Ibid., 367.

Pennod 9

[1] J. E. Caerwyn Williams, 'Y Marchogion, Y Macwyaid a'r Ford Gron', *Ysgrifau Beirniadol IX*, gol. J. E. Caerwyn Williams (Dinbych, 1976). Afraid pwysleisio fod ymdriniaeth safonol Caerwyn Williams â'r maes arbennig hwn yn cynnig arweiniad sicr i'r sawl a fyn olrhain hanes y gwrthdaro. Ceir ganddo, yn ogystal, restr gyflawn o wahanol gyfraniadau'r Macwyaid i'r wasg mewn atodiad i'r erthygl, tt. 249–54.

[2] Ibid., t. 201.

[3] Ibid., t. 203.

[4] John Morris-Jones, 'Gorsedd Beirdd Ynys Prydain', *Cymru*, 10/59 (Mehefin 1896), 298.

[5] J. E. Caerwyn Williams, op. cit., t. 204.

[6] Ibid.

[7] Ibid., 205–6. Gw. *Y Geninen* (1902), 267–90.

[8] J. Gwili Jenkins, 'Swydd y Beirniad', *Y Geninen*, 21 (1903), 145–50.

[9] J. E. Caerwyn Williams, op. cit., t. 204. Gw. *The Nationalist*, 1/1 (Mawrth 1907), 4.

[10] *The Nationalist*, 1/1 (Mawrth 1907), 4.

[11] Ibid., 1/3 (Mai 1907), 27.

[12] Ibid., 1/10 (Rhagfyr 1907), 26.

[13] Ibid., 27.

[14] Ibid., 29.

[15] J. E. Caerwyn Williams, op. cit., t. 221.

[16] *The Nationalist*, 2/15 (Mai 1908), 31.

[17] J. E. Caerwyn Williams, op. cit., t. 224.

[18] Ibid., t. 196.

[19] T. Robin Chapman, *W. J. Gruffydd* (Caerdydd, 1993), t. 52.

[20] Ibid., t. 53.

[21] Ibid.

[22] *The Nationalist*, 4/33 (Hydref 1910), 5. Yn y rhifyn hwn, ceir erthygl yn dwyn y teitl 'The New School of Welsh Poets' dan enw 'a Member of

the Gorsedd', 5–16. Gellir fod yn bur hyderus mai'r golygydd, sef T. Marchant Williams, yw'r awdur. O'r drafodaeth honno y daw'r gyfres o ddyfyniadau.

[23] John Morris-Jones, *Caniadau*, t. 31.

[24] J. E. Caerwyn Williams, op. cit., t. 226.

[25] Bedwyr Lewis Jones (golygwyd a chwblhawyd gan Gwyn Thomas), *R. Williams Parry* (Caerdydd 1997), tt. 55–6.

[26] J. E. Caerwyn Williams, op. cit., t. 228

[27] Ibid., tt. 249–54.

[28] T. Robin Chapman, op. cit., t. 51.

[29] J. E. Caerwyn Williams, op. cit., t. 244.

[30] Ibid., t. 219.

Pennod 10

[1] *Y Beirniad* (tan nawdd Cymdeithasau Cymreig y Colegau Cenedlaethol), gol. J. Morris Jones, 1 (1911), 1.

[2] Ibid., 'Annerch', 2.

[3] Gw. J. E. Caerwyn Williams, 'Y Marchogion, Y Macwyaid a'r Ford Gron', *Ysgrifau Beirniadol IX*, gol. J. E. Caerwyn Williams (Dinbych, 1976), 191–254.

[4] *Y Beirniad*, 1 (1911), 'Annerch', 1.

[5] Bobi Jones, 'Ail-ymweld â Llenyddiaeth 1902–36 [2]: Y Pastwn Llenyddol', *Barn*, 178 (Tachwedd 1977), 367. Gw. hefyd R. M. Jones, *Llenyddiaeth Gymraeg 1902–1936* (Llandybïe, 1987), tt. 22–8.

[6] Ibid., 366–7.

[7] Ibid., 367.

[8] Ibid., 368.

[9] *Y Beirniad*, 1, 66–72.

[10] Ibid., 72. Yn y cyfnod hwn bu *The Nationalist* yn cynrychioli barn y gorseddogion. Gw., er enghraifft, yr ateb i erthygl JMJ dan y teitl, 'The Conspiracy against the Gorsedd' yn *The Nationalist*, 4/36 (July 1911), 33–43. Yno mae T. Marchant Williams yn ysgrifennu dan y ffugenw 'Llafar bid Lafar'.

[11] *Y Beirniad*, 209.

[12] Ibid., 211.

[13] Ibid., 295–6.

[14] Gw. *Y Geninen*, 30 (1912), 94–8, 208–10.

[15] O. Eilian Owen, 'Orgraff yr Ysgol Jonesaidd', *Y Geninen*, 30 (1912), 97.

[16] *Y Beirniad*, 2, 197.

[17] Ibid., 197 a 200.

[18] *Y Geninen*, 31 (1913), 65–72.

[19] 'Rhai Llythyrau', gol. G. T. Roberts, *Yr Eurgrawn*, 150 (1958), 182–3.

[20] K. O. Morgan, *Rebirth of a Nation: Wales 1880–1980* (Rhydychen, 1981), t. 161.

[21] Ibid., 162.

[22] Ibid., 159.

[23] Ibid., 163.

[24] John Morris-Jones, 'Crefydd Newydd yr Almaen', *Y Beirniad*, 5 (1915), 196.

[25] Ibid., 204.

[26] Gw. *Y Beirniad*, 4 (1914), 217–24. Ceir adolygiadau JMJ ar ddwy gyfrol sy'n gyfieithiadau o waith Friedrich von Bernhardi, *Germany and the Next War* a *How Germany Makes War*.

[27] Ibid., 224.

[28] Ibid., 225.

[29] J. Gwynn Williams, *The University College of North Wales: Foundations 1844–1927* (Cardiff, 1985), t. 329.

[30] Ibid., t. 330.

[31] Arwel Vittle, *Valentine: Cofiant i Lewis Valentine* (Talybont, 2006), t. 40.

[32] Ibid., t. 41.

[33] LlPCB, Bangor Llsgr. 3248 (104). Llythyr at JMJ, dyddiedig 2 Rhagfyr 1914.

[34] LlPCB (di-rif), llythyr dyddiedig 20 Ionawr 1918.

[35] LlPCB (di-rif), llythyr dyddiedig 28 Chwefror 1918.

[36] LlPCB (di-rif), llythyr dyddiedig 28 Mawrth 1918.

[37] K. O. Morgan, op. cit., tt. 162–3. Ceir trafodaeth gan yr awdur ar y rhai a fynnodd ymwrthod â barn y mwyafrif.

[38] Cyhoeddwyd hefyd ar ddull pamffled, 'At Y Cymry' (Bangor 1914) ynghyd â fersiwn Saesneg 'To the Welsh People' (Bangor, 1914). Gw. Huw Walters, *John Morris-Jones 1864–1929: Llyfryddiaeth Anodiadol* (Aberystwyth, 1986), t. 5 (20 a 21).

[39] Ibid., t. 5 (22).

[40] *Gwlad fy Nhadau: Rhodd Cymru i'w Byddin*, goln John Morris Jones a Lewis Jones (Llundain, 1915), tt. 124–5.

[41] Ibid., 'Rhagymadrodd', 5.

[42] K. O. Morgan, op. cit., t. 159.

[43] 'Rhai Llythyrau', gol. G. T. Roberts, *Yr Eurgrawn*, 150 (1958), 183.

[44] Ibid., 185. Llythyr dyddiedig 10 Mai 1912.

[45] John Morris-Jones, *Welsh Grammar* (Rhydychen, 1913), iii.

[46] Geraint Bowen, 'John Morris-Jones', yn *Y Traddodiad Rhyddiaith yn yr Ugeinfed Ganrif*, gol. Geraint Bowen (Llandysul, 1976), t. 58.

[47] Ibid., tt. 58–9.

[48] Henry Lewis, 'Sir John Morris-Jones', *The Welsh Outlook*, 16 (1929), 136 (b).

[49] Llythyr dyddiedig 12 Tachwedd 1892. Gw. Geraint Bowen, op. cit., t. 58.

[50] Henry Lewis, art. cit., 137.

[51] John Morris-Jones, *Welsh Grammar* (Rhydychen, 1913), 'Preface', iv.

[52]   Owen Eilian Owen, 'Orgraff yr Ysgol Jonesaidd', *Y Geninen* (Ionawr 1913), 71.
[53]   LlCPB Bangor Llsgr. 3245 (69). Llythyr dyddiedig 13 Mawrth 1905.
[54]   Ibid. Llsgr. 3245 (70).
[55]   Ibid. Llsgr. 3245 (104).
[56]   Ibid. Llsgr. 3246 (115).
[57]   Ibid. Llagr. 3248 (40).
[58]   John Morris-Jones, op. cit., 'Preface', v–vi.
[59]   Ibid., iii.
[60]   Ibid., iv.
[61]   A. O. H. Jarman, 'Syr John Morris-Jones fel Ysgolhaig', *Lleufer*, 31 (1965), 3–4.
[62]   Gw. *Y Beirniad*, 3 (1913), 208. Mae'n briodol cofio fod Syr Edward Anwyl yn llawer mwy parod i arddel patrymau ac arfer llafar gwlad yn ystod y ddadl gynharach ynglŷn â 'Ffordd Deiniol/Ddeiniol' rai blynyddoedd ynghynt yn 1906. Roedd JMJ, ar y llaw arall, yn gyndyn i gydnabod gwahaniaethau tafodieithol a fyddai'n dueddol o herio'r ffurfiau a ystyrid ganddo'n ramadegol safonol.
[63]   Brynley F. Roberts, 'Syr Edward Anwyl (1866–1914)', *THSC* (1968), 236.
[64]   Peter Wynn Thomas, *Gramadeg y Gymraeg* (Caerdydd, 1996), t. 2.
[65]   Ibid., t. 2.
[66]   Ibid., t. 3.
[67]   Thomas Parry, 'John Morris-Jones – Yr Ysgolhaig', *Barn*, 27 (Ionawr 1965), 68–9.
[68]   Henry Lewis, art. cit., 137 (b).
[69]   W. J. Gruffydd, 'A Romantic Grammarian', *The Welsh Outlook*, 1 (1914), 33.

Pennod 11

[1]   G. T. Roberts (gol.), 'Rhai Llythyrau VII', *Yr Eurgrawn*, 10 (Hydref 1958), 263. Llythyr dyddiedig 14 Tachwedd 1918.
[2]   LlPCB, Bangor Llsgr. 3248, 119. Llythyr dyddiedig 5 Mai 1922.
[3]   G. T. Roberts (gol.), art. cit., 263. Llythyr dyddiedig 12 Ionawr 1918.
[4]   G. T. Roberts (gol.), 'Rhai Llythyrau VI', *Yr Eurgrawn*, 8 (Awst 1958), 204. Llythyr dyddiedig 23 Ionawr 1916.
[5]   Ibid., 204–5.
[6]   G. T. Roberts (gol.), 'Rhai Llythyrau VII', *Yr Eurgrawn*, 10 (Hydref 1958), 263. Llythyr dyddiedig 12 Ionawr 1918.
[7]   Ibid.
[8]   G. T. Roberts (gol.), 'Rhai Llythyrau VI', *Yr Eurgrawn*, 8 (Awst 1958), 207. Llythyr dyddiedig 27 Mawrth 1917.

9 LlGC Casgliad Timothy Lewis, Llsgr. 1552. Llythyr dyddiedig 15 Rhagfyr 1906.

10 LlCPB Bangor Llsgr. 14379. Sgript radio o sgwrs a ddarlledwyd gan merch JMJ, Rhiannon Morris-Jones, yn 1949 mewn cyfres yn dwyn y teitl 'O Boptu'r Tân'.

11 G. T. Roberts (gol.), 'Rhai Llythyrau VII', *Yr Eurgrawn*, 10 (Hydref 1958), 263. Llythyr dyddiedig 12 Ionawr 1918.

12 *Y Cymmrodor*, 28 (1918).

13 Yr Athro Ifor Williams, adolygiad ar *Facsimile and Text of the Book of Taliesin*, *Y Beirniad*, 6 (1916), 129

14 Ibid., 137.

15 J. E. Caerwyn Williams, *THSC* (1966), 61.

16 John Morris-Jones, *Taliesin*, *Y Cymmrodor*, 28 (1918), t. 38.

17 Bobi Jones, 'Ail-Ymweld â Llenyddiaeth 1902–36 (2): Y Pastwn Llenyddol', *Barn*, 178 (Tachwedd 1977), 366. Gw. hefyd R. M. Jones, *Llenyddiaeth Gymraeg 1902–1936* (Llandybïe, 1987), tt. 22–8.

18 John Morris-Jones, op. cit., t. 81.

19 Ibid., t.123.

20 J. Gwenogvryn Evans, *Taliesin or The Critic Criticised*, *Y Cymmrodor*, 34 (1924).

21 Ibid, 3–4.

22 Ibid., 4.

23 LlGC Casgliad Timothy Lewis, Llsgr. 1549. Llythyr dyddiedig 17 Ionawr 1896.

24 LlCPB Bangor Llsgr. 3247, 74. Llythyr dyddiedig 19 Rhagfyr 1905.

25 LlCPB Bangor Llsgr. 3247, 87. Llythyr dyddiedig 16 Awst 1907.

26 T. Gwynn Jones, 'Adolygiadau', *Y Beirniad*, 8 (1919), 186 (mewn adolygiad ar Taliesin gan JMJ).

27 J. Gwenogvryn Evans, op. cit., t. 105.

28 LlGC Papurau E. Morgan Humphreys Llsgr. A2063. Llythyr dyddiedig 19 Tachwedd 1924. Ym mis Mawrth 1925, ymddangosodd yn *Y Goleuad* (wythnosolyn y Methodistiaid Calfinaidd a olygwyd gan Humphreys) gyfraniad dienw yn dwyn y teitl 'Beth am Catraeth?' Gellid mentro awgrymu mai dyma'r cyfraniad a amgaewyd gan T. Gwynn Jones gyda'r llythyr. Wele'r gohebydd yn amddiffyn enw da ysgolheigion ei gyfnod: 'Mewn rhifyn o'r "Cymmrodor" yn lled ddiweddar fe ddaeth y Dr. Gwenogvryn Evans allan fel "tarw trin" i chwalu mwdwl ofergoel a thraddodiad. Y mae yn yr erthygl gryn lawer o bethau heblaw beirniadaeth lem, – pethau nad oes ynddynt na dysg na dadl . . . Y mae'r athrawon (ac wrth gwrs y pennaf o'r pechaduriaid yw Syr John Morris-Jones) wedi bod yn anfaddeuol o ddwl ac yn byw trwy gydol yr amser ar draddodiadau disail gan eu dysgu i eraill!' (*Y Goleuad*, 11 Mawrth 1925).

29 R. Gerallt Jones, *The Literary Revival of the Twentieth Century* ('The Welsh Literary Tradition') (Llandybïe, 1967), t. 6.

30 W. J. Gruffydd, 'In memoriam: Syr John Morris-Jones', *Y tro olaf ac ysgrifau eraill* (Aberystwyth, 1939), t. 145. Gw. hefyd 'Nodiadau'r

golygydd', *Y Llenor*, 8 (1929), 65–8, a thalfyriad dan y teitl 'Athrylith Syr John Morris-Jones', *Môn* (rhifyn canmlwyddiant geni Syr John Morris-Jones), 2/9 (1965), tt. 9, 16.

[31] Ceir rhestr o aelodau'r ddirprwyaeth ymhlith papurau JMJ yn Archifdy Llyfrgell Coleg Prifysgol Bangor. Teitl y rhestr yw 'Delegates Chosen for Visit to France: May 30, 1919'. Roedd JMJ yn un o ddeg, a'r unig aelod o Brifysgol Cymru.

[32] LlCPB Papurau JM-J. Llythyr dyddiedig 11 Mehefin 1919 wedi'i ysgrifennu ar bapur swyddogol 'Hotel Lutetia, Square du Bon Marche, Paris'. Daethpwyd o hyd i'r pecyn o lythyrau a anfonwyd gan JMJ o Ffrainc at ei wraig ymhlith casgliad o ddeunydd amrywiol a gedwir yn Archifdy Llyfrgell Coleg Prifysgol Bangor. Nid ydynt yn rhan o'r casgliad a welir yn y catalog swyddogol. Mae'n amlwg fod Mary, gwraig JMJ, wedi cadw'r llythyrau yn ddiogel a'u bod wedi aros ym meddiant y teulu tan iddynt gael eu trosglwyddo i ofal yr Archifdy ymhen blynyddoedd. Mae'r pecyn arbennig hwn yn cynnwys wyth o lythyrau. Dyddiad y cyntaf yw 29 Mai 1919, a'r olaf 11 Mehefin 1919.

[33] Ibid.

[34] LlCPB Papurau JM-J. Llythyr dyddiedig 8 Mehefin 1919.

[35] LlCPB Papurau JM-J. Llythyr dyddiedig 31 Mai 1919.

[36] LlCPB Papurau JM-J. Llythyr dyddiedig 10 Mehefin 1919.

[37] LlCPB Papurau JM-J. Llythyr dyddiedig 5 Mehefin 1919.

[38] LlCPB Papurau JM-J. Llythyr dyddiedig 8 Mehefin 1919.

[39] T. Robin Chapman, *W. J. Gruffydd* (Caerdydd, 1993), t. 76.

[40] LlCPB Bangor Llsgr. 3248, 38. Llythyr dyddiedig 11 Mawrth 1923. Gw. hefyd T. Robin Chapman, op. cit., t. 76.

[41] LlCPB Bangor Llsgr. 3245, 121. Y dyddiad a roddir uwchben y llythyr yw 15-vii-1923. A oes camgymeriad yma? O ystyried y cyfeiriadau at y Pasg ac at fis Mai, tybed ai Chwefror oedd y mis a olygid yn hytrach na Gorffennaf, hynny yw 'ii' ac nid 'vii', sef bod 'v' wedi'i ychwanegu ar gam. Roedd y ffigur 5, fel y gwelir, yn rhan o'r dyddiad.

[42] J. Lasarus Williams, *Syr John Morris-Jones, 1864–1929* (Llangefni, 2000), tt. 20–1. Ymddengys fod Lasarus Williams wedi llwyddo i gasglu tystiolaeth deuluol trwy gyfrwng gwahanol sgyrsiau achlysurol â Nêst Morris-Jones (ganed 4 Awst 1907), merch ifancaf Syr John, a'i nith hithau Mrs Gwenno Clwyd Williams, cyn iddo gyhoeddi ei gyfrol yn y flwyddyn 2000. Ni ellir barnu a oedd y llythyrau a anfonwyd o America yn eu meddiant, ond gellid mentro awgrymu fod y stori yn rhan o hanes y teulu y byddai Nêst yn debygol o'i chofio am iddi hithau dderbyn gwahanol gardiau post gan ei thad oddi yno. Yn yr adran 'Diolch Am Gymorth', mae'r awdur yn cydnabod cyfraniad y ddwy: 'Yn ychwanegol at ddeunydd a gyhoeddwyd bûm yn ffodus iawn yn cael croeso gan Miss Nêst Morris-Jones a'i nith Mrs Gwenno Clwyd Williams yn Tŷ Coch a chlywed atgofion personol.'

[43] G. T. Roberts, 'Rhai llythyrau VII', *Yr Eurgrawn*, 10 (Hydref 1958), 264. Llythyr dyddiedig 24 Awst 1920.

44 Gwelir y gyfres o lythyrau a anfonwyd at Mary o America ymhlith deunydd amrywiol yng nghasgliad JMJ yn Archifdy Llyfrgell Coleg Prifysgol Bangor. Fel yn achos y llythyrau o Ffrainc, mae'r deunydd hwn yn ychwanegol at yr hyn a welir yn y catalog swyddogol ac felly'n ddi-rif. Mae'r gyfres yn cynnwys 15 o lythyrau (1 Medi–18 Hydref 1920).

45 LlCPB. Llythyr dyddiedig 1 Medi 1920.

46 LlCPB. Llythyr dyddiedig 8 Medi 1920.

47 Ibid.

48 LlCPB. Llythyr dyddiedig 14 Medi 1920.

49 LlPCB. Llythyr dyddiedig 14 Hydref 1920. Mewn llythyr a ysgrifennodd JMJ o'r Rhyl (20 Ebrill 1921), dywed ei fod yn y dref honno er mwyn mynychu priodas Mr J. E. Morris, y cyfaill a fu'n gydymaith iddo ar y daith i America. Gw. G. T. Roberts (gol.), 'Rhai Llythyrau VIII', *Yr Eurgrawn*, 11 (Tachwedd 1958), 292.

50 LlCPB. Llythyr dyddiedig 14 Hydref 1920.

51 LlCPB. Llythyr dyddiedig 10 Hydref 1920.

52 LlCPB. Llythyr dyddiedig 22 Medi 1920.

53 LlCPB. Llythyr dyddiedig 3 Hydref 1920.

54 LlCPB. Llythyr dyddiedig 14 Medi 1920.

55 LlCPB. Llythyr dyddiedig 22 Medi 1920.

56 Ibid.

57 LlCPB. Llythyr dyddiedig 17 Hydref 1920.

58 LlCPB. Llythyr dyddiedig 22 Medi 1920.

59 LlCPB. Llythyr dyddiedig 18 Medi 1920.

60 LlCPB. Llythyrau 18 Medi a 22 Medi 1920.

61 LlCPB. Llythyr dyddiedig 13 Medi 1920.

62 LlCPB. Llythyr dyddiedig 3 Hydref 1920.

63 G. T. Roberts (gol.), 'Rhai Llythyrau VII', *Yr Eurgrawn*, 10 (Hydref 1958), 263. Llythyr dyddiedig 14 Tachwedd 1918.

64 *Y Cymmrodor*, 28 (1918).

65 G. T. Roberts (gol.), art. cit., 265. Llythyr dyddiedig 24 Awst 1920.

66 LlCPB Bangor Llsgr. 3245, 118.

67 G. T. Roberts (gol.), art. cit., 264. Llythyr dyddiedig 24 Awst 1920.

68 LlCPB. Llythyr dyddiedig 18 Medi 1920 a anfonwyd o Sherman, Texas.

69 G. T. Roberts (gol.), art. cit., 266. Llythyr dyddiedig 5 Ebrill 1921.

70 Ibid.

71 G. T. Roberts, 'Rhai Llythyrau VIII', *Yr Eurgrawn*, 11 (Tachwedd 1958), 293. Llythyr dyddiedig 27 Ebrill 1921.

72 J. Lasarus Williams, op. cit., t. 36. Gw. hefyd Arwel Vittle, *Valentine: Cofiant i Lewis Valentine* (Talybont, 2006), t. 87.

73 G. T. Roberts (gol.), art. cit., 294. Llythyr dyddiedig 7 Gorffennaf 1922.

74 LlCPB, Bangor Llsgr. 3248, 23. Llythyr dyddiedig 2 Awst 1922.

75 Ifor Williams, 'Syr John Morris-Jones', *Y Traethodydd* (1929), 147. Er nad yw Ifor Williams yn nodi'r flwyddyn, gellid awgrymu mai yn 1923 y bu'r teulu yn Llydaw. Ar ôl cyhoeddi *Yr Efengyl yn ôl Marc* (1921), byddai wedi cael ei ryddhau i ddychwelyd at y deunydd a oedd eisoes yn ei

feddiant ar gelfyddyd y beirdd. Cynhaliwyd pasiant Ellis Wynne yn ystod Awst 1922. Ar ben hynny, yn ôl cofnod yn nhrwydded deithio JMJ, a welir ymhlith ei bapurau yn yr Archifdy ym Mangor, glaniodd yn Dieppe ar 15 Medi 1923. Roedd eisoes wedi beirniadu yn Eisteddfod Genedlaethol Yr Wyddgrug, a chan fod y merched i gyd, ar wahân i Nêst, yn eu hugeiniau erbyn hyn, mae'n debyg y byddai Medi wedi profi'n fis digon deniadol ar gyfer gwyliau teuluol.

Pennod 12

1 Gw. Bobi Jones, 'Ail-Ymweld â Llenyddiaeth 1902–36 (5): Deddfwriaeth Morris-Jones', *Barn,* 181 (Chwefror 1978), 56–8; Bobi Jones, 'Adolygiadau Hwyr [27]: *Cerdd Dafod*, J. Morris-Jones, 1925', *Barddas*, 297 (Mawrth/Ebrill 2008), 6–9; Alan Llwyd, 'Golygyddol', *Barddas*, 297 (Mawrth/Ebrill 2008), 4.

2 LlGC, Casgliad Timothy Lewis (llythyr JMJ at Gwenogvryn Evans [? 1896]). Ceir copi o'r llythyr mewn atodiad i ail erthygl Caerwyn Williams, 'Syr John Morris-Jones: Y Cefndir a'r Cyfnod Cynnar', *THSC* (1966), 68–72. Gwelir y dyfyniad hwn ar dudalen 72.

3 Gw. *THSC* (1919–20), 153–5.

4 J. E. Caerwyn Williams, *THSC* (1965), 199.

5 Henry Lewis, 'Sir John Morris-Jones', *The Welsh Outlook*, 16 (1929), 135.

6 O. M. Edwards, 'Nodion y Golygydd', *Cymru*, 3 (1892), 280. Gw. hefyd Bobi Jones, 'Ail-Ymweld â Llenyddiaeth 1902–36 (5): Deddfwriaeth Morris-Jones', *Barn*, 181 (Chwefror 1978), 56–8.

7 LlGC, Casgliad Timothy Lewis Llsgr. 1548 (4–5). Llythyr dyddiedig 11 Mehefin 1894.

8 LlGC, Casgliad Timothy Lewis Llsgr. 1548 (6.)

9 LlGC, Casgliad Timothy Lewis Llsgr. 1549 (3–4). Llythyr dyddiedig 17 Ionawr 1896.

10 J. Lloyd Jones, 'Syr John Morris-Jones, *Y Traethodydd* (1929), 138.

11 John Morris-Jones, 'Tudur Aled', *THSC* (1908–9), 21–52. Astudiaeth a dadansoddiad o gynganeddion Tudur Aled. Gw. hefyd 'Mesurau cerdd dafod', *Y Genedl Gymreig* (4 Hydref 1910).

12 J. Gwenogvryn Evans, 'Jottings by John Jones-Jones, J.P., of Jones Hall, 1. Professor John Morris Jones, M.A. (not related within the ninth degree)', *Wales*, 111 (July, 1896), 324b.

13 LlGC, Casgliad Timothy Lewis Llsgr. 1548 (nodiadau (1)).

14 LlGC, Casgliad Timothy Lewis Llsgr. 1548 (nodiadau (8)).

15 W. J. Gruffydd, 'Adolygiad' (Cerdd Dafod), *Y Llenor*, 4 (1925), 185.

16 Ibid., 186.

17 T. Gwynn Jones, 'Welsh Poetic Art: A Review', *Y Cymmrodor*, 36 (1926), 48.

18 W. J. Gruffydd, art. cit., 188.

[19] T. Gwynn Jones, art. cit., 37.

[20] W. J. Gruffydd, art. cit., 188–9. Gw. hefyd John Morris-Jones, 'Swydd y Bardd', *Y Traethodydd* (1902), 464–71.

[21] Ibid., 190.

[22] Thomas Parry, 'John Morris-Jones – Yr Ysgolhaig', *Barn* (Ionawr 1965), 68b.

[23] T. Gwynn Jones, art. cit., 38.

[24] Thomas Parry, art. cit., 68b.

[25] T. Gwynn Jones, art. cit., 35.

[26] Geraint Bowen, 'John Morris-Jones', yn Geraint Bowen (gol.), *Y Traddodiad Rhyddiaith yn yr Ugeinfed Ganrif* ('Darlithiau Dewi Sant') (Llandysul, 1976), t. 75.

[27] Alan Llwyd, *Blynyddoedd y Locustiaid: Hanes Eisteddfod Genedlaethol Cymru 1919–1936* (Llandybïe, 2007), t. 54.

[28] 'Cadwraeth yr Iaith: Anerchiadau ac Ysgrifau', *THSC* (1924–5), 29. Cyfraniad JMJ, 30.

[29] Ibid., 30.

[30] Ibid., 31.

[31] Ibid., 32. Er fod agwedd JMJ tuag at yr iaith yn ymddangos yn llugoer ar brydiau, dylid cofio iddo gael ei gythruddo gan benderfyniad J. de Gruchy Gaudin, prifathro Ysgol Ramadeg Caernarfon, a fynnai orfodi plant i ddewis rhwng astudio Cymraeg a Ffrangeg. Cyhoeddwyd llyfryn gan JMJ yn ymateb i benderfyniad y prifathro: *Yr iaith Gymraeg yn yr ysgolion canolraddol: llythyr agored at lywodraethwyr ysgolion a rhieni plant* (Caernarfon, 1906). Dyfynnir yn y llythyr hwnnw o'r adroddiad a baratowyd gan JMJ ar gais y Bwrdd Canol ym mis Gorffennaf 1902: 'Dylid dysgu Cymraeg yn yr holl ysgolion yn y rhannau Cymreig . . . Ond ar wahan i'r defnydd y gellir ei wneuthur o honi i ddysgu ieithoedd eraill, dylai'r Gymraeg fod ei hunan yn bwnc o'r gwerth addysgol mwyaf i'r plant all ei siarad . . . Y mae uwch rheswm na'r un addysgol cyfyng paham y dylid gwneuthur hyn; ac y mae ar Brifathrawon ddyled i bobl Cymru i'w wneuthur heb oedi. Nid yw'n tueddu i feithrin hunan-barch mewn plentyn weled diystyru iaith ei dad a'i fam yn ysgolion ei wlad' (tt. 10–11).

[32] Lewis Valentine, 'Nodiadau'r Golygydd', *Seren Gomer*, 57 (Gwanwyn 1965), rhif 1, 2–3.

[33] Arwel Vittle, *Valentine: Cofiant i Lewis Valentine* (Talybont, 2006), t. 86.

[34] 'Cadwraeth yr Iaith: Anerchiadau ac Ysgrifau', *THSC* (1924–5), 42.

[35] T. Marchant Williams, *The Nationalist*, 2 (1908–9), 1–2. Gw. Hywel Teifi Edwards, 'John Rhŷs yn achos trafferth', *Y Traethodydd*, 161 (Gorffennaf 2006), 181–2.

[36] 'Cadwraeth yr Iaith: Anerchiadau ac Ysgrifau', *THSC* (1924–5), 50.

[37] Ibid., 51.

[38] Ibid., 57.

[39] Ibid., 60–1.

[40] Gw. J. Gwynn Williams, *The University College of North Wales: Foundations 1884–1927* (Caerdydd, 1985), t. 426.

[41] University College of North Wales: Council Minutes 1923–7 (2098–9). Cynhaliwyd y cyfarfod ddydd Mercher, 15 Rhagfyr 1926.

[42] Ibid., 2140. Cyfarfod a gynhaliwyd yng Ngwesty'r Frenhines yng Nghaer, 27 Ebrill 1927.

[43] Copi drafft o'r llythyr a welir ymhlith papurau JMJ yn Archifdy Llyfrgell Coleg Prifysgol Bangor. Gw. hefyd, J. Gwynn Williams, op. cit., tt. 424–5.

[44] Alan Llwyd, op. cit., t. 57.

[45] Ibid., t. 58.

[46] G. J. Williams, *Iolo Morganwg a Chywyddau'r Ychwanegiad* (Caerdydd, 1926). Gw. 'Rhagymadrodd' JMJ, t. xv.

[47] LlGC, Casgliad E. Morgan Humphreys Llsgr. 2096.

[48] E. Morgan Humphreys, *Gwŷr Enwog Gynt (Yr Ail Gyfres)* (Aberystwyth, 1953), t. 51. Teitl y bennod yw 'Syr John Morris-Jones 1864–1929'.

[49] Thomas Hughes, 'Sir John Morris Jones: giant intellect and great heart', yn *Great Welshmen of Modern Days* (Caerdydd (*Western Mail*), 1931).

[50] John Morris-Jones, 'Cystadleuaeth y Gadair: Beirniadaeth yr Athro Syr John Morris-Jones' yn E. Vincent Evans (gol.), *Cofnodion a Chyfansoddiadau Eisteddfod Genedlaethol 1928 (Treorci)*, 1.

[51] Ibid., 2.

[52] Ibid., 3–4.

[53] Saunders Lewis, 'Y Sant', *Y Llenor*, 7 (1928), 217. Ychwanegir: 'Darllenwyd rhannau o'r papur hwn i Gymdeithas Gymraeg Prifysgol Lerpwl, Hydref 26, 1928.'

[54] Alan Llwyd, 'Golygyddol: "Y Sant": Awdl Wrthodedig Gwenallt', *Barddas*, rhif 253 (Gorffennaf/Awst 1999), 4.

[55] Ibid., 7.

[56] Huw Menai, 'With-holding of Ode Chair', *Western Mail* (16 Awst 1928), 9. Gw. Alan Llwyd, 'Golygyddol: "Y Sant": Awdl Wrthodedig Gwenallt (Y Rhan Olaf)', *Barddas*, 255 (Tachwedd/Rhagfyr 1999), 6.

[57] Thomas Parry yn adolygu 'Y Mynach a'r Sant: Dwy Awdl (D. Gwenallt Jones)', *Y Llenor*, 8/1 (Gwanwyn 1929), 63. Gw. Alan Llwyd, art. cit., 7.

[58] Iorwerth C. Peate, 'Am lyfrau', *Y Brython* (20 Rhagfyr 1928), 4.

[59] Alan Llwyd, art. cit., 8.

[60] G. T. Roberts (gol.), 'Rhai Llythyrau VIII', *Yr Eurgrawn*, 11 (Tachwedd 1958), 295. Llythyr dyddiedig 21 Medi 1928.

[61] Alan Llwyd, *Blynyddoedd y Locustiaid: Hanes Eisteddfod Genedlaethol Cymru 1919–1936* (Llandybïe, 2007), t. 109.

[62] John Morris-Jones, 'Sir John Rhys', *THSC* (1914–15), 204–5.

[63] G. T. Roberts (gol.), 'Rhai Llythyrau V', *Yr Eurgrawn*, 7 (Gorffennaf 1958), 184–5.

[64] W. J. Gruffydd, *Hen Atgofion* (Aberystwyth, 1936), t. 200.

65 Ibid., tt. 200–1.

66 T. J. Morgan, *Diwylliant Gwerin* (Llandysul, 1972), t. 13.

67 G. T. Roberts (gol.), 'Rhai Llythyrau V', *Yr Eurgrawn*, 7 (Gorffennaf 1958), 185.

68 Ibid., 184.

69 T. Robin Chapman, *W. J. Gruffydd* (Caerdydd, 1993), t. 34.

70 Ibid., t. 52.

71 Ibid., t. 113.

72 Ibid., t. 117

73 LlGC, Papurau E. Morgan Humphreys Llsgr. A2102. Llythyr dydd-iedig 23 Ionawr 1929.

74 Ibid.

75 Thomas Parry, yn John Roberts Williams (gol.), *Atgofion: Cyfrol 1* (Caernarfon, 1972), t. 53.

76 Ceir copi o'r daflen argraffedig a ddosbarthwyd yn y gwasanaeth angladdol ymhlith ei bapurau yn Archifdy Llyfrgell Coleg Prifysgol Bangor.

77 LlGC, Casgliad E. Morgan Humphreys Llsgr. A2104. Llythyr oddi wrth T. Gwynn Jones, dyddiedig 2 Mai 1929.

78 T. Robin Chapman, 'Rhyw fath o fywyd: cofiannau Cymraeg cyfoes', *Y Traethodydd*, 161 (Ebrill 2006), 73–4.

79 Ibid., 71.

80 E. Morgan Humphreys, op. cit., 50.

81 John Lasarus Williams, *Syr John Morris-Jones 1864–1929* (Llangefni, 2000), t. 36.

82 R. M. Jones, *Llenyddiaeth Gymraeg a Phrifysgol Cymru: 1893–1993*, t. 5 (Darlith Eisteddfod y Brifysgol, Eisteddfod Genedlaethol Cymru De Powys, Llanelwedd 1993).

83 W. J. Gruffydd, 'In memoriam: Syr John Morris-Jones', yn *Y Tro Olaf ac Ysgrifau Eraill* (Aberystwyth, 1939), t. 143.

84 Thomas Richards, 'Syr John Morris-Jones: Cwmwl Tystion i athrylith a gwasanaeth Gamaliel y Gymraeg', *Y Brython* (25 Ebrill 1929), 4.

Mynegai